성서문예학 연구

성서문예학 연구

차정식 권연경 김학철 양재훈 이택광
함께 씀

동연

성서문예학을 위하여

어느 날 길을 걷다가 '성서문예학'이란 말이 내 머릿속에 계시처럼 찾아왔다. 성서학자로서 십수 년을 보낸 뒤 나는 성서를 멀찌감치 다시 보고 싶은 충동에 가끔 시달렸다. '하나님의 말씀'이라는 단순 명료한 권위는 당의정처럼 편리한 기독교 신앙의 기초이자 방편이었지만 그것이 만병통치약이나 도깨비방망이처럼 여겨지는 일각의 강고한 세태는 참 견디기 어려운 현실이었다. 나는 성서라는 책이 만든 독서와 해석, 적용의 지형 가운데 그 매끈한 평면에 홈을 파고 싶었고, 구멍을 뚫고 싶었다. 내게 허락한 지적인 정직성을 십분 발휘할 때 평상시 발설하지 못하고 듣지 못하던 이야기의 다양한 곡절을 공개적인 담론으로 구축하고자 하는 의욕이 동시에 고이기 시작했다. 이러한 개인사적 지식생태계의 경험이 축적되면서 어느 날 문득 그런 섬광 같은 어휘를 내 머릿속에 새겨주었을 것이다.

어쩌면 내 문제의식은 간단한 것이었는지 모른다. 성서가 문자로 기록된 책인 마당에 그 책의 문자와 함께 흘러온 수많은 사람들의 실존과 역사, 그들이 '문화'라는 이름으로 경험했을 다양한 삶의 냄새를 맡고 그 예술적 무늬를 발굴하고 있었던 모양이다. 그 가운데 나는 그것이 발원한 최초의 시원을 향한 그리움을 모른 척할 수 없었다. 성서의 형성과정에서, 또 그 성서 시대를 살다간 사람들의 일상적 숨결 속에서 문자화되기 이전의 날것 그대로 삶의 천태만상을 재구성하려는 학구적 열정이 그 그리움을 매개로 발동하곤 했기 때문이다. 그것이 전부가 아니었다. 성서가 단일한 한

권의 책으로 성립된 이래로 2천 년 가까이 인간의 역사 속에 수놓은 흔적을 역으로 추적하여 성서의 흔적을 탐색하는 작업도 흥미진진한 과제이다. 성서가 이른바 기독교 문화라는 세계에 뿌려놓은 다양한 씨앗들과 그것이 발아하여 또 다른 열매로 숙성해나간 과정, 심지어 성서를 전문적 성서학자 아닌 사람들이 문학과 예술의 형식 속에 저 나름대로 해석, 변용해나간 과정 또한 성서문예학의 범주에 담아낼 수 있겠다는 확신이 생겼다.

그렇게 껍데기처럼 강림한 성서문예학이란 개념이 이러한 사유 과정을 통해 콘텐츠를 채워가기 시작했고, 그 작업을 감당할 일손을 마련할 때가 찼다고 여겨진 순간 연락과 탐문도 개시되었다. 내 소견에 각 분야의 융합 작업에 학제적 탐구 능력이 가장 뛰어나다고 여겨온 동료 학자들을 찾아 연대와 참여를 요청했다. 내가 이 성서문예학의 개념을 대강 조탁한 뒤 세부적인 틀을 짰고, 동참하기로 한 학자 선생님들은 흔쾌히 협조해주었다. 각자 맡은 분야에서 최선의 노력을 다해 논문을 써주셨고, 전주 한옥마을과 경기도의 한 변두리 펜션에서 자리한 MT와 세미나 모임을 통해 우의와 신뢰를 다지기도 하였다. 연세대에서 1차 학술발표를 거쳐 우리의 공동작업은 순조롭게 진행되었다. 예기치 못한 우발적인 사연 등이 겹쳐 한 권의 책으로 묶는 과정이 적잖이 지체된 게 아쉽지만 이 역시 이 책의 탄생이 있기까지 성찰의 거리를 확보하기 위한 예비적 진통이었다고 여기고자 한다. 그렇게 이 연구의 개념이 최초로 발화되고 10년 이상 흐른 이 시점에 그 소박한 열매 하나를 맺기에 이르렀으니 서로를 향해 자축하고 감사하지 않을 수 없다. 또 아주 소수의 관심 독자들을 향해 미리 소통의 기대와 대화의 마음이 동하는 것도 사실이다.

'성서문예학'이라는 새로운 개념에 초점을 둔 이 학제적 연구는 무엇보다 성서와 문예(文藝)의 생산적인 관계 모형을 궁리하고, 이를 바탕으로 문학, 미술, 음악, 대중문화, 특히 영화 등의 각 장르를 성서와 연관시켜 탐구하려는 시도이다. 근대에 접어들면서 문예는 호기롭게 종교적 상상력을 거부했으나 그 결과는 그다지 성공적이지 못했다. 곧 문예는 종교적 영향력에서는 벗어났으나 도리어 다른 이데올로기의 도구로 전락하거나, 폐쇄적 예술지상주의 혹은 대중적 소비주의에 일정 부분 함몰되고 말았다. 문예적 상상력을 잃어버린 성서해석 역시 천박하고 편협하게 되기는 마찬가지였다. 자폐적 문자주의, 자본주의에 물든 확장주의, 폐쇄적 도덕주의, 얄팍한 감상주의 등이 성서의 주요한 해석 지평으로 나타났다.

이러한 양자의 빈곤은 서로가 서로를 근원적으로 필요로 한다는 점을 간과한 데에서 비롯되었다. 적지 않은 문예사가들은 문예의 근원과 종교를 밀접하게 관련짓는다. 그 이론에 따르면 문학, 음악, 미술, 극(劇) 등의 문예는 원시 종교와 그 제의 속에 미분화된 채로 종합되어 있었고, 문예가는 사제(司祭)와 구분되지 않았다. 이후 문예가는 사제와 다른 독자적인 직업으로 인식되었고, 개별적 문예 장르는 종교와 다른 자신의 독자성과 개별성을 획득한 상태로 전개되었다.

비록 문예가와 그들의 활동 공간이 종교로부터 독립하였으나 그 내용은 여전히 종교적 주제를 담고 있었다. 역사 속에서 종교가 문예를 파괴적으로 배격한 일은 종종 있었으나 문예가 종교의 후원에서 스스로 멀어지려 한 경우는 드물었다. 도리어 문예는 종교에 봉사함으로써 상상력과 기법을 발전시켰고, 종교적 동기가 문예가들을 고무하기도 하였다. 특별히 성서는 고대 바빌론, 페르시아, 이집트 및 팔레스타인 그리고 그레코-로마 세계의 종합적 문예를 담은 인류의 고전적 책으로 고대부터 오늘날까지 인류의 풍요로운 종교적 영감의 원천이었다. 문예가들은 이 책에서 자신의 문예 세계의 자양분을 얻었다. 동시에 인류는 문예를 통하여 더욱 다채로운 성서해석의 결과를 얻을 수 있었다.

문예가 의식적으로, 그리고 대규모로 종교로부터 독립을 선언하고, 나아가 적대적 관계를 유지하려 시도한 때는 서양의 계몽주의 이후라고 할 수 있다. 당시 서양의 종교였던 기독교는 종교로부터 자율을 천명한 정치,

경제, 문화, 사회 각 분야를 강제적으로 통합할 수 없었다. 문예 역시 종교로부터 탈출을 기획했다. 종교로부터 분리를 선언한 문예는 종교적 영감 외에 다른 곳에서 문예 전개의 원동력을 구했고, 자신의 독자성을 선명히 하기 위해 종교적 요소를 문예의 품에서 의도적으로 지우려 하였다. 한편 종교는 자신의 영역 내에서 충실하게 복속하는 문예만으로 자족하였다. 종교 안에 남아 있는 문예는 다분히 종교의 자기표현을 위한 도구적 기능을 담당하였다. 그 와중에 문예는 성서라는 인간의 근본적 문제를 다룬 종교적 영감을 잃었고, 성서해석은 문예라는 동반자를 놓쳤다. 따라서 둘은 모두 빈곤해졌다.

근대는 종교로부터 '계몽'을 추구하였고, 이를 위한 근본적 기준으로 인간의 이성, 곧 합리성과 실증적 태도를 견지하였다. 이에 호기롭게 독자적 영토를 주장하던 문예의 전 영역은 '과학'이나 계산적 학문에 비해 열등한 위치로 간주되었고, 과학 기술과 함께 급속하게 발전한 자본주의의 대량 생산 및 대량 소비의 굴레에 편입되었다. 다시 말해 근대의 자본주의 아래 문예는 '예술 상품'을 생산하는 영역이 되었다. 종교 역시 풍요로운 문예 없이 협소해지기는 마찬가지였다. '신비'의 영역으로 간주되던 종교적 차원은 과학적 혹은 실증적 합리성에 의해 재단되었다. 종교는 문예가 종교의 영적 차원을 상상력 있게 구체화하던 것과는 전혀 다른 방식으로 자신의 고유 영역이 훼손되는 경험을 하였다. 종교의 테두리 안에 남아 있던 예술적 자원은 종교의 영적 영역을 도전적으로 탐험하기보다는 교리 안에서 순치된 채 느슨해졌다. 도발적이지 못한 문예적 상상력은 경직된 종교, 특별히 경직된 성서해석을 더욱 완고히 하는 데에 기여할 뿐이었다.

그러나 실증적 합리성이라는 '근대성'에 심한 균열이 갔다는 징후가 관찰되었고, 인류는 '근대 이후'를 모색하기 시작했다. 종교가 지배력을 잃자 각 분야가 재편되었듯이, '근대성'이 절대적 지위를 상실하면서 그간 근대성에 의해 구획되었던 질서도 새롭게 형성되려 한다. 이러한 상황에서 문예와 종교는 자신의 진로를 타진하면서, 근대 이전과는 다른 방식으로 서로를 풍요롭게 할 수 있는 가능성 앞에 놓여 있다. 이익을 산출하는 '예술 상품'을 생산하느라 피폐해진 예술적 상상력은 종교, 특별히 각 문예 장르를 망라한 성서에서 거대한 영감의 보고(寶庫)에 젖줄을 댈 수 있고, 문예를 통해 성서해석은 역시 자폐적이고 조잡한 해석에서 벗어날 수 있다. 그러나 근대 이후 종교와 문예의 관계 설정의 모형은 그리 진지하게 연구되지 못한 것이 현실이다. 따라서 종교와 문예, 특별히 성서라는 한 종교의 경전을 넘어선 인류의 고전으로서 성서와 문예의 관계 설정에 관한 연구는 매우 절실히 요청된다. 그 관계 설정에 대한 탐구는 우선적으로 '성서'라는 인류의 고전이자 고대 세계의 문예를 고스란히 담고 있는 책과 이전까지 문예가 맺어왔던 주요한 사례들을 점검하고, 이를 새로운 시대에 적용해 보려는 데에서 시작될 수 있다. 성서문예학은 이러한 문제의식과 역사적 과제를 인식하고, 성서와 문예의 건강한 관계 모델을 탐색하며, 이를 근거로 문학, 미술, 음악, 영화 등의 각 장르를 성서와 관련하여 탐구하려는 새로운 학제적 연구이다.

종교와 예술, 보다 구체적으로는 성서와 문예학 간의 생산적인 관계 맺기를 지향하면서, 성서문예학은 다음과 같은 구체적인 목표를 설정한다.

첫째, 성서학 연구의 지평을 확대한다. 학문의 전문화 및 세분화라는 현대적 흐름은 각 학문들 간의 소통단절이라는 불행한 결과를 낳았고, 성서학 분야 역시 이러한 흐름에서 자유롭지 못했다. 성서의 텍스트와 그 텍스트 내부의 세계에 관심을 집중한 결과, 성서학 또한 "지금 여기"에서 이루어지는 삶 자체와의 연대성을 확인할 수 없는 답답함, 곧 한국의 인문학 전반과 관련하여 이진우가 지적한 바 '추상화의 위험'에 직면하게 되었다. 많은 선견자들의 진단처럼, 현대의 문화는 죽음의 문화이며, 현대인을 사로잡는 신화는 '무의 신화'이다. 이러한 정신적 황야 위에서, 전통적이며 초자연적 교의 체계는 설득력을 잃으며, 이와 맥을 같이하는 로고스(logos)

중심적 성서연구 역시 현실로부터의 소외라는 근본적 문제를 해결하지 못하는 헛발질로 전락할 위험이 다분하다. 연구 배경에서 서술한 것처럼, 계몽주의 이후 문학과 예술적 탐구가 의식적 무의식적으로 종교의 그늘로부터 벗어나려고 몸부림친 것은 성서를 기반으로 한 종교적 담론의 추상성과 무관하지 않다. 이러한 상황 속에서 성서 연구의 지평을 확대하고, 삶을 탐구하는 다른 예술 형식들과의 소통을 추구하는 것은 단순한 성서학의 학문적 영역 확대의 차원을 넘어 성서 자체가 풍성하게 드러내어야 할 실존적 울림을 탐지하고 재발견하려는 절박한 노력의 한 표현이다. 성서학 연구의 시야를 문학과 예술 분야로 넓히고 이들과의 연결을 시도함으로써, 그리고 예술적 상상력을 바탕으로 성서의 텍스트를 다시 읽음으로써 성서적, 신학적 상상력을 개방하고, 성서 속에 함축된 삶의 근원적 연대성을 재확인하려고 한다.

둘째, 이러한 의도를 염두에 두고서, 본 연구는 성서의 '역사'나 '신학'에 치중하던 로고스 중심적 접근을 넘어, 성서에 대한 보다 '문예적' 관점의 접근을 제고한다. 성서가 품고 있는 미토스(mythos)의 세계 및 이를 떠받치는 풍부한 문학적, 예술적 모티프들을 다양한 각도에서 탐색함으로써, 신과 인간의 삶에 대한 성서적 이야기가 문학과 예술세계의 이야기와 이어질 수 있는 접점을 모색한다. 최근 들어 이러한 문예적 관점의 성서읽기는 세계적으로 전례 없는 부흥기를 맞이하고 있는 것처럼 보인다. 이러한 흐름과 맥을 같이하여 본 연구는 한국이라는 독특한 경험 세계의 문맥에서 성서가 드러낼 수 있는 다양한 의미의 색조들을 탐색하는 시도가 될 것이다. 주지하다시피, 한국적 상황에서 성서학의 흐름은 여전히 제도적 교회를 축으로 하는 교리 혹은 이념의 얽힘에서 자유롭지 못하며, 이는 자유롭고 책임 있는 성서적 상상력을 억압하는 기제로 작용할 가능성이 높다. 그런 점에서 한국과 서구의 문학, 음악과 미술, 영화라는 다양한 각도에서 성서를 읽어가는 본 연구는 살아 있는 이야기로서의 성서의 풍성함을 한국적 상황에서 탐지하고 드러내는 노력의 일환이 될 것이다. 성서가 품고 있는 문학·예술적 모티브들과 성서 특유의 초월적 영성에 대한 이러한 탐구는 인간의 삶을 탐구하는 문학과 예술의 세계에서도 소중한 자원으로 유통될 수 있을 것이다.

셋째, 인류의 고전으로서의 성서가 서구 및 국내의 문학과 예술에 어떤 방식으로 관련을 맺어왔는지를 살핀다. 성서의 언어, 그 언어를 통해 빚어진 풍요로운 삶의 이미지들 그리고 이들이 함께 어우러져 엮어내는 근원적 이야기들 혹은 '신화'(mythos)가 인간의 삶에 대한 다양한 예술적 반응들 가운데 어떻게 투영되었으며, 또 이런 노력들에 어떤 영향을 끼쳐왔는가를 탐구하는 것이다. 따라서 본 연구는 신학 혹은 교회적 전통의 울타리 안에서 주로 이루어지던 신학적 개념 혹은 사상의 영향사(Wirkungsgeschichte)를 넘어, 예술과 문학이라는 보다 근본적인 차원에서 성서와의 관련을 탐색하는 일종의 '문예적 성서 영향사'를 지향할 것이다. 기독교적 전통 속에서 자라난 서구의 성서해석 및 예술세계에서는 성서와 예술 간의 깊은 관계가 오랜 탐색의 주제가 되어왔다. 본 연구는 이런 근본적 물음을 한국적 문맥으로 확대하고, 우리의 상황에서 성서와 예술의 관계를 새로이 탐색하는 의미심장한 작업이 될 것이다. 특히 기독교적 전통의 역사가 길지 않은 한국적 상황에서는, 성서의 풍부한 상징세계가 한국의 문예적 탐색에 끼친 영향 혹은 한국의 문예적 전통이 우리의 성서해석에 끼치는 영향이 과소평가될 위험이 다분하다. 이런 점에서 우리의 연구는 아직 제대로 탐구되지 못한 미답의 영역을 보다 진지하게 탐구하는 작업이기도 할 것이다.

넷째, 이러한 성서 읽기의 지평 확대를 통해 우리는 성서해석학과 문예, 신학과 미학, 더 나아가 사회학 및 상징 예전학 등 제반 학문 영역이 활달하게 어우러져 회통하는 학제적 소통을 모색하고자 한다. 전술한 바와 같이, 학문들 간의 소통 단절은 종종 모든 학문의 근원인 삶의 태반 자체로부터의 소외로 이어지는 경우가 많다. 근자에 들어 학제 간의 소통에 대한 요구가 더욱 절박해지고 있는 상황은 이러한 위기에 대한 인식과 무관하지 않다. 따라서 우리는 성서해석학이 안주해왔던 좁은 울타리를 넘어, 동일한 물음을 다른 방식으로 묻고 답하는 다양한 학문들과의 대화를 제고함으로써, 서로 간의 소통을 긴밀하게 하고, 이를 통해 인간의 삶이라는 공통된 삶의 자리 위에서 성서해석학을 비롯한 다양한 학문들이 유의미한 작업을 이어갈 수 있도록 도울 것이다.

다섯째, 더 나아가 이러한 학문적 소통의 연습은 대화보다는 독백이 원칙으로 인식되는 한국의 신학계 그리고 화석화된 교리적 명제를 되뇌는 대신 끊임없이 삶과 소통하는 신앙의 형식을 탐색해야 할 한국의 교회를 위해서도 신선한 자극이 되리라 여겨진다. 보다 넓게 바라보면, 소통의 부재라는 보편적 현상은 한국의 학계와 사회 전반에서도 대화의 단절과 관점의 양극화, 걸러지지 못한 집단이기주의 등의 형태로 그 흉한 모습을 드러낸다. 이러한 상황에서 우리는 본 연구를 통해 학문적 소통이라는 이론적 영역을 넘어, 소통의 문화 제고라는 실천적 기여 또한 전망해볼 수 있을 것이다.

이러한 지향과 목적 아래 이 연구는 두루뭉술한 거시적 이론을 구축하고 그 틀 속에 거대한 그림을 그리는 대신 성서와 문학이 접속되는 미시적인 지형을 살펴 세부적인 주제로 연구의 틀을 짰다. 그리하여 그 구성과 진행은 성서문예학의 지시 가능한 범주 속에 징검다리를 놓는 방식으로 이루어졌다.

먼저 1부(차정식 저작)는 성서와 한국문학의 이항교류 속에 "한국현대소설과 성서신학의 '교통 공간'"이란 제하에 이른바 '지식인 소설'을 대표하는 이 땅의 작가 셋(이청준, 이문열, 이승우)의 작품을 분석하여 그것이 어떻게 성서의 주제들과 해석학적으로 교감하는지 밝히고자 한다. 이 연구와 짝을 이루는 것이 "한국현대시에 투영된 하나님과 예수의 초상"이다. 이 부분의 연구는 한국 현대시 문학사에서 성서적 이미지와 서사를 가장 창조적으로 형상화시킨 것으로 정평이 나 있는 대표적 시인들의 작품 분석을 통해 성서 신학적 테마들이 시적으로 변용되어간 궤적을 유형별로 추적한다.

2부(권연경 저작)는 현대 영문학 작가들 가운데 가장 넓은 대중독자들을 확보하면서 최근 영상적 성취로 주목을 끌고 있는 J. R. R. 톨킨과 C. S. 루이스의 작품들을 중심으로 성서와 영문학의 회통을 기획한다. 이를 위해 첫 대목 연구로 "성서와 판타지 — 〈호빗〉에 나타난 요행과 은총"을 다루면서 J. R. R. 톨킨의 작품 세계에 집중하고, 이어지는 두 번째 연구는 한국 내에 많은 독자들을 확보하고 있는 C. S. 루이스의 작품 *The Chronicles of Narnia*와 *Till We Have Faces*를 중심으로 "사실이 된 신화와 신화적 알레고리 — C. S. Lewis의 경우"라는 제하에 다루게 된다.

3부(김학철 저작)의 첫 꼭지는 근대 서구미술의 총아 렘브란트의 성서화 연구를 통해 성서화가의 출현과 그 역사적 의미를 탐구하는 주제를 "성서 화가란 누구인가? — 성서화 비평방법론 시론(試論)"이란 제목으로 펼쳐 보일 것이다. 두 번째 연구 대상은 현대의 전위예술가로 알려진 앤디 워홀의 급진적 작품세계로 "후기 자본주의 속의 종교와 예술 — 앤디 워홀의 경우"이란 제하에 어떻게 그의 초현실적 시각예술이 성서적 신앙 세계와 접맥되는지 소통적 원리를 포착하게 될 것이다.

4부(양재훈 저작)는 성서와 음악의 관계에 초점을 맞춰 먼저 근현대 서양 오페라와 발레 음악의 성서적 모티브를 탐구하게 될 것이다. 그 탐구의 핵심 대상으로 연구자는 드뷔시와 발란신의 발레 '탕자'를 조명함으로써 어떻게 성서적 주제가 발레음악을 만나 춤추는 모습으로 형상화될 수 있는지 밝히고자 한다. 이러한 연구는 "드뷔시의 "L'Enfant prodigue"의 눈으로 본 탕자의 비유"와 "성서학적 관점으로 본 G. Balanchine의 Prodigal Son(1929)"이라는 두 편의 논문으로 전개될 것이다. 이로써 우리는 근현대 서양 음악의 성서적 모티브가 이들의 음악 작품 속에 어떻게 재창조되는지 그 일련의 해석학적 순환을 집중적으로 분석하게 될 것이다. 이 연구를 통해 우리는 시각과 청각이 어우러진 예술작품이 특정한 성서적 주제와 역동적으로 만나 그 해석적 의미를 증폭하며 심미적 가치를 창출하는 묘법에 눈뜰 수 있을 것이다.

5부(이택광 저작)는 대중문화 속에 나타난 성서적 영성의 세계를 다룬다. 성서와 미술, 성서와 영화를 각각 다루게 된다. 오늘날 대중문화는 매우 방대한 영역으로 성서의 미시적 입자들을 거기서 죄다 추적하여 우려내는 일은 몇 권의 책을 동원해서도 모자랄 판이다. 따라서 기초석을 놓은 심정으로 해당 연구자는 이 꼭지를 응축하여 발터 벤야민의 몇몇 주요 개념을 분석하여 그것이 대중문화의 신학적 지향에 선사하는 메시아적 선물이 되기를 축원해보았다. 이러한 관점에서 첫 연구를 "실패의 부정성과 삶의 폐허성 — 발터 벤야민의 경우"란 제하에 제시하였다. 연이어 동 필자는 대중문화의 가장 풍성한 꽃이라고 할 수 있는 영화 장르, 그중에서도 최근 온갖 '맨' 시리즈로 각광을 받는 '슈퍼히어로'의 주제에 초점을 맞춰 "얼굴, 코스튬, 슈퍼히어로 — 영화와 영성"이란 제목으로 이러한 대중스타가 오늘날 어떻게 메시아적 기능을 수행하고 있는지 그 긍정적 부정적 영성의 가능성을 조명하고자 했다.

이와 같이 성서와 현대문학, 음악, 미술, 대중문화, 영화가 각각 짝을 이루어 회통하는 풍경을 그 공시적, 통시적 관점에 두루 기대어 심층적으로 천착하는 이 연구 작업은 방대할 수밖에 없는 미답의 영역이다. 그러나 그 심층은 양적인 광대한 포섭만으로 저절로 우러나지 않는다. 따라서 이 연구는 그 두 영역이 창조적으로 만나는 묘처에 착안하여 통섭의 이치에 집중함으로 학제적 단층을 가로지르고자 한다. 그 '가로지르기'의 전략은 궁극적으로 성서문예학의 개념을 조형하는 데 초점을 맞춘다. 이를 위해 우리는 연구의 대상을 향해 최대치의 촘촘한 분석과 해석을 수행할 것이지만, 동시에 거시적인 관점에서 큰 지형을 살피면서 핵심을 짚어내는 상상력의 지형학으로 현미경과 망원경의 탐색을 공히 시도할 것이다. 이로써 우리의 회통과 가로지르기의 전략은 인류의 역사가 보여준 문예적 결과물의 무수한 풍경들을 그 단층의 맥점 속에 응축시키고 동결시키는 방향으로 수렴될 것이다.

설사 이러한 기대가 애당초의 설렘에 부응하지 못하고 그 열매의 맛이 부족하다 할지라도 우리는 여기까지 오면서 최선의 수고를 한 것이니 탄식하거나 냉소하지 않으련다. 다만 성서와 문예가 이 책을 매개로 좀더 활달하게 교접하면서 상호 간의 그 해석적 지평이 서로를 마주하는 성서와 문예의 맞춤한 타자를 통해 더욱더 깊어지고 넓어지길 바랄 따름이다. 멀리 길을 에둘러 여기까지 오니 학자의 감회가 새롭다. 기존의 녹슨 지식은 이렇게 조금씩 개과천선하며 낡은 탈을 벗고 새로워져야 할 숙명 앞에 자유롭지 못하다.

2020. 2.
대표 저자 차정식

차 례

1부

한국문학과 성서

_차정식

한국 현대소설과 성서신학의 '교통 공간'

I. 문제 제기

한국 현대소설과 성서신학의 만남과 대화는 얼핏 생경하게 비칠지라도 뚜렷한 역사적 경험의 흔적을 간직하고 있다. 자세하게 후술하겠지만 그것은 이 땅에 전개된 근현대사의 통시적 흐름 가운데서 확연하게 드러난다. 그러나 무엇보다 한국의 근현대 소설이 기독교의 경전인 성서의 다양한 이미지와 그 신학적 주제들을 작품 속에 용해시켜 문학적으로 형상화했다는 점에서 서구화로서의 근대화를 체험한 이 땅의 굴절된 현실 가운데 양자 간의 접속은 불가피했다고 볼 수 있다. 그런데 그 만남과 대화의 양상에 대한 문학비평계와 문학사 연구 진영의 탐구는 크게 두 흐름으로 대별되어온 것으로 판단된다. 한편으로 기독교를 서구 정신으로 간주하여 이 땅에 그 종교적 파장과 영향이 어떠했는지에 대한 결과에 집중하는 경향을 보여왔다. 이는 서구 정신으로서의 기독교를 하나의 종속변수로 간주하여 이 땅에 뿌리내려가는 파행적 과정과 그 영향에 초점을 맞추는 흐름이다. 여기서 기독교는 문학적 형상화를 위한 배경 내지 도구적 모티프로 변용되어 나타날 뿐, 그것의 내밀한 속내는 감추어지거나 외면되기 십상이다. 그 관점에 기대면 기독교는 여전히 서구의 이질적 사상이고 문화충격의 외래적 요인이며 이 땅의 '전통'에 역행하는 불온한 정신이다. 아마도 부분적으로 이러한 연유로 230년, 130년을 훌쩍 상회하는 가톨릭과 개신교의 역사가 이 땅의 역사 연구에서 대체로 변두리를 맴돌고 있는 것이 아닐까 사료된다.

이러한 흐름과 대척점에 있는 것이 기독교 내부의 연구이다. 이 관점은 기독교와 한국 현대문학의 만남에서 한국이나 문학보다 그 선험적 규범으로 '기독교'를 앞세우는 경향이 강하다. 기독교의 주체적 역량이 한국 근현대 문학의 발전과정에서 강력한 파장을 일으켜 중대한 영향을 끼쳤다는 평가가 이러한 연구의 주된 특징이다. 그러나 이러한 계통에서 주로 거론되거나 대표작으로 평가되는 작품들이 일반 문학비평계나 문학사 연구자들에 의해 뛰어난 문학적 성취로 평가되는 작품들과 수월하게 겹쳐지지 않는 것도 사실이다. 연구자들마다 편차가 다양하지만 '기독교 문학'이라는 이름 아래 거론되는 작품들 중에는 기독교 신앙을 선양하는 데 목적을 둔 호교론적 성향이 강한 편이다.[1] 또는 기독교 정신을 통해 미개한 이 땅의 전근대적 인습을 타매하며 근대적 가치를 통해 계몽하려는 데 열심을 낸 신앙고백적 취향도 없지 않다. 그러나 일반 문학계의 주류적 평가 기준은 신의 섭리나 운명에 순응하는 소극적인 삶의 형상화보다는 삶의 주체로서 인간이 주어진 저 나름의 잡다한 실존의 수렁에서 고군분투하며 뽑

---

[1] 심지어 기독교 문학의 호교론적 편향을 경계하는 입장에서도 기독교 문예의 창작조건으로 그 작가가 기독교인이어야 하고 신앙과 문학 사이의 모순으로 찢기는 존재로서 '십자가를 진 사람들'이어야 한다고 주장하기도 한다. 김희보, "기독교 문학 서설," 김우규 편저, 『기독교와 문학』(서울: 종로서적, 1992), 5-23 참조. 그러나 아래에서 다룰 이청준과 이문열은 기독교인이 전혀 아닌 게 분명하고 이승우 역시 평범한 기독교인의 범주에 포함시키기 어려울는지 모른다. 나는 '기독교 문학'이나 '기독교 문예'라는 개념에 대해 기독교인에 의한 창작이란 범주를 넘어 기독교의 신학적 주제를 기독교 안팎의 다양한 '삶의 자리'에 다양하게 투사한 창작 활동의 결과로 정의하고자 한다.

어내는 치열한 대결의식에 민감한 관심을 보인다. 위장된 인간의 욕망을 종교적 신앙에 투사하거나 좌절된 꿈의 상처를 신적 은총과 축복에 의탁하는 형태의 문학적 자기표현에 인색한 평가가 내려지는 것은 예의 관점에 비추어 당연한 귀결이다.

그렇다면 선행하는 두 관점, 이를테면 자화자찬으로서의 호교론적 기독교문학과 외면과 방기 일변도의 인문적 평가 기준을 지양하고 극복할 만한 더 나은 대안은 없는 것일까. 군이 '대안'까지는 못 되더라도 이러한 고착된 관점의 허방을 살펴 그 편벽된 폐색과 불통의 상황을 내파할 만한 방법은 불가능한 것일까. 여기서 나는 '성서문예학'의 방법을 제시할 수 있다고 본다. 아직 이론적 체계화가 필요한 개념이지만, 기독교의 본원적 지형 속에서 성서문학을 매개로 한국의 근대문학이 기독교와 소통하는 접점을 인문신학적으로[2] 사유하려는 모색이 필요한 것이다. 다행히도 개인의 종교적 배경과 무관하게 작품으로 이 양자 간의 격절된 괴리를 넘어설 만한 탁월한 작품을 이 땅의 현대문학은 얼마간 확보하고 있다. 이러한 작품들은 자신의 신앙고백적 대상인 하나님께 자신의 삶의 의지를 무조건 의탁하지도 않고 그 신의 존재를 허무한 관념으로 치부하지도 않는다. 다만 인간과 신의 관계를 우리의 실존적 조건으로 승인하고 그 관계의 다양한 양태와 진정성에 대해 묻는다. 그 물음이 구경적 치열함을 확보한 극점에서 문학적 형상화의 결실에 성공한 작품들은 신과의 관계에서 온 몸으로 저항하거나 그 심연의 궁극적 문제를 탐문하거나 또는 그 고뇌의 과정을 깊이 내면화한다. 당의정처럼 잘 포장된 해답을 미리 준비해 간편한 탈출구로 제시하지 않는다는 것이다.

이 논문은 이 접점을 타고 한국 현대소설 중에서 안이한 자가당착으로

---

2 '인문신학'은 내가 처음 사용한 용어로 인문학과 신학의 지평을 융합하여 기존의 인문학적 성취를 신학적 사유의 재료로 활용하고 현대의 다양한 신학적 통찰을 인문학적 맥락에서 응용하여 그 학문적 배타성을 넘어 포용적 통섭의 관계를 구축하려는 시도를 가리킨다.

서의 기독교문학도 아니고, 기독교와 무관한 세계도 아닌 세 작가의 주요 작품들에 대한 인문신학적 탐색을 목적으로 한다. 그 세 작가는 이청준과 이문열과 이승우이며, 그들의 작품은 각기 〈당신들의 천국〉, 〈사람의 아들〉, 〈에리직톤의 초상〉이다. 이들의 작품은 성서신학적 이미지와 모티프에 상당히 빚지고 있다는 것이 내 잠정적 판단이다. 따라서 그 세밀한 이미지와 모티프의 다양한 변용이 보여주는 역동적 세계를 괄호 친 상태에서 어떤 형태의 기독교인지를 묻지 않는 관점은 여전히 기존의 상투적 변죽을 연구의 인습으로 되풀이할 뿐이다. 이 연구는 이 세 작가의 세 작품을 중심으로 성서신학적 관점에서 분석하여 성서신학과 한국 현대소설이 교직하며 보여주는 '교통 공간'3의 가능성에 천착하고자 한다. 이는 곧 신학이 넓은 의미의 인문학으로 확장될 수 있는 가능성과 함께 인문학이 신학을 깊이 품고 그 자양분을 흡수하는 소통의 길을 지향한다. 그리하여 문학이 본격적인 신학적 텍스트로 외재화되고 신학이 문학을 비롯한 인문학적 성취를 영접하는 미래의 가능성을 전망해볼 수 있다. 이는 인본주의(인문주의)와 신본주의의 교조적 얼개로써 소모적인 대립을 확대재생산하는 일각의 풍토를 교정하고 성서와 기독교 신학의 담론을 여전히 중세적 체질 가운데 포박해두는 인문학의 편협한 지평을 창조적으로 재구성하는 데도 일조할 수 있으리라 본다.

---

3 이 '교통 공간'은 마르크스의 '교통'이란 개념을 일본 출신 인문학자 가라타니 고진이 확대한 개념이다. 이에 대해서는 자세한 별도의 논의가 필요하지만 간단히 정의하면 안과 밖의 구별이 없는 공동체의 사이 공간이다. 자기 동일성의 체계로 수렴되는 '공동체'를 넘어 '횡단적인 이종결합'이 발생하는 '사회'의 열린 세계가 바로 그 교통 공간이라 할 수 있는데, 고진은 이를 도시, 바다, 사막 등의 은유로 설명한다. 고진은 이 개념을 제도화되기 이전 단계의 세계종교의 기원을 설명하는 데 사용한다. 가라타니 코오진/권기돈 옮김, "교통 공간," 『탐구』 2 (서울: 새물결, 1998), 249-256; 가라타니 고진/이경훈 옮김, "교통 공간에 대한 노트," 『유머로서의 유물론』 (서울: 문화과학사, 2002), 29-43. 이 개념을 성서신학적 맥락에서 전유하여 적용한 사례로 차정식, "예수의 여행과 '교통 공간'," 「한국기독교신학논총」 70 (2010), 31-56 참조.

II. 기독교와 한국 현대소설의 만남

근대문학의 신천지로서 소설문학은 한국의 근대화 과정과 궤를 같이
하여 발전해왔다. 개화기에 개척된 신소설의 실험적 모색을 거친 뒤 양적
으로 질적으로 100년을 거쳐 팽창, 심화되어온 한국소설은 다양한 지형으
로 산포되면서 그 작품들을 축적해왔다. 한국 근현대 소설과 기독교의 만
남은 애당초 필연적이었다.4 서구 근대의 문학양식으로서 소설이 비록 일
본을 경유한 것이긴 하였지만 서구 문명의 일환으로 쇄국의 빗장을 풀게
되는 역사적 충돌 과정에서 우리나라의 정신세계와 접속된 것은 썩 자연
스러운 일은 아니었을지라도 당연한 수순이었던 것이다. 그 서구적 정신
의 선봉에 기독교가 있었다. 기독교의 전래와 수용은 그 제국주의적 외피
에도 불구하고 국내의 전근대적 정신을 계몽하고 일본 제국주의에 대항하
여 애국과 자강의 기치를 드높이는 데 일조하였다고 평가된다. 그 이후로
이어진 민족해방과 6.25 전쟁, 혁명과 군사 쿠데타 등의 굵직한 사건과
함께 전개된 현대사의 역정 속에 기독교는 역사의 흐름에 도전과 응전의
과정을 되풀이하면서 문학적 형상화에 사상적 자양분을 공급해왔다.

한국 소설문학과 기독교의 만남을 거론할 때 가장 앞자리에서 언급되
는 것은 구한말 과도기적 양식으로 유행한 신소설 계통의 작품들이다.5

---

4 이 만남에서 빼놓지 않고 지적하는 것은 성서의 한글 번역과 한글로 만들어진 찬송가의 보급
  작업이다. 그 과정에서 한글을 매개로 한 왕성한 문학작품의 창작이 동력을 얻었으리라는 것
  이다. 이와 관련하여 소재영, "기독교의 전래와 한국문학"; 조규익, "기독교와 전통시가", 소재
  영 외 공저,『기독교와 한국문학』(서울: 대한기독교서회, 1990), 각각 11-56, 59-104 참조.
5 신소설의 창작 시대로부터 근래에 이르기까지 기독교 문학의 역사적 전개 과정은 김우규,
  "한국 작가의 기독교 의식"; 김병익, "기독교의 수용과 그 변모", 김우규 편저,『기독교와 문
  학』, 각각 408-421, 188-216; 한승옥, "기독교와 소설문학", 소재영 외 공저,『기독교와 한국
  문학』, 107-131; 기진오,『한국 기독교 문학사론』(서울: 성서신학서원, 1995) 참조. 아울
  러, 작품론을 중심으로 기독교와 소설문학의 만남을 다룬 자료로는 신익호,『기독교와 현대
  소설』(대전: 한남대학교출판부, 1994); 이동하,『한국 소설과 기독교』(서울: 국학자료원,
  2002) 참조.

감리교 최초 신학자로 평가되는 탁사 최병헌의 〈성산명경〉과 안국선의 〈금수회의록〉 등의 작품은 일종의 기독교 변증소설로서 전통 종교와의 대척적 관계 속에 기독교의 우월성을 변증하려는 목적을 띠고 있었다. 〈성산명경〉은 최초의 신소설로 알려진 이인직의 〈귀의 성〉(1906)에 이어 나온 최초의 기독교 소설이다. 기독교의 복음을 유불선의 타종교와 비교함으로써 기독교 신앙의 우월성을 증명하고자 했다는 점에서 그 선교적인 목적의식이 뚜렷하다.6 〈금수회의록〉 역시 당시의 정치적 도덕적 타락상과 미신에 함몰하는 인간의 어리석음을 동물에 빗대어 풍자적으로 비판하면서 기독교의 전통 교리를 드러낸 작품이다. 이후 근대소설의 본격적인 출세작으로 명성을 얻은 춘원 이광수의 〈무정〉과 그에 대한 반제로서 등장한 김동인의 작품들도 비록 정반대의 입장을 띠고 있지만 기독교의 영향을 받은 작품으로 평가된다. 〈무정〉은 이상주의적 민족주의를 계몽하면서 도덕적 당위의 차원에서 기독교의 메시지를 편취하고 있다. 이는 나아가 박애주의로 연계되어 농민 대중을 향한 윤리적 의무를 진작시켰지만, 그와 같이 추상화된 윤리의 진로는 사랑의 구체성을 상실한 허무한 결과로 낙착된다. 기독교가 그에게 관념이었고 그 사랑의 구호가 추상적 대상을 향한 선언적 명제로 그쳤기 때문이다. 춘원의 도덕적 이상주의와 민족주의, 그리고 박애주의는 그의 제자 김동인에 이르러 탐미주의적 전복을 홍역처럼 치르게 된다. 그의 기독교 배경은 그에게 외려 온갖 규범적 허울로서 기독교의 위선적 얼굴에 반역한 결과로서 무신성과 악마주의라는 돌연변이로 표출된다. 민족이라는 집단적 규범의 허울을 벗어나 근대적인 자아를 각성한 그는 〈광화사〉, 〈광염소나타〉 등의 작품을 통해 니체와 보들레르의 무신론적 이념을 흡수한 것으로 보인다. 그것은 도덕이나 전통적 유신론의 족쇄를 파탈한 저항하는 주체의 탄생을 의미한다.

---

6 이 소설에 대한 집중적인 분석의 글로 이동하, "최병헌의『성산명경』에 대한 고찰",『신의 침묵에 대한 질문』(서울: 세계사, 1992), 83-96 참조.

김동인이 탐미주의적 기법으로 민족과 박애의 이념을 뒷받침한 전통
신학의 규범성을 벗어나 근대적 개인의 무신론적 탈출구를 갈망했다면,
그 개인이 구체적인 사회적 삶의 자리에서 이념과 만나면서 파탄을 겪어
내는 리얼리즘 계통의 대표적 작품으로 우리는 횡보 염상섭의 〈삼대〉를
꼽을 수 있다. 여기서 이념은 1930년대 지식인 계층에게 압도적인 영향을
끼친 사회주의 사상을 가리키며 동시에 그 대립항으로 설정된 기독교를
염두에 두고 있다. 이 작품은 특히 아버지 세대를 대표하는 조상훈의 퇴락
해가는 인생역정을 통해 당시 보수적 경건주의 풍토의 기독교가 식민지의
사회적 현실과 부대껴 얼마나 무기력했는지 그 실상을 단적으로 증언한
다. 비록 소설적 화자는 그 인물의 퇴락과 기독교의 파탄을 개인의 성격적
문제로 치부하고 있지만 이는 기독교적 이상주의가 당시의 격변하는 현실
과 부대껴 그 보수적 경건신학의 체제 내에 도피, 안주하지도 못하고 아들
세대(조덕기)와 같이 사회주의와의 만남을 통해 진보적인 이념으로 무장
하여 돌파구를 마련하지도 못한 채 전통적 유교 질서의 가치관 속에 함몰
하는 파행의 사실적 단면을 우회적으로 드러낸 것이라 할 수 있다. 기독교
의 사회적 수용이란 견지에서 이러한 실패는 시사하는 바가 크다. 특히,
당시의 식자층에 수용된 현실 기독교가 신과 인간 사회에 대해 진지한 신
학적 통찰이나 깊은 이해 없이 그 서구적 외관만을 차용한 나머지 당시의
부조리에 윤리적 결단으로 견결하게 저항하기는커녕 외려 악덕과 허위의
식으로 위장된 이중생활의 수렁으로 빠져들었으리라는 것이다.
　한편 이광수나 염상섭의 방식과 달리 기독교를 토착적인 샤머니즘과
의 충돌 속에 종교적 심성의 차원에서 조명한 전영택이나 김동인의 경우
는 기독교의 수용 맥락을 다분히 비교종교적 상상력에 연루시킨 특징이
드러난다. 이를테면 〈해바라기〉 등의 작품을 통해 전영택은 "기독교 신앙
을 선험적인 종교적 심성 내지 토속적인 민속신앙으로 유추하고 있다"[7]는
것이다. 김동리의 〈무녀도〉 역시 샤머니즘과 기독교의 비극적 충돌을 다

루는 구도 속에 기독교 신앙의 토착화가 주로 이적 모티프을 중심으로 한 샤머니즘적 종교성에 기반을 두고 있음을 분명히 한다.8 비록 종교적 수사의 표현 방식은 다를지라도, 가령 기독교에서 '성신'(성령) 받는다는 것이 샤머니즘의 강신이나 접신의 차원과 별반 차이가 없으리라는 것이다.9 김동리의 기독교 이해는 그의 또 다른 걸작 〈사반의 십자가〉에서 정점에 이르는데, 이는 도스토예프스키의 〈카라마조프가의 형제들〉에 나오는 대심문관 장면의 소설적 변안이자 훗날 이문열의 〈사람의 아들〉에서 예수와 그 대적자 사이의 대결 국면을 예비하는 신학적 모티프를 내장하고 있다. 이 작품세계에서 기독교는 신과 악마, 하늘과 땅의 치열한 대립을 노정하며 그 사이에서 인간은 구원을 갈망하며 번뇌하는 존재이다. 예수는 전자의 천상적 질서를 대변한다면 그의 대적자 사반은 후자의 지상적 관심사를 표상한다. 예수가 원의 중심에서 중추적 위상을 차지하고 있는 데 비해 사반은 그 원의 둘레를 선회하는 위치에서 상호 교통하면서 기독교적 세계관과 휴머니즘의 비극적인 파탄을 예고한다. 이 작품을 통해 김동리는 "'하늘'을 상실한 근대 휴머니즘과 지상의 양식을 거부하는 기독교의 숙명적인 파탄을 연역하고 있다"10는 것이다.

그러나 김동리의 저러한 이원론적 세계관의 도식은 성서에 터한 기독교의 정확한 이해와 거리가 멀며 중세적 신학의 적용이란 한계를 노출한다. 이는 결국 무녀도의 세계와 다를 바 없이 "샤머니즘의 세계로 용해된 기독교"의 모습일 뿐이며, 거기에는 "원죄의식, 십자가의 의미, 종말론적 세계관"11 등의 핵심적인 기독교 사상이 결여되어 있기 때문이다. 이는 염

---

7 김우규, "한국 작가의 기독교 의식", 416.
8 김병익, "기독교의 수용과 그 변모", 199-201.
9 김우규, "한국 작가의 기독교 의식", 416.
10 앞의 논문, 420.
11 김병익, "기독교의 수용과 그 변모", 199-200. 이와 관련하여 신학자 안병무는 김동리의 기독교 이해가 이처럼 기독교의 본질과 동떨어지게 된 까닭이 그가 기독교를 "동양적 종교

상섭에서 김동리로 이어지는 기독교에 대한 당대의 인식이 한편으로 식자층에게 정치적 좌절의 대안적 도피처로, 다른 한편으로는 현세적 불우함에 대한 욕구충족이란 보상심리로 작용하였음을 시사한다. 제도권 종교로서의 기독교에 대한 이러한 일방적인 재단을 넘어 현실 기독교의 다채로운 모습을 비판적으로 조명하게 된 것은 이범선의 〈피해자〉, 황순원의 〈움직이는 성〉, 백도기의 〈청동의 뱀〉과 같은 선구적 작품을 통해서다. 이들 작품을 통해 한국 현대소설은 비로소 기독교에 대한 본격적인 신학적 사유의 단계로 진입하기 시작했다고 볼 수 있다. 그것이 더구나 현실 기독교의 모습을 선정적으로 추수하기보다 그 구조적 토대를 본격적으로 성찰하고 비판하는 수준을 보여준다는 점에서 이 논문에서 다루는 작가들의 핵심 작품들이 성취한 세계를 예비한 공로가 있다.

이범선의 〈피해자〉는 한국교회의 왜곡된 신앙 행태에 대한 비판적 메스를 들이대며 그 정곡을 찔러 고발한 작품으로 여기에서 당대의 기독교는 독선적 권위주의, 배타적 교조주의, 비정한 이기주의, 바리새적 형식주의, 기계적 운명론, 인습적 공리주의 등으로 특징지어진다.[12] 이는 신앙생활이 그 원형적 규범을 상실하고 자기 성찰의 윤리가 배제된 종교적 위선으로 치닫는 세태 풍자의 단면을 보여주거니와, 그 비판의 근거에 도발적인 측면이 있다. 그는 이로써 하나님을 모독하는 것이 아니라 진정한 하나님은 예배당이라 불리는 서낭당 너머에 계신다고 보고 있기 때문이다. 이는 폴 틸리히가 조형한 '신을 넘어선 하나님'(God beyond god)의 개념을 소설적으로 선취한 사례로 평가된다.

황순원이 「현대문학」에 몇 년간 연재한 뒤 1973년 간행한 〈움직이는 성〉의 주제도 이범선의 경우와 마찬가지로 한국 기독교의 파행에 도사린

의식의 안목"으로 보았기 때문이라고 지적하는데, 김병익은 바로 그 안목이 한국적 샤머니즘이라고 간주한다(200).
12 김우규, "한국 작가의 기독교 의식", 417.

그 정신적인 구조를 읽어낸 문제의식을 기반으로 한다. 이 역시 그 서사적 배경으로 기독교와 샤머니즘의 대립구도를 상정하지만, 거기에 머물지 않고 잡다한 현세적 욕망에 저당 잡힌 상태에서 그 눈앞의 이익을 좇아 전전긍긍하는 유랑민 의식이 극복되지 못한 신앙의 문제를 지적한다. 이는 결국 '약자의 신앙'에 불과하여 "뒷문으로 천국에 들어가는" 반신론적인 고백이자 역사의식의 부재로 귀착된다.[13] 이런 상황에서 아무리 기독교가 대안종교로 성가를 올리고 있을지라도 하루살이처럼 목전의 이해관계에 함몰한 상태에서 종말론적 구원의 미래에 대한 아무런 비전이 없이 우리는 "진정한 의미의 종교를 못 가질 민족"이란 비관적 결론에 도달한다.

목사이기도 한 백도기의 〈청동의 뱀〉은 민수기의 불뱀과 놋뱀 이야기의 기본 모티프를 차용하여 현대인의 삶의 자리에 기독교 복음의 계급적 당파성을 부각시킨다. 불뱀에 물려 신음하는 무리들이 절규와 탄식 속에서 엮어내는 카오스적 세계에 대한 정확한 현실 인식과 책임 있는 개입이 부재한 상태에서 기독교 신앙의 기복주의적인 행태와 역사 방기적인 입장은 기존체제의 부조리를 외면하며 정당화하는 무기력을 확대 재생할 뿐이라는 것이다. 그의 작품에 출현하는 도스토예프스키적인 인물들이 보여주는 그 하극상의 실존상황은 이 땅의 근대화 과정의 온갖 병폐와 엮어져 충격적으로 묘사된다. 그 와중에 아무런 충격도 변화도 가져오지 못하는 기독교는 불뱀의 독을 제하는 청동의 뱀을 제공해주지 못하는 종교로 유비되며 아무리 기도의 효능을 외쳐도 기실 또 다른 현실도피주의에 불과하다는 것이다.

이와 같이 개괄해본 한국 근현대소설과 기독교의 만남과 소통 가운데 기독교는 시대적 과제에 대응하는 규범적 상징이거나 윤리적 기준, 또는 서구적 종교적 세계관의 변용물로서 인식되어왔다. 그 과정에서 작가들은

---

13 김병익, "기독교의 수용과 그 변모", 209.

기독교라는 서구정신과 그 현실적 결과물로서 이 땅에 수용되고 교회로서 정착된 기독교의 제반 현상을 문제시하여 그들 작품 속에 비판적으로 다루어나갔다. 점점 더 작품의 외연이 넓어지고 그 주제의식이 심화되어 감에 따라 성서의 특정한 이미지와 모티프가 다양하게 소설작품의 문학적 형상화에 개입되었지만, 한국 현대소설이 비로소 기독교의 세부적인 내용에 대한 신학적 물음을 던지기 시작하고 그것의 원형적 토대인 성서에 대한 관심의 폭이 역동성을 띠게 된 것은 그리 오래되지 않았다. 여기서 우리는 성서해석학과 그 신학적 전유의 패턴이 예의 축적된 문학적 성취를 기반으로 더욱 심화되고 확장되는 후대의 상황을 예견할 수 있다. 이제 성서의 어떤 신학적 전통이 특정 작품에서 어떻게 형상화되었는가를 물어야 할 시점에 다다른 것이다. 이와 연관하여 그 작품의 얼개와 주제로서 기독교를 끌어들인다면 어떤 기독교의 어떤 역사적 맥락이 전제되었는지 탐구해야 할 당위성도 생겨난다.

III. 사랑/자유의 '천국'과 신학적 변증법: 이청준

2009년 7월 지병으로 세상을 떠난 이청준은 이 땅의 소설문학사에서 희소한 지식인 소설의 우뚝한 대표자로 정평이 나 있다. 1965년 '퇴원'이란 단편으로 「사상계」에 데뷔한 이래 왕성하게 개척해나간 그의 소설세계를 한두 주제로 간단히 정리하기란 쉽지 않다. 그러나 그 가운데 분명한 흐름은 그가 근대화 과정의 도심지와 퇴락해가던 농업사회의 정서 사이를 오가면서 상실된 전통적 가치와 함께 추구해야 할 궁극적인 대안 가치의 천착에 골몰해왔다는 것이다. 특히 지식인 소설의 한 극점을 보여준 그의 장편 〈당신들의 천국〉은 100쇄라는 진기한 기록과 함께 숱한 비평적 후일담을 낳았다.[14] 그러나 그러한 평가의 시도들이 대체로 종교를 배경적 외피

로 삼았을 뿐 이 작품의 주제의식과 이념적 폿대를 논하는 잣대로까지 개입
시키지는 않았다. 따라서 여기서 나는 이 작품의 제반 지향점을 성서신학적
비평이란 관점에서 특히 그 '천국'의 성격을 중심으로 해명해보고자 한다.

1. '당신들의 천국'에서 '우리들의 천국'으로

이청준의 대표적인 장편 〈당신들의 천국〉은 제3부로 구성되어 있다.
1부에는 절망에 찌든 소록도에 조백헌 대령이 병원장으로 부임하여 자신
의 동상을 세운다는 오해를 넘어 새로운 천국을 실현하기 위한 모색의 단
계를 보여준다. 2부는 이 섬의 구성원들이 협동 단결하여 그 천국의 구체
적인 실현 작업으로 득량만 매립공사를 개시하면서 벌어지는 갈등과 고충
을 담아낸다. 마지막 제3부는 조 원장이 미완의 상태로 그 섬을 떠났다가
5년 만에 개인 자격으로 돌아와 그들과 공동운명체로서 '우리들의 천국'을
실현하기 위해 진력하는 음성나병환자인 윤해원과 건강인 서미연의 결혼
식 주례를 통해 새로운 희망의 대안을 전망하는 대목이다. 비록 지식인 소
설의 통상적 수법대로 격자식 구조를 갖추고 있지 않지만 이 작품에는 이
청준 특유의 추리적 기법과 함께 행동가인 조백헌 원장을 관찰하고 감시
하는 지식인의 냉정한 시선이 곳곳에 포진되어 있다. 시종일관 이상욱 보
건과장이 그러한 역할을 맡고 있는데, 2부와 3부에서는 장로회를 이끌던
황 장로와 취재 기자 이정태가 그 역할을 보조한다.
　이 소설의 역사적 배경은 5.16군사구데타 이후 전개된 군부정권의 근
대화 전략과 속전속결로 기획, 진행된 국토 개발 사업에 잇닿아 있는 듯하
다.[15] 그것은 조백헌 원장이 권총을 찬 현역군인으로 등장한다는 점에서

---

14 그 후일담의 대강은 「문학과 사회」 61 (2003 봄)에서 기획한 특집 『당신들의 천국』 100쇄
　　기념 특별 기획: '당신들의 천국,' 여전한 현실의 화두인가"(259 이하), 특히 『당신들의 천
　　국』, 이렇게 읽었다"(286-291) 참조.

단적으로 암시된다. 그러나 그가 막무가내의 파쇼적 인물로 묘사되지 않는 점이 흥미로운데, 이는 이 작품이 막연한 공상의 산물이 아니라 실존인물에 의한 실제 사건을 토대로 제작되었다는 사실과 연계되어 있다.16 이 작품의 주제의식이 압축적으로 드러난 대목은 마지막 부분 이상욱 과장이 조백헌 원장에게 남긴 서신에서다. 그것은 개인과 공동체의 유토피아적 삶을 향한 이념적 지향과 함께 제시된 일종의 신학적 정치학이라 할 만한데, 그것은 개인의 인정욕구를 넘어 자생적 운명 공동체를 향해 나아가는 자유와 사랑의 변증법으로 요약된다. 나아가 자유와 사랑이 추상적 구호 속에 함몰하지 않기 위해서는 구체적인 힘의 정치학을 동반하는데, 이러한 동역학이 실효를 거두기 위해선 운명을 공유하는 자생적 공동체의 성원들 사이에 믿음이 필수적이라는 것이다. 이상욱의 회고에 의하면 문둥이 공동체는 그 섬을 떠나든 안주하든 제 선택과 변화를 존중하는 자유 의지로 충만했다. 그것은 제 살고 싶은 대로 살기 위해 서로 싸워 뺏고 빼앗기는 가치인데, 비록 작가가 묻고 있진 않지만 그 자유의 행사에는 책임과 의무의 차원을 간과할 수 없다. 여기에 조백헌 원장의 개혁적 캠페인은 굳이 제 동상을 기대치 않는 헌신적 열정을 앞세워 사랑이란 가치로 충돌했다. 그러나 그것은 공동체 성원들의 자유의사에 기초한 것이 아니고 개인의 선지자적 의욕으로 발동된 터라 자유의 가치와 충돌할 수밖에 없었다.

---

15 김병익, "이청준 다시 만나기 - 해한의 글쓰기, 화해로 가는 삶", 「문학과 사회」 84 (2008 여름), 304-321, 특히 311 참조. 여기서 그는 이 작품이 "5.16의 군사 정부를 비판하면서 권력이 꿈꾸는 것은 그들 자신의 '천국'이지 그 주민의 것이 아니라는 것, 진정한 천국은 '자유와 화해' 속에 있다는 진실을 전개하고 있"다고 주장한다.

16 이 작품의 주인공 조백헌 대령에 해당되는 실제 인물은 조창인 원장이다. 작가는 이 작품이 정치권력에 이용당하는 빌미가 되어 조 원장의 인생을 망쳤을지 모른다는 미안한 마음과 함께 헌신적인 인생을 산 그에게 경의를 표하기도 했다. 조 원장은 소록도에서 정치적인 이유로 쫓겨난 뒤 강원도 정선에서 규폐증 환자들을 돌보는 인술을 베풀며 그들의 마지막 소원을 담아 그림으로 풀어내는 일에 힘썼다고 한다. 이청준·우찬제 대담, "우리들의 천국을 향한 당신들의 천국의 대화", 「문학과 사회」 61 (2003 봄), 260-285, 특히 266-267 참조.

이러한 현실 가운데 아무리 최선을 다하고 헌신적으로 천국을 부르짖고 행동해도 그 사랑이란 결국 특정 개인의 '동상'이란 우상숭배의 망령에 함몰되고 일방적인 '당신들의 천국'으로 귀착되고야 마는 것이다. 조 원장과 소록도 나환자들 사이에 자유와 사랑의 선순환하는 변증법적 관계가 성사되지 못한 중요한 이유가 바로 여기에 있다. 사랑으로 자유를 행하고 자유를 토대로 사랑하지 못한 탓이라는 것이다. 그러나 그 어긋남의 더 근본적인 원인은 그들 사이에 믿음이 없었다는 것이고, 사실상 그 믿음이 불가능했기 때문인데, 이는 조 원장이라는 건강한 개인과 천형처럼 나병을 운명으로 앓고 살아온 나머지 사람들 사이에 '자생적 운명'을 공유하지 못한 현실로 소급된다.[17] 나중에 조 원장이 그 운명을 공유하기 위해 평범한 개인으로 되돌아오지만 거기서도 문제는 발생한다. 비록 '자생적'이지는 못할망정 그 운명으로 걸어 들어가긴 했지만, 그때는 그 자유와 사랑의 동역학이 구체적인 일상의 삶 가운데 작동될 수 있도록 견인할 만한 원장으로서의 '힘'이 결여된 상태이기 때문이다. 이런 상황에서 마지막 남게 되는 희망은 윤해원과 서미연의 결혼을 통해 배태되는데, 이로써 양자 간의 배타적 경계를 넘어 자생적 운명의 미래를 위해 새로이 출발하는 것이다. 그것이 '당신들의 천국'을 개인과 공동체의 구체적인 삶의 현장에서 '우리들의 천국'으로 바꾸어나가는 이론과 실천의 교집합으로 제시되고 있다.

이 작품에 대한 평단의 자리매김은 다각도로 이루어져 왔다.[18] 조 원장의 변신 모드에 초점을 맞추어 "동상의 초극, 환자 속의 인간과의 합치,

---

17 이 '자생적 운명'이란 어휘는 일부 비평가(김현, 김윤식)에 의해 '타생적 운명'과의 대척점에서 이 작품의 핵심을 이해하는 주제어로 주목을 받아왔는데, 특히 김윤식에 의하면 이는 이후 이청준의 후속 작품 〈벌레 이야기〉, 〈신화를 삼킨 섬〉 등에서도 지속적으로 등장하는 일관된 해석적 모티프로 평가된다. 김윤식, "제주도로 간 『당신들의 천국』-『신화를 삼킨 섬』론", 「문학과 사회」 84 (2008 여름), 322-340 참조.
18 이 작품에 대한 다양한 비평은 「문학과 사회」 61(2003 봄)에서 기획한 특집 중 "『당신들의 천국』, 이렇게 읽었다"(286-291)에 그 핵심 요지가 압축되어 있다.

배반의 지양"이라는 변화를 강조하며 이 작품에서 "낙관적인 세계관의 표명"을 읽어내는가 하면,[19] 이 소설의 세계를 지도자의 지도 방식에 대한 비판이나 순응과 반항의 행태를 반복하는 백성에 대한 안타까움이라는 표피적 차원을 넘어 "사회와 인간과의 기본관계라는 측면에 대한 근본적인 성찰"이란 보편적 원리에 비추어 탐색하려는 시도도 있었다.[20] 역시 조 원장의 성장이란 관점에서 이 작품을 통한 이청준식 정치학의 기본 구조를 "자유와 사랑의 실천적 화해"라는 "도덕적 정결주의에 뿌리를 박은 열린 개인주의"에서 찾기도 하며,[21] 혹자는 치자와 피치자 사이의 대립적 역학 관계에 주목하여 그 갈등을 푸는 사랑의 해법을 중심으로 이 소설을 분석하기도 하였다.[22] 게다가 이 작품의 서사적 흐름이 인간/환자를 구별하는 의식적 무의식적 이데올로기에 터한 "모범적인 통치에서 상호 인정으로, 상호 인정에서 하나됨으로" 변모하는 과정에서 저자의 메시지를 간취하려는 시각이 나와 있고,[23] "힘의 정치학과 타자의 윤리학"이란 상호 보완적 주제 아래 "공동선을 향한 주체의 의지"가 타자와의 갈등을 거쳐 서로를 새로이 발견해나가는 과정을 '당신들의 천국'에서 '우리들의 천국'으로 이행되기 위한 핵심 관건으로 파악하기도 한다.[24] 그런가 하면 '동상'과 '문둥이'의 상징적 의미에 천착하여 이 작품의 기본 구도를 '아버지-동상-권력', '어머니-섬-천국', '아이-문둥이-시민'의 오이디푸스적 삼자 관계

19 정명환, "소설의 세 가지 차원", 김병익·김현 엮음, 『이청준』 (서울: 은애, 1979), 241-242.
20 김주연, "사회와 인간", 앞의 책, 220.
21 김현, "이청준에 대한 세 편의 글: 1. 자유와 사랑의 실천적 화해: 『당신들의 천국』", 김현, 『문학과 유토피아: 공감의 비평을 위하여』, 김현문학전집 4 (서울: 문학과지성사, 1992), 224-237 참조.
22 김천혜, "치자와 피치자의 윤리", 김병익·김현 엮음, 『이청준』, 245-254 참조.
23 정과리, "모범적 통치에서 상호 인정으로, 상호 인정에서 하나됨으로", 이청준, 『당신들의 천국』 (서울: 문학과지성사, 1996) 신판 해설, 458-459 참조.
24 우찬제, "힘의 정치학과 타자의 윤리학-이청준의 《당신들의 천국》 다시 읽기", 이청준, 『당신들의 천국』, 이청준 문학전집 장편소설 4 (서울: 열림원, 2000) 해설, 450-476.

로 해석함으로써 어머니를 사이에 두고 아버지와 아이가 벌이는 쟁투와 화해의 맥락을 짚어내기도 한다.25

이러한 비평적 자리매김의 일리 있음에도 불구하고 나는 작가 이청준이 소록도 공동체의 개과천선을 위한 제반 노력들을 굳이 '천국'으로 이름 짓고 그 가운데 '우상의 망령'을 경계하며 툭하면 자의적이고 사후승인적인 '주님의 뜻'을 들먹였는지, 또 이러한 어휘들을 거론한 방식이 정초한 성서와 기독교의 배경에 대한 신학적 탐구가 결락된 점을 애써 지적하지 않을 수 없다. 더구나 오늘날 제도권 기독교의 천국 이해가 다분히 내세 지향적 영생의 전당으로 유통되고 있는 점과 대비하여 기독교와 실존적이고 사적인 인연이 없는 작가에 의해 전혀 다른 천국의 개념이 조형되고 있는 점에 주목할 필요가 있다. 이는 일견 유토피아론의 변종으로 비치기도 하는데,26 가령 '천년왕국'의 고전적 황홀경이 현존질서로 외부화되기 위해 이데올로기적 제동장치를 걸어두고 있는 근대적 모델로 볼 수 있다는 것이다. 물론 〈낮은 데로 임하소서〉와 〈벌레 이야기〉 등의 작품으로 그는 기독교를 공부하여 기독교 신학의 구경적 관심사를 기독교인보다 더 진지한 자세로 근원적인 요소를 탐색하였거니와, 그에게 일련의 천국 이야기는 분명 이 시대 기독교 대중의 신앙적 관심사에서 주류를 이루는 사후 천국 위주의 고백과 동떨어진 차원에 위치하는 것만은 분명하다. 나아가 '자유'니 '사랑'이란 개념의 사상사적 기원과 내력에 관해서나 작가가 이 개념을 운용하는 방식에 있어서도 기독교 신학과 그 시원의 태반을 제공하는 성서적 자료를 무시할 수 없는 측면이 있다. 이는 성서해석학의 인

---

25 이승준, "『당신들의 천국』의 상징성 연구", 『이청준 소설 연구 –정신분석학적 관점에서』(파주: 한국학술정보, 2005), 230-258 참조.

26 이러한 관점에서 이 작품을 해석한 사람은 김윤식이다. 그에 의하면 이 작품을 통해 "이청준은 유토피아를 보이고자 했으나 이데올로기를 드러내고 만 형국에 놓이고야 말았다." 김윤식, 《당신들의 천국》, 「나의 천국」 – 이청준 론", 김윤식, 『金允植평론문학選』(서울: 문학사상사, 1991), 66-76, 특히 74 참조.

문적 소통을 위해서도 요긴하거니와, 이청준의 최고걸작에 대한 신학적 전유를 통해 사색과 분석의 물꼬를 확산시키는 시도로서도 유의미하리라 본다.

2. 진화한 천국 - 자유와 사랑, 믿음과 운명의 파노라마

천국은 복음서에서 하나님의 주권적 통치를 뜻하는 '하나님 나라'와 유사한 개념으로 통용된다. 그것은 하나님의 종말론적 섭리에 따라 일방적으로 임한다는 점에서 만들고 건설해나가는 이청준의 천국과 상이한 듯 얼핏 비친다. 그러나 그 천국이 역사 속에서 임하고 구체적인 공동체의 삶 가운데 이미 존재할 수 있으며, 선견지명의 통찰력과 나름의 노력으로써 그 실체를 미리 앞당겨 보고 경험할 수 있다는 점에서 조 원장의 지휘 아래 개척해나간 소록도의 공동체와도 겹쳐진다. 소록도처럼 특정한 범주의 사람들이 특정 공통점을 가지고 더불어 살며 사위가 바다로 둘러싸인 섬으로서 그 경계가 선명하다는 점에서 이는 또한 들어가는 천국의 개념과 상통한다. 그런데 이상욱이 의심한 조 원장의 천국은 환자들과 인간들을 구별 짓는 배타적이고 폐쇄적인 공동체로서의 천국이었다. 나환자가 보편적 인간의 범주에서 배제된다면 그것을 천국이란 울타리 안에 아무리 행복하게 꾸민다고 해도 진정한 의미의 천국일 수 없다는 것이다. 거기에는 소통이 배제되어 있기 때문이다. 다시 말해 "선택과 변화가 전제되지 않은 필생의 천국이란 오히려 견딜 수 없는 지옥일 뿐"[27]이기 때문이다. 아울러, 그것은 전임자들의 사례를 통해 숱하게 드러나듯 기여한 자의 동상을 염두에 두고 자신의 공적을 우상화하려는 혐의를 풍기고 있었다. 비록 그 동상의 혐의는 풀렸다 할지라도 그렇게 특정 개인의 기획에 의해 공동체

---

27 이청준, 『당신들의 천국』, 이청준 문학전집 장편소설 4, 399.

의 자율적 의사와 상관없이 추진된 천국에의 지향인즉 폭력적인 사랑의 강요와 다를 바 없다는 것이다.

여기서 이상욱이 지식인의 표상으로 꿈꾸는 천국은 자유의 가치를 앞세운다. 그것은 자기가 하고 싶은 대로 하고자 하는 자유의 고전적 개념을 염두에 두고 있다. 그러나 서로 간에 뺏고 빼앗기는 형태로 존재하는 나환자촌의 자유인즉 의무와 책임이 배제된 것이라는 비판이 가능하다. 그러나 조 원장의 사랑과 빗대어볼 때 그 자유는 일단 자신의 존재 의미를 정초하는 기반이 되는 것도 사실이다. 주체적 인격체로 존립할 수 있는 근거가 그로부터 비롯되기 때문이다. 그러나 이상욱의 자유와 조백헌의 사랑은 교통 가능한 가치였음이 점차 분명해진다. 황 장로의 고백적 언술이 바로 그러한 가능성을 부조해준다. 이는 또한 복음서의 예수가 천국 복음을 선포하면서 제시한 해방의 자유와 포용의 사랑이 구체적인 조직의 틀 내에서 안착하는 과정과 겹치는 측면이 있다. 예수의 해방적 복음은 가난하고 병든 자들의 해방과 회복을 선포하는 희년의 메시지를 기치로 삼고 병든 자들과 소외된 갈릴리의 기층 민중들에게 기존의 체제가 두른 장벽에 갇히지 않아도 될 대안적 희망을 제공하였다. 예루살렘의 성전체제와 바리새적 배타주의의 규범을 정통화하는 성결의 신학에 반하여 그는 하나님의 사랑과 용서를 앞세운 보편적 해방의 이념으로 그들의 자유를 추동하였던 것이다. 요컨대, 사랑은 구속의 울타리가 될 수 없다는 것이고, 오로지 상대방의 자유를 긍정함으로써 믿음으로 역사하는 진로가 열린다는 것이다. "울타리가 둘러쳐진 천국이 진짜 천국일 수는 없습니다"[28]라는 이상욱의 진술이 암시하는 것은 아무리 천국에 대한 신념을 신성불가침의 계시로 강변할지라도 그 천국의 진정성은 안팎의 경계를 가로지르는 개방적 소통이 전제되지 않고서는 그 실체가 저 하늘의 내세가 아닐진대 인간의 현실

---

28 앞의 책, 402.

적 삶 가운데 탐지될 수 없다는 점이다. '문둥이를 위한 문둥이만의 천국'은 아예 천국이 아닐 것이라는 전복적인 성찰과 진단이 이 대목에 개입하고 있다. 주지하듯, 예수의 병자 치유 활동은 단순히 건강한 신체의 회복에 국한되지 않고 천국의 임재를 동반하는 사건으로 평가된다. 그 대표적인 증거가 "내가 만일 하나님의 손을 힘입어 귀신을 쫓아낸다면 하나님의 나라가 이미 너희에게 임하였느니라"(눅 11:20)는 예수의 어록이다. 이는 또한 나환자 치유 사건(막 1:40-45)에서 보듯 건강하게 회복된 몸을 제사장에게 보임으로써 그들의 사회적 갱생과 재활을 고려했다는 점에서 예수의 천국 복음이 자기들만의 폐쇄적 공생이 아니라 사회적 교통 공간의 확보를 통한 보편적 가치를 지향했음을 알 수 있다.

물론 예수가 이로써 자신의 종교적 체제를 구축할 우려는 늘 존속했다. 그러나 그러한 시도는 항상 외부로부터 유혹과 같이 주어졌을망정 자신이 그 '동상'의 망령을 자초하지는 않았다. 그의 대중적 호소력을 이용하여 왕을 삼고자 하는 정치적 동기가 주변의 유혹에 빌미를 주었지만 그는 단호히 그것이 자기의 길과 무관함을 공표하여 부인함으로써만 인정받는 '하나님의 극장 무대'의 원리에 충실했다. 그 대안이 바로 십자가를 지고 예수를 따르는 제자도였고, 거기서 자유와 사랑은 서로 간의 우의 어린 믿음을 매개로 교감할 만한 자리를 얻을 수 있었다. 이와 같이 조백헌과 이상욱이 엇갈리게 구상한 천국은, 그들이 추후 공감하듯, 자생적 운명을 공유하는 믿음을 토대로 만나는데, 그 운명인즉 예수의 천국이 보여준 복음서의 신학적 질서로 소급된다. 이를테면 예수가 마시는 잔을 제자들이 마시고 예수가 지는 십자가를 제자들이 짐으로써 그 고난의 코이노니아를 통해 공통의 운명을 함께 하는 방식으로 천국의 역사적 기초가 다져진다는 것이다.

이와 같은 성서적 유비는 바울의 공동체 경험 가운데서 유사하게 패턴화된다. 우상제물을 먹는 문제와 관련하여 자유의 행사를 주장한 측과 그로 인해 연약한 양심이 상처를 받은 부류를 중재하면서 바울은 그 자유가 자기해방으로서의 자유일 뿐 아니라 배려하는 섬김으로서의 자유가 되어야 함을 역설하였거니와, 이는 곧 자유의 행사가 사랑을 밑천으로 이루어져야 한다는 논리에 다름 아닐 것이다. 이 또한 약한 자와 강한 자가 그 약함과 강함의 허울을 벗고 공동의 유기체인 그리스도의 몸 된 교회 내에서 서로 상합하여 하나됨을 추구해야 하는 자생적 운명 공동체를 세워나가야 하는 과제와 연동된다. 바울이 그토록 그리스도의 고난과 죽음을 자신의 운명처럼 인식하고 자신의 선교 사역을 그와 연계된 '고통의 코이노니아'로 각인했음도 그 증거가 될 터이다. 이와 같이 자생적 공동 운명체의 일원이 아니고서는 믿음이 불가하다는 통찰은 매우 진귀하다. 조백헌 원장을 겨냥하여 그렇게 성한 몸으로 지휘하며 시혜하는 위치를 고수하고서는 "운명을 같이하지 못하는 사람들 사이에선 절대의 믿음이 생길 수 없습니다"[29]는 이상욱의 진술은 바로 이 점을 명징하게 확인해준다.

여기서 우리는 〈당신들의 천국〉이 조형하는 믿음의 개념이 단순히 '주님의 뜻'에 대한 절대 의존과 위탁을 대신하는 신앙적 헌신과 다름을 엿볼 수 있다. 그런 식의 믿음은 예수가 강조하고 바울이 그토록 역설한 것이지만, 이청준은 그 믿음의 개인주의에 균열을 냄으로써 이 신학적 개념을 인간학적 층위에서 재구성하고 있는 셈이다. 예수의 경우는 대체로 하나님의 절대적 주권에 대한 신뢰 어린 의탁을 '믿음'이란 말로 대신했고, 바울은 그리스도를 자기의 주로 고백하며 그의 새 언약에 동참하는 자들이 공유하는 신앙적 정체성의 지표로서 '그리스도 안에서' 그를 향한 신뢰로서의 믿음을 중요시했다. 그러나 이청준의 소설적 진실 속에서 그 믿음은 특정한 인물에 대한 신앙 고백적 차원을 벗어나 그 내부의 구성원들이 상호 의존적인 관계 속에서 서로를 받아들이고 협력하는 개방적 자세를 일컫는다. 흔히 성서적 인간학은 '사람은 사랑해야 할 대상이지 믿을 만한 대상이

---

29 앞의 책, 403.

못된다'는 명제로 수렴되지만 이청준의 〈당신들의 천국〉은 신 중심의 천국의 무모함을 내파하기라도 하듯 욕망의 존재인 인간이 그 욕망을 승화시킨 자리에서 타자를 재발견하고 환대하는 믿음의 윤리를 설정한다. 이는 인자 예수를 신의 아들로 승격하여 신앙적으로 고백하는 방향으로 진화한 복음서와 신약성서 전반의 신학적 구도를 역으로 되짚어 '주님의 뜻과 은총'이라는 자기 봉사적 신앙적 수사학을 철저하게 해체하여 자유와 사랑에 육체성을 입혀나간 형태로 드러난다. 여기서 결정적인 변수가 바로 새롭게 재구성된 믿음의 개념이고 그것을 실감나게 조건 지은 근본 원리가 바로 자생적 운명의 삶이 되는 것이다.

IV. 묵시적 '하나님의 아들'과 역사적 '사람의 아들': 이문열

1979년 중편 〈새하곡〉이 동아일보 신춘문예에 당선되어 문단에 발을 들여놓은 이문열은 이 시대의 대형작가로서 이후 수많은 작품을 생산하여 대중의 사랑을 받아왔다. 〈삼국지〉 등의 고전 작품을 번안한 대중적 취향의 작품에서부터 권력의 기원이나 남북대립 시대의 이념문제를 다룬 〈우리들의 일그러진 영웅〉, 〈영웅시대〉나 〈변경〉, 전통적 가치와 사상, 예술혼의 재발견을 기획한 〈황제를 위하여〉, 〈선택〉, 〈아가〉, 〈시인〉 등에 이르기까지 그의 작품들이 보여준 행로는 다채롭고 그 성취는 풍성하였다. 그의 가족사적 비극에 터한 보수주의 사상의 행보는 적잖은 사회적 논란의 출처가 되었지만, 그는 무엇보다 작품으로 자기의 신념을 피력하는 데 긴 세월을 바쳐 국내에서 가장 많은 고정 독자를 지닌 작가로 우뚝 섰다. 그중에서 100쇄를 넘기면서 작가에게 가장 큰 혜택을 안겨준 〈사람의 아들〉은 이문열 소설 중에서도 독특한 위상을 차지하는 고전 작품으로 한국 소설에서 희소한 형이상학적 색채를 드러낸다. 이 작품은 특히 이문열의 신학사상이라 부를 만한 수준 높은 경전 지식이 스며 있기에 한국 소설뿐 아니라 그 신학적 상상력의 지평을 한 단계 확장시킨 의의가 크다 할 것이다.

1. 신성의 기원과 광야적 상상력

소설 〈사람의 아들〉은 그야말로 한 '사람의 아들'에 대한 이야기다. '사람의 아들' 또는 '인자'(人子)로 표기되는 이 명칭은 성서에 유래를 두고 있으며 성서학자들 사이에 매우 복잡한 해석을 낳은 바 있다.[30] 이 명칭은 구약성서에서는 다니엘의 묵시적 환상 가운데 출현한 신화적 인물에 그 기원을 두고 있는데 신약성서는 이를 예수 또는 미래에 나타날 구원자에게 적용한다. 그러나 이 작품에서 '사람의 아들'은 예수와 사상적으로 상반된 위치에서 활약하는 두 계통의 인물로 대표된다. 소설 속 이야기의 주인공인 아하스 페르츠 그리고 그 격자구조 밖에서 그의 신학을 구현하는 주인공 민요섭과 그의 제자 조동팔이 그들이다. 이 작품은 두 이야기의 층을 지닌 격자소설로 구성되어 있다. 바깥 이야기는 추리소설의 기법을 차용하여 민요섭이라는 인물의 살인 사건을 쫓는 남 경사의 수사 동선을 따라간다. 안쪽 이야기는 그 민요섭이 남긴 증거물인 글에 나오는 아하스 페르츠라는 전설적인 인물의 근동 종교 편력기 또는 구도적 여행기에 연이어 예수와의 대결 국면이 주축을 이룬다. 수사는 미궁에 빠지지만 민 경사는 마침내 먼 길을 에둘러 민요섭의 살인 배후에 조동팔이라는 하숙집 아들이 있다는 사실을 알게 되고 그의 행방을 추적하던 남 경사는 그의 신병을

---

30 성서에 나타난 '인자'[=사람의 아들] 개념에 대한 포괄적인 이해를 위해서는 George W. Nickelsburg, "Son of Man," *ABD* vol. 6, 137-150; J. R. Donahue, "Recent Studies on the Origins of "Son of Man" in the Gospels," *CBQ* 48 (1986), 584-607; W. O. Walker, Jr., "The Son of Man: Some Recent Development," *CBQ* 45 (1983), 584-607; F. H. Borsch, *The Son of Man in Myth and History* (Philadelphia: The Westminster Press, 1967) 참조.

확보하지만 그는 담담한 자백과 함께 독극물을 마시고 자살한다.

이 바깥 이야기에서 주목할 점은 두 가지이다. 민요섭이 신학생으로 다니다가 휴학, 퇴교한 뒤 '이단사설'에 빠져 기존의 기독교에 반하는 종교적 신념을 구축했다는 것이 그 하나라면, 그것이 신념으로 머물지 않고 실제로 시혜적인 구제활동을 통해 조동팔과 함께 파격적인 대안적 삶을 추구했다는 것이 또 다른 하나이다. 이러한 민요섭의 인생사에 파행의 동기를 부여할 만한 가족적 배경은 그가 전쟁고아였다가 토마스 D. 알렌이라는 외국선교사의 양자로 양육받아왔다는 점과 연관될 수 있을지 모른다. 또한 사상적 배경으로 언급된 것은 그의 신학대학 은사인 배 교수의 지적대로 '신앙보다 지식을 추구하는 데 몰두'한 경향과 일본의 실천신학자이자 사회개혁가, 노동운동가이며 복음전도자 및 작가 등으로 활약한 가가와 도요히코의 헌신적 생애와 선악과로 인간을 타락시킨 뱀을 사탄의 심부름꾼으로 보지 않고 지혜의 사도로 숭배한 오피스테 종파를 추종한 사실 등이다. 그러나 전통 기독교가 가르친 선악 간의 윤리와 독선을 넘어 인간의 보편적 상식과 지혜를 추구한 민요섭의 대안 종교는 그의 심경 변화로 인해 파국을 맞게 되고 이로 인하여 절망한 조동팔은 마침내 그를 죽이게 되었다는 것이다. 민요섭은 자신이 새롭게 정초한 지혜와 초연의 신을 더 이상 따를 수 없어 이전의 기독교로 되돌아가고자 했기 때문이다. 민요섭의 고백에 의하면 아무런 감정이 없고 "선악의 관념이나 가치판단에서 유리된 행위, 징벌 없는 악과 보상 없는 선도 마찬가지로 공허하다"[31] 것이다. 아울러 "신학의 탈개인화든, 혁명의 신학이든 또는 그 이상 마르크시즘과 손을 잡게 되는 한이 있더라도 우리는 신 안에 남아 있어야" 하며 "불합리하더라도 구원과 용서는 끝까지 하늘에 맡겨 두어야"[32] 한다는 것이다.

이와 같은 자기 배반과 전향을 겪기까지 민요섭이 발견한 대안적 신의

---

31 이문열, 『사람의 아들』 4판 (개정판) 9쇄 (서울: 민음사, 2010), 366.
32 앞의 책, 같은 쪽.

초상은 아하스 페르츠의 고대 근동 종교 편력에 드러난 순례적 탐구 결과가 제시해준다. 아하스 페르츠는 벧엘 근방의 한 율법사 집에서 태어난 사람으로 유대교의 신 야훼에 실망한 나머지 진정한 신을 찾아 구도의 여행을 떠난다. 고대 이집트, 페니키아, 가나안, 바빌론, 페르시아, 인도, 로마 등지에 걸쳐 그들 지역의 종교를 탐색하면서 유대교의 신이 당대의 모습으로 갖추어지기까지 진화해온 종교사적 내력에 눈뜨게 된다. 이집트에서는 개혁군주 아멘호텝 4세가 유일신으로 태양신 아톤을 배타적으로 숭배하는 종교개혁이 실패로 돌아가자 그 잔당 중 모세가 유대인 노예들을 이끌고 탈출하여 그들에게 그 유일신의 이미지를 야훼로 변용시켜 전수했다는 정보를 먼저 습득한다. 추후 엘 사타이라는 목양신이 호렙의 군신을 만나 하나로 융합되고 나중에 가나안의 바알이란 농경신의 풍요한 이미지까지 걸치면서 유대교의 야훼가 되었다는 것이다. 그는 이집트 이시스 신화에 담긴 역사적 기만을 알면서도 그것이 사실이길 바라는 대중의 요구에 부응하여 가령, 나일의 범람을 이시스의 눈물로 믿고 그로써 감사와 찬미의 제전을 올리는 제관의 노회한 선택에 눈뜨게 되며, 페니키아의 종교 탐방에서는 "농경민의 소박한 염원과 무지에서 비롯된 공포의 신격화"와 "정착생활에서 비롯된… 고인 문화의 부패하고 혼란된 윤리관"[33]을 발견한다. 그런가 하면 바벨론의 '여름 궁전'에서 그는 몰락한 바벨론의 신 마르둑의 부활과 융성을 꿈꾸며 모반을 기획하는 일군의 무리들과 함께 탐무즈 제의의 실상을 온 몸으로 경험하고 페르시아에서 발원한 조로아스터교의 제반 교리와 사상을 접하게 된다. 이로써 그는 유대인의 조상 아브라함이 이곳을 터전으로 살았던 배경에 비추어 마르둑와 티아마트의 싸움에 반영된 창조론과 우주론, 그곳의 길가메쉬 신화에서 뱀을 적대시하는 풍습이나 속죄양을 이용한 대속사상, 나아가 아후라 마즈다를 섬기는 조로

---

33 앞의 책, 153.

아스터교에 연원을 둔 선악 이원론과 육체부활 신앙, 도식적인 종말론, 구세주 신앙, 위계화된 천사론과 귀신론 등이 유대교의 제반 신앙과 교리에 어떻게 스며들었는지 구체적으로 그 잠복된 신의 진화 내력을 살필 수 있었던 것이다. 이러한 유대교의 야훼 신에 대한 아하스 페르츠의 요약은 다음과 같은 은유적 표현을 통해 적절히 제시된다. "메소포타미아 신들의 사생아. 일찍이 가나안에 버려졌다가 이집트로 흘러들어가 아톤과 야합한 뒤 다시 돌아와서는 바알과 내연 관계를 맺음. 훗날 바벨론에 끌려가 마르둑과 아후라 마즈다의 씨를 받은 적도 있어 앞으로 어떤 혼혈의 자식을 낳을지 예측하기 어려운 논다니."[34]

아하스 페르츠는 이와 같은 경험적 통찰을 통해 자신이 믿고 섬겨온 야훼 신이 '낡고 불합리한' 존재임을 자각한다. 그리하여 그가 로마에서 희랍철학 공부까지 섭렵하면서 마침내 광야에서 조우한 '위대한 신성'은 그 모든 기존 신의 억압적 족쇄에서 뭇 인간을 해방시킬 만한 대안으로 부각된다. 그는 말로써 존재를 압박하지 않으며 선악 간의 윤리로써 독선의 장벽을 치지 않는 무위와 무명의 신이며 뱀과 같은 지혜로써 절대와 영원과 완성을 분식하는 신학적 교의체계를 해체한다. 차라리 그는 "시작이요 끝이며, 영원이요 찰나며, 완성이요 개연이며, 절대요 상대"[35]로 자신의 정체를 계시한다. 그는 인간에게서 하등의 숭배나 제의적 격식을 원치 않으며 그 자유와 자율을 존중하는 신이다. 이는 야훼 신에 대한 유대교와 기독교의 변신론을 정면으로 공박하는 신관으로 보인다. 주지하듯, 전통 신학의 신정론에서 아킬레스건은 이 땅에 만연하는 죄악의 기원과 관련하여 신의 책임이 없는가라는 질문에서 비롯된다. 만일 책임이 없다면 그 신은 인간의 자유에 간섭하거나 애써 숭배받으려 해서는 안 된다. 그러나 인간의 자유에 간섭하여 각종 규율로 억압을 가하면서 또 그 인간 세상의 죄악

---

34 앞의 책, 228.
35 앞의 책, 258.

에 대한 책임까지 회피하려는 신관은 자가당착에 빠지게 된다. 이는 간섭하지 않는 사랑과 빵과 기적의 권세를 행사하여 고통스런 자유를 회수라는 두 가지의 갈림길에 인간의 운명을 방치한 셈이다. 아하스 페르츠에게 계시한 신은 이러한 논리적 자가당착을 극복하여 인간세계에 온전한 자유와 책임을 함께 허여한 존재로 그 정체성을 세운다. 민요섭과 조동팔의 합작으로 만든 '쿠아란타리아서'는 아하스 페르츠가 광야에서 만난 새로운 신성과 관련하여 묵시적 어조로 바로 이러한 신관을 담아내고 있다. 그 지혜의 신이 보기에 구약성서의 주인공들은 "선의 이름으로 지혜를 구박하고 정의를 내세워 자유를 짓밟으며 야훼에게 아첨하고 그의 근거 없는 자신을 더해주었다."[36] 반면 지혜의 신은 야훼와의 불화로 인한 불완전한 세상의 현실에도 불구하고 "지혜 없는 선, 자유 없는 정의에 갇히기보다 온전하지 못한 대로 양쪽을 모두 누리기를 바랐으며, 겨우 되찾은 존재의 반분(半分)을 포기하고 그[=야훼]의 동산에 들기보다는 거친 자연과 싸우면서도 온전한 존재로서 이 세상에 남는 쪽을 골랐다"는 것이다. 이로써 그는 "책임 없는 죄와 분별없는 처벌의 악순환"[37]을 벗어나는 선택을 한 것이다.

이러한 신관으로 새롭게 각성한 아하스 페르츠는 예수와 광야에서 처음 대면하여 시험하는 자로 예수의 전통적 신관에 도전하며 그 이후로도 여섯 차례 더 만나 예수가 설파하는 천국의 복음이 터무니없고 기만적인 것임을 설득하고자 애쓴다. 그러나 아하스 페르츠의 도전은 유다와 도마 같은 제자 일부에게만 암시적 영향을 남겼을 뿐, 예수는 십자가를 짐으로 제 갈 길을 갔다. 오병이어의 기적을 통해 굶주리는 자에게 먹을 것을 베푸는 기적으로 지상 인간의 절박한 욕구에 부응하라는 아하스 페르츠의 도전에 화답하는 것 같았지만, 예수에게 그것은 굶주린 군중의 의지를 저당

---

36 앞의 책, 338.

37 앞의 책, 339.

잡으려는 족쇄가 아니라 그들의 피로를 덜어주는 차원의 한시적 시혜였을 뿐이다.[38] 그의 궁극적 의지와 염원을 저 하늘의 낙원과 영원한 생명에 있었다는 것이다. 이는 결국 아하스 페르츠, 나아가 민요섭과 조동팔에게 배고파 굶주리는 자들, 병들어 신음하는 자들, 가난하고 소외된 자들, 죄의식으로 눌린 자들을 향한 인간적 욕망의 충족과 해방의 논리를 정초하는 인신의 신학으로 관심의 초점을 돌리는 요인이 된다. 이러한 일련의 탐색 작업을 통해 결국 예수는 전통적 신의 아들로서 인간세계에 깊숙이 성육화한 사람의 아들과 거리가 멀었다는 결론이 도출된다. 요컨대, 예수와 아하스 페르츠가 광야로 나간 까닭은 얼핏 상통하는 듯하면서도 거기에는 근본적인 신학적 토대의 차이가 있었다는 것이다.

2. '사람의 아들'과 탈기독교적 신학의 지평

한 비평가는 이 작품을 '신의 은총과 인간의 정의'란 관점에서 조명하면서 그것이 1970년대 한국 사회의 현실을 반영하고 있다고 주장했다. 말하자면, 이 작품이 "아무도 정의의 실현에 관심을 두지 못하는 상황 속에서, 신에게까지 도전하며 인간의 정의를 실현하고자 함으로써 우리 시대의 삶에 근본적인 의문을 제기한 소설"[39]이라는 것이다. 따라서 "〈사람의 아들〉은 신에 대한 부정이라기보다는 신을 부정해야 할 만큼 악화된 우리 시대의 삶에 대한 부정"[40]으로 평가된다. 그러나 이러한 평가의 관점은 이문열이 이 작품을 통해 강조하고자 한 자신의 한계상황으로서 신에 대한 인간의 실존적 고뇌와 탐구를 기존의 종교체제를 벗어나 시도하고자 한

---

38 앞의 책, 282.
39 이남호, "神의 은총과 인간의 정의", 이태동 편, 『이문열』(서울: 서강대학교출판부, 2000), 130-149, 특히 147 참조.
40 앞의 논문, 같은 쪽.

근본 동기를 배제한 '반영론'의 상투적 잣대에 머물 뿐이다. 물론 산업화 물결에 떠밀려 시골에서 상경한 숱한 도시빈민의 초상이 이 작품에 반영되어 있고 그들을 현세적인 구원으로 이끌기 위한 현실 변혁의 한 구석에 민요섭이나 조동팔같이 기성 종교의 틀을 깬 급진적 인물들의 존재 역시 당대의 운동권 일각에 기대할 만한 유형으로 상정된다. 그러나 작가가 상당 분량을 할애하여 조명하고 있는 그 배후의 궁극적 관심사는 아하스 페르츠로 표상되는 구도자적 개인의 자유스런 종교적 섭렵과 대안적 신성의 탐구로 수렴된다. 그 결정체로 제시된 웅장한 문체의 '쿠아란타리아서'야말로 작가의 신학적 상상력이 빛을 발하는 한국문학사의 귀중한 성취로 평가할 수 있다. 아울러, 아하스 페르츠가 예수와 대결하는 국면은 도스토예프스키의 대심문관 장면에 도발된 반신적이고 독신적인 주제의식이 '사반의 십자가'라는 김동리의 변용된 모티프를 통해 제도권 종교로서 기독교의 역사적 뿌리를 파헤쳐 그 신학적 전제를 극복하려는 모험적 시도로 이 작품이 조명하는 또 다른 요처이다. 아울러, 이는 니체가 〈짜라투스투라는 이렇게 말했다〉에서 지향한 '운명애'(amor fati)와 그 사상에 터한 '초인'의 세계와 겹쳐지는 인신(人神)의 신학적 상상력을 내포한다.

〈사람의 아들〉에서 가장 기본적인 물음은 누가 진정한 '사람의 아들'인가라는 것이다. 주지하듯, '사람의 아들'은 한글개역성서에 '인자'로 표기되는 명칭으로 구약성서 다니엘서 7:13의 환상 중에 나타난 "인자 같은 이"로 묘사된다. 그가 "하늘 구름을 타고 와서 옛적부터 항상 계신 이"에게 나아가 소멸하지 않는 영원한 나라와 권세를 부여받는다는 것이다. 이는 초월적 권능을 지닌 신적 존재를 가리키는데, 신약성서 복음서에서는 비록 그것이 예수를 지칭하는지 별도의 구세주를 표상하는지 학자들 사이에 약간의 이견이 있지만 장차 재림하여 이 세상을 심판할 종말론적 구원자의 위상을 띤다.[41] 그런가 하면 에스겔서에 수십 차례 나오고[42] 시편에서도 사용되는[43] 이 '사람의 아들'이란 호칭은 이러한 초월적 신성의 개념과 전혀 무관하게 인간의 나약한 속성을 부각시킨다. 외려 정반대의 의미를 띠는 셈이다. 그 밖에 이 용어가 아람어의 관용적 표현기법에 따라 예수의 시대에 자기 자신을 에둘러 완곡하게 표현하는 1인칭 단수 대명사 '나' '본인'이란 의미로 소통되었다는 것이 학계의 대체적 설명이다.[44] 복음서에서도 예수가 이 호칭으로 자신을 가리켰다는 견해에 터할 때 이와 같은 격식을 차린 자기 명명법으로 이해할 수 있다. 게다가 예의 초월적인 권능을 지닌 신적인 구원자 또는 고난받는 종의 이미지를 걸친 메시아의 초상 가운데 이것이 예수를 묘사하는 호칭으로 사용되었다고 볼 수 있다.

그런데 이문열은 아하스 페르츠를 내세워 예수에게 부여된 '사람의 아들'이란 호칭을 그에게 그 문자적 함의와 함께 적용한다. 예수는 사람의 아들보다는 신의 아들로서 초월적 위상을 띠지만 전통적인 야훼 신의 개념 범주에서 크게 벗어나지 못했다는 것이 그 전제로서 깔린다. 작가가 재정의한 '사람의 아들'은 단지 사람에게서 태어났다는 의미로 국한되지 않는다. 물론 1인칭 단수 대명사의 완곡한 표현이란 맥락적 함의에 초점을 맞추는 것도 아니다. 그렇다고 예의 초월적 신성이나 고난당하는 메시아라는 공관복음서의 전형적 이미지를 덮어씌우지도 않는다. 이 작품에서

---

41 다니엘서의 '사람의 아들 같은 이'라는 묵시록적 호칭에 담긴 메시아적 함의는 신약성서, 특히 복음서에 일정한 영향을 끼쳤다. 가령 마가복음의 예수가 대제사장 앞에서 그리스도인지 물은 질문에 "[너희들은] 인자[=사람의 아들]가 권능자의 우편에 앉은 것과 하늘 구름을 타고 오는 것을 너희가 보리라"(막 14:62)고 답한 것이 그 대표적인 증거이다. 여기서 권능자의 우편에 앉았다는 모티프가 시편 110:1에 의거한 것인데 비해 구름 타고 오라는 모티프는 명백히 다니엘서 7:13에서 연유한 것이다. 여기서 그 '사람의 아들'이 오는 목적은 그의 대적들을 심판하기 위한 것이라기보다는 그가 선택한 자들을 모으기 위한 것이다. Adela Yarbro Collins, *Mark: A Commentary* (Minneapolis: Fortress Press, 2007), 705 참조.

42 에스겔서에서 이 인자(=사람의 아들)란 호칭은 2:1에서 47:6에 이르기까지 모두 93회 사용된다.

43 시편에서는 8:4; 58:1; 80:17에 한 차례 사용된다.

44 이와 관련해서는 Geza Vermes, *Jesus the Jew: A Historian's Reading of the Gospels* (Philadelphia; Fortress Press, 1973), 160-191 참조.

'사람의 아들'은 전통적 신관의 질곡을 극복하여 사람들의 욕망과 현실적 삶을 긍정하고 그 빛과 그림자를 모두 아우르는 '지혜의 신'으로부터 계시를 받아 실천하는 자를 가리킨다. 그것은 정치경제적 사회적 해방자로서의 예언자 이미지에다 전통 신학의 교리적 틀을 배격하는 급진적 종교개혁자의 이미지를 융합한 인물의 초상에 근접한다. 이 '사람의 아들'이란 이미지로써 신에 대한 고밀도의 관념은 형이상학적 원죄의식을 강조하는 전승된 기존의 기독교 신학 체계를 가로지르며 정치·사회적 존재로서 그 다층적인 삶의 자리와, 또한 빵과 육정을 갈구하는 원초적 동물로서 인간의 일차원적 욕망과 접속된다.

그러나 관념과 실재를 아우른 이러한 아하스 페르츠의 신 이해와 그 결정체로서 '쿠아란타리아서'가 저절로 탄생한 것은 아니다. 거기에는 아하스 페르츠의 종교 편력과 경험을 통해 투사된 내용과 관련하여 작가가 공부한 수많은 고대 종교사의 지식이 스며들어 있다. 355개의 각주로 처리된 고대 근동의 종교와 사상에 대한 주해적 설명은 작가가 명시한 대로 '엘리아데와 다른 여러 종교사가, 비교종교학자들'의 참고자료에 의존하고 있지만, 그들이 백과사전적 지식을 통해 제시한 그 자세한 내용들은 기실 각 분야의 고문헌학자들 및 전문 종교학자들과 성서학자들이 연구해놓은 19세기~20세기에 이르는 다양한 실적들이 반영되어 있다. 가령, 모세가 이집트 사람이었다는 주장과 그의 일신교가 이집트의 태양신으로 숭배되었고 유일신 개혁운동에 앞세워진 아톤의 변용이었다는 학설은 20세기 초반의 종교사학파 진영에서 제출된 학설로 프로이트가 〈종교의 기원〉이라는 책의 한 논문에서 꽤 자세하게 상설하고 있는 주제이기도 하다.[45] 무엇보다 중요한 것은 작가가 구체적인 사상의 계보를 생략하고 있지만, 뱀

---

45 특히, "인간 모세와 유일신교"라는 제목 아래 편집된 세 편의 논문 "이집트인 모세", "모세가 이집트인이었다면", "모세 및 모세의 백성과 유일신교", 프로이트/이윤기 옮김, 『종교의 기원』(서울: 열린책들, 2004), 253-428 참조.

을 지혜의 화신으로 숭배한 종파를 포함하여 조물주로서 야훼의 창조결과
에 대한 가치를 평가절하고 그보다 앞서고 우월한 지혜의 최고신을 설
정하여 이 세상에 불완전한 창조로 인한 온갖 부조리와 오류들을 조정할
뿐 아니라 마침내 평정해내는 신의 자기 진화 과정은 가장 방대하게 영지
주의 문헌으로 소급되는 듯하다.[46] 그러나 영지주의 문헌은 예수 그리스
도의 사역을 정경복음서의 대속적 관점과 달리 해석하여 신령한 지식과
지혜를 통한 하나님과 인간의 신비로운 영적 합일을 강조할망정 그 하나
님의 나라 사역 자체를 부인하거나 폄훼하지 않는다. 따라서 '쿠아란타리
아서'는 영지주의 사상을 이신론(Deism)적 관점에서 현대화하여 부분적으
로 차용하면서 그 사상이 결여한 물질세계와 인간의 욕망이란 영역을 포
괄한 잡탕의 결과로 이해된다. 특히 후자의 요소를 보충하기 위해 해방신
학이나 민중신학의 일부 주장과, 자유를 대가로 현실사회의 도덕적 규범
을 포기할 수 없는 작가 특유의 보수적인 인본주의 관점이 개입한 흔적을
작품의 군데군데서 보여준다.

　　아하스 페르츠의 새로운 신관과 그 결정체인 '쿠아란타리아서'의 혼종
적 독창성을 인정한다고 해도 이 작품이 보여주는 기독교 인식과 그 토대
가 되는 성서신학적 풍경은 매우 제한적인 도식을 벗어나고 있지 못한 것
으로 판단된다. 이문열의 대안적 신 이해와 그 종교적 신학적 근거는 대체
로 고대 근동의 종교 관련 문헌을 비교 연구해온 종교사학파의 학문적 성
취에 많이 기대는데, 이는 야사적(野史的) 상상력을 경유하면서 방만하게
증폭됨으로써 그 문학적 형상화의 빼어남에 비해 그 사상적 공정성과 진
정성에 흠이 되고 있다.[47]

---

46 이 방면에서 가장 대표적인 연구로 Elaine Pagels, *Adam, Eve, and the Serpent* (New
　York: Random House, 1988), 특히 69 참조.
47 그러나 그 사상적 관념성 자체에 착안하여 그 외연을 확대시키고 그 내포된 의미를 심화시
　킨 이 작품에 호교론적 잣대를 들이대어, 가령 "아하스 페르츠와 예수의 만남이 관념적 논쟁
　에 머물 뿐 아무런 역사적 구체성이나 체험적 감동을 전달하지 못하고 있다"는 식의 평가는

유대교의 야훼 신에 대한 이해 역시 출애굽 사건의 민족주의적 에토스와 가나안 정복 전쟁에 나타난 전사 이미지에 집중적으로 의존하고 있다. 그러나 구약성서의 총체적인 신학적 관점에서 보면 야훼 신은 금기와 억압의 최소치에 자유와 향유의 최대치를 허여한 은혜와 사랑의 신, 관용과 인내의 신으로 더 자주 묘사되고 있다. 선악 간의 윤리를 독선으로 몰아간 것은 그 하나님을 특정한 삶의 자리에서 표현한 인간 언어의 선택적 분별지에 의거한 결과일 뿐, 외려 예수가 파악한 그 하나님은 선과 악, 의와 불의의 경계를 개의치 않고 보편적 창조의 은총을 베푸는 만유의 아버지로 조명된다. 물론 인간의 죄악이 야훼의 창조물이라면 그것은 더 이상 인간의 책임이 아니며 그것이 야훼의 뜻이었다면 그는 더 이상 전능하지도 않다는 논리적 균열에 터한 신정론적 물음은 여전히 미해결의 난제이다. 이로 인해 인간의 자유의지와 하나님의 초월적 섭리 사이에 죄악된 인간 사회의 현실이 온전한 구원의 출구를 찾지 못하는 신학적 딜레마도 여전하다. 물론 다양한 신학적 변증의 시도가 없지 않고 그중에 '역설'의 차원에서 논리적 설득력을 동반하기도 한다. 그러나 그 역설을 배제한 기계적인 논리의 대입은 그토록 초연한 '지혜의 신', 숭배를 원치 않고 선악 간의 판단도 인간의 자유와 자율에 맡겨버린 그 지고한 태초의 존재는 민요섭의 좌절이 암시하듯 쓸쓸하고 두렵고 공허한 대상으로 인간 실존과 유리된 채 겉돌기 마련이다. 탈인격화된 그 신의 초연함이 외려 신앙의 부재를 낳아 전통적 신의 인격적 면모(anthropomorphism)를 동경하는 형국인 셈이다. 그것은 고밀도의 이성적 자각이란 관점에서 인간을 다시 그 기존 종교의 '현란한 사육장'(278) 속에 가두는 노예화로 볼 수 있겠지만, 소속이 없는 실존은 이 땅에 발붙이고 소박하게 살아가는 '사람의 아들'의 평균치와 동떨어져 있는 점을 감안할 때, 민요섭의 회귀를 마냥 퇴행적 행보로만

이문열이 의존한 야사적 상상력의 의도를 간파하지 못한 결과 문학비평의 정상 궤도를 벗어난 것으로 보인다. 신익호, 『기독교와 현대소설』, 72-94, 특히 94 참조.

볼 수 없는 것이다.

끝으로 아하스 페르츠의 변설과 '쿠아란타리아서'의 신학 세계는 예수의 역사적 실상을 어거스틴과 루터 식의 이원론적 세계 인식에 붙들어 맴으로써 또 다른 편견을 양산한다. 이는 김동리의 〈사반의 십자가〉가 보여준 예수의 신학적 입장을 극복하지 못한 결과로 비친다. 주지하듯, 어거스틴과 루터는 이 땅의 세속적 도성과 저 하늘의 거룩한 도성, 또는 지상의 왕국과 하늘의 왕국을 차갑게 대별하여 예수의 궁극적 목표를 후자로 귀결지었다.[48] 이를 정당화할 만한 신약성서의 증거 자료가 없지 않지만, 근래 역사적 예수 연구의 축적된 자료에 의하면 복음서의 예수만 해도 '천국'이나 '하나님 나라'의 은유적 개념을 통해 저 하늘의 내세적 가치에 경도되지 않았음이 명백하게 드러난다.[49] 그는 외려 이 땅의 정치적 사회경제적 현실에 밀착되어, 가령 천국을 갈릴리 소작농의 일상적 체험 속에서 일개 푸성귀에 불과한 겨자의 성장이나 부락공동체의 마을 잔치 수준에서 조명하였으며 '죄'만 해도 형이상학적 원죄와 상관없는 사회경제적 채무 관계의 차원에서 이해하였기 때문이다.[50]

비록 아하스 페르츠의 오해를 초래하긴 하지만, 복음서의 오병이어 사건과 숱한 치유기적 사건 역시 이 땅의 생명들을 구체적으로 회복시키기 위한 '치열한 연민'과 적극적 참여의 소산이었지 하늘의 영생을 가리키는 단순한 상징이라고 보기 어렵다. 더구나 정결/부정의 이원론적 성결 이데올로기에 대한 극렬한 비판을 거쳐 예수의 성전 청결 사건에서 정점에 다

<hr/>

48 아우구스티누스/김종흡·조호연 옮김, 『하나님의 도성』(서울: 크리스챤다이제스트, 2000); 손규태, 『마르틴 루터의 신학사상과 윤리』(서울: 대한기독교서회, 2004) 참조.
49 Dennis C. Duling, "Kingdom of God, Kingdom of Heavens," *ABD* vol. 4, 49-69; 차정식, "마태복음의 '하늘나라'와 신학적 상상력", 『예수의 신학과 그 파문』(서울: 대한기독교서회, 2007), 257-289 참조.
50 차정식, "'하나님 나라'와 예수 신학의 유토피아적 지평-마태복음 18:23-35와 20:1-16을 중심으로", 『신약성서의 사회경제사상』(서울: 한들출판사, 2000), 113-142 참조.

다른 예수의 종교개혁적 의지는 당시 기득권화한 유대교의 내부적 병폐와 율법적 형식주의에 갇힌 그 신학적 맹점을 타개하려는 대안적 프로그램의 증거로 충분하다. 12제자의 구성체 역시 이스라엘의 12지파로 표상되는 전통적 언약의 흐름을 이어받아 그 의미를 갱신하고 당대의 역사 전망을 선취하려는 예수의 회복 의지를 담아내고 있었다고 볼 수 있다. 그러나 이 모든 노력들이 신학적 거대담론의 묵시주의 전망 속에 매몰된 것이 아니라 일상적 삶의 구체성을 바탕에 깐 이 땅의 지혜에 접목되어 있었다는 점이 중요하다. 다시 말해 그의 묵시적 하늘은 이 땅의 지혜와 긴밀하게 잇닿아 목민의 하나님 나라 사역을 추동하였으리라는 것이다. 요컨대, 아하스 페르츠의 치열한 휴머니즘은 복음서 저자가 지혜의 사자로 조명한 예수의 신학적 기치와 일부 공통되며, 예수의 하나님 나라 운동이 개척한 제반 성과가 '쿠아란타리아서'의 신학적 지향점과도 부분적으로 상통되는 측면이 있는데, 이 점이 간과되었다는 지적이다.[51]

V. 초월적 신성과 내재적 역사의 역동적 횡단: 이승우

작가 이승우는 이청준과 동향(전남 장흥) 출신으로 1981년 중편 〈에리 직톤의 초상〉이 한국문학 신인상을 받으면서 약관 22세의 나이로 문단에 데뷔했다. 앞서 다룬 두 사람의 작가와 달리 그는 서울신학대학과 연세대

---

51 이와 관련하여 이동하는 이보영, 『한국소설의 가능성』(서울: 청예원, 1998), 60의 지적에 동의한다. 그는 특히 예수의 부활 사건에 대한 이해와 관련하여 이 작품이 지닌 종교적 딜레 탕트의 한계를 지적하기도 한다. 하나님의 아들로서 예수의 초월적 성격만을 강조한 나머지 예수의 인간적 고뇌와 연민과 같은 '사람의 아들'다운 초상은 철저히 배제되어 있기 때문이다. 이문열의 이러한 초월적 예수상과 대척점에 있는 작품으로 그는 예수의 인간적 실존을 집중적으로 조명한 백도기의 『가룟 유다에 대한 증언』을 들고 있다. 이동하, "예수 부활 문제에 대한 소설적 접근의 몇 가지 유형 – 『가룟 유다에 대한 증언』과 『사람의 아들』을 중심으로", 『한국소설과 기독교』, 85-107 참조.

학교 신학대학원을 다닌 신학도로서의 이력과 공부 경험을 가지고 있다. 이후 그는 〈구평목씨의 바퀴벌레〉와 〈일식에 대하여〉란 제목의 창작집을 출간하였으며 〈식물들의 사생활〉과 〈생의 이면〉 등의 작품이 불어로 번역되면서 외국에서 주목받기 시작했다. 그의 데뷔작 〈에리직톤의 초상〉은 이후 1989년 계간 「문예중앙」에 발표한 〈에리직톤의 초상·2〉와 함께 수정·보완되어 10년 만에 장편소설로 출간되었다. 이 작품을 비롯하여 그의 작품세계는 대체로 기독교적 세계관에 기초하여 인간의 양면성과 생의 이율배반에 대한 형이상학적 탐구에 주력하는 것으로 평가받아왔다. 특히 〈에리직톤의 초상〉은 그의 저러한 작품세계를 예시하면서 1990년대의 소설문학에서 새로운 지성적 계통의 흐름을 보여주었다. 그 흐름의 한 가지 중요한 골조는 전통신학의 사상적 틀 바깥을 사유하려는 도전으로 곧 초월적 신성의 수직적 구조와 내재적 인간 역사의 수평적 차원을 내파, 해체, 재구성하려는 몸부림에 다름 아니었다.[52]

1. '에리직톤'과 다양한 신앙적 인간의 초상

교황의 암살기도 사건에서 암시를 얻은 이 작품은 한 가지 신학적 스펙트럼을 배타적으로 고집하지 않는다. 그것은 한 비평가의 지적대로 다양한 형태로 포진한 인간 삶의 실존 가운데 신과의 관계 역시 '열린 다원적 인식'을 지향한다.[53] 가령, 이 작품은 몇몇 인물을 통해 신과 인간의 관계

52 이러한 연유로 그의 작품 세계는 '신앙적 이성주의' 또는 '합리적 관념성' 등의 말로 특징지어지며 이는 하나님이 폐쇄적이고 획일적인 신이 아니라 개방적인 다양성의 신이라는 신념에 기초한다. 이에 따라 그에게 "삶과 죽음, 성과 속, 초월과 참여, 수직성과 수평성은 모두 하나의 개체 안에 통합되어 있는 상보적인 인자(因子)들"로 인식된다. 이러한 특징이 그의 다른 작품 〈못〉〈고산지대〉〈미궁에 대한 추측〉 등에서 드러나며 이후 〈생의 이면〉, 〈목련공원〉 등의 작품을 기점으로 그는 인간의 내면에 대한 탐구 쪽으로 기울어간다. 유성호, "현대문학과 종교적 상상력", 「통합연구」 39 (15/2), 125-141, 특히 135-136 참조.
53 진형준, "열린 다원적 인식", 이승우, 『에리직톤의 초상』(서울: 도서출판 살림, 1990) 해설,

유형을 제시한다. 먼저 수직적 관계를 대표하는 사람은 정상훈 교수이다. 그는 이 작품의 화자 역할을 하는 주인공 김병욱의 신학대학 시절 은사이기도 하다. 그에게 그 신/인간의 수직적 구조와 그 비극적 현실을 특징짓는 요소는 연쇄적 '폭력'이다. 그가 볼 때 인간사의 비극은 '하나님에 대한 인간의 폭력'으로 시작되었다. 그것은 하나님의 동산에서 금기시된 선악과를 따먹은 불순종의 죄악을 가리킨다. 이에 대한 징벌의 결과 하나님은 그 인간을 에덴에서 추방하는데 그것이 바로 정상훈 교수의 묘사에 의하면 '인간에 대한 하나님의 폭력'이다. 그와 같은 연쇄적 상호폭력의 결과 발생한 또 다른 비극이 가인과 아벨의 사건에서 드러나는 '인간에 대한 인간의 폭력'이다. 이 모든 비극은 하나님의 뜻과 무관하다. "수직이 폭력에 의해 파괴되지 않았다면 수평 또한 흔들리지 않았을 것"[54]이기 때문이다. 그것은 하나님이 부여한 자유를 인간의 오판으로 잘못 사용한 결과이다. 그것이 폭력의 연쇄적인 비극을 낳았던 바, 결국 에덴에서 인간의 불순종을 유발하게 만든 사탄의 표상인 뱀이야말로 '폭력의 씨앗'이라는 것이다. 이로부터 오만한 인간의 삶은 하나님을 떠난 대가를 톡톡히 치르면서 불행한 삶을 살아왔다. 그 실존의 족쇄로부터 벗어나 구원을 받을 유일한 길은 회심하여 폭력으로 인해 망가진 하나님과의 관계를 회복하는 선택뿐이다. 이것을 정상훈 교수는 종교를 통해 악의 뿌리를 제거하는 '인간 개조'라고 한다. 그에게 "신을 거론하지 않는 휴머니즘은 허무주의"에 불과하다.[55]

정상훈 교수의 수직적 관계 일변도의 신학적 입장과 길항하거나 충돌하는 입장은 최형석과 신태혁이라는 인물로 대표된다. 최형석은 정상훈 교수의 딸 혜령이 목회자가 될 사람을 배우자로 삼기 위해 신문기자로 취

270-283 참조.
54 이승우, 『에리직톤의 초상』, 28.
55 앞의 책, 같은 쪽.

업한 김병욱과 결별한 뒤 받아들인 연하의 사람이다. 그는 키도 혜령보다 작고 정신도 왜소하여 늘 열등감에 시달리는 인물로서 일단 혜령과 함께 신학공부를 위해 독일 뮌헨으로 유학을 떠나지만 현지에서 제대로 적응하지 못해 파탄을 겪게 된다. 혜령을 결국 한국으로 되돌아가게 만들고 사격장에서 우연히 만난 알렉산더 델브뤼크라는 사람과의 교유를 통해 '삶이란 총을 똑바로 쏘는 것'이란 명제에 눈뜨게 된다. 이에 따라 최형석은 델브뤼크와 함께 동행하면서 결국 교황 살해의 음모에 가담하기에 이른다. 그러한 행동의 동기는 배후의 어떤 정치세력이 그 내부의 이해관계로 부추긴 것이 아니라 인간의 본능적 욕망에 따른 결과로 설명된다. 이른바 '바이오필리아'에 상응하는 '네크로필리아'의 욕망이 작용하여 피를 부르는 것이라는 주장이다. 이는 절대 신성의 권력과 맺은 수직적 관계 내에서 그 관계 자체를 파괴하지 않은 채 신을 인간의 자리로 끌어내리는 도전적 모험을 통해 현시된다. 폭력과 희생의 현상 이면에는 이와 같이 그것 자체에 붙들려 있는 인간의 욕망이 문제시된다. 그러한 맥락에서 선과 악, 우월한 것과 열등한 것, 희생자와 가해자, 아벨과 가인의 구분은 무화된다. 그것은 결국 인간의 욕망 가운데 한 몸뚱이를 이루는 쌍생아이기 때문이다. 따라서 교황의 저격 사건이 암시하는 바는 절대적인 권위의 탈을 쓴 인간의 수직관계에 대한 부정과 파괴이다. 이는 결국 자기 파괴로 이어져 그가 시도한 자기 탈출의 도전은 마침내 그의 자살로 귀착되고 그가 보낸 장문의 편지는 그동안 그의 고통스런 삶의 이력을 자신의 신학적 사색과 함께 고스란히 김병욱에게 전달된다.

한편 신태혁이란 인물은 이른 운동권 신학도로서 일찍이 학창시절 군부정권에 굴신하던 목사가 목회하는 어느 대형교회에 불을 지른 방화미수범의 전력을 가지고 있다. 그는 이후 노동운동에 투신하여 군부독재 체제의 억압을 피해 수녀원으로 숨어들었다가 체포된다. 이후 그의 자해와 의문사가 보여준 동선은 1980년대 한국 사회의 억압되고 은폐된 그늘을 단편적으로 대변한다. 그는 정상훈 교수가 신에 대한 불경의 결과로 초래된 인간의 비극을 설명하기 위해 제시한 그리스의 에리직톤 신화를 '탈신화화'하는 위치에 선 인물이다. 에리직톤 신화의 표피적 서사는 시어리어즈(Ceres)라는 여신이 아끼는 숲의 신성한 참나무에 도끼질을 한 죄로 에리직톤이 먹을수록 더 굶주리는 징벌을 받아 자기 딸까지 팔아버리고 나중에는 자기의 팔다리까지 뜯어먹다가 죽어버린다는 이야기로 짜여 있다. 신태혁은 자신이 남긴 노트 자료를 통해 이 신화를 재해석하여 에리직톤이 신의 권위를 침해한 불경한 자가 아니라 신화에 감추어진 왜곡된 신성의 권위와 그 억압적 구조에서 인간을 해방시키기 위해 외로운 싸움을 벌인 의인의 몸부림을 반영하고 있다고 주장한다. 신화의 체제 보존적 기능에 도전하고 그것이 배태한 권위와 권력의 신성화한 금기를 위반한 것이 바로 에리직톤의 죽음으로 표상되었다는 것이다. 반면 그 도전이 실패하지 않고 성공한 예로 신태혁은 출애굽의 영웅 모세를 언급한다. 그 역시 파라오 체제의 절대 권력과 그 신화적 후광에 맞서 싸워 투쟁한 결과 승리하여 새로운 신화를 창조하기에 이르렀다는 것이다. 그 신은 이제 더 이상 초월적인 신성의 자리에 머무르지 않고 이 땅의 구체적인 역사적 상황 속에 내재하는 윤리적이고 의로운 신으로 자리매김된다. 그의 탈신화적인 신학적 태도는 윤리적인 결단과 사회정의를 중시하고 역사 참여의 동력을 창출하는 데 비해 종교적 초월성의 배타적 영역을 훼손하는 우려를 초래한다. 이러한 맥락에서 신학이 윤리화하며 역사 초월적 신성이 역사 내재적 인간의 투쟁의지로 협소하게 제한될 수 있기 때문이다.

초월적 신성과 그를 주축으로 하는 수직적 관계에 대한 정상훈 교수의 강조가 보수적 신학 전통을 반영한다면 폭력과 희생을 욕망의 동일한 형태로 파악하는 최형석의 입장은 정신분석학과 지라르의 폭력이론에 터하여 종교와 신학의 욕망론적 구조를 암시한다. 이에 비해 수평적 인간관계의 공의로운 질서를 지향하는 신태혁의 지론은 본회퍼의 '성숙해진 시대'(the coming of age)와 불트만의 '탈신화화'(demythologizing)란 관점에 민중신학과 해방신학의 통찰을 가미한 신앙의 역사 참여적 층위를 대변한다고 볼 수 있다. 그러면 이 모든 것들은 따로따로 존재하는 파편화된 신학의 한 갈래이거나 그 이단적 변종이란 말인가? 그것을 아우르며 회집시키는 태초와 종말의 원형적 교통 공간은 부재하는 것일까? 여기서 이 물음에 대한 희망적 방향을 보여주는 인물이 정상훈 교수의 딸 혜령이다. 애당초 그의 신학적 포지션은 신학자인 아버지의 보수적 입장과 동격이었다. 그래서 그녀는 세속의 직업을 얻은 신학도 김병욱과 결별하였고 제자와 다를 바 없는 신형석과 혼인하여 앞으로 목회자가 될 사람의 배우자로 유학을 떠났다. 이는 아버지의 훈육에 맹목적으로 추수한 결과였지 신앙적 주체의 이끌림과 무관한 동선으로 판단된다. 그러나 독일에서 경험한 환멸은 인간관계 자체에 대한 절망을 야기하고 그녀는 이로부터 첫 번째 변신의 계기를 얻는다. 그 결과 수녀원에 자신을 가두어 추악한 세상의 질서를 초월하고자 애쓴다. 그러나 그 추악한 세상의 질서는 그녀를 무도하게 범하여, 수녀원에 잠입한 신태혁과의 만남을 통해 또 다른 변신의 계기를 맞이한다. 그것은 세속의 폭력이 초월적인 가치를 훼손하면서 운동권의 투쟁이 보여준 증오와 적의 속에 담긴 고통과 슬픔을 발견하게 된 계기와 상통한다. 이 모든 일련의 경험과 각성을 통해 그녀는 자신이 초월하여 숨은 곳도 이 세속의 일부일 수 있음과, 나중에 천사원의 어린 고아들을 통해 하나님을 발견하는 경험을 통해 그 남루한 세속조차 초월적 신성을 경험하는 현장일 수 있음을 동시에 깨닫게 된 것이다. 이전에도 하나님 사랑과 이웃사랑의 동시적 중요성을 익히 알았을 테지만, 그것이 단지 계율과 추상적 구호로써 맴돌 때와 자신의 주체적 경험 속에서 구체적인 깨달음으로 다가왔을 때가 매우 달랐을 터이다.

마지막으로 작가 이승우의 분신이라고 할 만한 화자 김병욱은 이 모든 관계의 지형을 가로지르며 상호 간의 긴장을 조율하고 그 내면의 한 조각

진실을 탐색하는 인물이다. 그는 신학도였고 이후에도 계속 신문사의 동료와 정상훈 교수로부터 목회자로 돌아가라는 권면을 듣지만 세속의 한복판에서 그 모든 상황을 냉정하게 관찰하고 객관적으로 설명하는 위치를 고수한다. 그는 인간과 신의 관계에 있어 수직과 수평의 논리를 제 나름대로 용인하며 그것을 이해하고자 애쓸망정 어설프게 통합하거나 폐기하지 않는다. 그 수직과 수평의 구조에서 파생된 다양한 변용의 노선과 해석적 논리 역시 냉철하게 평가되기보다 팽팽한 긴장 속에서 다만 흔들릴 뿐이다. 그의 표현에 의하면 "그것들은 우리들의 삶을 가운데 두고 팽팽하게 긴장을 유지하며 흔들거린다. 삶은 움직이고 흔들리는 데에 뜻이 있다. 견고한 것, 딱딱하게 굳어진 것, 움직이지 않는 것을 나는 믿지 않는다. 그런 것에 우리는 희망을 걸 수 없다."56 물론 그 흔들림은 흔들리지 않음을 지향하며, 그 역의 논리도 일리를 지닌다. 따라서 그 흔들림이 막연한 방황이나 낭만적 포즈를 넘어 치열한 실존의 다원적 지평 위에서 견결한 대결의식과 체험적 인식을 토대로 그 진정성을 확보해야 한다. 이렇듯, 신학적 역설로서 흔들림과 흔들리지 않음의 관계는 병립적으로 우리의 신앙적 실존 가운데 공존한다.57

2. 신과 인간의 미래적 교통 공간

이 작품의 미덕은 무엇보다 기독교 신학의 다양성을 처음으로 작품 속에 형상화하는 데 성공했다는 것이다. 이문열과 이청준의 상기 작품은 기

---

56 앞의 책, 257.
57 이를테면 우리는 이 땅의 죄악과 싸우기 위해 흔들리지 않는 굳센 신념이 필요하지만, 그 신념이 특정한 도그마의 형태로 고착되지 않기 위해서, 나아가 새로운 삶의 가능성과 미래로 열린 희망을 개척하기 위해서는 부단히 흔들리는 모험을 감수해야 한다. 이와 관련해서는 차정식, "'흔들림'과 '흔들리지 않음'의 언저리", 『한국 현대시와 신학의 풍경』(서울: 이레서원, 2008), 300-319 참조.

독교의 이해에 있어 김동리의 〈사반의 십자가〉와 그의 시대가 표출한 단선적인 관점을 크게 벗어나지 못한 채 고정된 틀 속에서 선회하는 경향을 보여주었다. 그것은 서구의 전통신학이 그 중세적 체질과 종교개혁 이후 교리화된 신학적 체계의 반경을 기본 전제로 수락한 결과였다. 가령, 이청준의 〈당신들의 천국〉에서 조명한 '천국' 개념과 그 하부 개념으로서의 자유와 사랑, 믿음과 자생적 운명, 권력 등은 매우 중요한 신학적 거대담론의 주제들이지만 그것들은 이 땅의 복잡다단한 상황에 역동적으로 반항하여 정립되어가는 사상사와 신학이론의 편차를 감안하지 않은 그야말로 고전적인 개념에 정초되어 있다. 이는 전통적인 신정론에 대해 가열찬 도전을 던지는 〈벌레 이야기〉와 헌신적 희생과 참여로서 한 경건한 목사의 삶을 조명하는 〈낮은 데로 임하소서〉에서도 고전적인 기독교전통을 일탈하지 않는 범위에서 여일하게 지속되는 패턴이다. 이문열의 〈사람의 아들〉이 보여주는 예수의 신학적 지향과 성서적 기독교의 세계 역시 하늘의 질서에 대항하는 이 땅의 질서라는 이분법적 구도에서 아하스 페르츠의 저항적 변설이 갈무리되는 형국이다. 이에 비해 〈에리직톤의 초상〉은 이를테면 〈사람의 아들〉이 조명하는 아하스 페르츠와 예수의 초상을 동시에 보여주며 그 대립의 접점을 소통시키는 작업까지 수행하고 있다는 것이다. 이 작품은 아울러 〈당신들의 천국〉에서 투사하는 조백헌 원장의 사랑과 이상욱 과장의 자유, 황 장로의 믿음과 자생적 운명 등이 그 세세한 현실의 맥락에 따라 어떻게 다채롭게 변용되는지 그 신학적 지평의 개방성을 보여주고 있는 셈이다.

이 작품은 2부로 구성되어 있다. 1부는 수직과 수평의 대립적 관계가 팽팽히 맞서는 국면을 주로 제시한다. 2부는 그 대립 관계의 소통과 개방적 이해에 초점을 맞추면서 서사를 이끌어간다. 작가의 기획에 의하면 그는 "이 책의 1부에서 개체적이고 실존적인 사고와 신 중심의 세계인식, 그리고 추상적이고 폐쇄된 신념 체계에 기울어진 한 젊은 신학도의 의식을 드러내 보이고, 2부에서는 그 반대편 창문을 통해 인간의 구체적인 삶에 대한 관심과 역사적이고 사회적인 시야를 확보하게 되기를 바랐다"[58]고 한다. 1부에서 주목할 만한 개념은 신과 인간 사이에 오간 '폭력'이다. 폭력은 인류의 역사와 그 기원이 같다고 할 정도로 태초에 폭력이 있었다고 해도 과언이 아닌 것이다. 그러나 정상훈 교수의 폭력은 아직 교리의 강박을 벗어나 신학적 이론의 세례를 받지 못한 이해의 수준에 머물러 있다. 다시 말해 신의 절대적 권위를 내세워 신이 아니고 신이 될 수 없는 인간의 실존에 대한 심도 있는 배려와 개방적 이해를 전제하지 못하고 있다는 것이다. 따라서 폭력에 대한 그의 강의와 설교는 필연적으로 열등한 존재의식으로 인해 고뇌하는 삶의 실존과 그 이율배반적 속성과 관련된 최형석의 방랑적 편력과 도전, 그리고 그 이론적 사색과 함께 심화되어가는 폭력의 실체 탐구로 연결된다. 여기서 수직이 전제되지 않은 수평의 문제는 "보이지 않는 하나님과의 관계는 인간관계 속에서의 실현을 통해서만 가능하다"[59]는 병욱의 답변으로 일단 출구를 열어나간다.

그런데 그 인간관계라는 것이 마냥 투명하고 환한 절대자의 빛 가운데서 결실하지 못한다는 사실을 인식해야 한다. 그것은 아무리 진리를 추종하는 빛의 인간을 강조해도 어둠을 저당잡고 있는 빛의 세계일 뿐이기 때문이다. 그래서 재회한 병욱과 혜령과의 대화 속에, 아마도 형석에 대한 경험을 전제한 것일 테지만, 타락한 인간세계의 습성이 모조리 개방되는 지옥의 가능성이 상정되고, 인간에 대한 속 깊은 앎 가운데 반드시 잇따르는 환멸의 감정이 토로된다. 이러한 현실에 터한 신학적 인간학의 의미망은 두 가지의 에피소드를 통해 증폭된다. 그 하나는 혜령의 입을 통해 전해지는 형식의 중학교 시절 이야기 한 토막이고, 또 다른 하나는 혜령이 직접 병욱에게 전해준 이야기이다. 첫 번째 에피소드는 형식의 중학교 시절 수

---

58 이승우, 『에리직톤의 초상』, 10.
59 앞의 책, 50

학선생이 아주 드물게 학생들에게 벌을 줄 때 매를 들지 않고 그들을 2열 종대로 세운 다음 서로를 쳐다보며 일체의 다른 행동 없이 상대방의 눈을 똑바로 보도록 했다는 예화이다. 시간의 흐름 속에 서로의 눈길 속에 담겨지는 "비굴하고 비참한 수치감", "경멸이라도 당하는 듯한 씁쓸함과 예상치 못한 당혹감"으로 인해 마침내 서로 간에 "견디기 힘든 모멸감" 생기고 마침내 눈자위가 충혈되면서 형석이 상대방의 눈에 거푸 주먹질을 해댔다는 것이다.[60] 연이어 혜령은 한 여류작가의 작품 속에 나오는 이야기를 전해주는데, 그것은 한 부잣집 딸이 자기 집 하인과 좋아해 결혼까지 했지만 아무리 배려하고 노력해도 그 남편의 옛 기억 속에 남아 있는 열등의식 때문에 그 피해망상증으로 인해 비뚤어지고 난폭해진다는 내용이다. 마치 히브리 노예들이 안식년을 맞아 자유인이 될 수 있는데도 그 자유를 포기하고 평생 그 주인의 노예로 살겠다고 귀에 구멍을 뚫는 것과 마찬가지의 상황이다. 그러므로 인간은 그 욕망의 굴절을 통해 마조히즘과 사디즘의 족쇄에서 폭력적인 충동을 안고 있으며 그것이 종교적인 자기의탁을 초래하는 무의식의 구조가 아니겠느냐는 암시를 깔고 있는 것이다. 이것이 신과 인간의 관계를 '폭력'이란 매개개념으로 해석할 수 있는 가능성이다. 인간들 사이의 관계 역시 잠복된 폭력의 충동이 항존하는 현실로 특징지어진다. 이는 형석의 추후 서신을 통해 폭력과 희생의 동일체 구조라는 지라르(R. Girard) 식의 이론을 통해 세밀하게 조명되어간다.

이러한 이론적 배경을 깔고 볼 때 독자는 병욱이 정 교수를 만나기 위해 그의 방에서 기다리던 중 그 넓고 먼지 하나 보이지 않을 정도로 깨끗하게 정돈된 공간에서 폭력을 느낀 형편을 헤아릴 수 있다.[61] 아울러, 그 방을 나와 기도실에 갔을 때 그 공간의 적당한 어둠 덕분에 상대방 앞에서 자신의 표정을 감출 수 있다는 사실로 인한 위안을 느끼는[62] 병욱의 심사

---

60 앞의 책, 122-123.
61 앞의 책, 162.

도 충분히 이해 가능하다. 그것은 혜령의 두 차례 변신을 목격하면서 병욱이 자신의 깨우침을 되뇐 대로 수직과 수평, 형식과 개혁의 교차적 긴장관계의 팽팽한 한 가운데서 끊임없이 움직이고 흔들리는 삶의 진정성을 역설한 화자의 통찰에 잇닿아 있다. 이는 꼭대기에 다다른 시지푸스가 다시 산을 내려와야 하는 운명과 상통하고 불을 훔쳐 인간을 이롭게 했다고 신의 노여움을 사 가혹한 형벌을 받아야 한 프로메테우스의 비극적 운명이 암시하는 바와 접속된다.[63] 성서신학적 관점을 대입하면 이는 이스라엘의 패역함을 징벌하려는 야훼의 진노와 형벌을 온 몸으로 막아서며 대응한 모세의 옹골찬 결기와 이 땅에서 항존하는 죄악의 현실과 악인이 득세하여 의인을 억압하는 부조리에 '어찌하여?'와 '언제까지?'의 물음으로 항변한 예언자들의 도저한 신정론적 회의와도 일맥상통한다. 이러한 구약성서의 프로메테우스적 요소는 곧 신약성서로도 이어져 나타난다. 가령, 인간을 시험하시는 하나님의 선의에 역설적으로 대응하며 '시험에 들게 하지 말'고 탄원하는 예수의 기도라든지, 정결과 부정의 제의적 종교관습에 정면 대결하여 그 배타적 경계를 가로지르며 외려 '먹보'와 '술꾼' 그리고 '죄인의 친구'로 처신한 그의 도전, 나아가 자신의 동족이 구원받을 수 있다면 자신이 그리스도로부터 끊어질지라도 원하는 바라며 한때 그렇게 독설로 하나님의 진노가 임하길 기도한 이스라엘 동족을 위해 제 일신의 구원을 포기할 수 있다는 결기를 부리는 바울의 포즈 등에도 프로메테우스의 그림자는 일렁인다. 이러한 국외자의 모습들은 곧 신의 명령에 고분고분하지 않고 그 정당성을 되물으며 금기를 위반함으로써 전혀 예기치 않은 비극적 운명을 개척한 에리직톤의 초상과 유사한 궤적을 그려 보여준다.

이승우의 〈에리직톤의 초상〉은 1980년대 한국 현대사의 가장 억압적

---

62 앞의 책, 166.

63 S. H. Blank, "Men Against God: The Promethean Elements in Biblical Prayer," *JBL* 72 (1953), 1-13 참조.

인 현실의 한복판을 가장 치열하게 관통해나간 자들의 고뇌 어린 회고적 반영물이다. 그 회고의 후일담은 물론 가벼운 감상과 낭만적 추억의 어조로 포장되어 있지 않다. 거기에는 그 세대의 치열한 에리직톤들이 온 몸으로 감당한 역사 현실에 대한 진지한 탐구와 이론적 성찰이 있고 그 다양한 경험을 그 다원적 지평 속에 개방적 소통이란 방향으로 자리매김되어 있다. 아울러 그 현장에는 한국의 기독교가 얼마나 다양한 신학적 편차로 분사되어왔으며, 성과 속의 수직적 수평적 체계를 가로지르며 초월적 신성이 얼마나 역동적으로 내재적 역사의 경험과 만나 그 '교통 공간'의 미래를 개척해왔는지 바람직한 대안적 인식과 신학적 전망이 투사되어 있다. 작가가 바라는 그 전망의 최종 기착지는 부단히 흔들리는 인간의 삶에 감응하여 하나님에 대한 신학적 인식이 진화, 발전해나가는 것이다. 그것은 인간의 욕망에 내장된 폭력이 불가피한 희생을 부르고 그 희생의 제의적 숭배가 또 다른 폭력을 정당화하는 악순환을 이어가며 그 가운데 우리의 삶을 하염없이 흔들게 만들지라도 이 땅의 부조리한 역사 현실이 야기하는 분노와 고통과 슬픔을 넘어 일상적인 삶의 즐거움을 잃지 않고 신앙의 이름으로 인간됨을 긍정하는 자세이다. 또한 그것은 이 땅의 역사 현실이 아무리 암울할지라도, 그리하여 메아리 없는 신의 뜻을 불신하여 그 신의 죽음을 담론화하여도 '가이사의 것'이 아닌 거룩한 초월의 세계를 갈망하고자 하는 종교적 인간의 운명이 포기할 수 없는 길이다.

VI. 요약 및 결론

한국 현대소설에서 성서신학에 터한 기독교 사상이 차지하는 지분은 그리 크지 않지만 상당한 깊이의 성취를 보여주었다. 서구정신으로서의 기독교 사상이란 보수적 전통의 관점이 여전히 존속되면서 이 땅의 소설

문학이 형이상학적 정신세계 내지 종교사상과 내실 있게 융합함으로써 하나의 성숙한 '교통 공간'을 확보하기엔 아직도 개척해야 할 여정이 멀다. 그렇다고 문학적 자율성을 기독교 신앙의 체계 아래 복속시켜 그 형식과 내용을 갈무리함으로써 신앙 변증적이고 호교론적인 기독교 문학을 양산하려는 시도가 프로파간다의 수준을 넘어 미학적 완성도를 보장하기란 어렵다. 물론 그 가운데 농익은 신학적 사유가 심화되는 것도 아니다. 이러한 계통의 기독교 문학은 선험적 규범으로 상정된 단일한 '기독교'의 전파를 목적으로 동어반복의 논리를 확산시킬 따름이다. 그러나 진정성 있는 문학과 설득력 있는 신학은 인간의 삶을 매개로 그 해석적 지평을 넓혀가고 그 인문신학적 사유를 심화시켜나감으로써 공조를 취할 수 있다. 이 논문은 그 공조관계의 바람직한 대안을 '교통 공간'이란 개념 속에 수렴하여 성서문예학의 방법을 조형하려는 의욕에서 작성되었다.

이를 위해 나는 먼저 기독교 신앙이 한국 근현대 소설 문학에 접맥되어 나타난 작품들의 흐름을 큰 틀에서 짚어보았다. 그 130년이 넘는 역사 속에서 기독교와 전통 문화의 만남은 다각도로 조명되어왔다. 그러나 최근 수십 년 전까지만 해도 기독교를 한 덩어리의 외래종교 및 사상으로 보려는 관점이 유력했고, 그 내부의 신학적 다양성과 역동성은 간과되기 일쑤였다. 그것은 기독교의 정체성 형성과 그 신학 발전에 토대를 제공한 성서신학의 사유공간이 빈약한 데 기인하는 측면이 적지 않았다. 그리하여 이 논문은 이청준, 이문열, 이승우 등과 같은 지적인 계보에 속하는 작가들의 주요 기독교 관련 작품들을 초대하여 그 가운데 나타난 성서적 모티프와 기독교 신학의 여러 주제들이 어떻게 변용되어 나타나는지 살펴보았다.

이청준의 명작 〈당신들의 천국〉은 '천국'이 기독교 신앙의 통념에 의지한 내세의 천당 개념과 다른 지상의 공동체로서 그 진정성이 모종의 정치적 이념과 신학적 이상을 전제로 한다는 점에서 복음서의 예수가 조형한 천국 개념이나 바울 사도가 구축한 초기 신앙공동체의 비전과 연계될 만한 여지를 남긴다. 그것은 한 마디로 자유와 사랑의 변증법이 작동하는 보편적이고 개방적인 유기체를 지향하지만, 그것을 견결한 믿음으로 뒷받침할 뿐 아니라 '자생적 운명'의 동참이 부재한 상태로는 도저히 실현될 가망성이 없는 유토피아이다. 그러나 이상욱 과장, 조백헌 원장, 황 장로 등의 인물이 각각 보여준 자유와 사랑, 믿음과 운명의 파노라마가 이 땅의 구체적 삶 가운데 안착하여 결실을 보기 위해서는 현실적인 힘(권력)이 작용해야 한다는 정치신학의 맥락이 개입한다. 이는 복음서의 예수가 보여준 천국에 대한 가르침에 빗대어볼 때 매우 짜임새 있는 이론적 토대와 실천적 효율성을 확보한 구상으로 보인다. 특히 그의 마지막 식사와 십자가 죽음은 예수와 제자들을 혈통이 배제된 '하나님의 가족'(familia Dei)이란 틀 가운데 정초한 '자생적 운명'의 공동체에 묶어주는 사건으로 유의미하다. 또한 바울이 강조한 '섬김의 자유'야말로 사랑과 자유의 결속에 근거한 공동체의 온전한 건사를 가능케 하는 맥점이 아닐 수 없다.

이문열의 문제작 〈사람의 아들〉은 예수가 기독교 신앙 이전에 보여주었던 세계가 어떻게 제도화된 기독교 제국의 교리 체계 아래 왜곡, 변질되었는지를 뒤집어볼 수 있게 하는 성찰적 기제가 된다. 작가가 바깥 서사 구도 속에 민요섭과 조동팔을 내세우고 격자구조 내에서 아하스 페르츠의 목소리를 빌어 강조하는 진리의 요체인즉, 기실 기독교 형성 이전 역사적 예수의 신학적 유산과 겹쳐지는 부분이 상당히 많은 편이다. 그것은 초월적 신성의 기원에 가려진 인간의 종교적 욕망과 그것을 가로지르며 신성의 허울을 깨는 아하스 페르츠의 도전적 모험에 관한 것이다. 특히, 예수와 아하스 페르츠가 광야에서 대결한 장면들은 양자가 천상과 지상의 질서를 대표하는 것인 양 치부하는 루터식 두 왕국설의 교리체계를 중심으로 선회하고 있다. 다만 아하스 페르츠는 이 땅의 왕국이 어떻게 사람들의 현실적 삶에 부응할 수 있는지에 더 깊이 천착할 뿐이다. 인간의 숭배 따위를 필요로 하지 않고 인간의 자유에 전혀 간섭하지 않는 새로운 신이 휴머니즘의 기치를 걸고 그 가운데 탄생한다. 특히, 작가가 예수 아닌 아하스 페르츠에게 부여한 '사람의 아들'이란 호칭은 다니엘서나 에스겔서 등의 구약성서뿐 아니라 복음서의 '인자' 개념에서 급진적으로 전유된 탈기독교적 지평을 내다본다. 야사적 상상력이 그렇게 주조되어 구축한 '쿠아란 타리아서'는 교리적 기독교의 논리적 허방을 꿰뚫어보며 역사적 예수의 신학적 지향을 상기시켜주는 측면이 있다. 그러나 아하스 페르츠 등에 의한 일련의 기독교 이해는 성서신학의 다층성을 면밀히 수렴한 상태에서 제시되기보다 한 무더기로 일반화된 문제가 없지 않다.

이에 비해 이승우의 〈에리직톤의 초상〉에 드러난 기독교는 성서신학의 역동적 주제와 함께 그 이론적 해석의 의미들이 다채롭게 펼쳐져 있어 다원적인 인식의 지평을 보여준다. 신과의 수직적 관계를 강조하는 정상훈 교수와 그의 딸 혜령이나 그 수직적 관계의 배타성을 인간적 위계구조로 치환하여 신성의 절대권위를 끌어내리려 하는 최형석의 방식 모두 기독교 신학의 넓은 틀에서 논의할 만한 대상이다. 나아가 신태혁으로 대표되는 이른바 운동권 기독교 신학의 그 수평적 구조, 그 수직과 수평 구조 모두의 경험을 통해 이 땅의 생명을 통해 하나님을 만날 수 있게 된 혜령의 변신 이후 모습, 그리고 제도권 기독교의 바깥에서 엇갈리며 갈등하는 그 모든 신학적 관점들을 조율하며 소통시키는 화자 김병욱에 의한 객관적 관찰자의 입장까지 기독교는 다채롭고 역동적인 내면을 드러낸다. 나아가 폭력과 희생까지 인간의 왜곡된 욕망과 그 우발적 충동에 의해 빚어지는 동전의 양면 같은 세계로 조명된다. 거기서 작가가 가리키는 신학적 인간학의 궁극적 지표는 수직과 수평의 구조 속에서 팽팽한 긴장을 유지하면서 정직하게 흔들리는 삶의 포즈이다. 이 작품은 또한 1980년대의 군부독재 체제 하에 이 땅의 기독교가 그 다양한 신학적 신념들로 뒤엉키며 갈등한 역사현실의 질곡을 넘어 지향해야 할 성숙한 미래의 지평을 암시하기도 한다. 요컨대, 각자는 하나의 신학적 유형 인물로 제 나름의 에리직톤이 되어 전통적 신화 체계에 복속하거나 탈주함으로써, 또는 그 신화의 권력 지향적 체계를 해체하여 인간의 자유와 해방을 추동하면서 성과 속의 세계를 아우르며 욕망의 심연을 복잡하게 드러내왔다는 것이다.

　이상의 고찰에서 볼 수 있듯, 한국 현대소설과 성서신학의 교통 공간은 다양성과 역동성을 특징으로 보다 개방적인 방향으로 진화해왔다고 평가할 수 있다. 소설의 형식을 통한 호교론적 변증은 인간 삶의 실존적 고뇌에 성서적 기독교적 모티프가 개입하여 기존의 교리적 틀을 극복하고자 하는 구도적 몸부림으로 전개되어갔다. 그것은 이청준의 경우처럼 자유와 사랑의 가치, 믿음과 운명의 미덕을 매개로 전통적 유토피아의 재구성을 향해 나아가기도 했고, 이문열의 경우처럼 기독교의 초월적 신관과 제의적 교의체계를 해체함으로써 탈기독교의 신관을 구상하는 쪽으로 뻗어가기도 했으며, 이승우의 경우처럼 성서신학의 혼종적 지형에 근거한 오늘날 현실 기독교의 복합성과 이에 대한 다원적 공감의 비전을 내다보기도 했다. 그러나 여전히 오늘날 현대소설의 기독교는 대체로 하나의 덩어리로 집약되어 이해될 뿐, 종종 성서해석학의 다채로운 알갱이로 산포되지 않는다. 이는 이 땅의 기독교와 관련된 소설적 형상화가 안과 밖의 경계를 가로지르는 열린 '사회'의 교통 공간으로 탈주하기보다 자기동일성의 '공동체'에 안주하고 있음을 반증한다. 세계종교로서 기독교가 선보인 교통 공간의 원형에는 성서가 있었고 그에 앞서 성서의 세계를 살아간 다양한 인물들의 역동적인 삶의 자리가 있었다. 앞서 집중 분석한 세 작품은 그 원형적 삶의 자리를 향해 이 땅의 고착된 기독교적 현실을 역류하는 지난한 싸움의 소산으로 읽힌다. 그 싸움의 결기를 오늘날 현실 기독교의 내부에서 기대하는 것은 지나치게 이상적인 바람일까.

한국 현대시에 투영된 예수의 초상
─ 성서신학적 테마의 변용과 그 유형을 중심으로

I. 문제제기: 한국현대시와 성서, 그 접속의 궤적

시는 가장 농밀하고 압축된 언어로 한 시대의 가장 예민한 증상을 포착하는 예술적 장르이다. 한국에 근대시의 흐름이 시작된 이후 수많은 시인들이 등장하였고 100년이 넘는 이 땅의 근현대시문학사는 지금에 이르기까지 풍성한 성취를 보여주었다. 기독교의 전래와 한국 현대시문학의 만남은 소설문학의 만남과 마찬가지로 따로 떼어놓고 생각하기 어려울 정도로 긴밀한 인연을 구축해왔다. 기독교 복음의 전래와 함께 활성화된 선교활동은 성경번역, 찬송가 제작과 함께 한글을 재발견하여 대중화시키는 근대적 계몽의 첨병 노릇을 톡톡히 수행했다. 이와 함께 한글을 매개로 기독교와 문학이 만났고 그 두 영역은 좁은 의미 반경의 '기독교 문학'이란 영역을 개척하기도 하였다.[1] 그러나 기독교의 정체성을 변증하는 차원에

---

1 이와 관련해서는 김우규 엮음, 『기독교와 문학』(서울: 종로서적, 1992) 참조. 특히 개신교

서 구축된 기독교 문학이 전체 한국 근현대문학사에서 차지하는 비중은 얄팍하거나 기껏해야 제 논에 물대기식의 배타적 정체성을 보여줄 뿐, 그 문학적 성취도에서 높은 평가를 받는 경우란 찾아보기 어렵다. 물론, 시문학과 관련해서만 언급하자면, 철저하게 기독교 계통의 주제만으로 시를 쓴 시인들도 존재하지 않는다. 기독교와 성서의 주제 또는 소재 속으로 들쭉날쭉하면서 다만 시인으로서 기독교를 대하는 관심의 농도와 관점의 차이가 다양하게 드러난 것이다.

그러므로 기독교와 문학이 반드시 행복하게 수렴된 것으로 볼 수 없다. 선교의 초창기에는 기독교가 호교론적 변증과 선교의 목적으로 시문학을 활용한 측면이 물론 있었고 지금도 여전히 존재한다. 하지만 이후에 더 많은 경우 기독교 복음의 기저에 깔린 성서의 이야기를 통해 신학과 사상을 우려내고 이로써 문학사상의 밑절미로 삼거나 특정한 시학적 이미지의 풍경을 조형하려는 시도가 더욱 왕성하게 문단의 주목을 받아왔다. 이처럼 한국 현대시와 기독교 사이의 수렴과 전유, 그리고 해석과 되먹임의 과정이 순탄하게 서로의 위상을 제고해준 양상은 분명 존재한다. 그러나 기독교가 이 땅에서 점차 큰 종교 세력으로 성장해나가면서 시인들의 시선에 포착된 기독교는 종종 비판적 맥락에서 거칠게 조명되곤 하였다. 시인에 따라, 또 그 시인의 작품들이 보여주는 여러 편차에 따라, 기독교와 관련하여 그(것)들은 한편으로 그 전통적인 신앙고백의 맥락에 순치되었지만, 또 다른 한편으로 이와 어긋나면서 길항해나가는 경향을 보여주었다. 특히, 시인들의 예수 이해는 기독교의 중요한 핵심을 인식하는 소재로 필수적인 고찰의 대상이 될 만하다. 기독교의 원초적 창립자로서 예수에 대한 신앙고백적 관점과 동시에 그의 역사적 삶과 죽음에 대한 인식의 관점이 시적 형상화 작업 속에 나타난 방식이야말로 예수의 문학적 토착화 내지

선교 초창기에 기독교 정신이 근대 한국문학에 끼친 영향에 대해서는 한승옥, 『한국 기독교문학 연구총서』(서울: 박문사, 2010) 참조.

예수의 역사적 유산에 대한 인문신학적 해석학의 차원에서 긴요한 연구 대상이라 할 수 있다. 물론 이는 '성서문예학'의 개념을 풍성하게 조율하고 그 분석적 사례를 확충하려는 보다 큰 기획의 목적에도 잇닿아 있다.2

이러한 배경 아래 이 논문에서 필자는 역사적 예수의 초상이 한국 현대 시문학을 통해 나타나는 방식에 대한 분석과 고찰을 시도하기로 한다. 그런데 이 주제는 한 편의 논문으로 감당하기에 버거운 작업이 아닐 수 없다. 무엇보다 다루어야 할 시인의 수가 너무 방대하기 때문이고, 그들이 남긴 작품 속에 예수의 흔적을 찾아내는 시도 자체가 너무 막막하고 무리하기 때문이다. 따라서 그 대안으로 특징적인 유형 범주를 설정하여 이 땅의 근현대 시문학사 초기에서 최근에 이르는 흐름 가운데 일부 문제적인 시인들을 선택적으로 분류하고 그들 작품 속의 예수 관련 언급들이 어떻게 맥락화(또는 재맥락화)되어 나타나는지를 개략적으로, 그러나 심도 있게 살펴보고자 하는 것이다. 이와 같은 유형론적 연구의 선택적 제한성은 한국 현대시 속에 나타난 예수 이해의 파편적 관점이란 한계를 노출한다. 그러나 그러한 한계 내에서 한국 현대시 속에서 호흡해온 역사적 예수의 초상이 어떻게 드러나는지에 대한 범주별 특징은 무난하게 짚어볼 수 있으리라 생각된다.

이러한 방법과 목적의식 아래 이 연구는 편의상 세 유형으로 시인의 범주를 분류하고자 한다. 그 첫째의 범주는 순결한 희생과 초월적 사랑의 초상이란 주제로 이 가운데 윤동주, 박두진, 김현승 세 시인의 경우를 다루게 될 것이다. 둘째 범주는 생태적 예수와 민중 해방자의 초상이란 주제로 묶어 김지하, 정호승, 김정환의 예수 관련 작품들을 분석적으로 고찰하고자 한다. 마지막 셋째 범주는 실존적 구도자와 미학적 옹호자란 주제 아

---

2 이 '성서문예학'이란 개념은 나를 포함하는 일부 연구자들이 성서가 문학, 영화, 미술, 음악 등에 개입하는 동시대적인 방식에 초점을 맞추어 성서를 통해 성서 시대 이후의 문예를 고찰하고 오늘날의 문예작품을 통해 성서를 역으로 조명하는 작업을 추진하고 있다.

래 황동규, 이성복, 최승호 등이 조명한 예수상을 탐구할 요량이다. 그 결과 우리는 한국 현대시문학사를 통틀어 예수의 수용과 해석이 얼마나 다양하고 역동적으로 진행되어왔는지 살펴보고 이로부터 주목할 만한 특징들을 파악할 수 있을 것이다. 아울러, 이 연구는 예수 전승이 신약성서 내에서 끝나지 않고 또한 서구 기독교 역사의 신학적 해석학에 멈춘 것도 아니라, 오늘날 이 땅에서 지속적으로 재구성되고 있음을 확인하게 될 것이다. 그중에서도 오늘날 교회가 독점하고 있는 듯 보이는 예수에 대한 단선적인 주류 · 정통 신앙적 관점이 기실 예수에 대한 창의적인 재해석에 관한 한 상투적인 관점에 불과하고 그 인문신학적 깊이의 심연이 여전히 미궁과 미답의 세계로 열려 있음도 깨단하게 된다면 이 연구의 목적은 넉넉히 달성되리라 본다.

II. 순결한 희생과 고독한 사랑의 초상

1. 윤동주의 경우

일본 제국주의시대에 암흑의 식민지 백성으로 살아가면서 윤동주는 〈서시〉[3]의 절창대로 "죽는 날까지 하늘을 우러러/ 한 점 부끄럼이 없기를" 괴로워하며 갈망하였지만, 시인의 작품 속에 용해되어 있는 정서는 어쩔 수 없는 부끄러움이었다. 그 부끄러움을 이겨보려 그는 "모든 죽어가는 것을 사랑"하고자 했건만 그의 내성의 거울은 역사의 폭력 앞에 버팅기기에 너무 연약하였다. 시인 윤동주의 굳센 결의와 무기력한 부끄러움으로 귀결되는 식민지적 삶의 실존 사이에 불가피했던 그의 균열은 그가 예수와

---

3 윤동주, 『윤동주 시집』 (서울: 범우사, 1984), 10

십자가를 인식한 방식과도 긴밀하게 접맥되어 나타난다. 그의 예수 이해와 관련하여 가장 대표적인 작품인 〈십자가〉를 보면 예수가 그의 역사 속에 부대낀 괴로움과 행복함의 역설을 고스란히 드러내고 있다.

> 쫓아오든 햇빛인데/ 지금 교회당 꼭대기/ 십자가에 걸리었습니다.// 첨탑이 저렇게도 높은데/ 어떻게 올라갈 수 있을까요.// 종소리도 들려오지 않는데/ 휘파람이나 불며 서성거리다가// 괴로웠던 사나이/ 행복한 예수 그리스도에게/처럼/ 십자가가 허락된다면// 모가지를 드리우고/ 꽃처럼 피어나는 피를/ 어두워 가는 하늘 밑에/ 조용히 흘리겠습니다.[4]

시인에게 교회 첨탑의 십자가는 저 멀리 하늘의 초월적 계시의 표상인 양 까마득하다. 그런데 햇빛은 그 꼭대기의 하늘과 땅의 경계를 무화하듯 그 높은 십자가에 영광스런 천연의 조명인 양 내리쬔다. 시인은 다만 땅에서 "휘파람이나 불며 서성거"릴 뿐, 하늘을 향해 나아갈 수 없다. 역사 속의 예수 역시 마찬가지이다. 그가 피를 흘린 곳은 저 높은 곳의 첨탑에 달린 십자가가 아니라 "어두워가는 하늘 밑", 바로 이 땅의 역사적 현재일 뿐이다. 그 예수를 본받아 "꽃처럼 피어나는 피"를 "모가지를 드리우고" 순종하는 마음으로 "조용히" 흘리겠다는 결의는[5] "종소리도 들려오지 않는" 거리에서 "휘파람이나 불며 서성거리"는 태연한 일상적 포즈의 연장선상에서[6]

---

4 앞의 책, 22.

5 물론 이 결의를 윤동주가 당시 식민체제에 저항하면서 구체적으로 독립투쟁에 참여하겠다는 의지의 반영으로 읽을 수 있을지는 속단하기 어렵다. 권오만의 연구에 의하면 윤동주의 시 작품들은 시대인식의 다음 네 단계를 보여준다: 1) 시대인식 이전의 시, 2) 시대인식을 강렬하게 그려낸 시, 3) 시대인식을 애써 기피했던 시, 4) 시대인식이 스며든 자제의 시. 권오만, 『윤동주 시 깊이 읽기』(서울: 소명출판, 2009), 63-68. 그러나 윤동주의 모든 시들을 이러한 기준으로 구분을 하는 게 가능하고 적절한지 의문이다.

6 그 서성거리는 일상적 포즈에서 감히 순교할 수 없는 시인의 인간적 나약함을 읽어내고 그것이 마치 예수가 겟세마네에서 보여주었던 인간적 고뇌와 연약함과 등치시키는 해석을 제시한

예수의 십자가 사건을 차분하게 들춰내고 있다. 인간 예수에게 십자가의 고난과 죽음은 필경 괴로웠던 육체적 고통이었을 것이다. 그러나 예수는 괴롭지만 "사나이"로서 그 인간의 한계를 건너뛰었기에 역설적으로 '행복' 할 수 있었다.7 "어두워가는 하늘 밑"의 땅이 시인 윤동주에게 일본 제국주의의 침탈에 의한 식민체제의 역사적 현실이었듯이, 예수 역시 로마의 식민체제 아래 신음하는 어둔 하늘 밑의 땅에 살아야 했을 것이다. 그것은 괴로운 억압적 경험이었음에 틀림없다. 그러나 시인이 보기에 그는 자신만이 감당할 수 있는 십자가의 죽음으로 첨탑의 초월적 십자가가 암시하는 상징과 다른 차원에서 이 땅의 고난에 조용히 동참할 수 있었기에 행복할 수 있었을 것이다. 시인은 물론 예수의 괴로움과 그의 시대적 고난이 어떠했는지, 나아가 그가 누린 그 행복이 오늘날의 통속적인 행복과 어떻게 구별되는지 그 세밀한 내용을 자세히 언급하지는 않는다. 그렇지만 시인이 조명하는 그 예수상에는 역사가 부여한 고난에 짓눌리지 않으려는 담담한 결기가 묻어난다. 하여 휘파람 불며 서성거리는 포즈에 '조용히'라는 부사가 어울려 예수의 십자가 사건은 오늘날 요란한 상업주의적 자기과시와 종교적 선정주의를 비껴간다. 시인에게 예수는 그러한 고뇌하는 행복의 역설적 대명사처럼 다가섰던 것이다. 비록 이 시가 예수의 순교자적 자세를 시인의 자의식 가운데 강조하고 있지만, 그 비극적 정조에 아이러니의 탈출구가 없는 것은 아니다.

　윤동주가 예수의 팔복을 패러디한 〈팔복〉이란 시를 보면,8 그는 예수

학자는 마광수이다. 그의 이 해석에 의하면 이 작품은 "인간의 가슴 속에 자리잡고 있는 '사고와 행동의 불일치'에 대한 갈등과 반항의식"을 담아내고 있다. 마광수,『윤동주 연구 - 그의 시에 나타난 상징적 표현을 중심으로』(서울: 철학과현실사, 2005), 187 참조.

7 그 '행복'의 배경에 대하여 요한복음(19:30)에서 유추하여 예수가 죽어가면서 자기가 믿은 예언대로 '다 이루었다'고 말할 수 있었기 때문이라고 보기도 한다. 즉, 그의 행복은 그가 소명대로 살다가 죽은 데서 생겨났으리라는 것이다. 이상섭,『윤동주 자세히 읽기』(서울: 한국문화사, 2007), 172-173.

8 윤동주,『윤동주 시집』, 40.

가 산상수훈에게 가르친 모든 여덟 가지 복을 '슬픔'이란 단 한 마디에 압축한다. 이는 여덟 중의 두 번째에 해당하는 애통하는 자의 복을 최대한 증폭시켜 "슬퍼하는 자는 복이 있나니"라는 단 한 구절의 반복적 메아리로 마치 주문을 외듯 퍼져나간다. 그리고 이 작품은 연을 바꾸어 결론구로 "저희가 영원히 슬플 것이오"라는 외마디 선언으로 종결된다. 복과 슬픔을 등치시킨 이 반어적인 시구는 '영원히'라는 부사와 만나면서 예언자적 삶의 비극적 운명을 수반하는 듯하다.9 슬픔은 순정한 삶의 응결체와 같은 것이다. 그것은 예수의 가르침과 삶과 죽음이 외곬의 담백한 노선을 견지했음을 암시한다. 거기에 어떤 현세적 보상이나 시한부적 경계가 있을 수 없다. 시인이 감정이입한 예수는 다만 이 슬픔과 함께 영원히 자신의 순결한 삶의 지향을 증언한 셈이기 때문이다. 시인 이성복이 지적한 대로 슬픔만이 인간의 감정 중에 영속적이고 일관된 것이라면, 시적 화자가 재조명한 역사적 예수는 슬퍼할 수밖에 없는 운명 속에 처한 인간의 실존을 영원의 지평 속에 포용하였다고 볼 수 있다. 그것은 다시 예수의 영원한 슬픔으로 뒷받침된 (현세적) 구원 없는 (종말론적) 구원의 또 다른 갈망이 아니었을까. 요컨대, 윤동주의 예수상은 십자가의 비극적 수난과 죽음에 담긴 의미를 신학적으로 승화시키면서도 당대의 식민주의적 역사 현실 가운데 이를 재투사하여 시인의 운명과 동일시하는 데서 비롯되었던 것 같다. 이는 예수의 성서적 전통을 전반적으로 수용하면서 동시에 그 십자가의 신학적 의미를 시인의 극단적인 슬픔 속에 급진화한 결과로 평가된다. 이는 윤동주가 재구성한 예수의 십자가 상징이 결국 자기희생을 통한 구원이라는 전통적 신앙미덕을 시인의 현실 속에 적용한 결과이기도 하다. 그 가운데

---

9 따라서 권오만의 지적대로 이 시 속에서 "시대상에 따른 고난과 그 시기 그의 신앙에 대한 깊은 회의와 시작의 부진" 등의 정황을 추출해낼 수 있을지 모르지만(권오만, 『윤동주 시 깊이 읽기』, 98), 이 작품 자체가 신앙적 회의를 반영한다고 보기는 어렵다. 외려 예수의 팔복을 패러디한 이 작품은 예언자적 역설의 맥락에서 예수의 메시지를 매우 급진적인 방향으로 전유한 결과로 보인다.

'끝까지' 슬퍼할 수밖에 없는 시인의 운명은 그 '희생'의 순도를 극대화하는 기능을 수행하는 셈이다.

2. 박두진의 경우

청록파 시인으로 입신한 혜산 박두진의 시 작업은 기독교 정신에 근간을 두고 휴머니즘의 역사적 기치와 예술미학의 경지를 벼랑 끝까지 밀고 나간 데서 진가를 발휘했다. 그 정점에 이르러 그의 작품들은 기독교의 신앙적 진리와 예술적 미학이란 두 세계가 별도의 분리된 영역이 아니라 하나로 융합되는 초연과 달관의 경지를 보여준다. 그의 출세작인 〈墓地頌〉에서 시인은 한국의 정신사 가운데 죽음을 가장 따스하게 조명하는 당대로서는 매우 희귀한 통찰을 선보인 바 있다.[10]

北邙이라도 금잔디 기름진데 동그란 무덤들 외롭지 않어이// 무덤 속 어두움에 하이얀 髑髏가 빛나리. 향기로운 주검의 내도 풍기리.// 살아서 설던 주검 죽었으매 이내 안 서럽고, 언제 무덤 속 화안히 비쳐줄 그런 太陽만이 그리우리.[11]

이 시에서 압도적인 것은 부활의 신학적 상상력이고 그 역사적 기원은 바로 예수로 소급된다. 물론 복음서의 예수가 부활한 사건이 이 시의 분위기처럼 그리 환하고 애틋한 것은 아니다. 거기에 등장하는 부활의 첫 증인

---

10 이 작품에 대한 정지용의 추천사는 매우 파격적인 것이었다. 그만큼 이 작품은 당시의 시단에서 새로운 질적인 수준을 개척한 "경이의 과녁"처럼 인식되었다. 그도 그럴 것이 흔히 죽음, 공포, 무상함, 을씨년스러움을 연상시켜주는 '묘지', '촉루', '백골' 등의 통속적 이미지를 뒤집어 환하고 밝은 새로운 세계를 보여주고 있기 때문이다. 정한모·김용직, 『한국현대시요람』 (서울: 박영사, 1982), 638-639 참조.
11 박목월·조지훈·박두진 공저, 『청록집』 (서울: 삼중당, 1979), 68-69.

들은 두렵고 떨린 심경으로 그 빈 무덤을 경험한다. 그들에게 낯선 형색으로 나타난 천사의 모습도 이 세상의 일상적 경험으로는 마냥 태연하게 대하기가 쉽지 않은 형국으로 비친다. 이와 같이 부활의 첫 증인들조차 버거웠던 그 무덤의 부활 사건을 시인은 동굴 무덤이 아닌 금잔디 피어난 둥그런 한국식 묘지의 내부를 조명하면서 명랑하게 묘사한다. 그 무덤이 외롭게 보이지 않는 것은 그 내부에 타오르는 생명의 불꽃 때문이다.[12] 그것은 이후 장차 맞이하게 될 환한 태양의 빛에 대한 희망으로 전이되는데, 이 모든 부활의 모티프로 인해 시인에게는 주검의 냄새도 향기롭게 상상된다. 무덤을 외롭지 않게 투시하고 그 속에 썩어가는 주검조차 향기롭게 경험한 시인의 부활 신앙은 예수에 대한 궁극적인 기대처럼 보인다.[13]

그러면 예수의 죽음에 대한 그의 시적인 해석은 어떻게 나타날까. 아니나 다를까. 시인에게는 예수의 수난과 죽음조차 예의 명랑함과 향기로움의 연장선상에서 경험된다. 이 점과 관련하여 가장 적절한 증거는 〈가시면류관〉이라는 작품이다.

비로소 하늘로 타고 올라갈 수 있는 사다리./ 죽음의 바닥으로 딛고 내려갈 수 있는 사다리./ 빛이 그 가시 끝 뜨거운 정점들에 피로 솟고/ 비로소 음미하는 아름다운 고독/ 별들이 뿌려주는 눈부신 축복과/ 향기로이 끈적이는 패배의 확

---

12 비단 이 작품에서뿐 아니라 박두진의 상상력은 빛의 힘에 이끌리는 향일성(向日性)의 일관된 특징을 드러낸다. 김응교는 이를 '향일성의 시학'으로 조명한 바 있다. 김응교, 『박두진의 상상력 연구』(서울; 박이정, 2004), 121-145.

13 물론 이 작품의 의미 반경을 예수의 부활 사건을 우회적으로 예찬한 것으로만 한정하기는 어렵다. 혜산의 자평에 의하면 이 작품은 "인생의 혹은 민족의, 혹은 인류의 열렬한 비원, 열렬한 염원, 끊을 수 없이 강렬한 동경이면서 이루어질 수 없는 영원한 소망, 죽음에서 생명, 죽음에서 부활을 갖는 그러한 열원(熱願)을 오히려 정돈되고 가라앉힌 감정으로 불멸의 종교적인 믿음으로" 표현하고자 한 것이다. 그렇다면 그의 부활 상상력은 예수의 부활 사건에 담긴 메시지를 민족적 식민지 현실에 투사하여 죽음과 연계된 패배의식을 극복하는 민족해방의 염원에 잇닿아 있다고도 볼 수 있을 것이다. 장도준, "민족과 종교의 융화", 강창민 외, 『혜산 박두진 시 읽기』(서울: 박이정, 2008), 74-76.

증 속에/ 눌러라 눌러라 가중하는 이 황홀/ 이제는 미련없이 손을 들 수 있다./
누구도 다시는 기대하지 않게/ 혼자서도 이제는 개선할 수 있다.[14]

예수의 가시면류관에서 사망이 관영한 이 땅과 하늘을 이어주는 사다
리를 볼 수 있었던 시인의 눈은 그의 터진 피에서 빛을 발견하고 고독조차
아름다이 음미할 수 있다. 과연 역사적 예수의 그 가시면류관에 이처럼 환
상적인 미학이 있는지 의문이 드는 것이 당연하지만 그 패배의 증표 속에
서도 별들의 축복과 황홀감을 맛보는 경험은 예사롭지 않다. 말의 수사적
장식을 벗겨내고 봐도 시인에게 가시면류관 속에 표상된 예수의 고난은
인간이 겪는 고통의 극점에서 담담한 초연의 자세를 보여준다. 모든 것을
다 포기한 그 밑바닥의 실존 가운데 처할 때 아무런 환경적 조건에 구애됨
이 없이 자유로운 자율적 주체의 탄생을 목격하는 셈이다. "누구도 다시
혼자서도 이제는 개선할 수 있다"는 담담한 진술이 바로 그 주체의 선언적
증거이다.

이와 마찬가지 맥락에서 박두진의 예수 관련 대표작으로 우리는 그의
〈성고독, 聖孤獨〉을 꼽을 수 있을 것이다. 여기서도 시인은 예수의 수난
이야기를 비중 있게 다루면서 시적 관심의 폭을 좀더 그의 생애 전반으로
확대시킨다. 그리하여 오병이어 기적 이야기나 간음하다 붙잡힌 여인 이
야기, 그리고 그가 군중에 떠밀려 산 낭떠러지 끝에 다다랐을 때의 처절한
상황과 그의 심정은 "누가 알까"라는 반복적인 후렴구의 메아리와 함께 고
독한 구도자로서 예수의 초상을 부각시킨다.[15]

---

14 박두진, 『水石列傳』(서울: 민중서관, 1978), 218.
15 이 작품에 대한 해설을 통해 김응교는 박두진의 예수를 초월적이면서 동시에 현실적인 존
재, 즉 "이 땅에서 살아가는 포월적인 존재"로 이해한다. 다시 말해, 그의 예수는 희화화되거
나 세속적인 모습과 구별되는 "고전적인 모습"을 띠고 있지만 동시에 "현실과 떨어져 있는
초월자가 아니라, 치열하게 인간으로 살아가는 구도자"로 드러난다는 것이다. 김응교, "박
두진이 만난 예수", 강창민 외, 『혜산 박두진 시 읽기』, 125-133 참조.

박두진이 〈예레미야의 노래〉16와 〈不死鳥의 노래〉17에서 보여준 예언자적 결기는 그가 기독교 정신을 단순히 미학적 대리물이나 초월적 명상의 포즈로 받아들이는 데 그치지 않고 역사 변혁적 동력이란 차원에서 수용했음을 시사한다. 이 시편에는 불굴의 생명력이 범생물적, 범우주적으로 "잠자던 의식"을 깨우고 "나른하고 해이한 사상, 불투명하고 몽롱하던 관념, 비겁하고 추종적이던, 우유부단하고 무사안일주의적이던 도피와 방종, 체념과 눈치와 아부로 썩어져가던 의지의 웅덩이"로부터 벗어나 혁명적 에너지로 분발해야 할 당위적 사명이 빠르고 웅장한 시적 리듬 속에 토로되어 있다. 그 목표가 '민주주의'와 '남북 자주 자유 통일'이라고 설정되어 있는 것으로 미루어 이는 4.19혁명의 역사적 분위기와 맞물려 있는 듯 보인다. 참여적 기독교, 지사적 기독교의 단면이 그의 신앙 시편에 예언자적 기개와 함께 엿보이는 대목이다. 그러나 그럼에도 불구하고 박두진은 예수의 삶이 이 땅의 역사에 남긴 세세한 족적을 시적인 승화의 대상으로 더 이상 발전시키지는 않는다. 예레미야에 의탁한 예언자적 기개가 예수의 예언자적 삶의 맥락과 연동되지 않고 있는 게 그 뚜렷한 증거이다. 예수의 생애를 이야기할 때 그는 소박하게 예루살렘 입성 때 예수를 태웠던 나귀 한 마리에 감정이입하여 "뽕나무밭에 혼자서 매여 있던 나귀야/ 아무것도 모르고 매여 있다가/ 아무것도 모르고 따라왔던 너는/ 좋았겠다"18라고 되뇌면서 동화적인 세계로 침전된다. 나귀에 대한 그의 천진한 동화적 상상력이 예수의 역사적 삶에 대입되어 치열한 인간적 고뇌와 갈등, 당대의 종교 세력과의 싸움을 조명할 만도 하련만, 이러한 관점은 좀처럼 부각되지 않는다. 일각에서 그는 제한된 예수의 생애 묘사와 함께 구도자적 초상을 드러내지만, 대체로 십자가 수난과 죽음, 부활의 교리적

16 박두진, 『高山植物』 (서울: 일지사, 1973), 104-111.
17 앞의 책, 112-116.
18 그의 작품 〈예루살렘의 나귀〉 일부. 앞의 책, 12-15.

세계를 선회하면서 예수를 미학적 승화의 차원에서 조형해나간다.[19]

그리하여 그의 수려한 〈사도행전〉 연작에는 사도들의 선교적 발자취도 찾아보기 어렵고 그 사도들이 전한 복음의 주인공 예수 그리스도의 역사적 발자취도 제대로 포착되지 않는다.[20] 이 연작은 인간과 역사의 땀 냄새보다 대체로 자연의 생태적 묵상을 통한 인간의 보편적 기상과 영혼의 초월적 형이상학을 보여준다. 다만 예수의 수난에 대한 역사적 회고로서 "그때/ 해융의 그 우슬초는/ 너무 썼었네/ 손바닥의 못/ 옆구리의 창의 끝/ 너무 아팠었네/ 흐르는 피의 보래 너무 고왔었네/ 이마의 소금쩍/ 이마의 비지땀은/ 너무 짰었네"[21]라고 감각적인 대리 체험의 서술만이 이어진다. 물론 그 메시지가 없지는 않다. 그것은 이 우주적 십자가 사건 속에 "하늘 땅의 오직 하나/ 잦아가는 나/ 비로소 그 홀로 속에 나의 나를 알았"다는 깨달음과, "인간과 신의 만남/ 신과 신의 처음 만남"이 그 십자가의 표상 속에 깃들어 있는 예수의 승리와 그 신학적 의의이다.[22] 다른 한편으로 그의 세련된 감수성이 신앙적 미덕에 기여한다면 그것은 로고스의 계시가 체현하는 황홀감의 미학적 성취이다. 가령, "네 發音/ 띠엄 띠엄 꽃피우는/ 너의 언어는/ 부딪쳐/ 뜨거이/ 심장의 내 고동/ 심장을 황홀하게 풀무질하네/ 전신을 황홀하게 하늘 오르게 하네"[23]라고 노래하듯, 고도로 정련된 로고스의 미학적 승화로써 한 생명이 황홀한 초월심을 맛보는 경지가 시인이 예수에 대한 묵상을 예술적으로 승화시키려(황홀한 심장의 풀무질!) 애쓴 궁극적 목표였을 것이다.[24]

---

19 예수의 수난과 부활에 치중된 그의 신학적 관심사에 대해서는 정경은, 『박두진 박목월 김현승의 기독교 시 연구』(파주: 한국학술정보, 2008), 29-33도 같은 입장을 표하고 있다.

20 박두진, 『使徒行傳』(서울: 일지사, 1979).

21 〈使徒行傳·10〉의 일부 구절. 앞의 책, 113-118

22 인용구는 앞의 작품 일부 구절.

23 〈使徒行傳·7〉의 일부 구절, 앞의 책, 102-105.

24 예수에 대한 이러한 예술적 승화의 자세는 때로 그의 시적 주체가 그리스도와 동일시되는 영적인 합일의 경지로 고양되기도 한다. 정경은, 『박두진 박목월 김현승의 기독교 시 연구』,

3. 김현승의 경우

목사의 아들로 기독교 분위기에 젖어 살아갔을 다형 김현승의 시 작품
들이 성서적 이미지로 차고 넘치는 것은 당연한 현상이다. 그러나 그는 성
서의 이미지를 상투적 맥락 속에 재배치하기보다 특정한 시학적 범주 속
에 전유하는 방식으로 형상화한다. 가령, 그는 성서에 나오는 보석, 진주,
눈물, 옥토, 열매, 백합, 까마귀 등의 물질적 이미지를 가을의 고독과 실존
의 고뇌, 나아가 그 가운데 발견하는 기도의 자세로 조형함으로써 기독교
의 울타리를 벗어나는 보편적인 정조를 생성해낸다. 그에게 예수의 인간
적 체취는 역사적 체험의 지평에서 거의 등장하지 않는다. 예수라는 이름
마저도 회귀하게 언급될 뿐이다. 그에게 예수는 이미 신성화된 객체로 절
대자 신의 아우라와 함께 초월적 자리에서 생의 지표를 선도하는 고등기
독론의 태반을 걸치고 있는 듯하다. 슐라이어마허가 말한 '절대의존의 감
정'이야말로 김현승 시학의 신학적 기저를 확인해주는 가장 적절한 개념
이 아닐까 싶다. 물론 그의 이러한 신학적 인식에 회의의 과정이 없었던
것은 아니다.[25] 그는 유일신 신앙에 의문을 제기하기도 하였고, 지상의 종
교에서 초월적인 신성보다 인간들이 만들어낸 최초 창조자의 관념을 신격
화한 것으로 의심하기도 하였다. 나아가 그는 자칭 영 중심으로 산다는 교
인의 삶이 육신 중심이라는 사회인과 다를 바 없음을 통찰하기도 하였
다.[26] 이러한 신앙의 음지는 그에게 비극적 종교의식을 불러일으키는가
하면 신의 부재의식에 터하여 그의 고독을 극단적으로 몰아가는 내적인

67-70 참조.

25 실제로 시인은 한때 기독교 신앙을 떠난 적이 있었던 것으로 알려져 있다. 이미지 상으로만
　본다면 그에게 그러한 신앙적 회의는 신을 어둠 또는 슬픔이나 눈물과 동일시하여 조형하는
　데서 그 암시적 단서를 발견할 수 있다. 앞의 책, 131-136 참조.

26 오규원, "비극적 종교의식과 고독 - 김현승의 시세계", 김인섭 엮음, 『김현승 시 논평집』
　(서울: 숭실대학교 출판부, 2007), 329-337, 특히 332-333.

동기로 작용하는 측면도 있어 보인다. 그러나 그 고독의 끝자리에서 시인은 다시금 신적인 초월성의 여백을 불러들인다.[27]

이를테면 그의 시 세계가 교리적인 확신을 가지고 기독교의 초월적 공간에 함몰된 것은 절대로 아니다. 그의 많은 작품들은 외려 그러한 성스러운 초월 공간을 지향하려는 몸부림과 함께 원죄에 뿌리를 둔 고독한 존재로서의 실존을 민감하게 의식하고 있다. 이러한 실존적 자의식은 그 실존을 극복하려는 시도로서 특히 가을의 고독 속에서 기도의 포즈를 추스르는 시인의 자세와 긴밀하게 연계되어 나타난다.[28] 그것은 신 앞에 선 단독자의 자세로 연단받은 신앙이 "굽이치는 바다와/ 백합의 골짜기를 지나/ 마른 나뭇가지 위에 다다른 까마귀"[29]라는 성숙한 이미지를 낳는 비결이다. 성서적 배경을 깔고 이 시구를 읽을 때 '굽이치는 바다'는 폭풍이 일렁이는 갈릴리 바다를 연상시켜준다. 또한 백합의 골짜기는 발자크의 연애소설 '골짜기의 백합'과 함께 떠오르는 문학적 아우라와 별도로 예수가 설파한 들에 핀 백합화, 수고도 길쌈도 하지 않지만 솔로몬의 모든 영광보다 아름답다는 그 백합화의 이미지와 연동된다. '마른 나뭇가지 위에 다다른 까마귀'는 백합화와 마찬가지로 심지도 거두지도 않지만 하늘의 아버지가 기르신다는 '공중 나는 새'(까마귀)가 광야의 메마른 나뭇가지에 앉아 지난한 시험을 통과한 고독한 존재의 시종을 드러낸다.[30] 절대자를 향한 외곬

---

27 앞의 논문. 아울러, 안수환, "신의 부재와 초월성-다형 시를 중심으로", 앞의 책, 338-350 참조.

28 이와 관련된 연구논문은 권오안, "김현승과 聖·俗의 갈등", 이승하 편저, 『김현승』(서울: 새미, 2006), 11-29 참조.

29 김현승의 가장 대중적인 작품으로 알려진 〈가을의 기도〉 일부 구절. 김인섭 엮음·해설, 『김현승 시전집』(서울: 민음사, 2005), 137.

30 김인섭의 해석에 의하면 시인 김현승에게 '마른 나뭇가지'의 이미지는 '실존적 고뇌'를 표상하고, '까마귀'의 이미지는 '탈신혼(脫身魂)의 비상(飛翔)'을 나타낸다. 김인섭, "김현승의 시적 체질과 초월적 상상력", 앞의 책, 613-635. 아울러, 권영진, "시와 종교적 상상력(1)-김현승 시에 나타난 사물[자연]의 심상 구조와 '까마귀'의 상징성을 중심으로", 김인섭 엮음, 『김현승 시 논평집』, 202-241 참조.

의 신앙이 실존주의적 신학의 자장에 맴돌면서 절대 고독으로 심화되고, 예수가 시험을 통과한 까마귀의 호젓한 초월자처럼 변용되는 이치는 김현승 시의 예수 이해가 다분히 낭만적인 자연주의의 사조에 물꼬를 대고 있음을 입증한다.

예수라는 실명과 함께 시인이 그의 탄생을 묘사할 때 그의 시어는 담백한 내면의 심성으로 직행한다. 가령, 그가 〈크리스마스와 우리 집〉이란 제목의 작품에서,

冬靑 가지에/ 까마귀 열매가 달리는/ 빈 초겨울 저녁이 오면/ 호롱불을 켜는 우리 집// 들에 계시던 거친 손의 아버지/ 그림자와 함께 돌아오시는/ 마을 밖의 우리 집// […] 우리 집과 같은/ 베들레헴 어느 곳에서/ 우리 집과 같이 가난한 마음과 마음의 따스한 꼴 위에서// 예수님은 나셨다/예수님은 나신다.[31]

시인은 자신의 가난한 집안을 예수가 탄생했다는 베들레헴의 구유에 깔린 꼴과 등치시킨다. 그것은 세상이 추구하는 온갖 소유물이 텅 빈 가난한 생명의 태반이지만 그 가난함과 따스함은 한 가지의 미덕으로 얽힌다. 예수의 탄생이 "가난한 마음과 마음의 따스한 꼴"에서 이루어졌으리라는 믿음 자체는 얼핏 예수의 천국 복음에 합당한 팔복의 조건 중 첫째로 선포된 '심령이 가난한 자'를 떠올려준다. 나아가 특정한 역사적 시간과 공간의 한계를 넘어 바로 이 시대의 가난한 '마음'에서 여전히 지금도 예수가 태어난다는 통찰은 역사적 예수를 초월적 구원의 지평으로 확산시킨 시인의 신학적 상상력에 밀착되어 있다. 이러한 맥락에서 예수의 부활을 노래한 작품에서도,

---

31 김인섭 엮음·해설, 『김현승 시전집』, 232-233.

당신의 핏자국에선/ 꽃이 피어 사랑의 꽃 피어,/ 땅 끝에서 땅 끝까지/ 사랑의 열매들이 아름답게 열렸습니다.// 당신의 못자욱은/ 우리를 더욱 당신에게 못 박을 뿐/ 더욱 얽매이게 할 뿐입니다.// 당신은 지금 무덤 밖/ 온 천하에 계십니다. 충만하십니다![32]

라고 고백할 때 마치 바울의 교리적 공식과 같이 예수는 온 천하에 충만한 우주적 존재로 부각된다. 예수의 육체에 박힌 못과 그 몸이 흘린 피는 사랑의 꽃으로 승화되어 나타나거나 우리의 신앙을 더욱 간절하게 견인하여 예수와 얽어매는 촉매제로 기능한다. 따라서 그 고난의 역사성이 예수 당대의 상황에서나 시인의 당대적 삶의 자리 가운데 구체적인 사건으로 돌올하지 않는다.

김현승 시인의 시적인 조형을 통해 투과된 예수의 일생은 대체로 격렬하지 않고 조용한 고독의 화신이었다. 그것은 빛과 어둠을 예리하게 가르며 인간의 죄악을 책망하는 예언자의 이미지와 거리가 멀어 보인다. 그 대신 예수의 이미지는 그의 가장 뛰어난 작품 속에 형상화한 '플라타너스'의 이미지, 즉 파란 하늘에 젖은 이 나무의 머리와 그늘의 이미지,[33] 또는 "갑자기 밝아지면/ 스스로 눈이 부신 듯,/ 깜빡깜빡 몇 번이고 망설이다가 켜지는…"[34] 형광등의 이미지로 변용되어 나타난다. 아울러, 예수가 일군 공생애의 사역은 "어린아이들처럼 되지 않고는 천국에 들어갈 수 없다"는 어록의 소박한 메아리처럼 "너희들의 이름으로/ 너희들은 허물할 것이 없다"[35]는 신념을 낳는다. 그리하여 억울하게 죽은 모든 어린아이들이 천국

---

32 그의 작품 〈부활절에〉 일부. 앞의 책, 458-459.
33 김현승의 초기 시세계를 대표하는 작품 〈푸라타나스〉는 이렇게 그 이미지를 조형한다. "꿈을 아느냐 네가 물으면,/ 푸라타나스,/ 너의 머리는 어느듯 파아란 하늘에 젖어 있다.// 너는 사모할 줄 모르나./ 푸라타나스,/ 너는 네게 있는 것으로 그늘을 느린다." 앞의 책, 26.
34 그의 작품 〈형광등〉의 일부. 앞의 책, 360.
35 그의 작품 〈어린것들〉의 일부. 앞의 책, 194.

으로 들어갈 수밖에 없는 필연적 귀결이 천국을 이해하는 시인의 대표적인 방식이다. 이러한 시선에 포착된 어린것들의 아름다움은 "그 측은한 머리와 두려워하는 눈동자/ 연약한 팔목과 의지함"[36]에서 발견된다. 이 연약함과 두려움에 의거한 신뢰와 의존 지향적 자세는 앞의 가난한 마음과 겹치면서 다시 '절대의존의 감정'을 투사하는 신앙의 대상인 예수의 신적인 후광으로 소급된다. 요컨대, 김현승의 작품 가운데 드러난 예수는 '신 앞에 선 단독자'라는 키에르케고르적 신앙인의 초상을 구현하면서 그가 육체로 살아간 역사 자체가 보편적인 초월의 구원론적 지평으로 수렴된 대표적인 경우라고 평가할 수 있다.

III. 민중 해방자와 생태적 예수의 초상

1. 김지하의 경우

한국 민주화운동의 뜨거운 상징이자 파란만장한 시인 김지하를 특정 종교의 울타리에 가둘 수 없다. 그가 비록 가톨릭교에 입문하여 영세를 받은 것은 사실이지만 그 종교사상의 틀 속에 자신의 영혼을 묶어버린 것 같지 않다. 그가 화엄개벽과 전생, 미륵, 대해탈을 시어로 끄집어낼 때 그의 시는 불교의 사상적 아우라에 충분히 침윤되는 듯 보인다. 그러나 다른한편으로 그가 시천주와 모심을 표나게 강조할 때 그의 시는 동학의 색깔로 덧입혀지고, 다른 작품에서 신시(神市)와 율려(律呂)를 끌어들일 때 그는 단군교의 신도처럼 보이기도 한다. 그뿐 아니라 그는 가끔 노장을 운운하거나 유자(儒者)의 냄새를 풍기기도 한다. 시인으로서 그의 궤적은 이

---

36 앞의 책, 같은 쪽.

모든 종교사상의 심연을 우주생명의 일상적 자리에서 품어보려 하는 듯하다.[37] 그 가운데 그가 관심을 표하며 조명하는 예수와 기독교의 역사적 기원에 대한 강도는 미약할 수밖에 없고, 가뭄에 콩나듯 희소한 변두리의 위상을 띠는 것이 당연해 보인다.

그러나 김지하가 문단에 풍운아처럼 등장하여 역사의 가장 뜨거운 자리를 독차지하다시피 할 적에 그는 무엇보다 〈금관의 예수〉라는 이미지로 동시대의 화석화된 예수상에 파격적인 도전을 제기한 바 있다. 이 〈금관의 예수〉는 김민기가 곡을 붙인 노래로 더 유명해졌는데, 본래 독립적인 시 작품으로 쓴 것이 아니라 그가 쓴 동 제목의 희곡 제1장을 여는 노래로 지어진 것이다.[38] 그럼에도 이 노래는 시적인 운율을 띠면서 동시대의 천국의 자리를 치열하게 갈구한다. 그렇게 천국의 현주소를 탐문하는 방식을 취하면서 시인은 예수의 역사적 재현을 시도한다. 그가 경험하고 직시한 당대의 현실은 하늘도 벌판도 얼어붙고 태양도 빛을 잃은 "캄캄한 가난의 거리"이며, 고향을 떠나와 겨울 한복판에서 버림받은 유랑하는 사람들이 헤매는 "곤욕의 거리"이기도 하다. 그들의 얼굴은 여위었고 그들의 손길은 메마른 상태이다. 그들은 지쳐 죽어버려도 몸을 눕힐 무덤조차 구할 길 없는 변두리적 존재, 곧 기층민중이다. 시인은 이들을 위한 천국의 자리를 묻는다. 처음에 내세지향적인 평이한 전통적 기독교 신앙에 의지하여 물으면서 강하게 그 내세의 고통 없는 곳으로 죽음을 통과하여 가려는 결연한 의지를 내비치기도 한다. "어디 있을까/ 천국은 어디/ 죽음 저편에/ 사철 푸른 나무숲/ 거기 있을까// 가리라 죽어 그리로/ 가리라 고된 삶을 버리고/ 죽어 그리 가리라."[39] 그러나 죽기 전의 삶은 여전히 고달프

37 김지하의 문학세계와 사상에 대한 전반적 평가는 임헌영 외, 『김지하 - 그의 문학과 사상』 (서울: 세계, 1985) 참조. 이 책에는 김지하의 이후 작품과 사상적 전개 과정에 대한 내용이 들어 있지 않지만, 그 맹아적 자취는 충분히 음미할 수 있다.
38 이 희곡 〈금관의 예수〉은 김지하, 『민중의 노래, 민족의 노래』 (서울: 동광출판사, 1984), 93-142에 실려 있다.

고 견디기 힘든 현실이다. 그리하여 '못견디겠네'를 연거푸 되뇌면서 시인은 그 서러운 세월을 통탄한다. 나아가 이 삭막한 얼어붙은 땅에서 구원을 베푸는 주님의 존재는 어디 있는지 그 자취가 묘연하다. 그 탐문의 과정을 거치면 깨달음의 단계가 찾아온다. 그 깨달음은 주님 되는 예수가, '금관의 예수' 이미지가 암시하는 대로, 교회당의 십자가에 박제품처럼 박혀 있지 않고 그들의 현재 삶의 자리에 있어야 한다는 것이다. '어디 계실까?'라는 막연한 존재에의 탐문은 바로 현재 그들의 서럽고 암울한 삶의 자리에 함께 있어야 한다는 당위적 확신으로 전이된다. 그리하여 노래의 메아리처럼 시인은 "오, 주여 이제는 여기/ 우리와 함께, 주여 우리와 함께"를 되풀이 외치면서 역사적 예수의 현재적 발견과 재맥락화의 시도를 마무리한다. 이후 이 희곡의 내용이 시사하는 신학적 메시지는 예수가 금관으로 장식된 교리적 틀을 벗고 가시관을 쓴 채 피를 흘리는 민중의 고통당하는 삶의 역사적 현실 속에서 재발견되어야 한다는 것이다. 마치 몰트만의 정치 신학적 주장처럼, 하나님이 십자가의 예수와 더불어 고통을 당하고 있었듯이, 역사적 예수가 그 시대의 억압받는 민중의 삶 가운데 현존한다는 민중신학과 해방신학의 해석적 통찰이 그 밑바탕에 깔려있는 것이다. 그렇지만 그 예수는 여전히 기도의 대상자인 '주님'으로서 구약성서의 야훼 하나님과 신약성서의 예수 이미지가 융합되어 신앙고백을 받는 신적인 존재임을 전제로 한다.

그 이후 예수는 좀처럼 김지하의 시 작품 속에 등장하지 않는다. 그는 감옥에서 지독한 고문과 핍박으로 몸이 망가지고 정신이 피폐해지는 경험 속에 '생명'의 기적적 신비에 대한 각성과 함께 생명사상의 길에 입문하였고, 이와 동시적으로 그의 시작품도 혁명의 열기를 서늘하게 정돈하면서 일상적 삶의 자리에 깃든 둥글고 따스하고 부드러운 생명의 힘에 눈뜬다.

---

39 〈금관의 예수〉에 나오는 노래 가사의 일부. 앞의 책, 95.

그가 우주 생명의 광활하고 오연한 기미에 눈뜨게 되는 자리도 바로 그 일상의 따사로운 공간에서다. 그것이 그의 생태적 관심을 북돋아 예수가 교회로 성육화되어 나타나는 〈새 교회〉라는 작품에서 그는 금관의 예수에 대한 비판을 생태적으로 재구성하여 전혀 새로운 교회상을 구상하고 이로써 은연중 자신이 기리는 예수의 초상을 암시한다.[40] '새 예수회 교회'라는 이름이 붙은 그 교회는 "산 위에 선 교회/ 벽만 있는 교회/ 지붕 없는 교회"로 자연 가운데 자리하고 하늘을 향해 열린 교회이다. 그리하여 밤에는 "해와 달과 별들이/ 나와 함께 기도하고/ 혜성이 와 머물고/ 은하수와 성운들 너머/ 먼 우주가 내려와 춤추"는 "풀잎의 흙과 물"[41]로 된 교회이다. 그는 이러한 우주적이고 생태적인 교회에 대한 기대의 실현 가능성을 타진하면서 "꿈인가"라고 묻고 있지만, 이 작품이 궁극적으로 제기하는 질문은 생태적인 예수의 복음을 향한 기대와 연계되어 있는 듯하다.

그 뒤로도 김지하는 예수를 가끔 언급하면서 자신의 시 가운데 그 이름을 등장시킨다. 그러나 그것은 예수에 대한 역사적 탐구와 무관하게 자기연민과 우주적 생명원리의 은유적 밑자리로서 스쳐 지나갈 뿐이다. 가령,

> 기독교 이야기라는/ 예수쟁이 친구들께 보내는/ 편지 마지막을 쓰다/ 두 번이
> 나 혼자서/ 숨죽여 울고//… 왜 울었을까 생각한다// 모심// 모심 때문이다//
> 내 마음에서 멀리 떠났던/ 예수님께// 모심을 바친 것[42]

이라는 시구에서 예수는 옛적의 신앙고백을 떠올려주는 '예수님'으로서 극진한 공경심을 가지고 섬겨야 하는 '모심'의 대상 또는 매개가 된다.

---

40 이 작품에 대한 자세한 분석은 차정식, "'중심'의 괴로움과 '틈'의 구원", 「한국기독교신학논총」 59 (2008), 223-249 참조. 이 논문은 차정식, 『한국 현대시와 신학의 풍경』 (서울: 이레서원, 2008), 100-131에 일부 각색되어 수록됨.

41 〈새 교회〉라는 제목의 작품 일부. 김지하, 『중심의 괴로움』 (서울: 솔출판사, 1994), 72-73.

42 〈못난 시 74〉의 일부, 김지하, 『못난 시들』 (서울: 이룸, 2009), 190-192.

그러나 그 모심은 어쩐지 그 뜬금없는 울음의 동기와 함께 내면으로 뻗친 자기연민의 그늘을 간직하고 있는 듯 보인다. 그는 또한 예수를 잘 믿는 작은 아들이 영국에 유학을 떠나 아버지를 위해 울며 기도하는 그 정성에 그리움으로 또 운다. 그 부정(父情)에 깊이 빠진 시인은 옛적에 "머리맡에 푸르른/ 예수 플라스틱 발광체 보며/ 인생이/ 무엇이냐고 밤새 묻던 것처럼"[43] 이제 예수를 깊이 믿는 아들에게 가르쳐달라고 매달린다. "삶이 인생이 과연/ 무엇이냐" "이 세상 끝에는 무엇이 있는 것이냐"[44]고 말이다. 늘그막의 시인에게 틀림없이 절박했을 이 애절한 질문이 평범한 신파처럼 울리는 것은 여기서 예수는 그 어떤 탐구의 깊이나 비평적 성찰을 벗어나 실존주의자의 절대적 신성과 다름없는 진부한 상투 어구에 불과하기 때문이다. 그만큼 퇴행적인 예수의 모습이 그의 만년에 제작된 시들 속에 더러 출몰하고 있다. 그것은 자신의 음울한 실존의 연속선상에서 사유화된 예수상의 일종으로 보인다. 그리하여 그가 '동굴 앞에 엎드렸을 때' 그의 딸 땡이가 서럽게 우는 모습을 떠올리며 그는 그 동굴의 메시지가 곧 비움으로서의 모심임을 직관한다. 이어지는 시구는 그가 언급한 그 동굴의 정체와 그 앞에 엎드린 이유에 대한 해명 없이 "수천 년이다/ 그 동굴은 폐쇄되고/ 먹칠되고 범죄자의 집/ 그리고/ 무덤// 예수의 죽음의 자리"[45]라고 파격문구를 제시하면서 자신의 참담한 과거의 기억을 담은 그 동굴 이미지로 예수가 죽어 묻힌 그 동굴 무덤을 연상시켜준다. 이에 대한 경건한 모심이든, 그 컴컴한 어둠을 비워내는 허적(虛寂)이든, 시인이 예수를 호명하는 방식은 여전히 고통스런 자기의 내면 속에 구도적인 마음의 동선을 그리며 탈주하는 것이다. 이러한 맥락에서 예수는 시인의 범람하는 연민의 수렁에서 종래의 우주적 생태적 예수를 신앙고백적으로 전유

---

43 〈이 세상 끝에는〉의 일부. 김지하. 『시 삼백 2』 (서울 자음과모음, 2010), 158-163.
44 앞의 책, 같은 시의 일부.
45 〈땡〉의 일부. 김지하, 『시 삼백 2』, 97-99.

함으로써 천연덕스럽게 한 몸이 되길 갈구한다. 그러한 예수상은 분방한 시인의 상상력과 어우러져 경계 없이 자유롭고 호방한 기품은 있어 보이지만 거기서 더 이상의 비평적 성찰의 거리를 찾아보기 어려운 것도 사실이다.

2. 정호승의 경우

"민중적 감성의 부드러운 일깨움"[46]이란 평가를 받은 초기 정호승의 시들은 도시근대화의 물결에 쓸려 농촌에서 서울 도시로 올라와 빈민이 된 많은 사람들에게 따스한 연민의 시선을 던진다. 그의 작품들은 그들이 낮고 차가운 생존의 현실 속에서 경험한 억압과 수탈, 이러한 서러운 경험에 터한 민중적 의식의 각성과 이들 기층 생명과의 긴밀한 연대를 축으로 선회하는 구도를 보여준다. 이러한 연대의 정서적 밀도를 높이는 차원에서 정호승은 시의 리듬을 전통적인 노랫가락에 의탁하여 빚어냄으로써 시가 곧 노래가 되는 경지를 드러내는데 이는 그의 작품에 민중적 정취를 더하는 순기능을 한다. 그 리듬이 때로 기도의 어조로 변용되거나 때로 반복적인 주술적 감화력이 느껴지는 예언자적 선언의 형식으로 나타나기도 한다. 거기서 그 기도의 대상과 예언의 전통적 공식은 주로 기독교의 성서적 운율에 상당 부분 의존하고 있다. 이러한 맥락에서 이 시인이 기독교를 접한 경로와 예수에 대한 신앙적 자세를 그의 실존 속에 개입시킨 정황은 잘 드러나지 않는다. 분명하게 드러나는 것은 그가 예수에게 투영시킨 역사적 관점과 그로부터 재해석된 동시대적 예수의 초상이다.

시인 정호승에게 예수는 예찬의 대상이 되는 하나님의 아들로 고고하게 천상에 머무는 존재가 아니다. 수난의 대속적인 메시지가 예수의 중요

---

46 정다비(정과리), "민중적 감성의 부드러운 일깨움", 정호승,『서울의 예수』(서울: 민음사, 1982), 90-130에 실린 시집 해설.

한 부분을 덧칠하는 종래의 전통적인 예수의 초상에서도 멀찌감치 벗어나 있는 점도 뚜렷하다. 그에게 예수는 무엇보다 시인이다. 그것도 그냥 평범한 시인이 아니라 "모든 사람을 시인이게 하는 시인"이다. 그 시인의 시인을 다시 정의하여 그는 "사랑하는 자의 노래를 부르는 새벽의 사람,/ 해 뜨는 곳에서 가장 어두운/ 고요한 기다림의 아들"이라고 표현한다. 그는 역사의 낮은 자리에서 비천한 절망의 존재들과 더불어 고통과 슬픔을 함께 공유하며 이로써 연대하고 희망의 내일을 전망하는 예언자적 존재이다. 그리하여 그의 〈시인 예수〉는 예수에 대한 초상을 앞의 구절에 이어 다음과 같이 아름다운 시어들로 묘파한다.

절벽 위에 길을 내어/ 길을 걸으면/ 그는 언제나 길 위의 길./ 절벽의 길 끝까지 불어오는/ 사람의 바람.// 들풀들이 바람에 흔들리는 것을/ 용서하는 들녘의 노을 끝/ 사람의 아름다움을 아름다워하는/ 아름다움의 깊이./ 날마다 사랑의 바닷가를 거닐며/ 절망의 물고기를 잡아 먹는 그는/ 이 세상 햇빛이 굳어지기 전에/ 홀로 컨 인간의 등불.[47]

이와 같은 시인 예수는 간편한 구원을 약속하며 허세를 남발하지 않는다. 인간의 본원적인 깊이로 배수진을 치고 현실 속에서 위태롭게 극단의 삶을 실험하는 시적인 존재이다. 그는 시인의 미학적 상상력에 힘입어 본래 역사적 예수의 초상에 낭만적인 전망의 옷을 입힌 인물로 거듭나는 듯하다.

그렇다고 정호승의 예수가 깔끔하게 단장된 미학적 인물이라고 보기 어려운 것은, 그가 말하는 바람과 등불, 노을 등이 아름다움에 대한 낭만적 추상으로 머물지 않고 구체적인 서울 도심의 빈민, 유랑민의 자리에 섞

---

47 〈시인 예수〉의 일부 구절. 앞의 책, 48.

이며 동시대의 맥락에서 '먹보'와 '술꾼'과 '죄인들의 친구'로서 그들의 일상 속에 함께 운신하는 모습을 보여주기 때문이다. 그의 가장 대표적인 예수 관련 시로 시집의 제목이 되기도 한 〈서울의 예수〉는 팍팍한 근대화 물결에 내몰린 변두리 존재로서 기층 민중의 유랑민적 삶의 자리에 동참한 예수의 현재적 초상을 묘파한다. 시인이 경험한 도시근대화의 물결이 파동치는 1970년대의 서울은 "목마를 때 언제나 소금을 주고/ 배 부를 때 언제나 빵을 주는"[48] 배반과 역리의 공간이다. 그 한복판에서 등장한 서울의 예수는 "낚싯대를 드리우고 한강에 앉아 있"고 "강변에 모닥불을 피워놓고" "젖은 옷을 말리"는 실업자나 유랑민처럼 비친다. 그 예수는 또한 누가 억울하게 감옥에 갇혔는지 "겨울비에 젖으며 서대문 구치소 담벼락에 기대어 울고 있"으며, "서울의 빵과 눈물을 생각하며" "홀로 담배를 피운다". 그의 이런 동선은 "절망의 끝으로 걸어"가는 사람에 빗대어 묘사되고, 그의 이런 행태는 "인간이 아름다워지는 것을 보기 위"한 것이다. 그는 더 이상 십자가에 매달려 죽어가는 개인의 신체적 갈증에 목마른 것이 아니라, "서울이 잠들기 전에 인간의 꿈이 먼저 잠들어 목이 마르다." 꿈 없는 비인간화의 소외된 도심 공간, 비록 그 구체적인 세목이 당대의 현실로 세밀하게 드러나고 있지 않지만, 시인에게 예수는 이러한 자본제적 소외를 타파하는 참된 인간화의 주역으로 재구성된다. 그리하여 그의 바람은 "추억이 아름다운 사람을 만나, 소주잔을 나누며 눈물의 빈대떡을 나눠 먹고 싶다"는 것이다. 소주와 빈대떡의 이미지로 환기되는 민중적 삶의 일상에 대한 소박한 인간적인 온정과 상호 간의 공명을 희구하는 시인의 갈망은 예수의 바로 그런 민중적인 이미지에 연계되어 당시로서는 참신한 예수의 초상을 창출하였다.

이러한 예수의 초상이 기성 제도권 기독교의 신앙 행태에 대한 비판적

---

48 여기와 아래의 인용 시구는 앞의 시집 표제작 〈서울의 예수〉를 출전으로 한다. 앞의 책, 45-47.

성찰과 탄식으로 나타나지 않을 리 없다. 가령, 그는 교회의 예배 대중을 겨냥한 듯, 예수에 대한 교리적 이해에 편중되어 예수의 역사적 삶과 그 진정성의 가치를 왜곡, 호도한 부류를 가리켜 다음과 같이 탄식하며 일갈한다. "나를 섬기는 자는 슬프고, 나를 슬퍼하는 자는 슬프다. … 내 이름을 간절히 부르는 자들은 불행하고, 내 이름을 간절히 사랑하는 자들은 더욱 불행하다."[49] 이는 곧 예수의 이름에 대한 교리적인 고백이 예수의 본래 의도가 아니었음을 방증하는 진술이다. 그의 본래 의도인즉, 이웃을 극진히 사랑하고 가난한 자들을 위하여 섬기고 베풀라는 것이었다. 이는 "지극히 작은 자에 대하여 한 것이 곧 내게 한 것"(마 25:40)이라며 가난한 자와 자신을 동일시한 예수의 가르침에 잇닿아 있다. 그러나 오늘날 예수의 분신인 양 그 앞에 신앙을 고백하는 자들 다수는 "내 이웃을 위하여 괴로워하지 않았고, 가난한 자의 별들을 바라보지 않았"다는 것이다. 바로 그 죄악을 예수는 자신이 그렇게 한 것처럼 아프게 회개하며 자백하는 것으로 이 시는 마무리된다.

정호승의 예수는 그러나 예수의 역사적 과격성을 부추겨 민중의 혁명을 선동하는 방향으로 나아가지 않는다. 그에게는 여전히 평화와 용서와 사랑이 중요하며, 이에 따라 그의 예수는 그러한 가치의 신앙적 윤리적 일깨움에 비중을 두고 있다. 그가 예수의 목소리를 빌어 "나는 그대 가슴 속 칼이 되기를 원하노라"[50]고 권고하면서 예수의 '칼'을 언급할 때조차, 혈통적 연고주의의 혁파라는 예수의 본래적 맥락에서[51] 이탈하여 서울을 떠나

49 〈서울의 예수〉 일부 구절. 앞의 책, 같은 쪽.
50 〈서울을 떠나는 자에게〉 일부. 앞의 책, 60. 이 '칼'의 이미지는 다른 곳에서 '눈사람' '슬픔'의 차가운 이미지와 결합되어 냉철한 기다림과 결의의 메시지를 낳는다. 〈눈사람〉 〈슬픔을 위하여〉 참조. 각각 앞의 책, 83, 87. 이 칼이 이 땅의 열악한 역사적 현실과 접맥될 때(가령, 〈혼혈아에게〉의 경우) 그것은 자유 평등 화해를 위해 싸우는 투쟁적 이미지로의 변모를 암시한다. 김현, "고아 의식의 시적 변용 - 장영수·김명인·정호승의 시에 대하여", 『문학과 유토피아 - 공감의 비평: 김현문학전집 4』(서울: 문학과지성사, 1992), 97-107, 특히 104-107 참조.

는 자에게 희망을 전하는 '그대의 새벽'이란 메시지에 머물고 만다. 제도권 종교의 성역화된 이미지를 비판하면서 마더 테레사의 행적을 꼬집어 "찔레꽃이 피던 날 한국을 떠나면서/ 그녀는 가난한 사람의 이름을 부르지 않았다"[52]고 지적하면서도 예수를 주로 섬기는 기성 기독교체제의 변혁을 위한 실천적인 대안이 무엇인지 적시하지 않는다. 마찬가지로 "나는 어젯밤 예수의 아내와 함께 여관잠을 잤다"[53]며 "영등포시장 뒷골목 서울여관 숙박계"의 자세한 정황 설명을 곁들여 창녀와의 동침에 대한 파격적인 진술을 할 때조차 그 창녀를 지극히 작은 자로서의 예수와 동일시하려는 선명한 의도에도 불구하고 예수의 하나님 나라 비전에 터한 민중신학적 전망은 선명하지 않다. 그 시적 진술이 "아무래도 예수보다 더 오래 살 것 같아 미안했다"는 정도로 머물 때 역사적 예수에 대한 시인의 미래 전망은 금세 녹아버리는, 그가 그토록 일관되게 언급한 '눈사람'의 연약함에 비견될 만큼 허망한 듯 보인다. 역사적 예수의 재현이 민중적 실상에 되먹여져 그들과 함께하지 못하는 '미안함' 정도의 정서로 맴돌 때, 물론 당시 그런 수준의 공감조차 없었던 안타까움의 현실은 구구절절 묻어나지만, 그것은 예수의 낭만적 민중화란 혐의에서 자유롭지 못한 것으로 판단된다.

---

51 칼에 대한 예수의 어록은 본래 복음서의 맥락에서 불에 대한 유사 어록과 연동되어 혈통가족주의의 혁파라는 메시지를 남긴다. 차정식, "예수와 불/칼 상상력", 『예수와 신학적 상상력』(파주: 한국학술정보, 2008), 178-204 참조.

52 〈마더 테레사〉의 일부 구절. 정호승, 『서울의 예수』, 43. 그러던 그가 세월이 지난 뒤 테레사의 여든일곱 살 생일을 맞아 그에 대한 예찬의 자세로 입장을 바꾸어 또 다른 테레사 관련 시를 남기고 있다. "진정한 사랑에는 고통이 따른다는/ 상처 입을 때까지 사랑하는 것을 두려워하지 말라는/ 사랑은 어느 계절에나 열매 맺을 수 있다는/ 그분의 말씀"을 경외 어린 심정으로 떠올리며 지순한 존경심을 표한다. 정호승, 『외로우니까 사람이다』(서울: 열림원, 1998), 100. 이러한 변전된 관점에 대한 비판적인 성찰은 차정식, "시인 예수의 초상 -정호승의 『서울의 예수』 읽기", 『한국 현대시와 신학의 풍경』, 320-344 참조.

53 이하의 인용문은 〈가을 日記〉의 일부. 정호승, 『서울의 예수』, 36-37.

3. 김정환의 경우

김정환의 예수는 민중적인 계열뿐 아니라 한국현대사에서 산출된 초상 중에서도 격렬하고 투쟁적인 유형으로 제시된다. 이는 그의 작품들이 여기서 다루는 여타의 시인들과 비교하여 가장 당파적이고 계급적인 배경과 무관하지 않다.[54] 그에게 사랑과 투쟁은 둘이 아니라 하나다. 그리고 그 사랑은 자갈치시장에서 도심의 재개발철거지, 정치범 수용 감방, 거친 막노동 현장과 데모 군중의 틈바구니에서 치열하게 피어나는 역사와 구조 변혁의 원동력이다. 그는 역사 속의 유일회적 구원의 사건을 창출한 과거 역사의 인물로서 예수를 언급하지 않는다. 그에게 예수는 철저히 현재화되어 기층 민중들의 다양한 생존 지향적 투쟁의 밑바닥에서 용해되어 오늘날의 생명으로 거듭난 존재이다. 그의 초기작인 〈성탄〉이란 작품을 보면 예수에 대한 그의 관심이 어디서 유래되는지, 또 그 궁극적인 지향점이 무엇인지 가늠할 수 있다. 이 작품에서는 '성탄' 하면 으레 연상하기 쉬운 아기 예수의 크리스마스 이야기와 전혀 무관한 듯 보이는 이 시대의 악다구니 생존현장이 적나라하게 투사된다.

> 그해 겨울, 그 날의 부근 동안을/ 난 내내 청계천 6가에서 살았다/ 칠흑 같은 밤이 술렁거렸고, 땀에 찌든 막벌이꾼들의 치미는 근육덩어리들이/ 반짝했다. 어물전에 산더미처럼 쌓인 생선의 비늘들이/ 진압치 못해 축축한 성욕처럼 온 세상 위를 꿈틀대며 기어갔다/ 그리고 밀어닥친 홍수처럼, 아님 밀려난 흥남부두처럼/ 사람들이 파란 불도 없는 횡단보도를 마구 건너갔다.[55]

---

54 특히 그의 시집 중에서 이러한 성향을 가장 강하게 반영하는 것은 김정환, 『기차에 대하여』 (서울: 창작과비평사, 1990)이다.

55 〈성탄〉의 일부 구절. 김정환, 『지울 수 없는 노래』 (서울: 창작과비평사, 1982), 14-15.

시인이 동참한 이러한 민중적 삶의 현장에서 지나간 것은 그 시끄러운 시장바닥의 온갖 남루하고 너저분한 생존의 흔적들이다. 그 무질서한 횡단보도 위에 남은 그 흔적들 가운데는 '보따리', (술취한 사람들의?) 비틀거리는 어깨들', '물샐 틈 없는 크리스마스 캐롤', '무겁게 매달린 자식새끼들', '리어카꾼의 험상궂은 욕질', '김이 모락나는 순대', '홍어찜', '오줌냄새', '아낙내의 보따리', '맹인여가수의 마이크 목소리' 등등 온갖 밑바닥 인생들의 풍경이다. 거기서 시인은 살아 있는 것들에게서 느껴지는 산다는 것의 위대함을 본다. 그 시끄러운 아수라의 시장바닥에서 시인은 거룩함이 기실 비린내 나고 끈적거리는 생명의 에너지와 무관치 않음을 깨닫는다. "나는 온통 시끄러운 아수라장 속에서 알았다/ 반짝이는 것은 비참이 아니라 목숨이라는 것을/ 목숨은 어떤 비참보다도 끈질기다는 것을/ 현실은 어떤 꿈보다도 더 많은 희망을 품고 있다는 것을/ 성스러움의 끈적끈적함을, 끈적함의 견고성을."56

그 난장의 현실에서 발견한 희망의 끈적거리는 성스러움은 마침내 기독교의 예수에게로 소급되어 그의 장엄한 호흡과 함께『황색예수전』이 탄생하기에 이른다.57 시집 전체에 붙은 이 제목은 놀랍게도 예수에 대한 이야기가 아니다. 거기에 유별난 '황색'의 한국적 버전으로 예수의 기독론이 토착화되어 전통적인 역사기록에서 재발견되거나 재검증되지도 않는다. 이 시집을 관류하는 황색예수의 신학적 메시지는 채광석의 지적대로 '탄생-깨달음-활동-죽음-부활'의58 생명론적 궤적 속에 유형화되어 상처투성이 민중들의 생활 현장과 그 투쟁의 일선에 선 고통스런 현실의 희망을 노래한다.59 각각의 작품들은 종종 이끄는 화두처럼 복음서의 일부 구절

---

56 앞의 책, 15.

57 김정환,『황색예수전』(서울: 실천문학사, 1983). 이 시집에는 '김정환장편연작시집'이라는 부제가 붙어 있다.

58 채광석, "김정환의 예수," 앞의 책, 105-120.

59 이에 대하여 이 시집의 해설을 쓴 채광석은 시인의 황색 예수가 "우리의 역사적·현실적 상황

이 인용되는데, 시인이 초점을 맞추는 것은 그 어록의 당대 역사적 맥락보다 그것이 현재진행형의 메시지로 표출되는 구체적인 민중적 삶의 자리이다. 그리하여 "내가 율법이나 예언서의 말씀을 없애러 온 줄로 생각하지 말아라. 없애러 온 것이 아니라 오히려 완성하러 왔다"(마 5:17-18)는 예수의 어록은 지금도 가난한 시골집에서 비참한 민중의 슬픔을 위하여 계속 태어나는 예수 정신의 현재성 가운데 재현된다. 여기서 예수의 '완성'은 그 탄생의 구원론적 메시지가 환생하여 민중의 삶의 자리 속에서 순환하는 역사인식의 또 다른 어휘라고 할 수 있다. 그런가 하면 "너는 내 사랑하는 아들, 내 마음에 드는 아들이다"(막 1:11)라는, 예수가 세례를 받을 때 하늘에서 들렸다는 하나님의 목소리와 "누가 내 어머니이며… ?"(막 3:34)로 나가는 예수의 가족주의 비판의 언사는 하나로 뒤엉켜 역사의 억압과 굴절 속에서 가난의 힘에 눌려 희생당한 이 땅의 민중적 어머니 상을 부활시키는 메시지로 재해석된다.[60] 마찬가지의 맥락에서 흥미로운 것은 오로지 누가복음만이 전하는 예수의 유일한 유년기 이야기, 곧 예수의 예루살렘 성전 방문과 실종 사건에 대한 시인의 해석이다. 시인은 이 서사로써 새로운 삶의 길을 발견하여 길 떠나는 뿌리 뽑힘의 정황을 묘사한다. "바람은 그 몸집이 들어갈 만큼 큰 빈자리를 만들어/ 나는 그 빈자리에 휩싸여 뿌리째 뽑힌다".[61]

그런가 하면 이 이야기에 나오는 예수의 응답 "왜 나를 찾으셨습니까?

속에서 고통받는 사람 모두로 상대화되어 나타나는" 것이라고 해석한다. 앞의 책, 109. 한편 시인 이 시집의 발문에서 자신의 예수상에 대해 다음과 같이 의미심장한 말을 남기고 있다. "이 글은 우상화된 예수, 우상화된 개인적 고통에 대한 고발이며, 잘못된 성(聖)-속(俗)의 이분법적 개념규정에 대한 수정작업이다. 현세기복적 재벌 종교의 반민중성, 미래지향적 구원종교의 관제적 반역사성에 대한 규탄이다. 그리고 가난한 민중들의 공동체 속에서, 쫓겨난 오늘의 예수를 확인하고, 이루어지지 않은 미래의 어렴풋한 모형을 찾으려는 '의미 찾기'이다." 앞의 책 121-122.

60 이를 다룬 작품은 〈어머님에게〉. 앞의 책, 13-15.

61 〈태풍주의보〉 일부 구절. 앞의 책, 17-18.

…"(눅 2:49-50)는 엉뚱하게도 예수가 소경을 고쳐주고 "무엇이 좀 보이냐?"고 묻고 답을 듣는 대목(막 8:23-24)과 연계되어 상처의 고통이 새로운 연대와 도약을 가능케 한다는 역설적 메시지를 뒷받침한다. "우리를 만나게 하는 것은 아픔뿐인 것을/ 우리를 일어서게 하는 것은 아픔뿐인 것을/ 우리를 앞서 걷게 하는 것은 아픔뿐인 것을."[62] 그는 이러한 아픔의 동역학을 '고통의 우상화'라고 명명한다.[63] 그것은 타파해야 할 우상이 아니라 끊임없이 추구해야 할 보편적인 생명의 본질이다. 이와 관련하여 시인이 가장 힘주어 거듭 인용하는 복음서 구절은 마태복음 15:36의 양과 염소 심판 이야기에 나오는 심판자의 변증이다. 그리하여 "너희는 내가 굶주렸을 때 먹을 것을 주었고 목말랐을 때 마실 것을 주었으며…"라는 말씀은 즉각 당대의 굶주림과 감옥의 현장에 적용되어 시인은 그 가운데서 범람하는 온갖 비루한 삶의 자리가 곧 예수의 역사적 자리와 진배없음을 역설한다. 이와 같이 김정환의 예수는 가짜 화평을 깨트리고 역사의 진정성을 위해 예수의 칼을 날카롭게 들이댄다. 그 칼은 정호승의 예수가 보여준 것처럼 그냥 품고 기다리는 칼이 아니다. 그 칼은 사랑으로서의 전쟁을 몰고 오는 투쟁의 칼이다. "우리가 절망에 대하여 이야기하는 것은/ 절망이 전쟁을 몰아오고/ 전쟁은 곧/ 사랑이기 때문이다."[64]

김정환의 예수 관련 작품들에 대해 우리는 그의 역사적 리얼리즘이 예수에 대한 리얼리즘으로 충분히 소급될 수 있는지 따져 물을 수 있다. 보는 관점에 따라 예수의 생애와 어록에 대한 그의 인식이 충분히 역사적이지 못하고 왜곡된 측면이 많다고 비판할 수도 있다. 가령, 그는 예수의 죽음에 대한 매우 아름다운 작품인 〈몸통에서 분리된 모가지의 노래〉에서도 민중 투쟁의 현장에서 죽어 사라진 동지들의 고통스런 죽음과 돌아올 수

---

62 〈바람의 발톱〉일부 구절, 앞의 책, 19-20.
63 〈고통의 우상화에 대하여〉, 앞의 책, 26-27.
64 앞의 책, 35. 이 시집의 제2부 "行傳"의 서문에 해당되는 글.

없는 일회적인 삶의 안타까움을 예수의 수난에 빗대어 비극적인 정조로 처연하게 노래하면서 그 끄트머리에 "살아 있는 사람들만 비참하게 남아/ 갈갈이 찢어진 목청으로 외쳐부르는 소리/ 그 소리는 내 터진 고막 속 아주 먼 데서부터/ 벅차디 벅찬 함성소리로 또한 파도처 오는구나/ 아아 나는 가고 너희들은 물결치며 오는구나"[65]라고 마무리짓는다. 이는 분신이든, 자결이든, 민중해방의 이념을 위해 스러져간 희생자의 숭고한 넋이 획기적인 투쟁의 물결로 환생하리라는 낙관주의적인 전망을 드러내고 있지만, 그 전망의 성급함을 우리는 이어지는 역사적 흐름을 통해 확인해왔다. 이처럼 예수의 수난과 죽음 역시 그 리얼리즘의 층위는 "비리디 비린 목숨조차 힘에 겨"[66]울 뿐, 그리운 것들을 향한 정념의 여지는 없어 보인다. 사도행전에서 볼 수 있듯, 예수의 제자들이 대단한 물결을 이루며 부활의 증언과 선교적 열정으로 나타나기까지는 성령의 강림이라는 신적인 에너지를 필요로 했다. 나아가 그들이 지향한 것은 특정 계급의 해방이라기보다 그리스도 안에서 만민의 하나 됨이었다고 봐야 한다. 마찬가지로 부활한 예수가 도마에게 "내 손과 발을 보아라. 틀림없이 나다! 자, 만져보아라" (눅 24:39)고 말했을 때, 시인이 이 어록을 전유하여 그 상처 구멍에서 "보이지 않는 (민중의) 아우성 소리"를 듣고 이로써 예수의 부활을 "황홀한 가난으로 살아 있는"[67] 예수의 역사적 유산으로 풀이할 때도 그의 리얼리즘 시학이 신학적 리얼리즘으로 자연스럽게 전이되는 것은 아니다. 그럼에도 불구하고 김정환이 조형한 '황색예수'는 이 땅의 기독교가 가장 투쟁적으로 경험한 역사적 예수의 초상에 가름한다. 더구나 당시의 기독교 세력 대부분이 예수를 교회의 제도화된 울타리 내에서 곱상하게 박제된 기계장치처럼 순치시킨 경우에 빗대어볼 때 이 예수의 리얼리즘적 유산은 숭고하

---

65 〈몸통에서 분리된 모가지의 노래〉의 일부 구절. 앞의 책, 85-86
66 앞의 책, 85.
67 〈도마에게〉의 일부 구절. 앞의 책, 100-101.

게까지 느껴진다.

IV. 섭동적 구도자와 미학적 견자의 초상

1. 황동규의 경우

황동규는 독실한 기독교 집안에서 태어나 자라났다.[68] 그의 고백적 회고에 의하면 성서를 읽는 것이 그가 문학에 입문하는 데 도움이 되었을 것이라고 한다. 그러나 어머니의 강요로 고등학교 시절 억지로 1년간 재림신앙에 사로잡힌 가정교회에 출석한 적은 있었지만 그에게 기독교 신앙은 복을 구하거나 내세의 천국에 가는 것과 무관한 것이었다. 그는 예수의 재림보다는 예언서의 치열한 매력에 더 이끌렸고 대학 시절 이후에는 니체와 선불교에 깊이 빠지게 된다. 그런 그에게 종교는 극락이나 천국을 갈구하는 내세신앙이나 기복신앙과 상관없이 "최대한의 노력으로 최소한의 것을 얻는 장치"[69]로 좀 추상적으로 정의된다. 그리하여 그는 나이든 노모의 기독교 신앙 권면에도 매몰차게 뿌리치며 자유로운 영혼을 추구하면서도 고린도전서 13장은 여전히 애독하는 성서의 구절이라고 고백한다.

이와 같이 느슨할망정 독자적인 기독교 배경을 그의 시문학 세계가 깔고 있었지만, 그의 작품들 속에 예수 또는 그와 연계된 성서신학적 모티프는 찾아보기 어려웠던 게 사실이다. 그런 그가 근래에 낸 시집 『우연에 기댈 때도 있었다』는 매우 풍성한 예수 관련 시를 열 편이나 담고 있다.[70]

---

68 아래에 요약하여 제시한 황동규의 기독교 신앙과 관련된 가족사적 배경은 황동규, "[나는 왜 문학을 하는가] 68. 시인 황동규", 「한국일보」 2003. 7, 23 참조.
69 앞의 글.
70 황동규, 『우연에 기댈 때도 있었다』 (서울: 문학과지성사, 2003).

아마도 자신이 탐구해온 예수의 정신을 시적으로 형상화한 회심의 작품들이 아닐까 한다. 이는 무엇보다 예수를 연극적 구도 속에 선불교적 화법을 구사하여 파격적인 인물로 재탄생시킨 결과이다. 또한 이 시집에 담긴 그의 예수 관련 시작품들이 일관되게 종교다원주의라는 신학적 관점을 투사하여 예수를 기독교의 제도권 울타리에서 과감하게 해방시키고 있다는 점도 두드러진 특징이다. 이 작품들 속에서 예수는 불타나 원효와 둘이서, 혹은 그들 셋이서 서로 선문답식 대화를 나눈다. 주로 불타와 예수가 상대방이 경험하였거나 잘 알 법한 모티프를 제 나름대로 건너짚어 수사적인 질문을 던지는 데 그것은 오늘날 평범한 신자들이 기대하는 예수에 대한 인식과는 거리가 먼 역설적이고 전복적인 진리 세계를 지향한다. 흥미로운 것은 불타의 어록이 낯설게 느껴지지 않는 데 비해, 예수의 경우는 매우 생경한 선불교적 이미지로 부각된다는 것이다. 따라서 이 작품들은 시적 화자의 선불교적 관점이 불타를 주체로 내세워 예수라는 대화 파트너의 내면세계를 재해석하려는 시도라고 볼 수 있다. 요컨대, 시인은 30대에 세상을 떠난 예수가 80세까지 구도하다가 적멸한 불타의 뒤를 쫓아가는 길 위에서 "가시 면류관을 쓴 채 옆으로 누워 열반하는 예수"[71]를 그리고자 한 것이다.

그리하여 시인이 맥락을 바꾸어 재구성한 예수는 탈종교적 실존의 자리에 들어선 구도자로 색다른 경험을 한다. 가령, 〈쿰브 멜라에 간 예수〉에서 예수가 힌두교 축제의 현장에서 27년간 오른팔을 들어 하늘 향해 들고 수행하는 사두에게 "27년 전 그대는 왜 오른팔을 들었는가?"라고 물어올 때 그의 대답이 "나는 오른손잡이요"라고 농담처럼 썰렁하게 되돌아오는 경우에서 보듯, 역설과 전복의 기지가 선문답의 특유한 취향을 담아 건네지고 또 돌아온다. 이렇게 한 방 먹은 예수 역시 감을 잡고 "그대는 40일

---

71 〈아득타!〉의 일부 구절. 앞의 책, 47.

간 수도를 했다고 들었는데…"라고 자신의 경험을 궁금히 여기며 탐문하는 사두에게 "나는 40일 동안만 수도를 멈췄었지"라고 응수함으로써 역설적 반전을 보여준다.[72] 나아가, 〈두 문답〉[73]이란 작품에서 불타가 예수의 어록을 들고 "누군가 오른뺨을 때릴 때는 어떻게 합니까?"라고 물어오는 제자에게 "치는 손은 틀림없이 왼손이겠지"라고 동문서답하는 경우나, 이에 화답하기라도 하듯 종려가지를 흔들며 예루살렘에 입성하는 중 제자 하나가 "가르치신 온갖 비유와 우화를 한마디로 하면 무엇이 되겠습니까?"라고 물어올 때 단박에 "하라!"라는 촌철살인의 외침을 던지는 것은 마치 불가의 "할!"과 같은 효과를 낳는다. 이러한 예수에 대한 재구성은 고전적 의미의 구도자적 초상을 넘어 지극히 심각한 경전적 진리가 기실 아무것도 아닌 일상의 농담과 마찬가지의 말놀이적 측면을 담고 있음을 뒤집어 보여줌으로써 진리의 참을 수 없는 가벼움을 설파하거나 그 반대로 일상의 유머에 깃든 심오한 삶의 이치를 천연덕스럽게 풀어놓고자 하는 시적인 직관의 세계를 제시하는 데 초점을 맞추고 있는 듯하다.

그렇게 가벼워진 21세기 예수는 〈부활전 사흘 전〉[74]이라는 작품에서 부활절 사흘 전에 자진해서 십자가에 달려 손에 쇠못 박히는 신도에게 나타나서 "꼭 원숭이 같다고 할까 걱정이구나"라고 탄식한다. 이에 "허나 예수의 삶을 따르는 것이 참삶이 아니겠습니까?"라고 반문하는 신도에게 다시금 예수는 "왜, 누가 너를 죽이려 했더냐?"라고 퉁명스레 응답한다. 아무도 요구하지 않는데 스스로 몸을 상하게 하는 것이 예수를 따르는 것과 전혀 무관하다는 메시지이다. 그러나 인간의 종교적 열망은 때로 상식적 기대를 초월하여 무참히도 극렬해지는 법! 이 장면을 관찰하던 불타가 성서의 한 구절(출 3:3)을 빌어 말한다. "불붙는 떨기나무 숲의 불을 누가 끄

---

72 이 인용 시구들은 〈쿰브 멜라에 간 예수〉의 일부 구절. 앞의 책, 48-49.
73 아래의 인용 시구들은 〈두 문답〉의 일부 구절. 앞의 책, 51.
74 아래의 인용 시구들은 〈부활절 사흘 전〉의 일부 구절, 앞의 책, 52.

라". 이러한 극단적인 자학적 행위 외에 어쩌면 인간의 종교적인 의례라는 것까지도 모두 하나님의 뜻과 영 무관하고 예수가 원한 바도 아니었지만, 하나님도 못 말리고 예수도 어찌지 못하는 종교적 욕망의 동물인 인간의 허를 찌르고 있지 않은가. 이러한 아이러니의 기법은 황동규의 다른 시들에 일관되게 편재하는 예리한 직관의 자세와 접맥되어 있다.[75] 이로써 시인은 일상생활에 깃든 평범한 욕망을 긍정하며 인간의 종교적 열광에 잠재된 폭력의 광기를 우회적으로 비판하고자 한다. 이러한 일상선법을 예수의 진리 틈새로 주입함으로써 기존의 기독교 신앙은 모방꾼의 우스꽝스러운 원숭이짓이 되어버린다. 독실한 경건에 익숙한 신자에게 이러한 관점은 신성모독의 폭력이겠지만, 워낙 기독교계 내부에 종교적 언행의 폭력성이 난무하는 세태이다 보니 이러한 전복적 발상이 도리어 독자들에게 참신하게 와 닿는 것도 사실이다.

예수에 대한 황동규의 이러한 파격 문법은 구도자의 세계가 예술미학의 세계와 무관치 않음을 보여주기도 한다.[76] 그가 경전 밖에서 읽어낸 불타와 예수는, 가령 근엄한 면벽의 수도자 이미지를 벗고 베그 4중주단이 연주하는 베토벤 후기 현악4중주를 들으면서 음악 감상의 삼매경에 빠진다.[77] 불타의 반응인즉, "저런 음악을 틀어놓고야/ 글이 되거나 그림이 되는 인간들, 누가 인간이 아니랄까봐…"라는 내심 못마땅하지만 동정적인

75 그 아이러니와 직관적 통찰이 황동규의 초기와 중기시세계에서는 '낭만적 우울'의 양태로 나타나지만 후기의 작품으로 갈수록 '역동성과 달관'의 방식으로 드러난다는 지적이 있었다. 유종호, "낭만적 우울의 변모와 성숙", 황동규, 『악어를 조심하라고?』(서울: 문학과지성사, 1986), 99-114의 시집 해설; 김주연, "역동성과 달관-황동규의 최근 시", 황동규, 『몰운대行』(서울: 문학과지성사, 1991), 127-144에 게재된 시집의 작품 해설 참조.
76 이러한 구도자로서의 예수상이 앞서 나온 박두진이나 김현승의 경우와 다른 것은 그 구도의 행태가 고뇌하는 실존적 자아의 포즈로 나타나는 고전적 모델과 달리 기독교의 전통적 모델을 벗어나는 일탈적 모습을 보여준다는 데 있다. 나는 이것을 일단 '섭동적 구도자'로 구별하여 표현하고자 한다.
77 이 작품의 제목은 〈겨울 영산홍〉. 아래의 인용 시구들은 이 작품의 일부 구절. 황동규, 『우연에 기댈 때도 있었다』, 58-59.

입장이다. 그는 연이어 예수의 가르침을 제 나름대로 전유하여 음악과 인간의 예술적 창조를 옹호하려 한다. "허지만 결국 선생의 언행은/ 일단 한심한 인간이 되어봐야/ 제 삶이 있다는 것이 아니겠는가?" "보다는 일단 한심 속에 정수리를 담그는 것이 삶의 단초랄까?" 이에 대한 예수의 공감어린 답변인즉, "저 울음을 몸속에 담고 버티는 소리를 들어보게. 저건 이미 한심 밑바닥까지 떨어져본 자의 소리가 아닌가." 이에 대한 불타의 깨우침은 불타답게 생사와 성패를 초월한 일갈이다. "허긴 죽음에 들켜 죽음을 공들여 만드는 자에게/ 떨어져보고 안 봄이 무엇이겠는가?" 이에 대해 예수는 수긍한다. "공들임을 빼면 인간이 과연 무엇이겠는가?" 이로써 불타와 예수는 소리 하나도 공들여 만들고 표현하는 인간의 예술혼에 담긴 미학적 성취의 옹호자가 된다. 물론 그것은 집착을 넘어선 자유로운 공감이다. 그들은 이미 공(空)과 비공(非空)의 경계를 넘어선 채로 삶의 결락에 대한 연민을 표명하고 있기 때문이다. 시인이 재창조한 불타와 예수의 초월적 종교성은 이다지도 내재적이며 인간적이다.[78] 젊은 시절 니체에 깊이 심취한 시인은 이렇게 '인간적인 지극히 인간적인' 예수를 꿈꾸면서 불타의 선적인 가벼움 속에 예수를 기존의 종교 체제로부터 벗어나게 함으로써 제 몫의 실존의 자리를 돌려주고 싶었던가 보다.

2. 이성복의 경우

이성복의 시에는 '나의 하나님'과 같이 기도와 탄원의 대상을 분명히

---

[78] 이에 대한 가장 적절한 증거는 시인이 〈적막한 새소리〉 제3막 "마음의 죽음"에서 불타와 원효가 대화를 나누면서 원효가 면벽(面壁)과 면산천(面山川)의 차이를 언급하는 것에 응하여 예수가 "마음의 죽음 앞에 서면/ 놋쇠와 꽹과리 소리내는 마음 앞에 서면/ 면벽이나 면산천이나 다 상처일세"라고 말하는 대목이다. 오생근의 지적대로 시인은 여기서 구도자의 오연한 '깨달음'보다 일상적 마음의 자세가 중요함을 역설하고 있다. 오생근, "사랑과 반역을 꿈꾸는 시와 시간," 황동규,『우연에 기댈 때도 있었다』, 103-120, 특히 119 참조.

언급한 것과 달리 '나의 예수님'이란 표현이 나오지 않는다. 물론 그의 '나의 하나님'도 딱히 전통적인 기독교 신앙의 대상에 밀접히 연계되지 않고 궁극적인 존재자를 일컫는 시적인 은유처럼 울린다.[79] 그의 작품에 개입된 성서적 이미지는 뚜렷한 흔적으로 작품 곳곳에 스며 있는데, 하란, 소돔, 요단, 바빌론, 이스라엘, 약속의 땅, 십자가, 동방박사, 천국, 죄, 믿음 등과 같은 어휘들이 그 대표적인 증거이다. 낱개의 어휘들뿐 아니라 그의 시 속에는 "아버지/ 가능하면 이 잔을 치워주소서…"[80]라는, 예수의 겟세마네 기도와 같은 성서 구절이 직접 인용되기도 한다. 그러나 성서의 어휘들이든, 그 일부 구절이든, 이 모든 것이 적절한 그 본래 맥락에 맞춰 등장하는 경우는 그의 작품 가운데 전혀 탐지되지 않는다. 그런 것들은 일관되게 파편적으로 그의 시적인 문맥 속에 낯선 메아리처럼 엮어져 나온다. 그것은 그렇다고 특별한 수사적 의도와 함께 제시된 강한 패러디의 문맥도 아닌 상태로 거칠게 배치되고 낯설게 겉도는 무의식적 모호함을 보여준다. 가령, 앞에서 예시한 예수의 겟세마네 기도의 문구가 그 앞에 나오는 "아침부터 내 신발은 술로 가득 차 있었다"라는 시구와 어떻게 어울리는지 독자의 입장에서 얼핏 난감해진다. 그럼에도 한 가지 분명한 것은 이 시의 제목 〈處刑〉이 예수의 처형 직전 드린 치열한 그 기도를 떠올려주고, 예수가 치워달라던 그 '잔'은 시적 화자가 경험한 비루한 삶의 경험 속에 자기 신발에 담긴 술의 이미지로 변용되고 있다는 점이다. 마찬가지로 '부자가 천국에 들어가는 것은 낙타가 바늘귀를 통과하는 것보다 어렵다'는 예수의 한 어록에 나오는 낙타와 바늘의 이미지는 전혀 다른 문맥 속에 배치되어 "어머니, 저는 낙타요 바늘이요 성자요 성자의 밥그릇이요/ 어머니, 저

---

79 이성복 시인의 하나님 관련 시편들은 이성복, 『그 여름의 끝』(서울: 문학과지성사, 1990), 62-64에 게재된 〈낮은 노래〉 연작 세 편에 집중되어 있다. 이 작품들에 대한 분석과 연구로는 차정식, "'미지'와 '흔적'으로서의 하나님," 『한국 현대시와 신학의 풍경』, 231-250 참조.
80 〈處刑〉의 일부 구절. 이성복, 『뒹구는 돌은 언제 잠 깨는가』(서울: 문학과지성사, 1980), 100-102.

는"[81]이라는 생경한 시구로 변용된다.

　이처럼 시인 이성복의 작품에는 예수가 직접 등장하여 시의 주인공으로 활성화되는 법이 없다. 그는 다만 제 삶의 고통을 호소하기 위해 예수의 삶과 죽음에 연루된 실존적 위기를 호출하거나 그의 이름과 함께 성립된 거룩한 종교의 제도를 발가벗겨 오늘날 '고통의 불감증'이라 칭할 만한 세태의 곤경에 빠져 무기력한 기독교의 허울을 은근히 질타하고 있는 것이다. 1980년대 초반 새로운 감수성의 혁명인 양 혜성같이 등장한 시인 이성복의 작품 연보에서 예수와 복음서 관련 이미지가 가장 빈번히 등장하는 곳은 그의 첫 시집『뒹구는 돌은 언제 잠 깨는가』에서다. 생의 지독한 고통이 날카로운 언어의 파편과 함께 조형된 이 시집의 메시지는 "모두 병들었는데 아무도 아프지 않았다"[82]는 한 마디 진술 가운데 압축된다. 이 고통의 불감증을 고발하기 위해 시인은 모든 불감증의 원인과 배경을 파헤쳐 고발하며 냉소한다. 거기에 생의 참담한 부조리와 함께 불가해한 신비도 통찰되고 있지만, 이 모든 것을 있는 그대로 덤덤히 수락하고 아무런 고통의 공감도 없는 체제의 불감증에 그는 절망적인 어조로 부대긴다. 그 가운데 기독교라는 종교도 예외가 아니고 그 원조가 되는 예수의 현재적 이미지와 그의 복음 역시 전혀 참신하지 않은 상태로 되풀이될 뿐이다. 시인에게 흔해빠진 상투화된 천국은 유곽에 다름 아니며, 유곽의 실존을 품지 못하는 천국은 기실, "天國은 말 속에 갇힘/ 天國의 벽과 자물쇠는 말 속에 갇힘"[83]에서 보듯, 맹목적인 관념의 추상에 불과하다. 그래서 시인은 상투적인 틀에 갇힌 천국의 개념을 탈신화화하여 "천국은 유곽의 창이요 뜨물처럼 오르는/ 희망, 희망—늙은 권투 선수"[84]라고 그 말의 어감과 함

81 〈사랑 日記〉의 일부 구절. 앞의 책, 80-83, 특히 81.
82 〈그 날〉의 일부 구절, 앞의 책, 63.
83 〈어째서 이런 일이 벌어졌을까〉의 일부 구절. 앞의 책, 84.
84 〈蒙昧日記〉의 일부 구절. 앞의 책, 77.

의를 비틀어버린다. 그렇게 새로 태어나지 못하는 온갖 거룩한 예수의 복음은 기실 지루한 권태에 불과하기 때문이리라. "거룩한/ 거룩한 거룩한/ 遲延 지루한 사랑"[85]에서 암시하듯, 말의 실질적 거듭남이 없는 반복은 무의미하게 지체되고 연장되는 '지루한 사랑'으로 무기력하게 자맥질할 수밖에 없는 것이다. 그러한 생기를 잃은 말로서의 종교적 도그마의 언어를 메시지로 선포할 때 아무리 예언자의 허울을 걸치고 성직의 권위로 장식해도 거기엔 아무런 변화의 동력이 생겨나지 않는다. 오늘날의 무감각한 세태를 겨냥하여 시인이 "예언자도 그리 믿을 만한 사람은 못 된다 그의 배는 부르고 걱정이 없다 아무도 걱정하는 사람은 없고… "[86]라고 탄식하는 것은 바로 이러한 비평적 맥락에서다.

인간의 실존이 통과하는 온갖 치욕의 경험과 비루함의 기억을 극단의 치열한 언어로 통과해나간 시인의 실험은 초기 작품에서 더욱 파격적인 충격을 더한다. 비록 그의 대다수 작품이 예수의 이름을 이미지 뒤에 숨기고 있지만 복음서의 독서 경험이 있는 독자들이라면 그가 상당수 작품의 이면에 세상의 온갖 남루한 통증을 온 몸으로 껴안는 퍽퍽한 일상의 존재자로서 예수의 동시대적 부활을 갈망하고 있음을 직감할 수 있다. 그는 가령 교회의 행사로 얼룩진 연례절기로서 예수의 첫 성탄에 별 감흥이 없다. 그리하여 〈성탄절〉이란 제목이 붙은 작품에서[87] 그는 교회 바깥에서 성탄절은 권태로운 자폐적 삶의 자리를 더 쓸쓸하게 부각시키는 기표에 불과하다. 그가 성탄절에 떠올리는 추억은 하루 종일 코만 풀고, 따분한 나머지 아무에게나 전화하고, 낮잠을 두 번 자고, 한 번은 그 여자의 옷을 벗기고, Pavese의 시를 읽었다는 것이다. 그가 이 시인에 감정이입하여 그의 작품에 몰두한 성탄절 날, 화자는 예수의 탄생 사실을 눙치면서 놀랍게도

85 앞의 책, 78.
86 〈높이 치솟은 소나무 숲이〉의 일부. 이성복, 『남해금산』(서울: 문학과지성사, 1986), 30.
87 이성복, 『뒹구는 돌은 언제 잠 깨는가』, 74.

"아무도 태어나지 않았다"고 뇌까린다. 예수의 먼 옛날 탄생이나 그것을 2000년 이후에 기리는 교회의 행사 따위는 아무런 의미도 낳지 못하고 그 어떤 생의 동력도 되지 못한다는 전언이다.

억지로 거룩하고자 하면서 자신들만의 천국을 구가하는 성탄절의 분위기에 대한 역겨움은 예수의 탄생 이야기에 나오는 동방박사에 대한 살의로까지 번져 현대판 '출애굽'을 노래한 동 제목의 작품에서 화자는 뜬금 없이 "나는 퀭한 地下道에서 뜬눈을 세우다가/ 헛소리하며 찾아오는 東方博士들을/ 죽일까봐 겁이 난다"[88]고 말한다. 예수의 지상 사역을 유일하게 상기시켜주는 한 작품에서도 시인은 예수가 군대귀신 들린 자를 고쳐주면서 그 귀신들의 간청에 따라 그들이 돼지떼 속으로 들어가 갈릴리 바다 속으로 쳐박혀 죽게 한 이야기를 가지고 기묘하게 잘라 붙이는 이미지의 모자이크 작업을 시도한다. 그 결과 예의 복음서 이야기는 "主日이야 하품과 영광을 위해 돼지떼 속으로 다시 들어가진/ 않을는지"라는 시구로 재구성된다. 주일에 교회의 예배에 참석하는 행위는 이로써 무료한 권태('하품')와 외형적 고상함('영광')의 분위기에서 마치 마귀들이 돼지떼 속으로 들어가 죽음을 자초하는 어리석은 짓으로 재해석된 것이다.

이러한 복음서의 예수에 대한 의도적 곡해는 수난사화를 배경으로 그의 죽음을 암시하는 대목에서도 적나라하게 드러난다.

엘리, 엘리 죽지 말고 내 목마른 裸身에 못박혀요/ 얼마든지 죽을 수 있어요 몸은 하나지만/ 참한 죽음 하나 당신이 가꾸어 꽃을/ 보여 주세요 엘리, 엘리 당신이 昇天하면/ 나는 죽음으로 越境할 뿐 더럽힌 몸으로 죽어서도/ 시집 가는 당신의 딸, 당신의 어머니[89]

---

88 〈出埃及〉의 일부. 앞의 책, 27.
89 〈정든 유곽에서〉의 일부 구절. 앞의 책, 15.

"엘리, 엘리 라마 사박다니!"라는 예수의 십자가상 절규는 유곽의 창녀가 외치는 간구의 목소리에 기입되어 생의 밑바닥 진창에서 더럽혀지고 억눌렸어도 그 비루함의 현실을 품고 새로운 삶의 지경을 개척해나가는 모성적 에너지로 거듭난다. 여기서 십자가에 죽어간 예수는 창기의 목마른 나신과 합하여져 지극히 성스러운 그의 구원 사건이 이 시대 지극히 세속적인 유곽의 현실 속으로 재차 성육화되는 기이한 변전의 이미지와 함께 재조명된다. 그 과정에서 시인의 전언은 예수의 죽음을 포함하여 죽음의 개별성 자체로 거룩하거나 속될 수 없다는 것이다. 천국과 유곽을 등치시키는 이러한 통찰 가운데 시인이 읽어낸 진정한 십자가 신학의 지향점은 죽음의 거룩한 승화로서의 승천보다 죽음으로 모든 비루한 것을 감싸 안으면서 이 세상의 온갖 구획된 경계를 넘어 새롭게 유전되는 삶의 희망이다. 이러한 이성복의 예수 변용 전략은 기독교 신앙의 안쪽에 있는 자들에게 다분히 발칙한 신성모독의 반감을 유발하는 측면이 있다. 그러나 시인이 살아간 억압적인 체제의 환경과 비루한 생의 밑바닥에서 멋진 탄식조차 내뱉지 못한 생명의 실존 가운데서 그 신성모독은 현 체제의 강고한 도그마를 뒤집는 역설적 전유의 방식이라 볼 수 있다. 역사의 예수가 그랬듯이, 전복적인 도전이야말로 하나님 나라의 진리를 온전하게 갈파하는 뱀 같은 지혜 아니던가. 워낙 비틀린 세상의 한가운데서 시인은 그것을 거꾸로 다시 비틀어 거룩한 성채의 휘장을 찢어발기고 낯설게 재배치함으로써 매우 파격적인 실존의 예수를 묘파하고자 했던 것이다.

3. 최승호의 경우

앞에 다룬 시인들과 마찬가지로 최승호도 기독교 신앙을 선전하기 위해 호교론적인 고백과 옹호의 시를 쓰는 시인이 아니다. 그에게 종교는 그가 추구하는 '바보 성자'의 세계를 조명하는 하나의 은유적 얼개는 될망정 그것이 그의 실존과 시적인 세계를 속박하는 것 같지는 않다. 이러한 지형 가운데 시인의 기독교도 개신교보다 가톨릭의 영성에 근접하고 있으며 그 영성의 외연은 불교를 폭넓게 포용하면서 외려 이쪽으로 더 빈번한 시선을 할애하는 편이다. 그런 그가 1983년 첫 시집 『대설주의보』를 내고 이것으로 제6회 '오늘의 작가상'을 수상하면서 화려하게 문단에 그의 이름을 고했을 때, 여기에 실린 〈바퀴〉라는 작품은 비교적 풍성히 예수를 언급하며 그의 수난 이미지에 역사의 도도한 흐름을 표상하는 바퀴의 이미지를 포개놓은 바 있다.

> 끌려다니는 바퀴들은 어디서 쓰러지는지/ 코끼리가/ 象牙의 동굴에서 쓰러지듯/ 古鐵의 무덤에서 쓰러지는지/ 삭은 뼈들/ 녹슨 대포알/ 녹슨 철모/ 덜컥거리며 굴러 떨어지는 텅 빈/ 두개골/ 성욕 왕성한 흰 벌레들이/죽음을 진행 중인/ 주검은 자갈치시장보다 더 활기찰 것이다/ 復活은/ 무슨 뜻인지/ 지린내와 쉿내 뜨거운/ 철뚝길에 철따른 꽃들이 피어 있다.[90]

이 시에서 철로를 지나다니는 기차의 쇠바퀴 이미지는 죽음을 향하여 달리는 문명의 역사를 가리킨다. 시인의 통찰에 의하면 그 문명 속에는 활력('성욕 왕성한 흰 벌레들' '쉿내 뜨거운 철뚝길' '꽃들')과 함께 악취 진동하는 부패의 현실('삭은 뼈들' '주검' '지린내')이 뒤엉킨 이중성이 발견된다. 그 문명의 역사가 결국 '고철의 무덤'으로 직행하는 바퀴의 운명처럼 폐기될 것이 빤하다면 그 '무덤'을 열고 나오는 '부활은 무슨 뜻인지' 묻지 않을 수 없는 것이다. 바로 이 대목에서 비록 회의적인 의혹의 시선을 던질지라도 예수의 부활에 얽힌 신앙적 비전이 개입한다. 그 부활의 상념은 다시 그 직전의 무덤에 대한 의문으로 소급되고, 마침내 이 시의 2연과 3연에 이르

---

90 〈바퀴〉의 일부 구절. 최승호, 『대설주의보』(서울: 민음사, 1983), 14-16.

면 예수의 수난 사건이 역사의 수난과 겹쳐져 언급된다.

> 육중한 荷重을 짊어진 바퀴들이/ 굴러간다/ 끌면 별 수 없이 蒙古로/ 끌려가는
> 貢女/ 끌려가는 예수/ 채찍 맞는 조랑말/ 그리고 계엄령 속의 폴란드 광산 노동
> 자들/ 육중한 하중을 짊어진 바퀴들이/ 굴러간다 묵묵히 끌려간다// 십자가에
> 못 박힌 예수처럼/ 퉁겨나올 수 없는/ 바퀴들// 때리는 망치 소리.[91]

시적 화자가 예수의 부활에 대해 품은 의구심은 바로 여기서 일정 부분
해소된다. 그것은 예수의 십자가 수난이 몽고로 끌려간 고려 시대 공녀들
이나 채찍 맞는 조랑말, 또는 계엄령 속에서 억압당하는 폴란드 광산 노동
자들처럼 역사를 통해 보상받지 못하는 일회성 바퀴의 운동과 다를 바 없
다는 관점에서 이루어진다. 망치 소리처럼 철로를 때리는 기차 바퀴를 퉁
겨낼 수 없고 그 바퀴들의 굴러간 운동을 취소할 수 없듯이, 십자가 위에서
예수에게 박힌 못도 빼낼 수 없고 또 빼내더라도 원상 복귀될 수 없는 냉엄
한 역사의 현실이 남기 때문이다. 그렇다면 문명의 진보와 역사의 발전을
장담할 수 없는 엄혹한 리얼리즘의 관점에서 볼 때 십자가의 예수나 고려
시대의 공녀나 채찍 맞는 조랑말 등이 동일시될 수 있는 것이다.

이와 같이 극단적인 역사적 예수상의 쇄말화는 역설적으로 아무 일도
하지 않은 채 현존재에 순응하는 무위의 무기력에 따스한 시선을 보내는
방식으로 예수의 '자연화' 시도로 귀착되기도 한다. 가령 〈그늘〉이라는 제
목이 붙은 시에서 시인은 이름도 모르는 바보 영감의 바보스런 행태에 예
수의 가장 심오한 구석을 견주어 암시한다.[92] 그 영감은 집도 가족도 없는
바보로 "어쩌다 교회당 옆 작은 목장에/ 일거리를 얻어" "날마다 건초더미
를 날랐고/ 우물에 눈을 저다 붓던 痴聖人처럼/ 마냥 즐겁게 소의 똥오줌

---

91 앞의 시의 일부 구절. 앞의 책, 같은 쪽.
92 앞의 책, 18. 아래의 인용 시구들은 〈그늘〉의 일부 구절.

을 펴"내던 사람이다. 그런 그가 이제 병들어 죽었는지 "거적을 덮고/ 교회
당 그늘 건초더미 위에 나흘째" 그냥 누워 있다. 이때 그에게 위안이 되는
것은 그의 "반백의 더부룩한 머리를 쓸어주"는 바람과 "삐져나온 발등을
덮어"주는 진눈깨비 같은 자연이다. 그는 교회 예배 때 성가대가 찬송을
부를 때나 목사가 설교를 하고 연보주머니를 돌릴 때, 또 신자들이 사랑을
배우며 기도를 드릴 때도 그렇게 거적송장이 되어 누워 있을 뿐이다. 수동
적으로 방기된 그의 그 모습은 예수의 사후 매장 상태에 비견되어 "동굴
안에 죽은 예수처럼/ 나흘째/ 復活하지도 않으면서"라는 도치법 문장으
로 여운을 남기며 묘사된다. 성서의 예수는 사흘 만에 부활했는데, 그는
나흘째 그냥 그렇게 죽은 상태로 허름하게 누워 있다. 그것이 바로 시인이
동경하는 듯 보이는 바보 같은 성자로 존재하는 방식이다. 예수도 그렇게
부활하지 않고 그 바보영감처럼 누워 있지 않았을까라는 의문이 이 시의
끝부분에 메아리 같은 울림을 준다. 그것이 앞서 다룬 〈바퀴〉에서 "부활은
무슨 뜻인지"라는 의문과 조응하면서 예수의 길이 부활한 신적인 권능의
표상이 아니었음을 은근히 암시하고 있는 것이다.

　이러한 그의 예수 이해, 또는 예수를 아우르는 바보 성자의 인식은 이
후의 작품들에서 부패의 상상력을 동원하여 기존의 제도권 교회를 질타하
는 방향과 노장의 존재론과 결합하여 '바보 성자'와 같은 삶의 양식을 증폭
시키는 또 다른 방향으로 발전해나간다. 시인이 보기에 현대의 세속사회
에서 예수를 주님으로 섬긴다는 교회는 "돈만 넣으면 눈에 불을 켜고 작동
하는/ 자동판매기"나 "매춘부" 같은 기관이다.[93] 그런 교회를 시인은 "황
금교회"라고도 부른다. 그렇게 자동화된 교회와 기계화된 신을 숭배하는
현실 속의 기독교는 이내 다음과 같은 시인의 질문과 함께 신랄한 냉소와
비판의 과녁이 된다. "이 자동판매기의 돈을 긁는 포주는 누구일까" "그러

---

93 〈자동판매기〉의 일부 시구. 아래의 인용구들도 마찬가지. 최승호, 『고슴도치의 마을』(서
　울: 문학과지성사, 1985), 24-25.

면 賣淫의 자동판매기가/ 한 컵의 사카린 같은 쾌락을 주고/ 十字架를 세운 자동판매기는/ 神의 오렌지 쥬스를 줄 것인가." 반면 그 대안으로 제시된 숨겨진 예수상으로서의 바보 성자는 다른 작품에서 "자신은 똥칠이 되어도 아무것도 원하지 않고/ 아무것도 두려워하지 않는"94 희귀한 '똥막대기' 성자의 모습이나, 또는 고요 가운데 바람과 꽃씨, 도마뱀, 새발자국, 빗방울 등이 지나가지만 그들의 늙고 시듦에 아무런 말이 없이 있는 흙을 베풀어주고 그저 지나가는 것을 무심히 바라만 볼 뿐인 '공터'의 이미지로 변용되어간다.95 예수의 이면에서 탐색한 자연화된 예수의 텅 빈 모습이 공허와 적요의 노장적 분위기에 감싸여 여기까지 번져나간 것이다. 이와 같이 최승호의 자연화한 예수는 예수의 역사적 육체성을 철저히 외면한 상태에서 한국시문학사에서 선악과 미추의 경계조차 넘어 자기 비움과 자기 초극을 몸소 체현한 바람 같은 존재를 보여주었다.96

V. 요약과 결론: 낯선 인문적 예수의 미래

이상에서 살펴본 대로 한국현대시에 투영된 예수의 모습은 매우 역동적이고 다양하게 나타난다. 그것은 시인들이 살아간 시대와 그 역사적 환경에 따라, 또 그들의 삶의 구체적인 맥락에 따라 실로 다채롭게 드러난다.

---

94 〈희귀한 聖者〉의 일부 구절. 앞의 책, 28.

95 〈공터〉. 앞의 책, 96에 게재됨.

96 이후에도 최승호의 시적 탐구는 그의 특유한 '부패의 상상력'에 의지하여 썩어가는 생명의 그로테스크한 이미지를 심화해나가면서 동시에 그 세속적 삶의 한가운데 무연히 자신을 넘어서고자 하는 예의 바보 성자 이미지를 섭동적 구도의 맥락에서 변주해나가고 있다. 전자의 경우는 『진흙소를 타고』(서울: 민음사, 1987, 개정판 2007), 『세속도시의 즐거움』(서울: 세계사, 1990)을 통해, 그리고 후자의 경우는 대체로 『아무것도 아니면서 모든 것인 나』(서울: 열림원, 2003), 『고비』(서울: 현대문학, 2007) 등의 시집을 통해 나타나는 것으로 보인다.

일제 침략기와 해방 전후의 역사 공간, 6.25전쟁과 전후의 열악한 혼란기를 살아간 시인 군(群)에 속하는 윤동주, 박두진, 김현승의 작품 속에서 예수는 초월적 신앙의 대상으로 등장하여 보편적인 신성의 아우라를 머금은 초상 가운데 묘사된다. 그들이 이와 더불어 이따금 보여주는 예수의 구도자적 초상조차 기독교 신앙의 고전적 범주를 멀리 벗어나지 못한 상태에서 선회하는 것으로 판단된다. 그런가 하면 4.19 혁명 이후 군부독재 시대와 급진 근대화의 과정을 경험한 또 다른 시인 군에 해당되는 김지하, 정호승, 김정환의 작품들 속에서 예수는 당시 태동한 민중신학적 성서해석학과 영향을 주고받으면서 민중의 해방자로 조명된다. 시인의 개별적 취향과 이념적 지향에 따라 해방의 주체인 민중에게 예수는 여전히 전통적인 신앙의 '주'로서의 위상을 견지하기도 한다. 그렇지만 그 예수의 초상은 보다 구체적으로 낮은 삶의 자리에서 고통당하는 기층민중의 현실 속에 개입하여 더불어 살아가며 더불어 그들의 그 아픔을 나눌 뿐더러, 한 걸음 더 나아가 그들의 해방을 위해 투쟁전선에 동참하는 모습으로까지 변용된다. 정호승의 경우가 서정적인 개입과 동참을 부각시켰다면, 김정환은 열악한 삶을 타개하는 혁명에의 호소를 더 강조한다. 한편, 김지하의 후기 작품에서 예수는 그의 생명사상에 발맞추어 생태적인 삶의 근본 토대로 자리하거나, 자기연민의 자장을 선회하는 서글픈 일상의 자리에서 다시 옛적의 초월적 신앙 대상으로 복귀하는 퇴영적인 모습으로 스치기도 한다. 한편, 마찬가지의 억압적인 근대화와 도시 문화적 생활환경 속에서 소외된 개인의 삶을 탈주하는 실존적 예수의 초상이 황동규, 이성복, 최승호 등의 예수 관련 작품들 속에 탐지된다. 그들은 예수를 특정한 계급적 울타리 안에서 호명하기보다 보편적 존재자인 양 제각각의 사상적 실존적 삶의 자리에서 전유하는 선택을 보여준다. 그것이 황동규에게 불타와 선문답을 하는 종교다원주의자의 모습으로 나타났다면, 이성복에게는 천국을 유곽처럼 살아가면서 비루한 삶의 자리를 포용하는 모성적 존재로 변신하고, 최승호에게는 아무것도 하지 않으면서 다 이루는 무위자연의 이치를 체현한 '바보 성자'의 이미지와 함께 전유된다. 이는 앞의 박두진, 김현승의 경우와 달리 예수를 고전적 구도자의 초상이 아니라 다분히 섭동적인 방향에서 재구성한 결실로 평가된다.

이러한 예수의 초상들은 복음서와 신약성서에 그려진 예수 그리스도의 원초적 실상과 비교할 때 낯설고 이색적인 모습임이 분명하다. 아울러, 이러한 예수의 초상들은 그 세부적인 차이점에도 불구하고 몇 가지 공통된 특징들을 드러내고 있다.

첫째, 예수가 한국 현대시에 투영되어 산출된 다양한 초상들은 한국 현대사의 발전 과정과 맞물려 그 호흡과 맥을 같이 해온 측면이 여실히 확인된다. 이는 곧 성서해석학의 한국적 수용 및 발전 과정과 맞물려 있거니와, 가령 예수를 순결한 희생양과 초월적 사랑의 화신으로 보는 관점이 압도적인 형국에서는 성서에 대한 역사비평과 '역사적 예수' 담론의 소개가 거의 전무하던 시대적 제약과 연동되어 있다는 것이다.

둘째, 한국 현대시 속의 예수는 예수의 극적인 이미지로서 성탄, 십자가 수난과 죽음, 부활 등의 모티프에 집중하여 그 메시지를 나름대로 재맥락화하는 성향을 드러낸다. 이 중에서도 십자가 수난과 죽음이 압도적인 빈도를 차지하며 이는 신약성서가 보여주는 초기 신앙공동체의 핵심 케리그마와 일부 겹쳐지기도 한다. 그러나 그것을 의미화하는 방법과 방향은 각기 상이한데, 예수를 신앙의 대상인 초월자로 보느냐, 역사 속에 개입하며 분투하는 인간으로서의 내재적 측면을 강조하느냐에 따라서 그 차이점이 명확해진다. 상대적으로 예수의 역사적 삶의 구체적 내용과 그 가르침의 신학적 교훈을 깊이 있게 우려내는 작업이 미진한 편인데, 황동규의 불교적 재해석이 그나마 예수의 신학적 유산 한 가닥을 낯설지만 삶의 일상성과 초월적 신앙의 소통이란 견지에서 창의적으로 풀어낸 점이 성과라면 성과라 할 수 있다.

셋째, 한국 현대시에서 조명되는 예수는 첫 번째 범주를 제외하면 대체로 한국의 기성교회에 대해서 신랄하게 비판적이거나 심지어 해체적인 입장을 취하고 있는 점이 주목된다. 첫 번째 범주에서도 윤동주의 예수는 높은 교회의 철탑에서 이 땅에 내려와 괴로워하는 인간의 고뇌와 결단을 통해 진 십자가의 성취와 함께 행복해진 사나이라는 역설적 이중성을 띤다. 팔복을 비틀어 영원히 슬퍼하는 자의 복에 암시된 전복적 역설 역시 기성교회의 기복적 신앙이나 내세 지향적 신앙 패턴과는 어긋나는 모습이라고 할 수 있다. 근대화 과정에서 기하급수적으로 성장한 한국교회의 일그러진 초상은 대체로 예수의 권력적 세속화 내지 기계적 자본주의화로 특징지어진다. 이는 워낙 지금까지 사회적 공분과 질타의 대상이 되고 있는 병통이지만, 시인들은 이미 수십 년 전부터 이러한 교회와 예수의 소외 현상을 예민하게 자각하고 있었다.

넷째, 이러한 탈교회적 탈신앙적 추세와 맞물려 예수는 2000년 전의 그 갈릴리 유대인의 제한된 역사성을 벗고 동시대적 삶의 다양한 맥락 속에서 '타자성'을 극대화하는 방향으로 재해석되고 있다. 그리하여 예수는 정치와 경제적 현실은 물론 문화와 종교, 예술의 영역에서 해체되고 생경하게 재구성되면서 그 원초적 단일성의 신화적 휘장을 벗고 혼종적 존재로 거듭나고 있는 것이다.

이와 같이 다각적인 한국 사회와 문화의 맥락 속에 다채롭게 변용되어 온 예수의 시학적인 미래가 새롭게 부상하는 인문적 지형 속에 어떤 양태로 드러날지 간단하게 가늠하기란 쉽지 않다. 한 가지 확실하게 진단할 수 있는 것은 그 시학적인 예수의 미래가 예수에 대한 신학적인 재해석의 전망과 밀접하게 연관되어 나타나리라는 점이다. 이는 이 땅에서 펼쳐진 기존의 예수 시학이 보여준 패턴 속에 공유된 코드였고, 현재진행형으로 지속되는 현상이며, 또 앞으로도 하나님의 '충만'(plērōma)을 향해 노정하게 될 범우주적 파노라마의 일부일 것 같다. 자고로 시인과 예술가는 그들의 풍부하고 자유로운 상상력으로 시대의 미래를 선취하는 예언자의 역할을 충실히 수행해왔다. 그들에게 나타난 인문적 예수의 초상이 이다지도 교회의 예수와 다르게 뻗어나갈진대 그 차이로 인한 혼란과 파행이 우려된다. 따라서 교회가 제 전통적 울타리에 갇혀 저들만의 예수를 선전하기보다 그 차이들을 가로지르며 인문학, 특히 시학적 상상력의 세계와 소통하려는 시도가 절실히 요청된다. 시인들은 성령으로 거듭난 자처럼 바람의 동선으로 멀찌감치 앞서나가는데, 기독교의 예수쟁이들이 화석화된 옛적의 예수상만을 고집해서는 또 다른 우상숭배가 될 수 있다. 결국 해석의 반경이 얼마나 어떻게 풍성해지느냐가 관건이다. 거기에 개입하는 시적 상상력과 역설의 세계는 꾸준히 생경한 예수상을 제시하면서 친숙한 예수에 만족하는 그 제자들을 충격할 것이다. 그 충격과 함께 파생되는 창조적 불화와 긴장을 견뎌낼 수 있을 때 예수와 함께 운신하는 기독교 신학의 동선도 좀더 바람의 행보를 닮아 예수를 향한 낯선 자유의 모험에 담대하게 동참할 수 있을 것이다.

2부

영문학과 성서

_권연경

성서와 판타지
― 〈호빗〉에 나타난 요행과 은총

I. 들어가는 말

J. R. R. 톨킨은 조지 맥도널드(George MacDonald), G. K. 체스터턴(G. K. Chesterton), 찰스 윌리엄스(Charles Williams) 및 C. S. 루이스(C. S. Lewis) 등과 더불어 선명한 기독교적 고백을 전제하고서 "환상"(fantasy)이라는 장르를 활용하여 문학적 완성도가 높은 작품을 쓴 작가 중 하나다. 루이스의 구분을 빌자면,[1] 기독교인인 사람(Man)으로서의 차원과 상상적 작품을 만드는 저자(Author)로서의 차원이 이상적 조화를 이룬 경우다. 물론 톨킨은 자기 작품의 알레고리적 성격을 강하게 부정했으며,[2] 자신의 작품이 기독

---

[1] 이 구분은 C. S. Lewis에게서 빌려왔다. "Sometimes Fairy Stories May Say Best What's to Be Said," *On Stories and Other Essays on Literature* (Orlando: Harcourt, 1982), 45-48.

[2] Tolkien, *The Fellowship of the Ring* (New York: Ballantine Books, 1991), 10 ('Forward').

교 교리 전달의 문학적 도구로 취급받는 것을 싫어했다. 하지만 이는 그의 작품에 종교적 의미나 목적이 없다는 말은 아니다. 톨킨 자신도 판타지를 쓰는 목적 중 하나는 실제 세계에서 진리를 해명하고 선한 도덕성을 고취하는 것이라고 생각했다. 물론 기독교인 톨킨에게 그 진리란 궁극적으로 성서에서 선포되는 복음과 다르지 않다. 피상적 호교론은 아니지만, 그의 "신화" 세계에는 불가불 복음이라는 거대한 "신화"가 배어 있다. 곧 〈호빗〉을 비롯한 톨킨의 환상적, 신화적 작품들은 그가 믿었던 "성서적 신화"(복음)와 그 실존적 울림을 나름의 방식으로 변용하고 재현해 보려는 노력의 산물이다.3 이를 위해 그는 그 진리와 도덕성을 "낯선 것들을 통해 담아냄으로써 이를 더욱 선명히 드러나게 하는 고대의 수단들"을 활용했던 것이다.4

본 장에서는 톨킨의 초기 작품 〈호빗〉(The Hobbit)을 통해 이런 소통의 양상을 더듬어 보려고 한다. 물론 톨킨의 작품에서 기독교적 세계관을 추적하려는 시도는 무수히 많다. 하지만 톨킨에 관한 비평적 연구는 대부분 반지의 제왕에 집중된다.5 간혹 톨킨의 작품에 대한 언어적, 신화적 발생론적 관점에서 그 텍스트가 분석의 대상이 되기는 하지만,6 그 작품 자체에 대한 관심은 반지의 제왕 3부작의 그늘에서 벗어나지 못하는 것으로 보인다. 여러 가지 의미에서 〈반지의 제왕〉이 톨킨이 남긴 가장 위대한 작품이라는 판단에 이의를 달기는 어렵다. 사적이며 희극적 색채가 두드러진 〈호빗〉은 반지의 제왕의 서사적 웅장함과는 거리가 있다. 보물을 차

---

3 톨킨이 말하는 "신화"의 개념에 관해서는 아래 II. 2의 논의 및 각주 35번을 보라.

4 Frederica Saylor, "Tolkien's Writing Has Religious Ring," *Science & Theology News* (2005, 1월).

5 가령, "The Best of Tolkien Criticism"이라는 부제를 단 논문집의 제목은 *Understanding The Lord of the Rings* (Boston: Houghton Mifflin, 2004)이다. Peter J. Kreeft의 *The Philosophy of Tolkien* (San Francisco: Ignatius, 2005)의 부제도 "The Worldview Behind The Lord of the Rings"다.

6 가령, Tom Shippey, *The Road to Middle-Earth* (Boton: Houghton Mifflin, 2003), 55-93. 깊이 있는 분석을 제공하지만, 작품의 스토리 자체를 깊이 다루지는 않는다.

지하러 떠나는 모험은 이미 소유한 절대 반지를 파괴하러 떠나는 모험보다 덜 비장하고 덜 심원하다. 처음부터 묵시론적 선악의 대결 구도 속에서 펼쳐지는 〈반지의 제왕〉에 비해, 잃어버린 보물을 찾아 떠나는 호빗과 난쟁이들의 사적인 모험 이야기는 그저 어린이들을 위한 흥밋거리 이상도 이하도 아닌 것처럼 보인다.[7]

실제 호빗의 전반과 중반 대부분은 보물을 찾아 떠나는 과정에서 일어난 다양한 모험들에 관한 다소 익살스런 삽화들이다. 하지만 일행이 목적지인 외로운 산에 도착하면서부터 분위기는 사뭇 달라진다. C. S. 루이스의 말처럼, "책 앞부분의 익살스럽고 순박한 세계가 사라지면서 어느새 서사시의 세계로 넘어간다."[8] 이야기가 결론 부분으로 가까워지면서, 톨킨이 베오울프에서 보았던 그리고 이후 반지의 제왕에서 보다 구체적으로 재현해보려 했던 "거대한 상징성"(large symbolism)의 흔적을 보여주기 시작하는 것이다.[9] 그러기에 어린이 수준의 소설이라는 양식 속에 "보다 심각한 목적"이 감추어져 있다는 제인 챈스(Jane Chance)의 판단은 전혀 과장이 아니다.[10] 톨킨 자신의 말로 하자면, "희극적 이야기로 시작되어 신화의 끝자락으로 이끌려 들어간" 경우라 할 수 있다.[11]

---

7 Patrick Curry는 반지의 제왕에 독자들이 열광하는 이유의 하나는 그 책에서 다루어지는 "위기의 범세계적 범위"(the global extent of the crisis)에 있다고 보았다. "Modernity in Middle-Earth," Joseph Pearce, ed., *Tolkien: A Celebration*, 34-39. 실제로 호빗은 톨킨이 자신의 자녀들에게 읽어준 이야기였다.

8 C. S. Lewis, "On Stories," Lesley Walmsley, ed., *C. S. Lewis: Essay Collection and Other Short Pieces* (London: HprperCollins, 2000), 104; Slack은 이야기가 용의 죽음에서 끝나지 않는다는 사실로 인해 이야기가 하나의 요정 이야기에서 신화적 색채로 넘어가고 있다고 말한다. "Slow-Kindled Courage," *Tolkien and Modernity*, vol 2 (Zollikofen, Swetzland: Walking Tree Publishers, 2006), 130.

9 Tom Shippey, *The Road to Middle-Earth* (Boton: Houghton Mifflin, 2003), 91-92: "*The Hobbit* does begin to show by its conclusion some flickers of the 'large symbolism' Tolkien saw in Beowulf and tried more positively to reproduce in *The Lord of the Rings*."

10 Chance, *Tolkien's Art*, 54.

이런 관찰을 출발점으로 우리는 〈호빗〉의 신화적 세계 속에 톨킨이 "사실이 된 신화"라 믿었던 복음이 어떻게 드러나는지 살펴보려 한다. 물론 구체적 분석에 앞서 약간의 선이해가 필요하다. 그는 복음을 신화라 보았다. 그래서 복음은 인간이 만든 다른 신화들과 연결된다. 물론 여기에는 신화 작가로서 톨킨 자신의 작업도 포함된다. 그래서 우리는 먼저 환상에 대한 톨킨 자신의 이론을 살펴볼 것이다(I.1). 이는 자연 톨킨의 신화 개념 및 신화로서의 복음에 대한 이야기로 연결된다(I.2). 특히 톨킨의 환상론 부분은 비교적 상세하게 설명될 것이고, 따라서 뒤에 이어질 〈호빗〉의 분석과 직접 연관되지 않는 대목도 다소 포함된다. 톨킨의 환상은 보다 심층적 논의가 필요한 영역이지만, 그에 대한 논의 자체가 미진한 국내의 연구 상황에서 이에 대한 개략적인 소개라도 나름의 의미가 있을 것으로 여겨진다. 그 다음은 요행 개념을 축으로 한 〈호빗〉 자체에 대한 분석이다(II). 톨킨의 작품에서 요행 개념의 중요성은 종종 언급되지만, 실제 스토리 속에서 이 개념의 문학적 기능을 상세히 분석한 연구는 드물다. 따라서 이에 대한 분석 작업 자체도 톨킨 연구에 대한 나름의 기여가 되리라 여겨진다. 마지막으로는 〈호빗〉 속의 요행 개념이 어떤 면에서 신의 섭리 혹은 은총이라는 성서적 신화와 조응하는지 살펴보게 될 것이다(III).

II. 톨킨의 판타지 이해[12]

1. 복음의 울림으로서의 판타지

위에서 잠시 언급한 것처럼, 톨킨에게 있어 신화적 세계를 상상하고 그 속의 이야기를 환상 형식으로 풀어내는 작가란 기독교의 메시지 전달

---

11 *Letters*, 26.

을 궁극적 목적으로 삼는 호교론자가 아니라 "내적 일관성"을 갖춘 세계를 만들어내는 창조자다. 물론 독실한 가톨릭 신자였던 톨킨이 믿는 세계는 하나님이 창조하고 다스리는 유신론적 세계다. 따라서 그가 말하는 창조란 창조주 하나님 자신의 활동과는 다르다. 그가 보기에 작가란 창조주 하나님과 비견되는 의미에서 "부창조자"(副創造者, subcreator)요, 그 창작활동은 본래적 창조와 유사하면서도 구별된다는 의미에서 "부창조"(sub-creation)에 해당한다. 톨킨에게 있어 환상을 통한 창조활동은 "인간의 활동"이니만큼 또한 "인간의 권리"이기도 하다. "우리 수준에 맞게, 우리 나름의 파생적 방식으로 우리는 만들어낸다. 우리가 만들어진 존재이기 때문이다. 그저 만들어진 것이 아니라 만드시는 분(Maker)의 이미지와 모양을 따라 만들어진 존재다"(50).[13]

톨킨의 신화세계를 묘사한 〈실마릴리온〉(Silmarilion)의 한 삽화는 창조된 존재의 모방적 창조 본능을 매우 인상적으로 그려낸다. 신의 창조를 돕는 아이누(Ainu, 성경의 천사와 유사한 존재로, 유일자 일루바타르의 계획에 따라 창조를 돕는) 중 대지의 관할을 맡은 아울레는 "일루바타르의 자손들"(요정)이 나타나기를 기다리지 못해 성급한 마음으로 난쟁이를 만들고, 이 일로 인해 자신의 "능력과 권한 밖의 일을 꾀한" 죄로 일루바타르로부터 책망을

12 이 부분은 주로 톨킨의 "On Fairy-Stories," *Tree and Leaf* (London: George Allen & Unwin Ltd, 1964), 11-70를 바탕으로 한다. 이 단락의 괄호 속 숫자는 모두 이 책의 페이지 번호다. 이 글은 후에 *The Monsters and the Critics and Other Essays* (London: Unwin, 1983)에 다시 수록되었다. 이 글에 대한 연구도 적지 않다. 가령, Jane Chance, *Tolkien's Art: A Mythology for England* (Lexington: The University Press of Kentucky, 2001), 74-110; Jessica and Anthony Burdge, "The Maker's Will ... Fulfilled?," Frank Weinreich & Thomas Honegger, eds., *Tolkien and Modernity*, vol I, 111-134 등.

13 톨킨의 설명은 하나님의 형상에 관한 Dorothy Sayers의 진술과 유사하다. "그는 인간의 모습에서 본질적으로 신성한 면을 보았다. 그러나 하나님의 '형상'으로 빚어진 것의 원형, 곧 하나님에 관해 말한 것은 단 한 구절밖에 없다. '하나님이 천지를 창조하셨다!' 하나님과 인간의 공통된 특징은 '무엇인가를 만들려는 욕망과 능력'이다." 강주헌 역, 『창조자의 정신』 (서울: IVP, 2007/1968), 40-41.

받는다. 물론 그는 자신의 어리석은 성급함을 뉘우치지만, 자신이 "사랑하고 가르칠 수 있는 존재를 만들려는 욕망" 자체는 일루바타르 자신으로부터 받은 것임을 토로한다.

> 하지만 만들기에 대한 욕망은 당신께서 저를 만드실 때부터 제 마음속에 자리 잡고 있었습니다. 지각이 부족한 아이가 부친의 행위를 흉내 내는 것은 조롱하려는 뜻에서가 아니라 그가 부친의 아들이기 때문입니다.[14]

일루바타르는 아울레의 조급증이 보상받지 못하도록 일루바타르의 자손들이 등장하기까지는 난쟁이들이 출현하지 못하도록 제약을 가하지만, 아울레가 만든 존재를 고치지 않고 그대로 받아들여 "세상" 속의 한 자리를 부여한다. 일루바타르의 계획이 성취될 때를 기다리지 못한 성급함은 질책을 받지만, 일루바타르의 창조를 흉내 내려는 창조 욕망 혹은 "부창조"의 열망 자체는 정당한 것으로 인정을 받는 것이다.

"부창조"라는 표현이 말해주듯, 작가가 수행하는 이차적 창조 행위는 모방의 대상인 본래적 창조 행위와 본질적인 관련성을 갖는다. 작가의 "이차적 상상력"(secondary imagination)이란, 말하자면 창조주가 드러내는 "일차적 상상력"(primary imagination)의 "메아리"다. 이 세계가 창조주의 창조물이듯, 작가가 만들어내는 이차적 세계(secondary world) 역시 작가가 자신의 상상력으로 나름의 세계를 창조하려는 노력, 곧 나름의 신화창조(mythopoeia)의 산물인 것이다(26).

톨킨이 만들어낸 "부창조"의 결과물들은 통상 판타지 장르에 속한다.[15] 톨킨은 이를 "요정 이야기"(fairy-story)라 부른다. 하지만 여기서 말하

---

14 Tolkien/김보원 역, 『실마릴리온』, I, 69 ("아울레와 야반나").
15 문학적 장르로서 판타지를 정의하기는 간단치 않다. 여기서는 "다른 세계"를 배경으로 삼은 이야기라는 다소 넓은 의미로 이해해도 충분할 것이다. 판타지에 대한 간략하지만 유익한

는 fairy는 단순히 요정 자체를 의미하는 것이 아니라 고전적 의미의 Faërie 곧 "요정들이 존재하는 영역 혹은 상태"를 의미한다. 우리가 사는 현실과는 동떨어진 이 이상한 세계에는 요정뿐 아니라 호빗, 난쟁이, 인간, 엔트, 말하는 짐승들 혹은 트롤, 고블린, 용 등과 같은 및 다른 많은 생물들이 산다. 판타지 혹은 이를 통해 만들어지는 요정 이야기는 이처럼 우리가 살아가는 일상의 세계와는 상이한, "다른 세계(other-worlds)을 만들어내고 감지하는 것"을 가리킨다(40).16

물론 작가적 상상력의 산물인 환상의 "이상한 나라"는 실현가능성(possibility)의 문제가 아니라, 인간 존재의 깊은 열망(desirability)의 문제다. 요정 이야기들이 우리의 열망을 일깨운다면, 곧 그 열망을 만족시키며 동시에 참을 수 없을 만큼 그 열망을 자극한다면, 그 이야기는 성공이다(39). 그래서 현실의 한계를 넘으려는 "마술"(magic) 혹은 "마법"(enchantment)은 언제나 환상 문학의 핵심적 요소다.17 조물주를 닮은 인간의 창조 욕망으로 생겨난 "이차적 세계"는 마술적 수단을 통해 현실적 가능성이라는 울타리를 넘어 인간의 존재 속에 깊이 심겨진 근원적인 욕망들을 탐구하고 그려낸다. 그래서 이 나라는 "위험한 나라"(perilous realm)라 불린다. 요정 나라의 존재들이 인간의 육체적, 심리적 욕망에 영향을 행사하기 때문이다(15). 톨킨에 의하면, 이런 근원적 욕망에는 시간과 공간에 대한 탐구 및 다른 존재들과의 소통에 대한 욕망이 포함된다(18-22). 그래서 판타지는 우리가 사는 시공을 떠나 언젠가 있었던 고대의 시간 혹은 어딘가 있을지 모르는

논의로는 송태현, 『판타지 - 톨킨, 루이스, 롤링의 환상 세계와 기독교』 (서울: 살림, 2003), 3-26.

16 엄밀히 요정 이야기는 "요정 나라"(Faërie)에 관한 이야기다. 요정(fairy)은 이 나라에 사는 생물들 중 하나다.

17 톨킨에 의하면 "마술"이 일차세계에 대한 조작하거나 조작하는 체 하는 것으로서 (일차적 세계는 건드리지 않고) 이차적 세계를 만들어내는 "마법"(enchantment)과는 다르다. "이기적 권력"에 대한 탐욕의 산물인 마술은 "살아 있고 실현된 하부창조적 기교에 대한 열망"과 다르다(48-49).

이상한 나라를 상상한다. 톨킨 자신의 작품에서 이런 욕망은 "에아"(Eä) 혹은 그 중의 일부를 이루는 "중간계"(middle-earth)라는 독특한 세계, 나아가 천지창조부터 나무의 시대, 암흑의 시대, 등불의 시대, 나아가 여러 단계의 태양의 시대로 이어지는 오랜 역사의 형태로 나타난다.[18]

톨킨은 이러한 판타지가 수행하는 세 가지 기능으로 "회복"(recovery), "도피"(escape) 그리고 "위안"(consolation)을 든다. 회복이란 "관점의 신선함" 혹은 "선명한 관점"의 확보를 의미한다. 친숙함의 베일에 가려진 진부함을 벗어나, 주변의 세계를 "본래 우리가 보아야 할 그런 방식으로" 보도록 한다.[19] 톨킨은 관점의 상실 혹은 진부화의 원인이 "소유욕" 혹은 "사유화"의 욕구 때문이라 보았다. 판타지는 돌, 나무, 쇠 혹은 풀처럼 일차세계를 이루는 온갖 재료들로 욕망 너머에 있는 또 다른 세계를 만듦으로써 "말의 힘"과 "사물들의 경이로움"을 느끼도록 해 준다. C. S. 루이스의 말처럼, "친숙함의 베일"에 가려져 있던 풍성한 의미를 우리가 아는 세계에 회복시켜 주는 것이다.[20]

요정 이야기가 갖는 또 다른 기능은 도피다. 과거와는 비교할 수 없을 만큼 진보된 수단들을 확보하고서도 이를 더 타락된 목적에 사용하는 현시대는 도피의 열망을 자극하는 시대다. 물론 여기서 도피란 "탈영병의 탈주"와 같은 책임회피적 현실도피가 아니라,[21] "포로의 탈출"과 같은, 제대

---

18 톨킨의 상상계에 대한 전반적 소개는 David Day/김보원·이시영 역, 『톨킨 백과사전』(서울: 해나무, 2002).

19 이 대목에서 톨킨은 G. K. Chesterton을 언급한다. Chesterton의 영향에 관해서는 Anna Vaninskaya, "Tolkien: A Man of His Time?," *Tolkien and Modernity*, vol. 1, 11-12. 환상이라는 차원을 배제하고 보면, 이는 기본적으로 "낯설게 하기"(defamiliarization)이라는 문학적 개념과 그리 다르지 않아 보인다.

20 C. S. Lewis, *Time and Tide*, August 14, 1954, and October 22, 1955. Reprinted in Lesley Walmsley ed., *C. S. Lewis: Essay Collection and Other Short Pieces* (London: HprperCollins, 2000).

21 자신의 작품들이 현실도피적이라는 비판을 의식하여, 톨킨은 이 부분을 유난히 길게 논의한다(53-59).

로 된 세계를 향한 벗어남이다. 현실로부터 공상의 세계로 도망가는 것이 아니라, 스스로 야기한 불행 혹은 죽음으로부터의 도피다.[22] 톨킨은 이를 "위대한 도피"(the great escape)라 부른다. "삶으로부터"의 도피가 아니라, 탐욕과 복수심, 고통과 죽음의 증상들이 뒤덮은 세계에서 벗어나 보다 아름다운 세계를 열망하며 꿈꾸는 것이다(57). 따라서 회복과 도피는 서로 상응하는 작용이라 볼 수 있다.[23]

하지만 이런 기능들이 작동하려면 창조된 세계가 그럴듯해야 한다. 일차세계 자체를 그대로 재현하는 사실성이 아니라, 창조된 "이차적 세계"(secondary world)가 독자들의 "이차적 믿음"(secondary belief)을 유도할 만한 "내적 일관성"을 갖추어야 한다는 요구다.[24] 일단 그 세계 속에 들어가면 그 세계 나름의 법칙에 따른 현실성 혹은 진실성을 느낄 수 있어야 한다는 것이다.[25] 물론 창조된 판타지가 "일차적 세계"(primary world)와 달라질수록, 그 세계 나름의 "내적 일관성"을 확보하는 데 더 큰 기교 혹은

---

22 톨킨은 죽음이라는 선물을 갖지 못한 요정들의 이야기에는 "죽음 없음"으로부터의 도피 이야기로 가득할 것이라고 말한다(59).

23 G. K. Chesterton, *Orthodoxy* (Wheaton, IL: Harold Shaw Publishers, 1994/1908), 4: "What could be more delightful than to have in the same few minutes all the fascinating terrors of going abroad combined with all the humane security of coming home again?"

24 Chesterton은 "the peculiar perfection of tone and truth in the nursery tales"에 관해 말한다. 요정 이야기가 물리적 현상들은 바꿀 수 있지만, 근본적 논리를 바꿀 수는 없다. 곧 열매가 안 열리는 나무를 상상할 수는 있지만, 하나 더하기 둘이 셋이 아닌 나라를 상상할 수는 없다는 것이다. *Orthodoxy*, 45-66. 이 장의 제목은 "The Ethics of Elfland"다. 톨킨의 논의는 많은 부분 체스터턴의 관점과 유사하다.

25 톨킨은 반지의 제왕 이야기들이 자기가 만든 것이 아니라 가 보았던 곳의 이야기를 기록한 것이라 말한다. 각 이야기들이 "마치 '주어진 것처럼' 머리에 떠올랐고, 이후 서로 간의 연결도 이루어졌다"고 한다. Carpenter, *J. R. R. Tolkien: A Biography* (London: George Allen & Unwin, 1977), 92. 루이스는 호빗을 두고 그 이야기가 "우리가 들어가 본 적이 있는 어떤 세계를 묘사한 것이 아닌가" 하는 느낌을 준다고 말한다. 1933년 2월 4일 Arthur Greaves에게 보낸 편지. 또한 "이야기의 역사와 배경에 확고하게 뿌리를 내린 등장인물"에 관해서도 말한다. *Time Literary Supplement*, 1937. 10. 일자. White, 『톨킨』, 229에서 재인용.

상상력, 곧 톨킨이 말하는 바 "일종의 요정 같은 기교"(a kind of elvish craft)가 필요하다.26 그런 의미에서 판타지는 이야기를 만들어내는 "가장 주되고 가장 강력한 방식"이라 할 수 있다(45).27

　이미 언급했다시피, 요정 이야기의 "내적 일관성"은 우리의 경험 세계, 곧 비극적 실패가 주조를 이루는 "일차적 세계"의 현실성은 아니다.28 요정 이야기의 주된 기능 중 하나가 "위안"이지만, 이는 우리의 오랜 열망에 대한 상상적 만족을 넘어간다. 가능성 여부를 넘어 인간의 열망을 다루는 요정 이야기의 위안에는 "행복한 결말의 위안"이 포함된다. 톨킨은 제대로 된 요정 이야기에 꼭 있어야 할 이 요소를 "선파국"(eucatastrophe)이라고 불렀다. 이 행복한 결말 혹은 "선파국"의 위안은 이야기 속에서 일어나는 "갑작스런 기쁜 전환" 곧 "다시 일어나리라고 기대할 수 없는, 갑작스럽고 기적적인 은총"이다. "갑작스럽게 행복한 반전이 이루어져 … 깊은 감명을 받고 기쁨의 눈물을 흘리게 되는" 경험을 가리킨다.29 이 선파국은 슬픔과 실패로 끝나는 "비극적 파국"(dyscatastrophe)과 대조되지만, 그렇다고 비극적 파국의 존재가 부정되는 것은 아니다. 오히려 선파국은 어지러운 현실 앞에서 "보편적이고 최종적인 패배"를 부정하는 것이다. 그러기에 이는

---

26 톨킨은 상상력을 "생각으로 창조된 세계에 현실성이라는 내적 일관성을 부여하는 능력"으로 정의한다(43). 상상력은 이성을 무시하는 것이 아니라 전제하며, 이성이 분명할수록 더 훌륭한 판타지를 만들어낼 수 있다.

27 Patricia M. Spacks, "Power and Meaning in The Lord of the Rings," *Understanding The Lord of the Rings*, 97은 반지의 제왕의 흡인력이 "a compellingly detailed and authentic imaginary universe which seem an appealing alternative to our own chaotic world"를 만들어내는 데 있다고 말한다.

28 인간의 삶을 그리는 드라마의 진정한 형태는 "비극"(tragedy)이다. 톨킨은 이런 비극의 전형으로 고대 서사시 Beowulf를 든다. 그는 영웅 Beowulf의 잠정적 승리와 종국적 몰락을 그린 이 작품을 일종의 "비가"(elegy)로 보았다. 고대영시인 이 작품의 우리말 번역은 김석산 역, 『베오울프 외』 (서울: 탐구당, 1984).

29 Humphrey Carpenter, ed., *The Letters of J. R. R. Tolkien* (Boston: Houghton Mifflin, 2000[1981]), 99-100.

복음, 곧 "슬픔으로 채워진 세계의 벽을 넘는 기쁨(Joy)을 엿볼 수 있게 해주는 복음(evangelium)"이라 할 수 있다. 이런 기쁨이 모든 참된 요정 이야기의 표지다(60-61).

물론 모든 작가들은 진정한 창조자가 되고 싶어 하고, 어떤 식으로든 자기 이야기가 실재의 반영이기를 원한다. 하지만 이 실재는 슬픔이 주조인 눈앞의 현실이 아니라, "다른 세계"(other-worlds)다. 그래서 성공적 판타지가 갖는 기쁨이라는 특이한 성질은 "저변에 깔린 실재 혹은 진리의 갑작스런 감지"다. 물론 잘 된 요정 이야기는 그 나름의 현실성을 가질 것이며, 예술가의 입장에서는 그것으로도 충분한 것이다. 하지만 "선파국"에서는 그 대답이 더 클 수 있다. 단순한 위로를 넘어, "과연 그런가?" 하는 진리의 물음에 대한 답변 또한 제공할 수 있는 것이다.[30] 독실한 가톨릭 신자였던 톨킨에게 있어 "저변에 깔린 실재 혹은 진리"란 복음이 말하는 세계와 다르지 않다. 따라서 요정 이야기들에서 느끼는 그런 기쁨 혹은 위안은 일상의 틈 속에서 얼핏 복음의 진실을 체험하는 기쁨과 같다. 잘 만들어진 요정 이야기의 "선파국"에서 우리가 감지하는 것이 "실제 세계에서 느끼는, 복음의 먼 반짝임 혹은 울림"(a far-off gleam or echo of evangelium in the real world)이 될 수 있는 것이다.[31] 다른 곳에서 톨킨은 이를 "눈에 보이는 이 세계의 운명 배후에 숨은 진실" 혹은 "우리를 둘러싼 우주의 균열을 뚫고 나오는 한 줄기 빛"을 보는 경험이라 부른다.[32]

---

30 톨킨은 모든 요정 이야기나 신화는 반드시 종교적, 도덕적 진리에 대한 "해결 요소"(solution elelments)를 가져야 한다고 말한다. 물론 이는 명시적으로가 아니라 간접적인 형태로 존재해야 한다. *Letters*, 144.

31 Cf. Colin Gunton, "A Far-Off Gleam of the Gospel: Salvation in Tolkien's *The Lord of the Rings*," Joseph Pearce, ed., *Tolkien: A Celebration* (San Francisco: Ignatius Press, 1999), 124-140. Chance는 믿음과 계시가 머리보다는 마음, 곧 이성보다는 상상력의 작용이라는 보는 점에서 어거스틴적 경향을 보인다고 말한다. *Tolkien's Art*, 81.

32 Walter Hooper, ed., *The Letters of C.S. Lewis to Arthur Greaves (1914-1963)* (New York: McMillan Publishing Company, 1979), 100-101. Lewis는 이를 두고 "다른 세계

2. 신화로서의 복음, 복음의 울림으로서의 신화

자연 톨킨의 이런 판타지 이해는 복음에 대한 그의 생각과 연결된다. "복음의 희미한 울림"이라는 말이 시사하듯, 톨킨은 복음 자체가 하나의 완벽한 요정 이야기라고 여긴다. 요정 이야기가 그려내는 것이 신화이기에, 이는 곧 복음 역시 하나의 신화라는 말이 된다.[33] 하나님은 인간을 그들의 본성에 맞게, 곧 "감동적인 이야기에 의해" 구원하신다. 그러기에 이 이야기를 담은 복음서들은 최고의 요정 이야기라 할 수 있다.[34]

복음서들은 요정 이야기를 담고 있다. 혹은 요정 이야기들의 정수를 포함하고 있는 보다 큰 종류의 이야기다. 거기에는 특이하게 예술적이고, 아름답고, 감동적인 놀라움들이 들어 있다. 그리고 이런 놀라움들 속에는 생각해낼 수 있는 것들 중 가장 위대하고 가장 완벽한 선파국이 있다. 하지만 이 이야기는 역사(History)와 일차적 세계 속으로 들어온 이야기다. 부창조의 열망과 갈망이 창조(Creation)의 완성에로 올리어진 것이다(62).

복음은 가장 완벽한 선파국을 보여주는 최고의 요정 이야기다. 그리스도의 탄생은 죄와 죽음으로 치닫는 인간 역사를 갑작스레 되돌린 역사의

에 대한 암시" 혹은 "요정 나라의 뿔나팔 소리"라고 말한다. Letter 184 (1933년 3월 25일).

33 이때의 "신화"는 "인간의 존재의 진리를 드러내는 능력을 가진 이야기"로 정의된다. 물론 이 신화는 사실(fact)의 반대 개념이 아니다. 복음은 신화적 특성을 가진 사실인 것이다. 신화의 다양한 개념에 관한 간략한 논의는 Paul S. Fiddes, "C. S. Lewis the Myth-maker," A. Walker & J. Patrick, eds., *A Christian for All Christians: Essays in Honor of C. S. Lewis* (London: Hodder & Stoughton, 1990), 132-137.

34 이는 성서를 내러티브의 관점에서 접근하려는 성서학적 흐름과 연결될 수 있을 것이다. Cf. Hans Frei, *The Eclipse of Biblical Narrative* (New Haven: Yale University Press, 1974)). 바울의 복음 역시 내러티브적 관점에서 이해하려는 시도가 있다. Richard Hays, *The Faith of Jesus Christ* (Atlanta: Scholars Press, 1986); N. T. Wright, *Paul: Fresh Perspectives* (London: SPCK, 2004).

선파국이다. 또 부활은 성육신 이야기의 선파국이다. 십자가를 향한 비극적 이야기가 부활에 의해 예기치 않은 승리와 기쁨의 이야기로 바뀐다. 이처럼 그리스도의 탄생에서 부활로 이어지는 복음 이야기는 "기쁨에서 시작하여 기쁨으로 끝난다." 톨킨은 이 복음의 이야기에 "지극히 설득력 있는 일차적 예술"(primary art), 곧 창조 자체의 어조를 느낀다. 이처럼 유난히 아름다운 요정 이야기가 그 알레고리적, 신화적 의미를 간직하면서도 "일차적으로" 진실한 것으로 드러날 때의 기쁨은 본질적으로 요정 이야기에서의 선파국이 주는 기쁨과 같은 성질의 것이다. 이처럼 톨킨은 복음을 현실이 된 요정 이야기, 혹은 "사실이 된 신화"라 보았다. 그러니까 복음서라는 요정 이야기가 타락한 인간의 요정 이야기와 다른 점은 일차적 세계가 이차적 세계와 겹치고 창조가 바로 부창조가 된다는 것, 곧 "전설과 역사가 만나 하나가 된 것이다"(63).

이런 묘사 뒤에는 신화의 진실성 및 하나의 신화로서 복음에 관한 톨킨 나름의 견해가 놓여 있다. 톨킨의 전기 작가 카펜터(Carpenter)가 재구성한 루이스와의 대화는 신화에 대한 톨킨의 생각을 잘 보여준다.

> 아니죠. 그들은 거짓이 아닙니다. … 궁극적으로 사람은 거짓말쟁이가 아니에요. 그의 생각을 거짓으로 변질시킬 수는 있지만, 그는 하나님으로부터 온 존재이며, 그가 궁극적 이상을 취하는 것도 하나님으로부터입니다. … 인간의 추상적 생각뿐 아니라 그의 상상력으로 만들어낸 것들도 하나님에게서 연유한 것이고, 그러기에 영원한 진리의 일단을 반영하는 것일 수밖에 없죠. 신화를 만들어 내고, '신화만들기'(mythopoeia)를 실천하고 그 세계를 요정과 용과 고블린으로 채우면서, 이야기 작가는 … 실제로 하나님의 의도를 성취하는 것이고, 진실한 빛에서 깨어져 나온 하나의 편린을 비추어 내는 것이란 말입니다.[35]

---

35 Humphrey Carpenter, *The Inklings: C. S. Lewis, J. R. R. Tolkien and their Friends* (London: Allen & Unwin, 1978), 43. 루이스의 회심에 중대한 영향을 끼친 이 대화 후

물론 인간의 요정 이야기나 신화는 불완전하다. 타락한 인간은 창조계를 오염시키고 실재에 대한 자신의 시야를 흐려놓았다(cf. 로마서 1:18-29). 이교적 게르만 세계의 차원과 기독교적 차원이 공존하는 서사시 〈Beowulf〉에서처럼,36 두 세계 사이에 끼인 인간의 신화에는 타락한 형식과 구속된 형식이 공존한다. 하지만 복음은 이런 신화를 폐기하지 않는다. 구속된 인간도 여전히 인간이며, 따라서 그 본성에 맞게 이야기와 판타지 역시 계속될 것이다. 복음은 이 인간의 신화를 거룩하게 한다. 특별히 그 신화 속의 행복한 결말은 더욱 그렇다.

> 모든 이야기들이 실현될 것이다. 그리고, 결국 구속되고 나면, 이 이야기들은 우리가 처음 부여했던 형식과 같을 수도 있고 달라질 수도 있다. 마치 나중에 구속받은 인간이 지금 우리가 아는 타락한 존재와 같을 수도 있고 다를 수도 있는 것처럼(63).37

III. "요행"이라는 이름의 은총

이제 우리는 〈호빗〉이 가진 "요정 이야기"적 성격의 한 측면, 특히 톨킨이 요정 이야기의 근본 특성으로 여겼던 선파국의 면모를 살피려 한다.38 물론 엄밀한 의미에서 선파국은 이야기의 결말과 관련된다. 하지만

루이스 역시 기독교 복음을 "사실이 된 신화"로 수용한다. 작용 방식에 있어 복음은 "신화"와 같지만, 그것이 "실제로 발생했다"는 점에서 다르다. 이교신화에서는 하나님이 이방 시인의 마음과 이미지를 통해 이야기하지만, 복음에서는 하나님이 "실제적인 것들"을 통해 자신을 나타내신다. Letter to Arthur Greeves (1931. 10. 18).

36 "Beowulf: The Monsters and the Critics," *The Monsters and the Critics*, 5-48.

37 Chance, *Tolkien's Art*, 79-80.

38 Tolkien, *The Hobbit* (New York: Ballentine Books, 1989). 본문 괄호 내 숫자는 이 책의 페이지다.

이야기의 진행과정에서도 행복한 결말을 가능케 하는 "선파국적" 요소가 끊임없이 드러난다. 이것이 바로 요행(luck) 개념이다. 톨킨의 모든 작품을 관통하는 이 개념은 〈호빗〉에서도 그 나름의 독특한 역할을 수행한다. 톨킨을 세상에 알린 첫 요정 이야기인 이 작품에는 요행이라는 동기가 어떤 식으로 작용하고 있을까? 그리고 이런 요행의 작용은 어떤 의미에서 "복음의 먼 반짝임 혹은 울림"으로 이해될 수 있을까?

1. 무기력한 존재를 지탱하는 요행

톨킨의 작품들은 모두 기독교 이전의 신화적 세계를 무대로 삼지만, 그 속에는 기독교적 섭리 개념과 상응하는 흐름이 선명히 드러난다.[39] 권력과 악한 의지에 대한 투쟁 속에서 역발상적 방식으로 궁극적 선의 승리를 그려내는 그의 허구적 세계는 다양한 방식으로 "고귀하고 자비로운 힘의 작용, 즉 사건에 개입하는 신의 능력"을 암시한다.[40] 물론 원인과 결과의 원리가 지배하는 세계에서 신의 섭리와 은총은 많은 경우 뜻밖의 "우연" 혹은 "요행"의 형태로 나타난다. 실제 톨킨의 판타지들에서 그런 우연의 장면들을 찾기란 어렵지 않다.

이는 〈호빗〉에서도 마찬가지다. 일견 이 작품 속에 묘사된 일련의 사건들은 많은 부분 우연한 요행의 연속처럼 보인다. 우선 빌보가 "도둑"의 역할로 모험을 떠나는 것 자체가 자신의 의지와 무관한 혹은 그 의지에

---

39 Patrick Curry, *Defending Middle-Earth - Tolkien: Myth and Modernity* (Boston: Houghton Mifflin, 2004), 94-96. Thomas Fornet-Ponse, "Freedom and Providence as Anti-Modern Elements," *Tolkien and Modernity*, vol. 1, 177-206.

40 Thomas Hibbs, "신의 섭리와 반지의 제왕의 극적 결합", Gregory Bassham 편/최연순 역, 『철학으로 반지의 제왕 읽기』 (서울: 이룸, 2003), 289-308(290). 이 점에서 가장 역설적 인물은 골룸이다. 반지를 향한 욕망에 뒤틀려 구제 가능성이 없어 보이지만, 결과적으로 반지를 파괴할 수 있게 하는 것은 골룸이다.

반하는 "선택"의 결과다(21). 난쟁이들이 간달프의 선택에 줄곧 의문을 제기하는 것처럼 그리고 어려운 상황에 직면할 때마다 빌보 자신이 후회하는 것처럼, 도회적 안락에 익숙한 그가 야생적 모험에서 제 역할을 하기는 어렵다.[41] 모험에 익숙한 툭(Took) 집안의 성품이 잠재해 있긴 하지만, 평소의 그는 모험을 싫어하고 안정된 삶을 즐기는 그런 부류다. 당연히 모험 초반부에 나타나는 그의 모습은 완전한 부적격자의 모습이다. 안락한 호빗 굴과 그 주변을 벗어나 본 적이 없는 그는 모험의 역사적 필연성에 대해서나 모험해야 할 바깥 세계의 지형에 관해서도 거의 문외한에 가깝다. 도둑질에 관해 "많이 읽어보기는" 했지만, "실제로 본 적도 해 본 적도 없는" 그는 트롤의 지갑을 터는 첫 임무에서부터 실패하여 그들에게 잡히고 만다(36). 산속 동굴에서 고블린의 추격을 받을 때 난쟁이들은 달리기에 익숙지 못한 빌보를 짐짝처럼 번갈아 업고 도망쳐야 하고, 야생늑대들에게 추격당하는 위급한 상황에서도 나무를 오르지 못해 허둥대는 그를 위해 누군가가 다시 내려와 도와주어야 했다. 빌보 스스로가 "내가 어쩌자고 호빗 굴을 떠났을까?" 하고 후회하는 것만큼, 또 난쟁이들은 "내가 왜 이 형편없고 쬐끄만 호빗을 보물사냥에 데려가는 거야?" 하며 후회한다(66).

톨킨이 의도적으로 강조하는 것처럼, 무기력한 빌보가 모험을 계속 이어가는 것은 순전히 자신과 무관한 외부적 도움의 결과다. 트롤에게서 그와 난쟁이들을 구해낸 것은 요정들로부터 트롤의 움직임에 관한 정보를 입수하고 "때마침"(just in time) 나타난 마법사 간달프의 꾀 때문이다. 또한 간달프마저 막다른 골목으로 몰아넣은 고블린과 늑대들의 공격에서 일행을 구출한 것은 역시 수상한 동향을 눈치채고 절묘한 순간에 나타난 독수

---

41 빌보가 전형적인 영국 중산층 이미지라는 점은 자주 지적된다. 혹은 고대적 가치와 현대적 가치의 충돌과 화해로 해석하기도 한다. 가령, Shippey, *Tolkien*, 1-49; Vaninskaya "A Man of His Time?," 9. 호빗의 굴에 대해 톨킨은 이렇게 말한다. "It was a hobbit-hole, and that means comfort"(1).

리들이다. 또한 도둑으로서 빌보가 이룬 초기의 "성공" 사례들이란 모두 그의 의지나 능력과 무관한 "요행"의 산물들이다. 첫 번째 임무에서 그는 트롤의 열쇠를 손에 넣는 데 성공하지만, 이는 그의 수완 덕분이 아니라, 그들이 돌로 변하기 전 "매우 다행스럽게도"(very luckily) 그 열쇠가 땅에 떨어져 있었기 때문이었다. 동굴에서 간달프가 고블린들에게 잡히지 않게 도울 수 있었던 것 역시 "어쩐 일인지"(somehow) 잠을 이루지 못하고, 또 겨우 잠이 들어서도 아주 불쾌한 꿈을 꾸게 된 상황의 산물이다. 골룸과 수수께끼 대결에서 이긴 것도 "순전한 요행"(by pure luck)의 덕이다(78). 그리고 무엇보다 이야기의 중대한 전환점이 되는 반지의 발견 역시 아무런 이유가 없는 단순한 우연(accident)의 결과일 뿐이다(85).

2. 변화의 계기로서의 요행

하지만 빌보의 모험 전체가 이같은 요행의 반복은 아니다. 이야기의 초반에서 빌보의 여정은 거의 전적으로 예기치 못한 요행에 의해 지탱되는 것처럼 보인다. 하지만 반지의 발견과 더불어 이야기의 분위기는 사뭇 달라진다. 분명 반지의 발견은 요행 중 요행이고, 화자의 말처럼, 빌보의 인생에서 중대한 "전환점"이 되는 사건이다(68). 하지만 반지가 가져다주는 "요행"의 구체적 면모는 독자들의 예상을 벗어난다. 반지는 분명 빌보를 다른 존재로 만들어 주지만, 그것이 그의 모험 자체를 손쉬운 것으로 만들지는 않는다. 플라톤이 이야기하는 기게스의 반지와 달리, 빌보의 반지는 다른 사람들 몰래 무엇이든 원하는 것을 손에 넣을 수 있는 힘, 곧 이기적 욕망 충족의 수단이 아니다. 오히려 빌보에게 있어 반지는 그로 하여금 앞에 놓인 도전에 직면하고 투쟁할 수 있게 만드는 계기로, 그리하여 이를 통해 자신 속에 숨어 있던 잠재적 가치들을 이끌어내고 계발하도록 돕는 성숙의 계기로 작용한다.[42] 수동적이고 무기력한 주인공을 모든 곤경으로부터 건져주는 외부적 힘이 아니라, 모험에 아무런 실질적 기여를 하지 못하는 짐짝 같은 주인공에게 작용하여 그로 하여금 점차 주도적 자신감으로 상황에 마주하며, 자신의 지혜와 노력으로 사태를 해결해 나가는 존재로 발전하게 돕는 변화의 힘으로 작용하는 것이다.[43]

그래서 빌보가 마주치는 "요행"들은 많은 경우 용기나 지혜와 같은 도덕적 성품들이 한껏 발휘되는 방식으로 나타난다. 가령 숲속에서 빌보는 반지를 이용하여 거대한 거미들로부터 도망가는 대신, 그들과 목숨을 건 싸움을 벌여 난쟁이들을 구출한다("파리와 거미들"). 물론 이 장면에서도 요행의 요소는 여러 가지로 나타난다. 위기의 상황에서 그는 거미들에게 완전히 사로잡히기 전 "다행히 때맞추어" 정신을 차린다. 또 어둠 속에서 난쟁이들의 위치를 추측해야 했지만, "매우 운이 좋게도 그의 추측은 비교적 정확했다." 화자의 말처럼 "그는 많은 요행을 타고 난" 존재다(155). 싸움의 막바지에서도 "빌보가 더 이상 칼을 휘두를 수 없을 만큼 치쳤을 때, 거미들이 갑자기 추격을 포기하고 자기들의 어두운 서식지로 돌아갔다." 죽을 힘을 다해 싸우던 중, 어느덧 "어떤 선한 마술이 감도는" 요정들의 숲 가까이 오게 되었던 것이다(164).

하지만 이런 요행들은 더 이상 갑자기 나타나 어려운 문제를 일시에 해결해 버리는 소위 "기계장치의 신"(Deus ex machina)이 아니다. 거미들과의 싸움 자체는 몸을 숨긴다고 해결될 수 있는 일이 아니기 때문이다. 따라서 빌보는 자신 속에 있는 모든 용기와 꾀와 인내심을 짜내어 거미들과 싸운다. 물론 이 싸움 자체가 반지로 인해 가능해진 일이라는 점에서 그는 요행의 덕을 보는 존재다. 하지만 그런 요행의 결과, 빌보는 결국 "어둠

---

42 Tom Shippey는 이 반지를 일종의 "equalizer"라 규정한다. *The Road to Middle-Earth*, 77. 따라서 호빗의 반지는 반지의 제왕에서의 그 "절대반지"는 아니다.
43 Slack은 "허둥대는 주인공"에서부터 진정한 "영웅"으로 거듭나는 빌보의 발전과정에 대해 이야기한다. "Slow-Kindled Courage," 129.

속에서 마법사나 난쟁이뿐 아니라 어느 누구의 도움도 없이 혼자 그 거대한 거미를 죽이는" 놀라운 결과를 만들어낸다. 그리고 이런 직접적인 투쟁의 경험은 빌보를 이전과는 다른, 예전보다는 "더 용감하고 대담한" 존재로 변화시키는 결정적 계기로 작용한다. 화자의 설명처럼, "그는 이제 자신이 다른 사람이 된 것처럼 느꼈다"(155).

이어지는 구출과 전투 역시 치열하기는 마찬가지다. 멀리서 돌을 던져 거미들을 죽이기도 하고, 거미들 가운데서 "용감하게" 노래를 불러 그들을 혼란스럽게 하기도 하며, 결박당한 채 매달려 있는 난쟁이들이 떨어져 죽지 않도록 구출할 방법을 생각해낸다. 이처럼 빌보는 명실상부한 상황의 주도자로 거미들과의 싸움을 이끌어간다. 애초에 무기력한 빌보로 하여금 이런 치열한 싸움을 치를 수 있게 만들어 준 것은 그가 발견한 행운의 반지였다. 그런데 그가 소유한 요행이 밝은 빛을 발하는 순간이 바로 이런 치열한 투쟁의 문맥이었던 것이다. 거미들과의 전투 후 난쟁이들은 "빌보에게 행운과 마법의 반지뿐 아니라 지혜로움도 어느 정도 있다는 사실을 알게" 된다(165).

요정들로부터 난쟁이들을 구하는 일 역시 반지의 도움을 받지만, 구출 작전 자체는 반지의 위력과는 무관한 지혜와 용기를 필요로 했다("풀려난 통들"). 그는 가능성이 별로 없는 구출 계획을 놓고 "바랄 수 없는 희망"(hoping against hope)을 갖는다.[44] 하지만 요행에 대한 그런 기대와 더불어 그는 탈출 방법을 찾기 위해 끊임없이 궁리하고, 그 계획을 성사시키기 위해 갖은 수고를 다한다. 달리 방법을 생각할 수 없는 빌보는 결국 난쟁이들을 통에 넣고 강물에 띄워 탈출시키는 "황당한" 계획을 세운다. 물론 많은 어려움이 수반되고, 더욱이 성공을 보장할 수도 없었지만, 우여곡

---

44 여기서 우리는 로마서에 묘사된 아브라함의 믿음, 곧 "바랄 수 없는 중에 바라고"(hoping against hope, παρ' ἐλπίδα ἐπ' ἐλπίδι) 믿었던 아브라함의 믿음에 대한 반향을 읽을 수 있을 것이다(롬 4:18).

절 끝에 빌보는 난쟁이 일행을 구출해내는 데 성공한다. 이후 빌보는 자신의 터무니없는 발상이 그곳을 벗어날 수 있는 유일한 방법이었음을 발견한다. "그가 생각했던 것보다 훨씬 더 운이 좋았던 것이다"(180, 188).

변화의 계기로서의 요행 모티브는 후반으로 갈수록 더 선명해진다. 이 점을 가장 잘 보여주는 것은 보물더미를 배에 깐 채 잠이든 용(龍) 스마우그(Smaug)에게 빌보가 접근하는 대목이다. 보물에 대한 욕심은 남달랐지만 정작 위험 앞에서는 몸을 사리는 난쟁이들은 빌보를 스마우그의 굴속으로 보내려 한다. 난쟁이 두목 소린(Thorin)은 빌보를 "좋은 친구"요, "체구를 훨씬 넘어서는 용기와 재주를 가진 호빗"으로, 그리고 "보통을 훨씬 넘는 요행의 소유자"로 부른다. 빌보는 그들의 비겁한 결정에 정당한 이의를 제기하면서도, "어쩐 일인지(somehow) 그 제안을 거절할 생각은 없다"고 말한다. 이처럼 위험을 알면서도 필요하다면 모험을 마다하지 않는 모습은 처음 호빗 굴을 떠날 때의 그 빌보는 이미 아니다. 이처럼 거절할 수도 있는 위험을 스스로 받아들이면서 그는 "어쩌면 내가 예전보다 더 내 요행을 믿기 시작한 모양입니다"라고 덧붙인다(210). 여기서 행운에 대한 빌보의 점증하는 기대 혹은 믿음은 거절할 수도 있는 위험을 기꺼이 감당하려는 자발적 용기와 결합된다. 행운의 작용에 기대어 아무 노력없이 원하는 것을 손에 넣는 것이 아니라, 행운이 따를 것을 기대하기 때문에 위험한 발걸음을 내딛을 수 있게 된다는 것이다. 빌보가 동굴 속에서 자는 스마우그에게 접근하는 대목은 이런 빌보의 변화를 매우 선명하게 보여준다.

빌보가 걸음을 멈춘 것이 바로 이 지점에서였다. 거기서부터 앞으로 더 나아간 것은 지금까지 그가 한 일 중 가장 용감한 행동이었다. 그 이후 일어난 엄청난 일들도 그에 비하면 아무것도 아니었다. 앞에 기다리고 있는 거대한 위험을 보기도 전에 터널 속에서 홀로 진정한 싸움을 벌인 것이다.[45]

자연 이러한 빌보의 변화와 더불어 그를 향한 난쟁이들의 관점 역시 선명한 변화의 과정을 겪는다. 난쟁이들이 빌보를 처음 보았을 때의 인상은 "도둑보다는 채소장수"(more like a grocer than a burglar)같다는 것이었다 (18). 하지만 모험이 진행되면서 그들의 견해는 달라진다. 반지에 관한 이야기는 숨긴 채였지만, 고블린 굴에서 탈출한 후 난쟁이들 사이에서 빌보의 평판은 상당한 수준으로 올라간다(92). 거미들과의 싸움 이후 그들의 생각은 더욱 달라진다. 거미는 물리쳤지만, 이제 어떻게 해야 하는지 막막한 상황에서 그들은 모두 빌보만을 바라본다. 여기서 화자의 말처럼, "이것을 보면 여러분은 그들[난쟁이들]이 빌보에 대해 아주 다른 생각을 갖게 되었다는 것, (간달프가 말한 것처럼) 그를 아주 존경하기 시작했다는 것을 알 수 있을 것이다"(164-165). 심지어 그 중 몇몇이 머리가 땅에 닿도록 인사를 하는 모습은 이런 태도의 변화를 잘 보여준다. 그들은 이제 빌보가 요행과 마법의 반지뿐 아니라 상당한 정도의 꾀도 소유했다는 것을 알았던 것이다. 물론 이런 생각의 변화에는 소린도 예외가 아니다. 그 역시 그를 진정으로 존경하기 시작한 것이다(174).

이런 변화의 절정은 스마우그의 굴에서 벗어나는 장면일 것이다. 외로운 산까지 오기는 했지만, 스마우그를 해치울 방도를 찾지 못해 낙담한 난쟁이들은 공연히 잔을 훔쳐와 너무 일찍 용의 분노를 자극했다고 빌보를 비난한다. 하지만 빌보의 정당한 항의에 난쟁이들은 결국 용서를 빌며 오히려 그의 조언을 구한다. 빌보는 자신이 생각해낼 수 있는 최선의 계획을 제안하고, 달리 방도가 없는 난쟁이들은 이를 흔쾌히 수용한다.

> 그들은 이미 작은 빌보를 존경하고 있었다. 이제는 그가 그들 모험의 실질적인 우두머리였다. 자기 나름의 생각과 계획을 갖기 시작한 것이다.[46]

---

45 *Hobbit*, 212-213.
46 *Hobbit*, 219. 난쟁이들의 평가가 달라지는 모습.

물론 상황이 어려워지면 난쟁이들의 생각은 금방 흔들린다. 하지만 중요한 것은 변덕스런 난쟁이들의 견해가 아니라 "성가신 짐짝"에서 주체적 상황의 개척자로 변모해가는 빌보 자신의 변화다. 이처럼 반지의 습득으로 대표되는 빌보의 "요행"은 결과적으로 자신의 안락에 집착하는 무기력한 그를 용감하고 지혜로운 영웅으로 거듭나게 돕는다.[47]

3. 보다 내면적인 변화들

외부적 위험에 맞서 나름의 용기와 지혜로 이를 극복하는 빌보의 모습에는 보다 내면적 혹은 도덕적 자질의 드러남이 겹쳐진다. 그중 톨킨이 가장 중요한 의미를 부여하는 것은 아마 연민일 것이다. 책 전체에서 가장 인상적 장면 중 하나는 단연 빌보가 자신을 죽이려 하는 골룸을 동정하며 그를 죽이기를 포기하는 대목이다. 한편으로 그는 골룸을 죽이고 굴을 빠져나가야 한다는 충동을 느끼지만, 또 다른 생각의 흐름이 그의 마음을 사로잡는다. 그 순간에 빌보의 뇌리를 스치고 지나간 생각은 독자의 예상을 뛰어넘는다.

아니야. 그건 공정한 싸움이 아니야. 나는 지금 그의 눈에 보이지 않아. 골룸에게는 칼도 없어. 사실 골룸은 나를 죽이겠다고 위협한 적도 없고 아직까지 죽이려고 한 것도 아니야. 게다가 그 녀석은 지금 비참한 형편에 빠지고 말았어. 그

---

47 반지의 제왕에서 프로도 역시 반지의 운반자(ring-bearer)로서 동일한 성숙의 과정을 거친다. 간달프와의 대화에서 프로도는 "나는 위험한 모험을 하도록 만들어진 존재가 아니에요" 하고 소리치는데, 이에 대해 간달프는 "당신은 선택을 받았고, 따라서 당신은 당신이 가진 모든 힘과 용기와 지혜를 사용해야 합니다." 프로도의 성숙에 관해서는 Edmund Fuller, "The Lord of the Hobbits: J. R. R. Tolkien," N. D. Isaacs and R. A. Zimbardo, eds., *Tolkien and the Critics* (Notre Dame: University of Notre Dame Press, 1968), 17-39.

에게는 아무도 없고, 또 반지를 잃어버려 어쩔 줄을 모르고 있어.[48]

물론 이런 놀라운 "이해심"은 지금까지 저 가련한 존재가 겪어왔을 오
랜 절망과 슬픔의 시간, 혹은 "공포와 상실의 아픔"(88)에 대한 공감, 곧
화자의 적절한 표현처럼, "공포와 뒤섞인 갑작스런 연민"인 것이다(87).

〈호빗〉 내에서는 별 의미가 없어 보이는 이 "사소한" 사건은 이후 〈반
지의 제왕〉에서 중간계 전체의 운명을 결정하는 결정적 사건이었던 것으
로 드러난다. 이렇게 죽음을 면한 골룸은 프로도의 모험 내내 일종의 치명
적 위협으로 존재하지만, 프로도의 최종적 실패에도 불구하고 절대반지가
파괴된 것은 역설적이게도 골룸의 역할이다.[49] 원정대의 모험 초반에 골
룸의 존재를 저주하는 프로도에게 "빌보의 연민이 많은 이들의 운명을 지
배할 것"이라 예언했던 간달프의 말이 성취된 것이다.[50]

다른 사람들에 대한 신의 혹은 책임감 있는 우정의 모습 역시 인상적으
로 드러난다. 골룸으로부터 무사히 탈출한 빌보는 자신이 안개산맥 반대
편으로 나온 것을 발견하고서는 "친구들" 곧 간달프와 난쟁이들이 여전히
고블린의 동굴 속에 갇혀있는 것은 아닐지 염려한다. 여기저기를 찾아도
그들이 보이지 않자 그는 불안한 생각에 사로잡힌다.

> 그는 이제 마법의 반지까지 소유한 마당에, 마땅히 그 끔찍하고 끔찍한 굴로 다
> 시 들어가 친구들을 찾아보아야 하는 게 아닌가 고민했다. 그리고 그는 다시 돌
> 아가는 것이 자신의 책임(duty)이라고 마음을 먹었다. 비록 매우 비참한 느낌
> 을 피할 수는 없었지만.[51]

---

48 *Hobbit*, 86.
49 Tolkien, *The Return of the King*, 275-276.
50 Tolkien, *The Followship of the Ring*, 93.
51 *Hobbit*, 90.

빌보의 이런 모습은 그를 잃고 염려하기는커녕, 그를 데려온 자신과 뒤처진 빌보를, 또 애초에 그를 선택한 간달프까지 원망하는 난쟁이들의 태도와 극명한 대조를 이룬다. 그들은 빌보를 찾아 다시 그 역겨운 굴로 돌아가야 할지도 모른다는 생각에 온갖 불평을 늘어놓는다(91). 물론 이는 모험을 떠나기 전 자신의 평화와 안락을 방해하는 난쟁이들에게 보였던 바로 그 태도다. 그랬던 빌보가 이제는 책임감 깊은 우정의 사람으로 거듭난 것이다.

모험 곳곳에서 빌보의 이런 모습이 나타난다. 거대한 거미를 죽이고 정신을 차린 후, 그에게 가장 먼저 떠오른 생각은 "무엇보다도 우선 친구들을 찾아야 한다"는 것이었다(155). 그 뒤에 벌어진 치열한 싸움은 전부 난쟁이들을 구출하려는 노력이었다. 물론 그의 이런 노력은 다시 요정왕의 포로가 된 난쟁이들을 구출하기 위한 또 다른 모험으로 이어진다. 이야기의 결말에서도 마찬가지다. 보물에 대한 집착으로 사태를 악화시키는 소린(Thorin)을 보다 못한 나머지 빌보는 자신이 몰래 간직하고 있던 보물 아르켄스톤을 바르드와 요정 왕에게 넘겨준다. 물론 그 보물이 소린에게 얼마나 소중한지 아는 그들은 빌보에게 소린에게로 돌아가지 말라고 충고한다. 이에 대한 빌보의 답변은 감동적이다.

"정말이지 감사합니다." 빌보가 절을 하며 말했다. "하지만 그 모든 모험들을 함께 겪어 온 나의 친구들을 이런 식으로 떠나서는 안 될 것 같습니다. 게다가 봄부르에게 자정에 깨워주겠다는 약속까지 했거든요!52

---

52 앞의 책, 271.

IV. 요행과 은혜

이처럼 빌보의 성공은 많은 부분 요행의 결과다. 하지만 한 걸음 더 나아가 이 요행은 빌보 자신을 변화시키는 힘으로 작용한다. 전혀 모험을 감당할 없는 존재에 주어져, 그로 하여금 모험에 참여하게 하고, 여러 위험에 맞서게 하며, 그 위험을 극복하기 위해 자신 속에 잠재된 지혜와 용기를 이끌어내도록 돕는다. 따라서 고비마다 요행의 도움을 받는 빌보의 모험은 안락에 집착하는 소심한 호빗을 쉽게 절망하지 않고, 주어진 상황에 최선의 용기와 지혜를 발휘하는 책임감 있는 존재로 변화시킨다. 이렇게 보면, 얼핏 요행처럼 보이는 여러 사건들은 빌보에게 작용하여 그를 새로운 존재로 변화시키는 어떤 초월적 섭리, 곧 절망적 상황에 작용하여 사태를 반전시키는 "갑작스럽고 기적적인 은총"의 나타남이라 할 수 있다.53

1. 하나님의 능력으로서의 은혜

톨킨이 〈호빗〉 속에서 그려낸 요행의 면모는 여러 면에서 신약성서, 특별히 사도 바울이 묘사하는 은총 개념과 상통한다. 가령 바울이 이방인의 사도라는 직분을 받은 것은 마치 "도둑이라기보다는 짐짝"에 가까웠던 빌보가 반지를 손에 넣게 된 일과 유사하다. 그는 "비방자요 박해자요 폭행자"였으며, 따라서 "죄인 중의 우두머리"라 불려야 마땅했던 사람이다(딤전 1:13, 15). 그는 "하나님의 교회를 박해하였으므로 사도라 칭함을 받기를 감당치 못할" 존재, 하나님을 위한 섬김으로 치자면 마치 미숙아 아니면 사산아처럼 사도의 역할을 전혀 수행할 수 없는 사람에 불과했다(고전 15:8-9). 하지만 하나님은 그런 그를 태어나기도 전부터 "선택하셨고"(갈

---

53 Colin Duriez/홍종락 역, 『루이스와 톨킨』(서울: 홍성사, 2005), 151: "소린이 주목한 '행운'은 사실 빌보를 주요 대리인으로 삼아 사건들을 해결해 나가는, 비범한 섭리의 존재이다."

1:15), 그에게 이방인의 사도라는 "은혜"를 부여하셨다. 이처럼 "우리 주의 은혜가 … 넘치도록 풍성하였다"는 사실을 잘 아는 바울은 자신의 사도직분을 언제나 은혜라는 말로 불렀다(딤전 1:14; 롬 1:5).[54]

빌보에게 작용한 요행처럼, 바울에게 주어진 이 은혜도 무기력한 존재를 마냥 돕기만 하는 외부적 힘에 머물지 않는다. 이는 분명 아무 조건 없이 주어지는 순전한 "요행"이지만, 이 요행은 동시에 무력한 바울에게 작용하여 그를 역동적인 일꾼으로 바꾸어 놓는 힘이기도 했다. 그에게 사도직분이라는 은혜를 베푸신 그리스도는 은혜라는 "요행"뿐 아니라 "나에게 능력을 주신" 분이기도 하다(딤전 1:12). 따라서 그가 그리스도로부터 받은 은혜는 그에게 다가와 그를 능력있는 사도로 만드는 그런 은혜였다. 그래서 바울의 사고 속에서 하나님의 은혜는 많은 경우 하나님의 능력 개념과 쉽게 뒤섞인다. 에베소서에 말하는 것처럼,

이 복음을 위하여 그의 능력이 역사하시는 대로 내게 주신 하나님의 은혜의 선물을 따라 내가 일꾼이 되었노라(3:7).

고린도전서의 진술 역시 은혜의 이런 이중적 측면을 잘 드러내준다.

그러나 나의 나 된 것은 하나님의 은혜로 된 것이니 내게 주신 그의 은혜가 헛되지 아니하여 내가 모든 사도보다 더 많이 수고하였으나 내가 한 것이 아니요 오직 나와 함께 하신 하나님의 은혜로라(15:10).

빌보에게 주어진 수많은 요행처럼, 바울이 말하는 하나님의 은혜 역시 양면적이다. 아무 자격이 없는 자에게 요행처럼 다가왔다는 점에서 은혜

---

54 바울서신에서 "내게 주신 (하나님의) 은혜"는 거의 고정적으로 그의 사도 직분을 가리킨다
(롬 15:15; 고전 15:10; 갈 2:9; 엡 3:2).

이기도 하고, 무기력한 존재를 역동적 일꾼으로 변화시킨다는 하나님의 능력이라는 점에서 은혜이기도 하다.[55]

물론 이런 은혜는 바울 자신에게만 국한되는 것은 아니다. 갈라디아서에서 말하는 것처럼, 구원을 향한 하나님의 부르심을 가장 잘 설명하는 한 마디는 "은혜"다(1:6; 2:21). 혹은 에베소서에서 역설하는 것처럼,

> 너희는 그 은혜에 의하여 믿음으로 말미암아 구원을 받았으니 이것은 너희에게서 난 것이 아니요 하나님의 선물이라. 행위에서 난 것이 아니니 이는 누구든지 자랑하지 못하게 함이라(2:8-9).

하나님은 "허물과 죄로 죽었던" 자요 "진노의 자녀"였던 이들을 사랑하셨고, "그리스도 예수 안에서" 혹은 "그리스도와 함께" 그들을 살려주셨다. 다시 말하면 그들은 "은혜로 구원을 받았다"(2:5). 이처럼 하나님께서 우리에게 자비를 베풀어 주시는 것은 "그 은혜의 지극히 풍성함을" 오는 여러 세대에 나타내고자 했기 때문이다(2:7). 곧 "그가 사랑하시는 자를 통해 우리에게 거저 주시는 바 그의 은혜의 영광을 찬송하게" 하려는 것이며(1:6), 우리는 바로 이 "은혜의 풍성함을 따라 그의 피로 속량 곧 죄사함을 받았던" 것이다(1:7).

바울에게 그랬던 것처럼, 신자들에게 있어서도 값없이 주어지는 하나님의 은혜는 성도들을 변화시키는 하나님의 능력으로 작용한다. 실제로 그리스도의 희생을 통한 은혜는 창세 전의 선택이라는 보다 큰 문맥 속에서 제시된다. 하나님이 창세 전에 그리스도 안에서 우리를 택하시고 예정하셨는데, 이는 "우리로 하여금 사랑 안에서 그 앞에 거룩하고 흠이 없게 하시려는" 의지의 표현이었다(1:4). 그래서 그리스도를 통해 이루어진 은

---

55 은혜의 이런 성격에 대해서는 졸저, 『행위 없는 구원? - 새롭게 읽는 바울의 복음』 (서울: SFC, 2006), 제7장 참조.

혜의 구원은 동시에 우리로 하여금 새로운 삶을 시작하게 하는 새로운 창조의 사건이기도 하다

> 우리는 그의 만드신 바라. 그리스도 예수 안에서 선한 일을 위하여 지으심을 받은 자니 이 일은 하나님이 전에 예비하사 우리로 그 가운데서 행하게 하려 하심이니라(2:10).

의식적 작업의 결과인지는 말하기 어렵지만, 톨킨의 〈호빗〉은 이처럼 죄인들에게 다가와 그들을 그리스도의 형상을 닮은 존재로 만들어가는 기독교적 은혜의 개념을 멋진 요정 이야기의 형태로 형상화하고 있다.

2. 섭리와 은혜

이미 언급한 것처럼, 역사적 세계의 관점에서 볼 때, 초월적 세계의 개입은 우연으로 비칠 수밖에 없다. 하지만 그 우연의 반복 속에 어떤 일관된 움직임 혹은 변화가 감지된다. 일견 단순한 우연으로 비칠 만한 이야기들이 이어지면서, 그것들이 실상은 더 넓은 세계의 반영 혹은 초월적 존재의 의지를 표현하는 것이라는 깨달음에 이르는 것이다. 그렇다면 빌보에게 주어지는 요행이 "우연"(accident)이라고 불리는 것은 모험의 주인공 빌보가 그 요행의 거대한 문맥을 알지 못한다는 뜻일 뿐, 그 배후에 더 큰 힘의 존재를 부정하기 때문이 아니다(85). 물론 이런 우주적이고 초월적 차원은 후속작 〈반지의 제왕〉에서 보다 선명히 드러나는 주제이지만, 〈호빗〉에서도 간헐적이고 암시적 방식으로 그 모습을 드러낸다.[56]
주인공 빌보를 놓고 보자면, 이런 초월적 암시는 절망적 상황에도 굴하

---

56 Tolkien, *Letters*, 365.

지 않고 끈질기게 희망을 붙잡으려 하는 모습에서도 드러난다. 이야기 초반에 우리가 만나는 빌보는 두려움으로 인해 발작을 일으키고(가령, 16-17), 쉽게 낙담하고 우울해지는(31-32) 그런 존재다. 하지만 반지의 발견과 더불어 스스로 험한 모험의 주역이 되어가면서 그는 일행 중 그 누구보다도 더 끈질긴 사람으로 변해간다. 가령, 스마우그가 버티는 외로운 산에 도착한 일행은 난관에 봉착한다. 그들은 "어떤 도움도 바랄 수 없는 위험한 황무지에" 있고, "여정"(journey)은 막바지에 이르렀지만, 그들이 "추구"(quest)하는 목표는 아직도 멀다. 보물이 있는 굴의 입구조차 찾을 수 없다. 자연 모든 난쟁이들은 낙담한다. 하지만 "이상하게도"(strange to say) 유독 빌보는 활기찬 모습으로 사태의 해결책을 찾기에 분주한 모습을 보인다. 물론 상황은 어렵다. 다행히 비밀문을 찾았지만 그 문을 열 도리는 없다. 시간이 흐르면서 난쟁이들은 다시 빌보를 원망하고, 그 역시 비참한 기분을 어쩔 수 없다. 하지만 그런 때에도 빌보는 완전한 절망 대신 "자신이 뭔가를 기다리고 있다는 묘한 느낌"에 사로잡히고(208), 이것이 계기가 되어 결국 그들은 비밀의 문을 여는 데 성공한다.

굴속에 갇혔을 때에도 비슷한 장면이 이어진다. 출구가 막혀 이제 죽게 되었다고 난쟁이들은 신음하지만 빌보는 다르다.

> 하지만 웬일인지, 난쟁이들이 가장 낙담하고 있을 때 빌보는 이상하게 마음이 가벼워지는 것을 느꼈다. 마치 옷 속에서 어떤 무거운 짐이 떨어져 나간 느낌이었다.[57]

모두가 낙담하는 상황에서 "목숨이 붙어있는 동안에는 아직 희망이 있다"는 부친의 말을 기억하며 난쟁이들을 독려하는 것은 빌보였고, 결국 그

---

57 *Hobbit*, 232.

의 주도 하에 결국 모두 안전하게 그 굴을 벗어날 수 있었다.

이런 빌보의 모습은 빌보의 힘겨운 싸움과 땀흘림이 사실은 빌보 혼자만의 이야기가 아니라는 생각을 갖게 한다. 톨킨이 "희망을 거스르는 희망"이라는 바울식 표현을 차용하고 있는 데서도 느껴지듯이, 절망스러운 상황에서 드러나는 "이상하고" "묘한" 태도들은 실상 그의 땀흘림 배후에서 움직이는 보다 큰 섭리적 손길에 대한 암시들이라 할 수 있다.

그런 점에서 이야기의 결말을 이루는 빌보와 간달프의 대화는 톨킨이 말하고자 하는 섭리의 개념을 집약한 것이라 할 수 있다. 모험이 끝나고 몇 년 뒤, 다시 고향에서 편안한 삶을 즐기는 빌보는 마법사 간달프와 난쟁이 발린의 방문을 받는다. 발린은 욕심쟁이 영주가 죽고 바르드의 영도 하에 너른골(Dale)이 훨씬 더 살기 좋은 곳이 되었으며, 이제 사람들은 "그의 시대에" 황금이 강처럼 흐른다는 노래를 부른다는 소식을 전한다.

"그렇다면 옛적 노래의 예언이 어떤 면에서는 성취된 것이라고도 할 수 있겠네요."
"물론이지!" 간달프가 말했다. "그러지 말라는 법이 있나? 자네 자신이 그 예언의 성취에 한 몫을 했다고 해서 설마 그 예언을 안 믿는 것은 아니겠지? 설마 자네의 그 모든 모험과 탈출이 그저 운이 좋아서 그런 것이라고, 그저 자네 혼자 좋고 말라는 것으로 생각하는 건 아니겠지? 배긴스 양반, 자네는 참 좋은 사람이고, 나도 자네를 좋아하지만, 사실인즉슨 자네는 이 넓은 세상에서 아주 작은 한 사람에 지나지 않아."
"고마운 일이죠." 빌보가 웃으며 말했다.

실없는 공상으로 여겼던 오랜 예언이 현실이 된다. 톨킨 자신의 표현을 빌자면, 호빗이라는 이야기 속에서 "전설과 역사가 만나 하나가 되었다." 결과적으로 빌보가 겪은 그 모든 모험과 탈출은 실상 그 예언을 성취하기 위한 땀흘림이었다. 그렇다면, 빌보의 모험과 함께 했던 그 많은 "요행"들 역시 "그저 운이 좋아서" 그렇게 된 것 혹은 그저 빌보 한 사람에게만 좋고 끝나는 무의미한 사건들이 아니다. 오히려 순간순간 빌보에게 나타나 그의 삶의 방향을 바꾸어 놓았던 무수한 "요행"의 표지들은, 빌보라는 한 개인의 삶을 넘어가는 보다 거대한 예언을 성취하기 위한 초월적 의지의 표현임을 알게 된다. 물론 빌보는 자신에게 주어진 위기의 상황에서 최선을 다했지만, 여전히 그는 "이 넓은 세상에서 매우 작은 한 사람에 지나지 않는다."

사실 〈호빗〉의 표면적 세계 속에서는 이런 초월적 차원이 많은 부분 배제되어 있다. 하지만 일단 이야기 배후의 보다 거대한 흐름을 감지하고 보면, 여러 인물들 혹은 사건들을 통해 그런 우주적, 초월적 차원이 언뜻언뜻 드러나고 있음을 확인할 수 있다. 가령 간달프는 여러 인물들과의 대화를 통해 그가 다른 세상을 오가는 존재라는 사실이 드러난다(25, 297). 엘론드나 베오른 같은 신비의 인물들 역시 마찬가지다. 더 나아가 빌보의 반지가 마치 스스로의 의지를 가진 대상처럼 묘사되는 부분 역시, 우연 이상의 어떤 움직임에 대한 암시로 작용한다(83, 88). 톨킨 자신의 말처럼, 〈호빗〉역시 "특별한 은총과 재능을 부여받은 개인들"의 이야기, 그들이 "[초월적] 중재자에 의해 영감을 받고 인도되어 그들이 배운 것이나 습득한 것을 넘어서는 목적에 이르게 되는" 이야기인 것이다.[58]

다음과 같은 톨킨의 언급은 비단 〈반지의 제왕〉뿐 아니라 그의 요정 이야기 전체를 관통하고 지탱하는 결정적 관점이라고 할 수 있다.

> 프로도는 악의 반지를 파괴하는 일에 자신의 전부를 바쳤다는 점에서 우리 모두의 존경을 받아 마땅하다. 하지만 그의 운명은 그 반지를 운명의 골까지 운반하는 것에서 끝난다. 그 뒤에는 다른 능력(the other power)이 임무를 맡는다.

---

58 *Letters*, 365.

(나 자신이 아닌) 이야기의 저자(the writer of the story), "한 번도 자리를 비운 적이 없지만 또 한 번도 이름이 불리지 않는, 언제나 거기 존재하는 바로 그 한 인격"(that one ever-present Person who is never absent and never named)이 나서는 것이다.[59]

V. 나가는 말

톨킨이 창조한 중간계 이야기는 명시적 의미에서 기독교적 작품은 아니다. 하지만 톨킨 자신이 분명히 말한 것처럼, 선명한 기독교적 세계관을 가진 작가가 나름의 상상력을 발휘하여 내적 일관성을 갖춘 세계를 만들 때, 그 속에 작가의 관점이 스며드는 것은 당연하기도 하고 또 불가피하기도 하다. 그래서 톨킨의 작품들은 여러 가지 방식으로 "저변에 깔린 실재" 곧 그가 믿었던 복음의 색채를 비추어낸다. 이런 판타지와 복음과의 만남의 핵심에 모든 요정 이야기의 핵심이 되는 "행복한 결말의 위안" 곧 "선파국"이 있다. 우리가 위에서 살펴본 것처럼, 〈호빗〉에서 이런 행복한 결말의 양상은 무능력한 빌보가 모험의 과정을 거치는 동안 강력한 요행의 도움을 힘입어 보다 용감하고, 강인하고, 지혜로운 존재로 성장해가는 변화의 형태로 드러난다. 이 연구에서 우리는 반지의 발견과 더불어 빌보의 모험 속에 얽혀드는 이런 요행의 차원을 추적하면서 이것이 신자의 삶에 작용하여 그를 신적 의지에 맞는 존재로 변화시켜가는 기독교적 은총 개념에 상응한다는 것을 살펴보았다.

애초에 어린 독자들을 의도한 이 이야기 속에는, 특히 모험의 전반부에는, 〈반지의 제왕〉이 가진 서사적 장중함과 심원함이 결여된 것처럼 보인

---

59 *Letters*, 252-253 (Letter 192).

다. 이런 연유로 톨킨이 말한 바 "요정 이야기"에 대한 대부분의 연구는 많은 부분 반지의 제왕에 치중되어 있다. 특히 톨킨이 모든 잘 된 요정 이야기의 핵심으로 꼽았던 선파국적 요소를 〈호빗〉의 세계 속에서 살펴보려는 시도는 거의 없었다. 톨킨이 〈반지의 제왕〉을 통해 이룩한 성과에 비추어 볼 때 어쩌면 불가피한 결과라고 할 수 있지만, 이것이 〈호빗〉에 대한 상대적 무관심을 야기하는 것은 아쉽다. 요정 이야기로서의 〈호빗〉에 대한 본 연구는 이런 관심의 치우침을 해소하려는 작은 시도의 하나다. 여기서 우리는 흥미롭지만 단순한 동화처럼 읽히는 〈호빗〉 역시 그 속에 "복음의 먼 울림"을 품고 있다는 사실, 따라서 그 역시 〈반지의 제왕〉이나 다른 환상적 작품들 못지않게 요정 이야기로서의 면모를 잘 드러낸다는 점을 확인할 수 있었다. 본 장에서 본격적으로 다루지 못한 후반부, 특별히 보물을 둘러싼 탐욕과 종족 간의 갈등 및 그 해소의 과정이 보다 서사적 배경 속에서 그려지는 결말 부분을 함께 읽으면 이런 결론은 더욱 분명해질 것이다. 그런 점에서 〈호빗〉은 단지 그 스토리의 전개과정 측면에서뿐 아니라 요정 이야기라는 형식 차원에서도 톨킨의 대작 〈반지의 제왕〉의 초석을 놓은 작품이라고 할 수 있다.

사실이 된 신화와 신화적 알레고리
— C. S. Lewis의 경우

I. 들어가는 말: 종교적 신념과 문학적 형상화

작가의 희망은 훌륭한 작품을 창조하는 것이다. 하지만 삶을 형상화하는 예술가로서 작가는 또한 실존이라는 궁극적 문제로부터 자유롭지 않다. 여기서 문학은 종교와 만난다. 물론 삶을 그 구체성으로부터 탐구하는 문학은 계시라는 초월적 고지(高地)로부터 이런저런 종교적 교의나 도덕을 "선포"할 수 없다. 오히려 문학의 출발점은 삶의 저지대, 곧 있는 그대로의 삶 자체다. 자연 문학의 설득력 역시 많은 부분 경험에 대한 상상적 충실함 및 거기서 배태되는 언어적 긴장감에 의존한다. 따라서 문학이 종교와 만날 때, 그 만남의 성패는 전달되는 종교적 신념의 선명함이 아니라 그 신념의 바탕에서 작용하는 체험적 상상력의 깊이 혹은 체험의 구체성에 더 좌우된다. 물론 종교는 나름의 교의적 체계로 명제화될 수 있고, 또 그 체계에 신앙적 절대성을 부여할 수 있다. 하지만 종교가 비본질적 욕망을 섬기는 이데올로기로 전락하지 않고 살아 있는 신앙고백으로 기능하려면, 이런 교의적 절대성은 인간 체험의 무한한 다양성, 인간 행동의 복잡성 및 모호성, 더 나아가 인간 동기의 불투명성을 함께 고려하지 않을 수 없다. 실존의 궁극적 물음이 문학을 종교로 향하게 한다면, 일상적 삶이라는 신앙적 고백의 태반은 종교 역시 문학적 탐구의 몸짓과 분리될 수 없음을 보여주는 것이다.

종교와 문학 간의 이런 긴장된 만남은 선명한 종교적 확신을 소유한 작가의 경우 더욱 첨예해진다. 작가의 교리적 확신이 구체적 경험의 인식이나 해석을 도울 수 있지만, 동시에 삶을 왜곡하는 성급한 "색안경"으로 작용하여 삶 자체의 거친 논리를 덮어버릴 수도 있기 때문이다. 그래서 종교적 신념을 전제한 작가들은, 찰스 글릭스버거의 말처럼, "종교적 신념들이 개인의 운명 안에서 어떻게 작용하는가를 묘사하는 데 있어서 비상한 재주와 상상력을 소유해야 한다."[1] 그러기에 훌륭한 기독교 작가들의 작품들에는 종종 기독교의 깃발이 발견되지 않는다. 혹은 기독교적 색채가 분명한 경우라도 그것이 작품의 문학적 논리를 방해하지 않는다. 기독교적 논리가 하나의 추상적 명제로서가 아니라 실제적이고 구체적인 체험의 형태로 형상화되기 때문이다. 그런 점에서 George MacDonald, G. K. Chesrterton, Dorothy Sayers, J. R. R. Tolkien 및 C. S. Lewis와 같은 이들의 작품이 그 기독교적 가르침 때문이 아니라 작품 자체의 문학적 매력 때문에 많은 사랑을 받았다는 사실은 주목할 만하다.

종교적 신념과 문학적 충실성 간의 긴장은 톨킨의 경우도 마찬가지이지만, 환상(fantasy)이라는 문학양식을 통해 보다 명시적으로 신화적 세계와 기독교적 진리와 연결시키려 했던 루이스의 경우 이 긴장은 더욱 첨예해진다. 자신의 작품을 기독교 복음과 직접 연결하기를 거부했던 톨킨과 달리, 루이스는 자신의 환상적 작품들이 기독교 진리를 담고 있음을 분명

---

1 Charles I. Glicksberg/최종수 역, 『문학과 종교』 (서울: 성광문화사, 1981), 258.

히 하며, 실제로 〈나니아 연대기〉의 매 작품들을 각각 특정한 기독교적 교리로 요약하기까지 한다.[2] 기독교인들 사이에서 루이스는 환상 작가보다는 탁월한 복음 변증가로 더 친숙하다는 사실 역시 흥미롭다. 그리고 이런 변증적 의도는 그가 저술한 변증적 저술뿐 아니라 그의 문학적 작품들까지도 채색한다. 하지만 이는 그의 작품들이 기독교 교리에 문학적 외양을 입힌 것이라는 말은 아니다. 톨킨의 작품들처럼, 루이스의 문학 작품들 역시 통상적 의미의 호교론적 작품들과는 다르다. 〈나니아 연대기〉나 혹은 우주여행 3부작(Out of the Silent Planet, Perelandra, That Hideous Strength) 들이 톨킨의 작품보다는 더 명시적으로 "기독교적인" 것은 사실이지만,[3] 이는 스토리의 일관성을 해치는 교리적 간섭 현상과 구별된다. 그런 점에서 루이스의 환상 작품들은 종교적 신념과 문학적 깊이가 만나는 방식에 관한 좋은 사례들을 제공한다.

본 장에서는 이러한 문제의식을 바탕에 깔고 루이스의 기독교적 신념이 그의 문학적 창조과정에 어떤 영향을 미치고 있는지, 또한 작가로서의 문학적 상상력이 진리 인식에 대한 그의 관점에 어떤 의미를 갖는지 탐구하고자 한다. 먼저 우리는 루이스 자신의 삶에서 신화적 상상력과 기독교적 진리가 어떻게 조우하는지 살핀 다음(II), 그가 개진하는 신화 개념 및 "사실이 된 신화"로서의 복음 이해를 검토할 것이다(III, IV). 이어 복음전달 방식으로서의 신화와 판타지에 관한 그의 견해를 살피고(V), 마지막으로 루이스의 작품 중 나니아 연대기의 일부인 〈마법사의 조카〉와 루이스 자신이 가장 뛰어난 작품으로 평가했던 〈우리가 얼굴을 찾을 때까지〉를 골

---

2 C. S. Lewis, *The Collected Letters of C. S. Lewis, vol II (1950-1963)* (New York: HarperSanfrancisco, 2007), 1244-1245 (1961년 Anne Jenkins에게 보낸 편지).

3 Alan Jacobs, "The Chronicles of Narnia," R. MacSwain & M. Ward, eds., *The Cambridge Companion to C. S. Lewis* (Cambridge: CUP, 2010), 274. 그의 입장은 "하부창조" 자체에 의미를 부여한 톨킨의 견해와 다르다. 루이스는 메시지의 전달을 위해 가능한 모든 문학적 도구들을 즐거이 활용할 수 있었다.

라, 신화와 복음의 주제가 어떻게 드러나는지 간략히 논의할 것이다.

II. "기쁨"(Joy)을 향한 열망의 변증법

문학과 종교에 관한 루이스의 관점을 더듬는 과정은 다소 전기적일 수밖에 없다. 『순례자의 귀향』(*The Pilgrim's Regress*)이라는 철학적 자서전의 제목처럼, 그가 가진 독특한 관점의 형성 과정은 어린 시절의 신앙으로부터 멀어졌다 긴 우회의 과정을 거쳐 기독교로 회귀한 일종의 순례였다. 그의 삶에서 이 순례는 체험의 영역에서 일어나는 "열망의 변증법"(the dialectic of Desire)과 철학적 논리의 영역에서 이루어지는 "순전한 논증의 변증법"(the merely argued dialectic)이라는 상이한 경로가 한 종착역에서 조우하는 양상을 띤다.[4] 철학적 입장에서, 그의 여정은 "대중적 현실주의"에서 철학적 관념주의로, 관념주의에서 범신론으로, 범신론에서 유신론으로, 그리고 유신론에서 결국 기독교에 이른 것이었다.[5] 하지만 이런 "철학적 진보"는 순전히 추상적 논리의 차원에 그치지 않는다. 오히려 이런 논리적 발전 배후에는 그가 "열망"(Desire) 혹은 "기쁨"(Joy)이라는 말로 요약하는 "체험된 변증법"이 보다 근원적인 동인으로 작용한다.

일종의 영적 순례로서 루이스의 삶을 규정하는 가장 결정적 단어는 "기쁨"(Joy)이다. 자전적 저서의 제목에서 보듯, 기쁨은 그가 회심 이전 그의 삶을 설명하는 "중심적 이야기"다.[6] 여기서 그가 말하는 "기쁨"이란 "모

---

[4] Lewis, *The Pilgrim's Regress* (London: Fount, 1993), 15; *Surprised by Joy: The Shape of My Early Life* (New York: Harcourt Brace, 1965/1984), 219.

[5] Lewis, *Joy*, 9. 그는 이것이 "매우 자연스러운 경로"였지만 실제로는 "밟은 사람이 거의 없었다"고 말한다.

[6] Lewis, *Joy*, 17. 그는 자신의 삶을 "기쁨의 역사"로 표현한다(165). 이 책 제목은 영국의 낭만주의 시인 William Wordsworth의 시집 *Prelude*에서 따왔다. 그의 순례를 보다 철학적 관점

든 순수한 체험에 나타나는 핵심적 음악"을 가리키는 그 나름의 독특한 용어로서, 통상적 의미의 행복이나 쾌락과는 다르다. 경험과 더불어 곧 사라지는, 그래서 결코 "충족되지 않은 열망"을 가리키는 이 기쁨은 그 속성만을 놓고 보자면 오히려 특정한 종류의 불행 혹은 슬픔의 감정과 유사하다. 그럼에도 불구하고 이는 간절한 열망의 대상이 되며, 곧 "다른 어떤 만족감보다 더 갖고 싶은" 것, 그래서 "한 번 맛 본 사람은 그 어떤 것과도 바꾸려 들지 않을" 그런 경험이 된다.7

하지만 쾌락과 달리 이 기쁨의 경험은 인위적으로 만들어 낼 수 없다. 그 속에는 "찌름, 고통, 만족시킬 수 없는 갈망"이 담겨 있다. 하지만 그 갈망의 대상은 선명치 않다. 루이스의 어린 시절을 채색했던 "메스꺼울 정도로 강렬한" 열망은 "무엇을 향한 것인지도 알 수 없는, 그리고 그 정체를 알기도 전에 사라져 버리는" 그런 경험이었다. 그래서 사실상 "묘사될 수 없는" 이 체험은, 일상적 쾌락과는 달리, 어떤 "다른 차원을 가진" 것 혹은 "더 먼 곳에서 들리는 목소리와 같은" 것이었다.8 루이스는 "도달할 수 없는 것"을 향한 이 간절한 열망을 독일어 Sehnsucht, 그리고 이 열망에 이끌리는 자신을 "푸른 꽃을 쫓아다니는 이"(a votary of the Blue Flower)라 부른다.9

이 "기쁨" 혹은 "달콤한 열망"(sweet Desire)은 회심 이전 루이스의 삶에

에서 다룬 *Regress*에서도 그의 유년시절과 사춘기를 지배했던 이 "체험"은 여전히 "중심적" 주제로 남는다(9). 이 책에서 그는 이를 "낭만주의"(Romanticism)라 불러 많은 오해를 샀고, 3판 서문에서 자신의 의미를 보다 상세히 설명했다.

7 Lewis, *Joy*, 18; *Regress*, 12: "This hunger is better than any other fullness; this poverty better than any other wealth."

8 Lewis, *Joy*, 18. 또한 "이름 붙일 수 없는 어떤 것": *Regress*, 15.

9 Lewis, *Joy*, 7. 이 표현은 *Regress*, 14에도 나온다. 독일의 시인 Friedrich Novalis가 만든 표현으로 무한을 향한 열망을 가리킨다. Sehnsucht는 루이스에게 깊이 영향을 미친 Rudolph Otto의 『거룩함의 개념』(1923)에서 가져온 것으로 보인다. Duriez, 『나니아 연대기』(서울: 규장, 2004), 102, 105 등.

서 가장 중요한 요소다. 어린 시절 그는 형과의 놀이나 자연에서, 혹은 특정한 동화들이나 북구의 신 Balder에 관한 시를 읽음으로써 간헐적으로 이 기쁨을 경험한다. 그리고 다분히 암울했던, "상상력이 깊은 잠에 빠졌던" 소년기를 지나 사춘기로 접어들며 그는 바그너의 오페라를 통해 다시금 "거의 가슴앓이와도 같은 기쁨 자체에 대한 기억을, 지금은 잃어버린 무언가를 한때 갖고 있었다는 느낌, 드디어 사막의 땅과 유배지에서 벗어나 나의 나라로 돌아오고 있다는 느낌"을 경험한다. 그는 이 당시의 삶을 "기쁨의 역사가 바그너의 음악과 북구와 켈트 신화의 파도를 타고 놀던" 때로 묘사한다.[10] 하지만 신화의 독서를 통해 느끼는 기쁨들은 애초에 그를 사로잡았던 "원래의 기쁨"에 대한 기억일 뿐이며, "예전의 짜릿함"을 되찾으려는 더 치열한 노력은 오히려 그 모든 시도들의 한계를 절감하게 만들었다.

루이스의 "기쁨의 역사"에서 결정적 전환점은 그가 맥도널드의 『판타스테스』(Phantastes, a faerie Romance)를 읽은 일이었다. 여기서 그는 지금까지 즐겨 읽었던 환상 작가들과 유사하면서도 무언가 다른 어떤 것을 느낀다.

하지만 다른 한편 모든 것이 달라졌다. 나는 아직 아노도스(판타스테스의 주인공)의 여정에 내려앉아 있던 그 새로운 성질(quality), 그 밝은 그림자(the bright shadow)의 이름을 몰랐다. … 하지만 이제는 안다. 그것은 성스러움(Holiness)이었다(Joy, 179).

루이스에게 있어 이 성스러움의 체험은 지금껏 기쁨의 추구를 방해하던 혼란을 해소하는 것이었다. 우선 그는 기쁨 혹은 짜릿함이라는 "느낌"

---

10 Lewis, Joy, 165.

에 대한 집착이 오히려 기쁨의 경험을 방해했음을 깨닫는다. 주인공 아노도스의 여정을 따라가며 그에게 지금껏 "세상의 끝에서" 부르는 것 같았던 목소리가 "바로 내 옆에서" 아니 "내 안에서" 부르는 소리로 들린다. 여태까지는 멀어서 붙잡을 수 없었던 것이 이제 너무 가까워 붙잡을 수 없는 것이 된다. 결국 기쁨의 최대 장애물은 바로 자기 자신이었다. "내가 나 자신을 떠나고, 놓아버리고, 없앨 수만 있다면, 바로 거기에 그것이 있을 것이다"(*SJ*, 180).

한 걸음 더 나아가 이 체험은 "이야기의 장면들"과 "그 위를 비추는 빛"이, 혹은 "이야기 사이로 부는 기쁨의 바람"과 "이야기"가 서로 나뉠 수도, 그렇다고 혼동될 수도 없다.

> 신이 이돌론(idolon)과 가장 긴밀히 하나가 된 곳에서 이 둘을 혼동할 위험이 가장 적었다. 그래서 그 위대한 순간에 나는, 읽고 있던 숲과 오두막들을 벗어나 그 위에 반짝이는 어떤 실체 없는 빛을 찾는 대신, 서서히 부풀어 오르는 연속성 속에서 그 숲들과 오두막들을, 그리고 나 자신의 과거의 삶을 … 비추는 빛을 발견하게 되었다(*Joy*, 180).

루이스는 "성스러움"이라는 이 빛의 경험을 "상상력의 세례"로 명명한다.

> 그러나 이제는 책에서 나온 밝은 그림자가 실제 세상 속으로 들어와 거기 머무는 것을, 모든 범상한 것들을 변화시키면서도 스스로는 변하지 않는 것을 보았다. 아니 보다 정확히 말하면, 범상한 것들이 그 밝은 그림자 속으로 끌려들어가는 것을 보았다. … 그날 밤 나의 상상력은, 어떤 의미에서, 세례를 받았다 ("That night my imagination was, in a certain sense, baptized"; *Joy*, 181).

어떤 면에서 루이스의 기독교 변증은 바로 이 체험에 대한 구체적인 해명이라 할 수 있다. 상상력의 세례를 언급한 후 그는 "나의 나머지 부분은 더 많은 시간을 필요로 했다"고 적었다. 여기서 그 "나머지 부분"이란 기쁨을 추구하던 "상상력의 삶"(imaginative life)과 극명히 대비되던 그의 "지성적 삶"(the life of my intellect)을 가리킨다. 기쁨을 향한 열망의 변증법과 달리, 그의 지성은 "반질거리며 피상적인 합리주의"의 바탕 위에서 유물론적 입장을 굳혀가고 있었다. 하지만 이는 그의 삶에 근원적 긴장을 야기한다. 이는 "자신이 좋아하는 것은 거의 전부 상상세계의 것들인 반면, 그가 [철학적] 사실로 믿었던 거의 모든 것들은 침울하고 무의미한 것들"이라는 역설적 긴장이었다(*Joy*, 179). 이런 역설 속에서 그의 순례는 "하나님이 하나님이심을 인정하고, 무릎을 꿇고 기도"할 때까지 상상력으로 매개되는 "열망의 삶"을 "순전한 논증의 변증법"에 의거한 철학과 "끼워맞추는"(dovetailing) 작업이었다(*Joy*, 222, 228).[11]

기쁨에 관한 루이스의 자전적 회고에서 특별히 두 가지 중요한 사실을 발견할 수 있다. 첫째, 기쁨 혹은 "짜릿함"이라는 마음의 상태는 그 자체로 추구할 수 없다. 이 기쁨은 짜릿함을 느끼려는 생각조차 잊은 채 어떤 다른 대상에 몰입할 때 찾아오는 일종의 "부산물"이다(*Joy*, 165-168). 자신의 필

---

11 *Joy* 후반부 묘사와 더불어, 이 내적 변화의 가장 잘 추적한 전기는 David Downing/강주헌 역, 『반항적인 회심자 C. S. 루이스』(서울: IVP, 2003)이다. 이 책의 원제 *The Most Reluctant Convert*는 자신의 회심에 대한 루이스 자신의 묘사에서 따온 것이다(*Surprised*, 228: "the most dejected and reluctant convert in all England"). (통상적 과학적 우주론의 모순을 지적한 후) 루이스 자신의 간략한 요약은 이렇다. "아무리 못해도 철학적 관념론 내지는 유신론이 그것보다는 덜 거짓될 것이다. 그리고 관념론은, 진지하게 고려해 보면, 위장된 유신론임이 드러난다. 그리고 일단 유신론을 받아들이고 나면, 그리스도의 주장들을 무시할 수가 없다. 그리고 이 주장들을 검토해 본 후엔 다른 중간적 입장이 가능하지 않는 것으로 보였다. 그는 미치광이가 아니라면 하나님이었다. 그리고 그는 미치광이가 아니었다"("Poetry," 138). Shakel은 상상력과 지성의 긴장은 회심 이후에도 이어지며, 그것이 최종 합일을 이룬 것이 『얼굴』에서라고 생각한다. *Reason and Imagination in C. S. Lewis* (Grand Rapids: Eerdmans, 1984), 161-162.

요를 생각하기를 멈출 때 비로소 내 진정한 필요가 무엇이었는지 배우기 시작한다. 물론 루이스가 이를 선명히 인식한 것은 회심 이후, 곧 성경이 약속하는 "영광"이 궁극적 열망의 대상임을 깨달은 뒤다("Glory," 39). 아래 잠시 언급하겠지만, 추구의 대상 자체와 그것이 우리 속에 만들어내는 결과 혹은 현상 사이의 이런 구분은 복음의 수용 방식에 대한 루이스의 견해에 깊은 영향을 미친다.

둘째, 이 기쁨은 결코 충족되지 않으며, 그 대상 역시 늘 막연하다. 이는 우리가 진정으로 바라는 대상(the Object, the Desirable)은 (신화 체계처럼 비교적 공개적이고 외적인 것들보다도) 더 멀고, 더 외부적이며 덜 주관적이라는 것을 의미한다(*Joy*, 168-169). 루이스는 이를 "이 열망의 대상과 관련된 특이한 신비"(a peculiar mystery about the *object* of this Desire)라 부른다(*Regress*, 13. 루이스의 강조). 매 경우 기쁨은 자연이나 신화적 세계에 대한 동경처럼 어떤 특정한 대상과 관련되어 경험되지만, 실상 이 대상들은 그 열망을 불러일으키는 정황적 매개체 혹은 문맥일 뿐 기쁨 자체가 아니다. 과거의 기억이건 신화적 세계건, 구체적 대상들에 대한 집착이 결국 상실감으로 끝나는 이유가 여기 있다.

결과적으로 이 열망은 양날의 칼이다. 어떤 대상을 통해 환기되는 기쁨을 기쁨의 궁극적 대상으로 착각하는 것은 "치명적인 실수"다. 『마법사』의 디고리가 은 사과에 집착했다면 그는 그 사과뿐 아니라 그 사과가 가리키는 궁극적 존재인 아슬란 역시 상실하고 말았을 것이다. 하지만 은 사과가 궁극적이 아님을 깨닫는다면, 그 실망은 오히려 그 다음을 가리키는 안내판이 된다. 이것이 루이스가 말하는 "열망의 변증법"이다.

> 만일 누군가가 대상을 끝까지 추구하고, 그러다 거짓이 드러나면 그것을 냉정히 포기하면서 이 열망을 성실히 뒤쫓는다면, 언젠가 그는 인간의 영혼이란 현재의 주관적, 시공적 경험에서는 결코 완전히 주어지지 않는, 아니 주어진 것으

로 상상조차 할 수 없는 어떤 대상을 즐거워하도록 만들어진 존재임을 분명히 깨달았을 것이다(*Regress*, 15).

III. 신화, 영원을 향한 지시봉

이처럼 회심에 이르는 루이스의 여정 배후에는 "기쁨"을 향한 열망의 변증법이 일관되게 작용했다. 그가 기독교의 하나님 앞에 무릎을 꿇은 것은 상상력의 세계 속에서 그가 추구해 왔던 기쁨의 참된 실체가 하나님임을 깨달았기 때문이었다.12 그에게 있어 복음에 이르는 과정은 그가 "이 소심하고도 끈질긴 내면의 목소리"라 불렀던 그 "열망"의 실체를 찾아가는 시행착오의 여정이었고("Glory," 31), 자연의 아름다움, 과거의 추억, 혹은 신화의 세계처럼 자기 속에 기쁨을 불러일으키던 대상들이 실은 기쁨 자체가 아니라 그 너머의 무언가를 환기시키는 매개체에 불과한 것임을 발견하는 과정이었다. 자연이 우리 마음에 강렬한 열망을 심어 두었다면, 마치 원탁의 빈 의자(Siege Perilous)처럼(*Regress*, 15), 그 자리를 채울 누군가가 존재해야 한다. 그런데 이 세상의 어떤 즐거움도 그 열망을 채우지 못한다. 그렇다면 이 지상적 즐거움들은 애초부터 그 열망의 "만족이 아니라 환기"를 위한 것이며, 그것을 통해 진정한 열망의 대상을 바라보도록 하기 위한 존재인 셈이다(『기독교』, 216-16). 결국 열망의 빈 의자에 앉을 수 있는 것은 기쁨이라는 마음의 상태가 아니라 그 열망의 외부적 원인, 곧 우리가 수많은 이미지로 경의를 표하지만 그 자신은 아무런 "이미지도 없고, 알

---

12 Bruce Edwards, *Further Up, Further In: Understanding C. S. Lewis's The Lion, the Witch, and the Wardrobe* (Broadman and Holman, 2005), 6: "But Surprised by Joy is frank in depicting Lewis's return to faith and equilibrium not primarily as a rationalistic procerss but essentially as a recovery of his imagination." David Jasper, *"The Pilgrim's Regress* and *Surprised by Joy,"* 223.

수 없고, 정의할 수도 없으면서 열망의 대상이 되는" "벌거벗은 타자"(the naked Other)다(*Joy*, 221). 이렇게 루이스는 "실재에 대한 성례전적 관점"(a sacramental view of reality)에 이른다. 한때 경도된 "조악한 물질주의적"와 는 달리, 실재 속에는 자연적 차원과 초자연적 차원이 내밀하게 공존한 다.13 그렇다면 실재는 단순히 우리의 감각이 제시하는 것 이상의 무엇이 다. 그리고 이 초자연적 차원에 대한 접근을 가능케 하는 것이 상상력이다.

이 과정에서 가장 큰 역할을 한 것이 신화다. 그에게 고대 신화는 "기 쁨"을 경험하는 가장 중요한 매개였다. 물론 신화를 통해 환기되는 기쁨 혹은 기쁨의 추억 자체가 궁극적 추구의 대상이 아님을 알게 되었지만, 신 화의 세계는 분명 그에게 "채워지지 않는 열망"을 불러일으키는 것이었다 (*Joy*, 17, 72). 신화를 통한 이런 기쁨의 체험은 맥도널드의 작품을 읽으며 "신성함"에 대한 경험으로 발전하고, 이는 결국 그의 회심에 결정적인 계기 가 된다. 그의 회심은 많은 부분 기독교가 "인간의 마음에서 완전히 사라진 적은 한 번도 없었던 어떤 것의 완성이요, 구현이며 현실화(entelechy)"라는 인식에 의존했다("Dogma," 132).

이처럼 이교의 신화세계에 대한 상상적 향유를 통해 기독교를 믿게 된 루이스는 신화가 기독교 복음에 대해 갖는 긍정적 기능을 거듭 강조한 다.14 프레이저(Fraser)의 『황금가지』와 같은 책에서 확인되는 것처럼, 세 계의 신화들은 죽었다 다시 살아나는 신들의 이야기로 가득하다. 이교 신

---

13 Stephen Logan, "Literary Theorist," in *Companion*, 37. 문학적으로 "낭만주의"에 가깝 다. 〈나니아연대기〉의 "옷장"처럼, 루이스의 작품들은 대부분 현실과 초월 세계 사이의 소 통을 축으로 삼고 있다. 『얼굴』은 예외에 해당하지만, 여기서도 주인공 오루얼은 현실과 이 상 사이를 오가는 체험을 통해 사태의 진실을 깨닫는다.

14 "신화"라는 단어가 전달하는 통상적 의미들과 이에 대한 루이스의 입장에 대한 간략한 요약 을 보려면, Paul S. Fiddes, "C. S. Lewis the Myth-Maker," *All Christians*, 134-135. 루 이스는 성서신학자들의 "문학비평적 소박함"을 지적하며 복음서 비평에서 사용하는 "신화," "전설" 혹은 "로맨스" 개념을 비판한다. "Modern Theology and Biblical Criticism," *Christian Reflections* (Grand Rapids: Eerdmans, 1994[1967]), 152-166.

화와 복음 사이의 이런 유사함은 일견 "기독교에 불리한" 것일 수도 있지만 동시에 "이교신화에 유리한" 것일 수도 있다. 회심 이전 루이스의 생각처럼, 사실이 아닌 신화들과 유사하므로 복음 또한 사실이 아니라고 말할 수도 있지만, 사실인 복음과 유사하기에 이교의 신화들도 진리의 흔적을 가졌다고 말할 수도 있다("Poetry," 127-8). 이것이 바로 "최고의 이교적 상상력에 대한 즐거운 관심과 경외감에서 기독교로 접근했던 사람, 그리스도보다 먼저 발데르를, 그리고 어거스틴보다 먼저 플라톤을 사랑했던 사람"인 루이스의 관점이었다. 따라서 루이스 역시, 동료 톨킨과 마찬가지로,[15] 신화들이 근원적으로 하나님에게서 연유한 것으로 보았다. 비가 지역을 가리지 않듯 하나님의 빛이 모두에게 내리는 것이라면, "위대한 이교의 교사들과 신화작가들의 상상력 역시 모든 우주적 이야기의 중추, 곧 성육신, 죽음 및 부활이라는 주제를 어느 정도 감지할 것이다"(ITP, 128-9). 복음이 하나님의 신화라면 이교적 이야기들은 인간의 신화다. 하지만 이 둘의 차이는 진리와 거짓 사이의 차이가 아니라 계시 방식 혹은 단계의 차이다. 이교적 이야기들에서는 하나님이 "시인들의 마음을 통해" 자신을 드러낸다면, 기독교에서는 하나님이 소위 "사실"(real things)을 통해 자신을 드러낸다(CLIII, 977). 그러니까 이들 이교의 신화들은 성육신이라는 "실제 사건"으로 구체화될 바로 그 핵심적 진리에 대한 "흐릿한 꿈들"이나 "전조들"인 셈이다("Dogma," 132).

이처럼 신화란 "신적 진리가 흐린 초점으로 인간의 상상력에 내리는 어슴푸레 한 빛"(Miracles, 131?)이며, 성육신이라는 구체적 사건으로 초점이 맞추어질 그 핵심적 진리를 "시와 의식의 형태로 나타낸 하나님의 암시"다("Dogma," 132). 그래서 그리스도는 신화 속의 옥수수-왕(Corn-King)과 비슷하다. 기독교가 자연신화의 한 형태여서가 아니라 옥수수-왕의 신

---

15 J. R. R. Tolkien, "On Fairy-Stories," *Tree and Leaf* (London: George Allen & Unwin, 1964), 11-70.

화가 그리스도의 "초상"(portrait)이기 때문이다("Miracles," 119). 따라서 우리는 "우리 신학에 머물러 있는 신화적 광채"를 이상하게 생각하거나, 이방의 신화들과 복음 사이의 "병행들" 및 그 신화들 속에서 발견되는 "이방의 그리스도"(Pagan Christs)에 대해 거부반응을 보일 필요가 없다(MBF, 67).[16] 왜냐하면 이들은 우리 열망의 궁극적 대상을 시사하는 "선한 심상들" 곧 "우리가 아직 발견하지 못한 꽃의 향기, 우리가 아직 듣지 못한 곡조의 메아리, 우리가 방문해 본 적이 없는 나라에서 날아온 소식"이기 때문이다("Glory," 30-31). 그러기에 이들 신화들은, 루이스 자신의 경험에서처럼, "복음을 위한 준비"가 될 수 있는 것이다.

물론 이는 동시에 신화의 한계 혹은 위험이기도 하다. 우리가 하늘에 이르도록 창조된 존재라면, 우리에게는 "먼 고향을 향한 열망"이 존재할 것이다.[17] 하지만 그 열망이 아직 "참된 대상"을 만나지는 못했다. 지금 우리의 열망과 연결된 모든 지상적 대상들은 "다소 빗나간" 것들, 그 열망의 참 대상에 대해 "기껏해야 상징적인 관계에만" 머문다. 참 아름다움이란 신화적 이미지나 체험 "속에" 있는 것이 아니라 그들을 "통해" 매개되는 것이기 때문이다. 따라서 표지판으로 써야 할 그림을 재생하려다 열망(Desire)을 탐욕(lust)으로 바꾸어버린 Pagus 사람들처럼 (*Regress*, 199), 일시적 대상을 참된 대상으로 착각한다면 이 대상은 『사자』에서 터키젤리에 집착하다 진리를 배반하는 에드먼드처럼, "예배자의 가슴을 아프게 하는 말 못하는 우상들"로 전락하고 말 것이다("Glory," 29-31).

---

16 『얼굴』의 사이키는 그리스도와 같다. 루이스는 사이키가 그리스도의 상징이어서가 아니라, 모든 선한 이들이 다 그리스도와 같기 때문이어서라고 설명한다. *CLIII*, 830.

17 루이스는 "향수", "낭만주의", "사춘기" 등의 경멸적 표현들은 이 열망을 감추기 위한 무익한 시도라고 말한다("Glory," 30). 배고픔이 빵의 존재를 증명하지 못한다는 반대에 대해 루이스는 이렇게 응수한다. "하지만 배고픔은 적어도 인간이 먹음으로써 몸을 회복하고 또 먹을 것들이 존재하는 곳에 살고 있다는 사실은 증명한다. … 사랑하는 여인을 얻지 못할 수는 있겠지만, 성(性)이라는 것이 없는 세계에서 '사랑에 빠지는' 일이 발생한다면 이상하지 않겠는가?("Glory," 32-33).

IV. 사실이 된 신화

결국 신화의 가치는 상대적인 것으로, 결코 그 자체로 정당성을 갖는 것이 아니다. 우리의 상상력에 감동을 주는 신화적, 시적 아름다움과 우리의 믿음을 요구하는 이성적 진리는 별개의 문제다.[18] 우리가 신뢰할 수 있는 상상력이란 계시, 곧 예수 그리스도의 빛에 의해 조명된 상상력이다. 루이스가 기독교를 믿게 된 것은 복음의 신화적 아름다움 때문이 아니라 (그는 복음에는 신화적 아름다움이 없다고 생각했다) 그것이 진실, 곧 "사실"이 된 신화라고 확신했기 때문이었다.

신화가 사상을 초월하듯, 성육신은 신화를 초월한다. 기독교의 핵심은 동시에 사실이기도 한 신화다. 죽음을 겪는 신이라는 오랜 신화가, 신화이기를 멈춤이 없이, 설화와 상상력의 하늘에서 역사의 땅으로 내려온다. 그것은 특정한 날, 특정한 장소에서 발생하고(happens), 또 규정할 수 있는 역사적 결과들이 뒤따른다. 우리는 언제 어디서 죽는지도 모르는 발데르나 오시리스를 지나 본디오 빌라도 치하에서 십자가에 달린 한 역사적 인물에 이른다(MBF, 66-67).

루이스는 신화가 역사가 되는 이 과정을 "점진적 초점 맞추기"(gradual focusing)라 부른다. 애초에 "신화와 의식(rituals)이라는 구름 속에 넓고 흐리게" 퍼져 있던 것이 일세기 팔레스타인에서 발생한 한 "역사적 사건으로 응집되고, 단단해지고, 어떤 의미에서 작아진다"("Poetry," 129).[19] 물론 신

---

18 Lewis, "Man or Rabbit?," 108: "If Christianity is untrue, then no honest man will want to believe it, however helpful it might be; if it is true, every honest man will want to believe it, even if it gives him no help at all."

19 루이스는 이런 과정이 성경 내에서도 발견된다고 말한다. 노아의 방주나 아얄론 골짜기에 멈추었던 태양과 같은 "전설적인"(legendary) 이야기들이 다윗왕의 궁정 회고록 이야기가 되고, 결국에는 "역사가 확실하게 다스리는" 신약에 이른다("Fact," 129). Kevin Vanhoozer는

화가 역사가 되면서 모종의 변화가 발생한다. 곧 "작아진다"는 표현이 시사하듯, 신화가 역사가 되면서 그 나름의 "비움"이 발생한다.

> 모든 것의 핵심적 의미가 신화의 "하늘"로부터 역사의 "땅"으로 내려왔다. 그 과정에서 신화는 그 영광의 어떤 부분을 비웠다. 그리스도께서 사람이 되시기 위해 자신의 영광을 비웠던 것처럼("Poetry," 130).

루이스가 사용하는 "좁아짐", "낮아짐", "축소"(shrinking) 혹은 "응축"(condensation) 등의 단어들은 신화가 사실이 되는 변화가 신화적 아름다움을 상당 부분 상실하는 과정임을 말해준다. 그가 보기에 복음서 이야기들은 다른 신화들보다 "매우 현실적인 의미로 덜 시적이다"("Poetry," 130). "덜 시적"이라는 말은 "덜 신화적"이라는 말과 멀지 않다. 세계의 자연종교적 신화들은 "죽는 신"에 관한 신비적 이야기들로 가득하지만, 정작 그 이야기가 역사적 사실이 된 복음서 자체에는 그런 자연종교적 이미지들이 전혀 발견되지 않는다.

루이스는 바로 여기서 복음의 "특이함"을 발견한다.[20] 성육신과 죽음 및 부활 이야기는 위대한 신화들이 다룬 바로 그 주제지만, 정작 이 사건은 "이방세계의 신화적 풍요로움을 모르는" 사람들 중에 일어났고, 복음서들은 이 "위대한 신화"(=복음)를 아무런 "자연종교적 흔적"이 없는 "역사적" 어조로 이야기한다("Grand," 83-84). 물론 이 특이함은 복음서의 이야기가 신화가 아니라 사실이라는 사실에서 연유한다. "만약 신화가 사실이 되었다면, 인간의 몸을 입었다면, 바로 이것과 같을 것이다"(Joy, 230). 복음서에 옥수수-왕 같은 신화적 그림자가 없는 것은 옥수수-왕 신화를 가능케

루이스에게서 "a unique mythic variation on the theme of progressive revelation"을 볼 수 있다고 말한다. "Scripture," Companion, 80.

20 Lewis, *Miracles* (New York: McMillan, 1978), 108-131("The Grand Miracle").

했던, 그래서 옥수수-왕 이미지가 가리키는 초자연적 실재 자체가 복음서의 내용이기 때문이다. 그래서 기독교의 성육신 이야기는 설명되는 이가 아니라 설명하는 이, 곧 죽음과 재탄생, 자연의 선택성 및 대속적 속성처럼 (자연종교들의 근원이 되는) 자연 자체의 특징적 행동 패턴을 조명해 주는 이에 관한 이야기다. 이렇게 해서 복음은, 마치 어떤 책의 사라졌던 핵심 부분이 새로 발견되어 지금까지 막연할 수밖에 없었던 책의 다른 부분을 환하게 조명해 주는 것처럼, "스스로는 자연종교(신화) 외부에 그리고 너머에 머물면서 이전보다 훨씬 더 깊이 자연을 이해하도록 해 준다"("Grand," 83-86).[21] 여기서 우리는 맥도널드의 『판타스테스』를 읽었을 때의 느낌에 관한 루이스 자신의 설명을 떠올린다.

V. "신화"로서의 복음

그럼에도 불구하고 성육신과 죽음과 부활이라는 복음의 이야기는 "신화의 모든 속성들"을 그대로 간직한다. "그것은 기적이다"("Fact," 67). 역사적 사실이라는 점에서 신화와 다르지만, 그 이야기의 **작용 방식에 있어서는** 다른 신화들과 동일하다. 신화가 사실이 되면서, 신화적 아름다움을 많은 부분 상실하지만, 복음은 "진실"이라는 이유에서 그 나름으로 시적 상

---

21 루이스의 설명은 엘리아데의 설명과 비교해 볼 만하다. "십자가에 의해 계시된 '구원'은 총체적 재생의 상징인 세계목에 대한 전(前) 기독교적 가치를 무효화하지 않는다. 오히려 십자가는 모든 다른 가치와 의미를 완성시켜준다. … 유대-크리스트교의 위대한 독창성은 역사를 신성현현으로 변용시켰다는 데 있다." "신의 역사 개입' 즉 시간 속에서 일어나는 신의 계시가 '무시간적 상황'을 부활시키고 강화시킨다." 그는 원시사회의 인간이 수행한 상징적 "열림"이 "도피의 방법이었는지, 아니면 반대로 세계의 진정한 실재에 도달할 수 있는 유일한 가능성이었는지"는 아직 알 수 없다고 말한다. 『이미지와 상징: 주술적·종교적 상징체계에 관한 시론』(서울: 까치, 1998[1952]), 각각 197-180, 183, 195. 아마 루이스는 그 상징들을 대하는 태도에 따라 도피일 수도, 진정한 실재를 향한 여정일 수도 있다고 답할 것이다.

상력을 자극한다("ITP," 120-122). 근원적 의미에서 신화적 속성을 간직한다는 것이다.[22]

신화의 상상적 기능에 대한 강조는 인간의 지성이 추상적이라는 사실에서 연유하는 "비극적 딜레마", 곧 상상적 향유와 지적 이해의 상호 배타성과 관련이 있다(*Joy*, 217-220). 선명하게 "사유할" 때는 실재로부터 멀어지고, 실재를 깊이 향유할 때는 선명한 이해가 불가능해진다. 신화가 유용해지는 것이 바로 이 점에서다. "위대한 신화를 즐길 때 우리는 추상적으로 이해할 수밖에 없는 것을 구체적으로 경험하는 상태에 가장 근접하기" 때문이다. 추상적 "의미"를 설명할 수 있는 알레고리와는 달리, 신화는 그런 "의미"를 드러내지 않는다. 우리는 신화를 "아는" 것이 아니라 "맛본다." 그런데 우리가 맛보는 것은 다름 아닌 보편적 원리다. 물론 이 원리를 "진술"하자면 다시 추상의 영역으로 물러나야 한다. 그러니까 우리가 보편적 원리를 구체적으로 경험하는 것은 그 신화를 "스토리로 받아들일" 때다 ("Fact," 65-66).

인간 존재의 근거를 제시하는 "거대하고 포괄적인 이야기"인 신화는 인간의 기원과 운명을 해명하는 힘을 갖는다. 그러기에 신화는 현재를 살아가는 인간들을 그들과 그 후손들이 살게 될 미래로 인도할 수도 있다.[23] 그러기에 신화적 이야기들은 그 나름의 시적, 의식적 방식으로 "우리의 생각, 아니 우리의 열정보다 더 깊은 곳을 건드리며, 가장 오랜 확실성을 흔들어 모든 질문들을 새로 묻게 하고, 보통 때보다 더 선명히 우리를 각성시킨다." 이런 의미에서, 루이스는 신화가 제공하는 것이 "진리"라기보다는 "실재"라고 말한다("Fact," 66).

---

22 Tolkien, "On Fairy-Stories," 63: "The Evangelium has not abrogated legends; it has hallowed them."

23 Bruce L. Edwards, "'Patches of Godlight': C. S. Lewis as Imaginative Writer," Bruce Edwards, ed., *C. S. Lewis: Life, Works, and Legacy, vol 2: Fantasist, Mythmaker, & Poet* (London: Praeger, 2007), 9.

우리는 자연의 아름다움에 감동하지만, 또 우리는 그것을 그저 "보는" 것으로 만족하지 못한다. 우리는 자연이 비추어내는 그 아름다움과 "하나가 되고 싶고, 그 안으로 들어가고 싶고, 그것을 우리 안으로 맞아들이고, 그 안에서 목욕하며, 그것의 일부가 되고 싶다." 신들과 정령들과 요정들을 등장하는 신화와 시들은 바로 이런 열망을 담아내는 "이토록 아름다운 거짓말들"이다. 물론 이들은 "역사로서는 그런 거짓말이 없는" 이야기들이지만, 하나의 예언으로 "사실과 매우 가까운" 것일 수 있다. 자연에 흡수된다는 이교적 의미에서가 아니라, 자연을 통해, 자연이 반영하고 상징하는 실재의 영광 속으로 들어가는 것이다 ("Glory," 42-45).

이처럼 루이스가 복음의 신화적 속성에 방점을 찍는 것은 복음의 성격에 대한 나름의 확신에 기인한다. 그는 사건으로서의 복음 자체와 그에 대한 교리나 설명을 구분한다. 그가 보기에 종교의 정수란 "자연적 목적들보다 더 높은 목적을 향한 갈망"이며, "유한한 자아가 온전히 선하고 그 자체로 선한 한 대상을 열망하고, 순응하고, 이를 위해 자신을 포기하는 것"이다("Dogma," 131). 그러기에 복음은 그에 합당한 "상상적 반응"(imaginative response)을 요구한다. "우리는 늘 진리를 변호하고 있을 수만은 없다. 진리를 향유하는 시간도 필요하다"(Reflections, 7). 그런 의미에서 복음에 대한 지적 추론에 해당하는 교리나 설명들은 하나님이 "보다 적절한 언어로 이미 표현하신 것" 곧 실제 성육신, 십자가 및 부활보다 "덜 진실하다." 반면 신화로서 그리스도 이야기는 우리의 상상력에 작용하며, 우리가 개념적 지식으로는 얻을 수 없는 "실재의 맛"을 느끼게 한다.[24]

이것[복음]은 하늘과 땅의 결혼이다. 완전한 신화요 완전한 사실이다.

---

[24] Shakel, "Till We Have Faces," in *Companion*, 288-290. 기독교가 신화적 껍질을 벗어야 한다는 주장을 반박하며 루이스는 오히려 종교에 "생명을 주는 것은 신화다"라고 말한다 ("Fact," 65).

이는 사랑과 복종뿐 아니라 경이와 기쁨도 요구하며, 우리 각자 안에 있는 도덕가, 학자, 철학자뿐 아니라 우리 안의 야만인, 아이 및 시인에게도 말을 건다("Fact," 67).[25]

VI. 신화로 쓰는 복음: 복음전달 수단으로서의 신화와 판타지

1. 복음전달의 수단으로서 문학

루이스는 훌륭한 작가이기도 했지만 탁월한 기독교 변증가이기도 했다. 기독교 신자로서 그는 문학 역시 기독교적 메시지 전달의 수단이 될 수 있으며, 또 그래야 한다고 생각했다. 그의 이런 관점은 문학의 독자적 가치를 부정하는 그의 주장에서 매우 선명하게 드러난다. 자신의 미적 체험을 종교인 양 절대시하는 불신자들은 "윤리적으로는" 무책임하면서도 "창조성" 및 "예술적 양심"이라는 "신비하고 무도덕적인 법칙"에는 무한 책임을 느낀다. 이와는 달리,

> 기독교인은 문화적으로 교화된 이방인들보다는 문학을 덜 중요하게 여길 것이다. … 기독교인은 애초부터 한 영혼을 구원하는 일이 세상의 모든 서사시와 비극작품들을 생산하고 보존하는 일보다 더 중요하다는 것을 안다(*Reflections*, 10).

문학이 그 자체로 가치 있다는 주장은 오히려 문학을 경박하게 만든다.

---

25 기쁨이 슬픔을 이기는 하나의 "동화"로서 복음을 설교하는 것에 관해서는 Frederick Buechner, *Telling the Truth: The Gospel as Tragedy, Comedy & Fairy Tale* (New York: HarperCollins, 1977) 참고.

오히려 "결과적으로, 모든 위대한 시들은 시보다 다른 무언가를 더 소중히 여긴 이들에 의해 만들어졌다." 설사 그 주제가 적의 목을 베는 것이나 소녀를 침대에 눕히는 것과 같은 것이라 해도, "문학 그 자체로"라는 "부산하고 터무니없는 주장"보다는 더 좋은 문학을 낳을 수 있다. 기독교인 작가에게 있어 창작이란 결코 "자기표현"이 아니다. 그가 작품을 쓰는 것은 자신의 천재성이나 창조성의 구현을 위해서가 아니라, 그에게 주어진 "비전" 때문이다(*Reflections*, 10).

2. 신화를 통해 장애물 넘어가기

그렇다면 삶에 대한 그런 "비전"을 군이 환상 혹은 신화의 형태로 표현하는 이유가 무엇인가? 〈반지의 제왕〉에 대한 서평에서 루이스는 "인간의 실제 삶은 그처럼[톨킨의 작품에서처럼] 신화적이고 영웅적인 성격의 것"이며, 환상 이야기 속의 주인공을 통해 우리는 이런 인간의 면모를 매우 선명하게 인식하게 되기 때문이라고 답한다. 그가 보기에,

> 신화의 가치는 우리가 아는 모든 것에다 여태 '친숙함이라는 베일'에 숨겨져 있던 풍부한 의미를 회복시켜준다는 데 있다. … 빵, 황금, 말, 사과 혹은 길 자체를 신화 속에 담을 때 우리는 현실에서 물러나는 것이 아니라 오히려 현실을 회복한다. … 우리는 현실을 신화에 담금으로써 더욱 분명히 보게 된다("Rings," 90).

"현실을 더 현실적으로" 만든다는 그의 설명에는 두 가지 논점이 섞인다. 한편으로 이는 "낯설게 하기"(defamilarization)라는 문학적 기교와 관련이 있다.[26] 친숙한 것들을 낯선 각도에서 묘사함으로써 여태껏 볼 수 없었던 것을 보게끔 하는 것이다. 곧 루이스가 말한 바 "친숙함이라는 베일"을

걷어내는, 혹은 사물의 실재를 제대로 보지 못하게 만드는 여러 "장애물들"(inhibitions)을 넘어가는 장치다. 복음을 두고 말하자면, 현실 기독교에 대한 부정적 경험으로 인한 심리적인 반감 외에도, 오랫동안 기독교를 둘러싸고 있던 종교적 색채 혹은 경건함이라는 "친숙함" 역시 제대로 된 복음의 수용을 방해한다. 그런데 이 복음 이야기들을 상상의 세계 속에 넣어 "스테인드글라스와 주일학교와의 [습관적] 연상"을 제거하면, 비로소 그 이야기들이 본래 위력을 드러낼 수 있다. 아슬란의 수난이 실제 복음서보다 더 감동을 주는 이유는 "독자들이 방심한 틈을 노리기 때문"이다. 성경을 읽을 때는 어떤 느낌을 가져야 한다는 선험적 강박관념이 오히려 감동을 가로막는다는 것이다.[27]

이는 루이스 자신의 회심 체험과도 연관된다.

> 그런데 다이슨과 톨킨이 깨우쳐 준 것이 이것이야. 내가 어떤 이교적 이야기에서 희생 개념을 만날 때는 아무런 불만이 없었지. 또 어떤 신이 자기 자신을 희생한다는 생각이 나오면 그게 무척 마음에 들었고, 신비로운 감동을 느끼기도 했지. 그리고 (Balder, Adonis, Bacchus처럼) 죽었다가 다시 살아나는 신들의 이야기에서도 비슷한 감동을 느꼈었어. **복음서들만 아니라면**, 그 이야기들이 어디에 나오든 상관없었단 말이야. 이렇게 된 이유는 이교적인 이야기를 읽을 땐 신화를 내 이해력을 넘는 의미들을 함축한 심오한 이야기들로 받아들일 준비가 되어 있었기 때문이야. 비록 '그것이 의미하는 바'를 차분한 산문으로 말할 수는 없었지만 말이지(*CLI*, 977).

신화의 역할은 기독교를 예상하지 못하는 문맥에서 기독교적인 것을 만나게 함으로써 그 충격을 적나라하게 느끼도록 하는 것이다. 이렇게 보

---

26 Wolfgang Iser/차봉희 역, 『독서행위』.
27 Kilby, 『기독교 세계』, 201. Cf. Edwards, *Further UP*, 1-14.

면 루이스가 채택한 "로맨스"(환상, 신화)라는 장르는 "사람들 모르게 얼마든지 신학을 숨겨 들어올 수 있게" 해 주는 일종의 "위장"(cover)인 셈이다 (CLII, 262).

3. 인식을 넘어 체험으로

하지만 신화라는 양식을 즐겨 사용한 루이스의 의도는 단순한 새로운 인식의 차원을 넘어간다. 이는 친숙한 환경 속에서는 느끼지 못했던 "진정한 위력"(real potency)을 느끼도록 하는 것이기도 하다. 환상 혹은 신화는 구체적 이야기를 통해 삶의 보편적 진리를 느끼게 해 줄 뿐 아니라, "지금까지 할 수 없었던 경험을 할 수 있게 함으로써, 단지 '삶을 해명하는' 대신 '삶 자체를 더 삶답게 만들어준다'"("Sometimes," 47-48). 물론 이는 복음 역시 "상상적 응답"을 요구하는 하나의 신화라는 루이스의 주장과 관련된다. 신화(Myth)로 작용하는 사실(Fact)을 전달하자면 신화만큼 효과적인 양식이 없다. 시편에 관한 글에서 말한 것처럼, 그리스도의 진정한 의미를 이해하는 것은 단지 어떤 주제에 관해 배우는 것과 다르다. 이는,

> 한 인격에 우리 자신을 몰입하게 하고, 새로운 관점과 기질을 얻고, 새로운 환경에서 숨 쉬고, 손상된 그분의 이미지를 우리 속에 다시 회복하기 위해, 그분의 방식으로 그분을 체험하는 것이다.[28]

이처럼 복음이라는 사실을 "체험"하도록 하는 데는 지성적 설득을 의도한 변증적, 교리적 저술로는 부족하다. 우리 상상력을 자극하고 우리 속에 열망을 자극하는 상상적 작용 또한 필요하다. 루이스는 신화라는 양식

---

28 *Psalms*, 113-114. Clyde Kilby, 『기독교 세계』, 222에서 재인용.

을 통해 이런 목표를 이룰 수 있다고 생각했다.[29]

VII. 기독교인 그리고 작가

물론 이런 의도가 성공하려면, 만들어진 작품이 소기의 기능을 제대로 수행할 수 있을 만큼 "문학적으로" 탁월해야 한다. 루이스가 보기에, 비기독교적 가치관이 지배하고 있는 시대에 기독교 변증은 그 메시지를 직접 선포하는 것보다는 다른 삶의 주제들 속에 잠복되게(latent) 하는 것이 효과적이다.[30] 이방종교나 물질주의 자체가 아니라 우리의 삶과 사고 전반에 걸쳐 잠재해 있는 물질주의적 전제들을 공격해야 한다는 것이다. 가령 기독교인들의 과학은 그 자체로 정직해야 하고, 그의 신앙적 관점은 그 과학 내에 잠재하는 것이라야 한다. "변증적 목적을 위해 주물러진 과학은 죄이며 어리석음이다"("Apologetics," 93).

문학에도 같은 원리가 적용된다. 문학이 기독교적일 수 있지만, 그것이 문학인 한 그 성공과 실패는 다른 문학과 동일한 탁월함 혹은 문제점에 의해 결정될 것이다(Reflections, 2). 스토리는 신학을 전달할 수 있지만, 이는 스토리가 교조적 설교의 수단이 될 수 있다는 말은 아니다. 따라서 "교조적, 교훈적 접근"은 피해야 한다. 물론 이런 관점은 그저 변증적 효과를 고려한 결과가 아니다. 오히려 이는 기독교는 진실한 것이라는 그의 신념

---

29 가령 『얼굴』에서 오루얼은 "웅깃 사원의 어두운 신비들"과 "여우선생의 지성적 빛"의 결합을 통해 새로운 존재로 변화되는 과정을 겪는다. 이에 대한 자세한 분석은 각주 11에 언급된 Shakel의 저서 참조. Cf. Edward Uszynski, "C. S. Lewis as Scholar of Metaphor, Narrative, and Myth," in *Legacy*, 229-256.

30 가령, "Christian Apologetics," *Dock*, 93. Peter Kreeft는 키에르케고르의 생각을 빌려, 현대가 요구하는 기독교 작가란 문학을 일종의 "엄폐물"로 삼은 "스파이"라고 말한다. *C. S. Lewis for the Third Millenium* (San Francisco: Ignatius, 1994), 131-163.

을 반영한다. 과학의 경우와 마찬가지로, "작위적으로 더해진 도덕성이란 의식의 표면에서 대충 걸러진 식상한 것 아니면 심지어 거짓된 것"일 수 있다. 도덕적 가치는 우선 진실한 것이어야 한다는 명제가 옳다면, 전파할 만한 가치가 있는 유일한 도덕이란 "저자의 정신 전 영역에서 필연적으로 울려 나오는" 것이라야 한다("Three Ways," 42). 따라서 어떤 이야기이든 그 도덕적 관점은 이야기 속에 담긴 그림들 자체로부터 울려나와야 한다.31 그러자면 만들어진 작품은 하나의 상상적 문학으로서 나름의 일관성을 갖추어야 한다. 톨킨식으로 말하자면, 만들어진 "이차 세계"는 독자들이 "이차적 믿음"을 갖고 그 세계를 향유할 수 있을 만큼 "내적 일관성"이 있어야 한다("On Fairy-Stories," 36).

> 그림들로 하여금 그 나름의 도덕을 말하게 하라. 그 그림들 속에 함축된 도덕이 당신이 지금까지 살아오면서 내린 모든 영적 뿌리에서부터 자라 올라올 것이기 때문이다.

기독교적 주제의 우선성 및 문학적 일관성이라는 두 신념은 기독교 작가에게, 톨킨이 말한 바, "일종의 요정 같은 재주"를 갖추도록 요구한다. 루이스는 이런 창작 과정을 "작가로서의 작가"(the Author)와 "인간, 시민 혹은 기독교인으로서의 작가"(the Man)라는 구분을 통해 설명한다. 물론 실제 창작에는 두 존재 모두 필요하다. "작가가 없다면 아예 창작 자체가 불가능하고, 인간(=기독교인)이 없다면 창작을 하지 말아야 한다." 작가는 자신의 창조적 충동에 따라 마음속에 떠오르는 이미지들을 갖고서 이야기

---

31 Peter Shackle은 기독교적 색채가 선명한 〈나니아 연대기〉에서도 그 실질적 효과는 변증적 설득력보다 이야기로서의 매력에 더 힘입은 바 크다고 논증한다. "Elusive Birds and Narrative Nets: The Appeal of Story in C. S. Lewis' Chronicles of Narnia," *A Christian for All Christians*, 116-131.

를 엮어 갈 것이다. 그러면 인간/기독교인은 마치 외부의 관찰자처럼 그 만들어지는 이야기를 보면서 그 사건들을 실물 교육의 대상으로 보고 그 수단적 유용성을 판단할 것이다("Sometimes," 45-48).

잘 알려진 것처럼, 루이스는 나니아 연대기를 비롯한 자신의 환상적 작품들이 기독교적 교리나 주제를 전달하려고 시작한 이야기가 아니며, "애초에 그런 식으로 쓸 수 있는 것도 아니었다"는 사실을 강조한다. 그에 의하면,

> 모든 것이 이미지에서 시작되었다. 우산을 든 파우누스, 썰매를 탄 여왕, 장엄한 풍채의 사자. 애초엔 그 이야기 속에 기독교적이라고 할 만한 것이 아무것도 없었다. 그 요소는 저절로 모습을 드러내게 되었다"("Sometimes," 46).

하지만, 제이콥스(Jacobs)가 지적하는 것처럼, 기독교적 요소가 "저절로" 나타났다는 루이스의 이런 주장은 과장일 수 있다. 애초에 작가와 기독교인을 엄밀하게 분리하는 것이 어렵기 때문이다. 애초엔 작가의 마음속에 단절된 이미지들만 떠올랐을 수 있겠지만, 그 이미지들이 하나의 스토리로 형상화되는 과정에는 분명 "로맨스라는 위장 아래 얼마든지 신학을 모아들여올 수 있다"고 생각하는 "기독교인" 작가의 의식이 작용할 것이다. 동일한 관점을 다소 다른 방식으로 표현하는 다른 글에서는 이 점이 보다 분명히 나타난다.

> 내 속의 상상적 인간(the imaginative man)이 더 오래고, 더 지속적으로 움직이고, 그런 점에서 종교적 작가나 비평가보다 더 기본적이다. 처음 시인이 될 시도를 하게 한 것도 그였고, 다른 사람의 시에 대한 반응으로 비평가가 되게 한 것도 그였으며, 나의 반응을 변호하느라고 간혹 비판적 논쟁가가 되게 한 것도 그였다. 회심 후, Screwtape에서부터 일종의 신학적 과학소설에 이르기까

지 나의 종교적 신념을 상징적이고 신화창조적(mythopoeic) 형태로 담아내게 한 것도 그였다. 물론 지난 몇 년 동안 어린이들을 위해 나니아 시리즈를 쓰게 만든 것도 그였다. 어린이들이 원하는 것이 무엇인지 물어보고 나를 거기 맞추려 한 것이 아니라 (그럴 필요도 없었다) 동화가 내가 말하고 싶었던 것과 가장 잘 맞는 장르였기 때문이었다(CLIII, 516-517).

애초에 이미지들이 있었다는 말이 사실이라면, 애초에 "말하고 싶었던 것"도 사실이다. 상상적 인간이 신화를 만들어내도록 충동한 것이 사실이라면, 그 신화가 종교적 신념을 담아내기 위한 것도 사실이다. 그러니까 어느 순간에도 작가와 그리스도인이 분리될 수 있는 순간은 없다. 가르침은 이야기 전체를 통해 스며나야 하지만, 그 이야기의 바탕에는 늘 그리스도인으로서의 "영적 뿌리"가 있을 것이기 때문이다. 그렇다면 작가와 기독교인 혹은 상상적 인간과 종교적 인간의 구분은 변증이든 창작이든 기독교인으로서 자신의 저술 활동 전체를 관통하는 상상력의 중요성을 강조하기 위한 것이라 할 수 있다. 상상력의 세계에서 열망의 변증법을 따라 복음에 이르게 된 루이스로서는 어쩌면 당연한 모습이라 할 수 있다.

위에서 언급한 것처럼, 환상 혹은 신화를 복음 전달의 수단으로 보는데 있어서 루이스는 톨킨보다 한 걸음 더 나간다. 제이콥스가 적절하게 표현하듯이, 루이스는 사람이 창조주를 닮은 존재이며, 따라서 이차적 세계의 창조가 그 자체로 가치 있는 일이라는 톨킨의 생각에 동의하지 않았을 것이다.[32] 자연스레 이런 관점의 차이는 환상적 스토리를 만들어내는 방식의 차이로 이어진다. 자신의 중간계를 철저히 기독교와 무관한 영역으로 제한하였던 톨킨과는 달리, 주제의 전달에 더 큰 방점을 찍었던 루이스는 따라서 "자신의 필요에 어울리는 것이라면 어떤 문학적 도구라도 즐겨

---

32 Alan Jacobs, "The Chronicles of Narnia," 274.

사용할 수 있었던" 그런 사람이었다. 자연스런 일이지만, 그래서 루이스는 자신의 환상적 작품들을 통해 신화와 현실세계가 만나는 다양한 방식을 자유롭게 시도하였다. 제이콥스에 의하면, 루이스의 이런 방식은 "세계의 상호침투, 사람들로 하여금 요정의 영역으로 들어가고 또 운이 좋으면 다시 돌아올 수 있게 해주는, 예측할 수 없을 만큼 무른 경계들"에 속한다.33 당연히 이런 이야기들은 환상/신화의 세계와 우리의 현실세계 사이의 경계 및 오고 감에 초점을 맞춘다.34 이처럼 환상과 현실 두 세계가 얽힐 경우 그 둘 사이의 관계는 엄격한 알레고리적 대응일 수는 없다. 루이스는 그 관계를 "가정하기"(supposal)라는 개념으로 설명한다. "우리의 일상 세계가 어떤 한 지점에서 경이로운 것에 의해 침입을 당했다고 가정해 (suppose) 보자"는 것이다. 여기서 생겨나는 결과는 "경계의 침해"다. 말하자면 이차 세계와 우리들 세계 사이의 간격이 고착된 것이 아니라 가변적인 그런 모양의 작품을 만드는 것이다.

일상적인 삶의 세계가 다른 어떤 것에 의해 침입을 당했다고 가정할 때 우리는 매일의 삶이라는 우리의 개념 혹은 그 다른 것에 대한 개념 혹은 둘 모두를 새롭게 시험하는 셈이다. 우리는 그 둘을 붙여놓고 그들이 어떻게 반응하는지를 살핀다. 만일 성공하면 우리는 침입을 당한 삶 혹은 그 삶에 침입하는 영역 혹은 양자 모두에 관하여 보다 정확하고, 보다 풍성하고 주의 깊게 생각하고 느끼고 상상할 수 있게 된다("Williams," 23).

---

33 Jacobs, "The Chronicles of Narnia," 271.
34 톨킨은 이런 종류의 이야기를 제대로 된 "동화"(Fairy-tale)의 범위에서 제외시켰다. 그의 작품 중 유일하게 이 범주에 드는 것은 주인공이 요정나라를 방문했다가 다시 돌아오는 "Smith of Wooton Major"다.

VIII. 루이스가 그려내는 사실과 신화의 만남
— 두 간략한 사례

본 장의 일차적 관심사는 신화와 복음에 관한 루이스의 견해를 분석하는 것이었지만, 논증이 완결되려면 이런 그의 견해가 자신의 작품에 실제어떻게 반영되는지 살피는 과정이 필요할 것이다. 본격적 분석은 많은 후속적 연구의 대상이 되어야 하겠지만, 여기서는 제한된 지면의 한계 내에서 두 작품의 사례를 간략히 고찰해 보는 것으로 만족하도록 하자.

1. 사실이 된 신화가 조명하는 신화
— 『마법사의 조카』(The Magician's Nephew)

톨킨의 중간계 창조 신화가 그렇듯, 루이스의 나니아 창조 이야기 역시그 나름의 독특성을 드러내면서도 동시에 보다 근본적인 의미에서 성서적신앙을 깊이 반영한다. 〈나니아 연대기〉 중 가장 이른 시기를 다루는 것은〈마법사의 조카〉인데, 여기에서 우리는 나니아 왕국의 창조 이야기 및 악의 유입과 그 억제책에 관한 이야기를 읽는다. "혼돈스럽고 공허한"(창 1:2)무질서의 땅으로부터 생명이 있는 세계로 형성되어 가는 성서의 창조 신화에서도 어느 정도 드러나는 것이지만,[35] 나니아의 창조 이야기 역시 "무로부터의 창조"(creatio ex nihilo)보다는 "혼돈으로부터의 질서"에 관심이깊다. 창조 이전의 혼돈과 무는 디고리 일행이 나니아에 들어오기 전 거치는 "세계와 세계 사이의 숲"과 잠든 상태의 나니아로 형상화된다. 질서와조화 개념 또한 여러 가지로 나타난다. 창세기의 천지가 신의 말씀으로 생

---

[35] 혼돈스런 세계 속에서 여호와의 숨결이 물 위를 움직이는 장면에서 시작하는 성경의 창조 이야기를 마르둑이 물과 혼돈의 신 티아맛을 물리치는 것에서 시작되는 "에누마 엘리쉬"(Enumah Elish)의 창세 이야기와 비교해 보면, 이 "질서" 개념이 더욱 분명히 드러난다.

겨나듯, 나니아의 생명들은 아슬란의 "노래"에 의해 깨어난다. 이 노래는 천체들이 내는 "다른 목소리들"과 더불어 거대한 합창이 되게도 하고, 또 빛과 색채와 어울려 숨었던 세계를 드러나게 한다. 이렇게 드러난 세계는 당연히 생명으로 가득 찬, 매우 조화로운 세계다.[36] 그래서 나니아를 향한 아슬란의 명령은 "존재하라"가 아니라 "깨어나라"다(106). 이 장의 제목이 나니아 창조가 아니라 "나니아 창설"(The Founding of Narnia)인 것이 공연한 것이 아닌 셈이다.

창조를 여러 신들의 투쟁의 부산물로 그리는 고대 근동의 신화들과는 달리, 성서의 창조신화는 유일한 창조주 하나님의 절대적 주권을 강조한다. 하나님은 창조된 세계를 보며 "좋구나"를 반복하지만(창 1:4, 10, 12, 18, 21, 25, 31), 이 세계의 선함은 철저히 선하신 창조주에 의존한다. 이는 〈나니아 연대기〉에서 아슬란이 보여주는 절대적 존재감와 상통한다. 창조된 세계는 아름답지만, 이 모든 피조계의 영광은 창조주 자신의 영광에 종속된다. 새로이 창설된 나니아는 그 자체의 아름다움에 취한 자아숭배적 세계가 아니라(cf. 롬 1:18-32), 시종일관 그 창조주를 떠올리게 하는 그런 세계다. 창조의 가장 훌륭한 관객으로 등장하는 폴리의 느낌처럼, "말할 수 없는 전율과 더불어 … 모든 것이 '사자의 머리 속에서' 나오고 있다"는 것을 확신케 하는 그런 세계다(107). 아슬란의 노래가 만드는 세상의 색조들은 분명 "우리의 가슴을 뛰게 만들"지만, 이는 "당신이 노래하는 자를 직접 보기 전까지만"이다. 일단 아슬란 자신을 보는 순간, "다른 모든 것을 잊어버리고 말기" 때문이다(101).[37] 아슬란의 이런 존재감은 나니아 연대기의

---

36 이는 역시 아담과 하와의 주제가 등장하는 『페렐란드라』(Perelandra)의 "위대한 춤" (Great Dance) 그리고 절대자 에루의 "위대한 음악"을 따라 창조되는 톨킨의 중간계를 떠올려준다. J. R. R. Tolkien/김보원 역, 『실마릴리온 I』 (서울: 씨앗을 뿌리는 사람들, 2007), 19-33.

37 여기서 우리는 "기쁨의 변증법" 및 그 기쁨의 궁극적 대상에 관한 루이스의 이야기를 상기한다. 위 단락 II.

다른 작품들에서도 일관되게 나타나는 가장 두드러진 주제 중 하나다.

세계의 기원 이야기 속에 창조주의 절대적 존재가 부각된다는 것은 그 이야기가 애초부터 도덕적 성격을 지닌다는 말과 같다. 선하고 의로운 창조주가 주권을 행사하는 세계는, 온갖 신들이 각축을 벌이고, 인간들은 그 틈새에서 마술이나 제의로 재주껏 살 길을 찾아야 하는 고대 근동의 "무도덕적"(amoral) 신화와는 확연히 다르다. 인간의 위상 또한 마찬가지다. 인간이 신들의 필요를 채우기 위한 부산물로 창조되는 바벨론 창조신화와는 달리, 성서의 인간은 "생육하고 번성하며" 창조주를 대신하여 피조계를 "정복하고" "다스리는" 존재, 곧 그 속에 신적 목적을 간직한 존재로 창조된다(창 1:26-30; 9:6).[38] 물론 이 인간의 주권은 창조주의 주권에 종속되며, 피조계의 질서는 인간이 창조주의 목적에 맞게 이 세계를 다스리는 방식으로 유지된다. 이렇게 인간은 신 앞에서 도덕적 책임을 지는 존재, 그의 세계에서 올바른 선택 혹은 결단으로 세계의 질서를 유지해야 하는 도덕적 주체로 존재한다. 따라서 성서의 창조신화는, 영생불사의 주제가 두드러지는 바벨론의 신화와는 달리, 인간의 불순종과 그 파괴적 결과에 초점을 맞춘다.[39] 그리고 저주가 인간의 잘못된 선택의 결과인 만큼, 그 교정의 과정 또한 인간의 올바른 선택, 혹은 올바른 선택을 내릴 줄 아는 인간의 회복을 포함한다.

신의 주권과 인간의 책임을 공히 강조하는 성서에서 이는 궁극적으로 사람이 된 하나님, 곧 성육신 개념으로 집약된다. 그러나 사자가 그리스도에 비견되는 존재인 나라의 이야기가 성서의 창조-타락 이야기와 같을 수 없다. 자연 나니아 이야기의 표면에서는 인간의 책임이 보다 두드러진다.

---

38 "Enumah Elish"의 창조신화. Cf. Nahum Sarna, *Understanding Genesis* (New York: Jewish Theological Seminary, 1966).

39 가령 "젊음의 나무"가 중요하게 등장하는 길가메쉬 서사시의 이야기와 비교해 볼 때, 성서의 창조신화에서는 생명나무의 역할이 현저히 축소되고 대신 선악과의 역할이 전면에 나타난다.

"아담의 아들" 디고리는 호기심에 못 이겨 찬 왕국의 종을 울려버리고, 이로 인해 이제 막 형성된 나니아에 악이 유입된다. 그리고 아슬란은 악의 세력으로부터 나니아를 보호할 장치를 마련하는 일에 바로 이 디고리를 소환한다. "아담의 족속이 해를 끼쳤으므로, 아담의 족속이 그 치유를 돕는 것이 마땅하다"(136). 이 부분에서 루이스의 이야기는 최초의 창조라는 배경을 유지하면서 거기에 "보존" 혹은 "회복" 이야기를 결합한다.[40] 아슬란은 디고리를 서쪽 젊음의 땅에 있는 "정원"(garden)으로 보내 그 중앙에 있는 은사과나무의 열매를 따오도록 한다. 물론 아름다운 열매 자체에 대한 욕망과 사과를 먹으면 살아날 수 있는 런던의 어머니에 대한 안타까움 위로 마녀 제이디스의 치명적 유혹이 겹치면서 이는 사실상 에덴에서 일어났던 유혹 이야기의 재현이 된다. 루이스의 관점에서 말하자면, 이 결정적 결단의 순간은 그가 말하는 바 두 가지 서로 다른 열망, 곧 종국에는 파멸로 이를 자기애와 즐거운 순종과 참된 생명을 가져다 줄 사랑 사이의 갈등이다.[41] 하지만 최초의 범죄와 그로 인한 저주로 막을 내리는 에덴 이야기와는 달리, 나니아 동산의 유혹은 이전의 실수로 인해 유입된 악의 지배를 막기 위한 보존적 조치의 문맥에서 나타난다. 악 혹은 죄의 기원에 관한 물음은 사라지고, 인간의 도덕적 선택 및 그 책임이 더욱 두드러지게 나타나는 것이다. 물론 아슬란을 만난 "아담의 족속" 디고리는 기꺼이 아슬란의 명령에 복종함으로써 주어진 사명을 성공적으로 완수한다. 은 사과의 생명력을 당장 소유하려고 그 생명의 기원인 아슬란의 명령을 무시하고픈 유혹을 이긴 것이다. 물론 아슬란은 욕망을 포기하고 그에게 순종한 디고리에게 생명의 사과를 주어 어머니를 치유하게 한다. 루이가가 말

---

40 Duriez, 『나니아 연대기』, 131-133. 『마법사』에서 나니아에 유입된 악과의 투쟁이 이후 모든 나니아 이야기의 근간을 이룬다. Jacobs는 이를 "disputed sovereignty"라 명명한다. "Chronicles of Narnia," 274-276.

41 Jacobs, "Narnia," 277.

한 바 "열망의 변증법"이다. 이는 자신의 존재와 경제적 이익에만 집착함으로써 결국 모든 것을 상실하는 마녀나 앤드류 삼촌과 극명한 대조를 이룬다.[42] 이처럼 루이스는 자기애에 굴복하여 자신과 세계를 저주에 빠뜨린 "첫 사람 아담"과 자기를 버리는 순종을 통해 "살려주는 영"(고전 15:45)이 된 "마지막 아담" 그리스도를 디고리라는 한 인물 속에서 결합한다(고전 15:45; 롬 5:12-21).

하지만 그렇다고 나니아의 보존이 "아담의 족속"에게만 달린 것은 아니다. 우선 아슬란의 존재는 모두의 생각과 행동에 근본적인 영향을 미친다. 또한 그의 "길고 따스한 숨결"은 "마치 바람이 나무를 쓸고 지나가듯 모든 동물들을 쓸고 지나간다"(116. Cf. 요 3:8). 아슬란의 노래를 들으며 마부는 "이런 것들이 있다는 사실을 진작 알았더라면 한 평생 더 나은 사람이 될 수 있었을 것"이라고 중얼거린다. 아슬란을 만난 디고리 역시 더 이상 찬 왕국에서의 디고리가 아니다. 은 사과를 따오라는 명령이 쉬울 수는 없지만, 그는 "어떻게 해야 할지는 잘 모르겠지만, 이제는 할 수 있겠다는 확실한 느낌"을 갖는다. 물론 이는 단순한 심리변화가 아니다. 마치 제자들을 향해 성령을 내쉬는 예수처럼(요 20:22-23), 아슬란은 "깊이 숨을 들이쉬고 머리를 더 낮게 숙여 그에게 사자의 입맞춤을 선사했다. 디고리는 새로운 힘과 용기가 자기 속으로 들어왔음을 느낄 수 있었다"(143). 수행해야 할 사명과 더불어 이를 수행할 수 있는 "새 힘과 용기"를 선사한 것이다. 이는 나니아 이야기 전체를 흐르는 가장 핵심적 주제의 하나다. 결국 모든 것을 가능케 하는 것은 아슬란이며, 따라서 그가 모든 열망의 궁극적 대상이어야 한다는 것이다.

루이스의 나니아 이야기는 분명 창세기의 에덴 이야기에 의존하고 있지만, 그는 이를 보다 명시적인 기독교적 가치의 관점에서 다시 읽는다.

---

42 이들은 "기쁨"의 매개체를 기쁨 자체와 혼동해버린 인물들의 전형이다. 물론 이들은 아슬란을 보고서도 두려움 외에는 그 어떤 긍정적 존재감도 인식하지 못한다.

그리스도 격인 아슬란이 창조의 주체로 등장하고(골 1:15-16), 바람 혹은 숨결과 같은 성령론적 상징들 또한 등장한다. 타락과 저주의 상징 에덴은 동시에 회복과 생명의 공간이기도 하다. 그래서 나니아의 정원 중앙에는 선악과 대신 생명의 은사과나무만이 존재한다. 물론 "에덴의 회복"이라는 주제는 이스라엘의 귀환을 내다보는 선지자적 비전에 활용되다가(사 11:6-8; 겔 47:1-12), 신약에 와서는 예수의 광야 시험 이야기에서 희미하게 암시되거나(막 1:13), 묵시적 환상의 형태로 나타난다(계 22:1-5, 14). 바울은 예수를 "마지막 아담"으로 형상화함으로써 이 비전에 동참한다(롬 5:12-21). 루이스는 이를 디고리라는 "아담의 아들"에게 집약함으로써, 타락한 에덴의 회복을 향한 기독론적이고 성령론적 움직임 뿐 아니라 인간의 책임이라는 요소 또한 더욱 두드러지게 만든다.[43] 물론 이는 "한 사람" 그리스도를 통해 조성된 은혜의 통치를 그로부터 의를 선물로 받는 이들이 "또한 생명 안에서 다스릴 것"이라는 소망과 결합하는 바울의 관심사이기도 했다(롬 5:17). 그러니까 루이스는 그 나름의 방식으로, "사실이 된 신화" 곧 그리스도를 통해 사실이 된 복음적 진리를 바탕으로, 그리고 "열망의 변증법"이라는 그 나름의 독특한 관점으로, 성서의 창조 및 에덴의 신화를 보다 세밀하게 형상화한 셈이다.

2. 사실이 된 신화가 수정하는 신화

순례자의 귀향 및 천국과 지옥의 결별 등의 두 알레고리적 작품을 제외하면, 『우리가 얼굴을 찾을 때까지』(*Till We Have Faces*)는 현실세계와 초월적 세계의 소통이라는 동기가 드러나지 않는 유일한 소설에 해당한다. 소설 자체가 큐피드와 사이키에 관한 유명한 신화를 개작한 것이다.

---

43 나니아에서는 폐허, 창조, 신에 대한 모독, 축하, 대관식이 모두 하루에 일어난다. Cathryn Lindskoog/김의경 옮김, 『나니아 연대기의 모든 것』(서울: 크림슨, 1998), 28.

"개작"이라는 형태가 말해주듯, 루이스가 보기에 이 신화는 사실을 제대로 이야기하고 있지 않다. 그래서 그는 그 이야기에 근본적인 수정을 가하고, 거기로부터 원래의 신화와는 사뭇 다른 이야기를 이끌어낸다. 따라서 이 작품 읽기 출발점은 두 신화적 세계 사이의 "간본문적"(intertextual) 얽힘이다. 루이스가 고래의 신화를 어떤 방식으로 수정하는지, 그리고 그 수정을 통해 어떤 효과가 나타나는지를 관찰하는 것이다.

루이스 자신이 책의 말미에 밝힌 것처럼, 개작의 핵심은 사이키의 궁전을 보이지 않는 것으로 설정하는 것이다. 일견 단순해 보이는 이 변화는 이야기 자체를 전혀 다른 관점에서 볼 수 있는 여지를 만들어낸다. 고대의 신화에서 사건의 발단은 사이키의 화려한 궁전을 본 두 언니들이 드러내는 천박한 질투다. 반면 〈얼굴〉에서는 언니 오루얼의 눈에는 그 궁전을 보이지 않는 것으로 설정함으로써, 사이키로 하여금 금지된 행동을 하도록 부추기는 언니의 동기를 더욱 "모호한" 것으로 만든다. 한 마디로, 루이스는 이 변화를 통해 고대 신화 자체에서는 잘 드러나지 않는 차원, 곧 우리가 위에서 상세히 다룬 바 있는 "열망의 변증법"을 매우 긴장된 방식으로 형상화해낸다(위 단락 II를 보라).[44]

본래 신화에서 궁전을 차지한 사이키에 대한 언니들의 적나라한 질투였던 것이 얼굴에서는 신의 아내가 되어 멋진 드레스를 입고 화려한 궁전에서 살고 있는 사이키의 확신에 찬 행복함과 정작 거친 들판에서 누더기를 걸치고 있는 사이키 말고는 아무것도 볼 수 없는 오루얼 사이의 팽팽한 줄다리기로 변화한다. 물론 처음 오루얼은 사이키가 환각에 빠져 있다고 생각하여 강제로라도 그녀를 다시 데려오려 하지만 사이키는 전혀 동요하지 않는다. 이로써 오루얼에게 이 상황은 "봄"과 "믿음" 사이의 내면적 갈등의 동기가 된다. 그러나 엄밀히 말하면, 이 역시 단순환 "봄"과 "보지 못

---

44 Karen Rowe, "*Till We Have Faces*: A Study of the Soul and the Self," in *Legacy*, 136.

함" 사이의 갈등은 아니다. 사이키와 줄다리기를 하던 중 오루얼 역시 사이키가 말한 궁전도 보고(132-33), 순간이지만 "빛 한가운데 사람과 같은 형상"이 서 있는 것을 보고, 자신의 의심이 "제 눈을 가리는 바보짓"이라는 사실을 깨닫기도 한다(172-73). 그러면서 그녀는 자신의 잘못으로 인해 사이키가 유배 떠나는 울음소리를 듣는다(174). 신들을 향한 항변에서 오루얼 역시 이 점을 수긍한다(290). 신과 그 궁전을 직접 본 사람이니, 사이키를 데려간 신들이 탐욕스런 웅깃과는 다르다고 말할 수 있지만, 오루얼은 "그걸 안다고 해서 상처가 치유되지 않는다"고 항변한다. 오히려 사이키의 사랑을 앗아가고, "내 것"이어야 할 그 아이에게 "내가 보지 못하는 것"을 보여주었다는 사실을 용납할 수 없다.

> 그래요, 당신들은 그 궁전이 진짜라는 표시를 내가 충분히 보았다고, **원한다면** 진실을 알 수도 있었다고 말하겠지요. 하지만 내가 어떻게 그걸 **원할** 수 있었을까요? (291)

결국 믿음은 단순한 지각의 문제를 넘어선다. 오루얼은 "원하면" 진실을 알았겠지만, 자신의 입장에서 그것을 "원할 수" 없었다고 토로한다.[45] 여기서 믿음의 주제는 욕망의 주제와 이어진다. 보면 믿겠다고 말하지만, 정작 문제는 우리가 원하는 것만을 본다는 사실이다. 똑같은 아슬란의 소리를 두고서도 폴리와 디고리가 "듣는" 것과 자기중심적 욕망에 사로잡힌 앤드류 삼촌의 귀에 "들리는" 것은 전혀 판이한 것과 같다.[46] 결국 우리는 믿기 이전에 원해야 한다. 하지만 오루얼은 처음부터 "보고싶지 않아!"를

---

45 Peter Shakel, "Till We Have Faces," in *Cambridge Companions*, 285.
46 『마지막 전투』에서 아슬란은 난쟁이들에게 최상의 음식과 술을 제공하지만, 정작 그들은 묵은 토란과 날 양배추를 먹고 더러운 여물통 물을 마신다고 생각한다. 루이스 역시 이 점에 관해 직접 설명한 적이 있다.

외친다(124). 그녀의 유일한 관심은 자기로부터 멀어지는 사이키에게, 혹은 사이키에게 고착된 자신의 감정, 그녀가 사랑이라 착각했던 자신의 미움과 질투에 집착한 탓이다.

오루얼의 증오 배후에는 "내 것"이었던 것을 신들에게 빼앗기고, 자신의 품속에 있어야 할 아이가 자신도 넘볼 수 없는 세계를 가졌다는 상실감이 놓여 있다. 이 상실감의 결과는 질투다. 그녀에게 신들은 인간의 피와 사람의 몸을 탐하는 야수가 아니라, 우리가 가장 사랑하는 이들을 뺏는 "도둑"이요 "유혹자"다(291). 물론 이는, 사이키 자신과 안싯(오루얼의 충직한 경호대장인 바르디아의 아내)가 뼈아프게 지적하는 것처럼,[47] 더 이상 사랑이 아니라 이기적 소유욕, 곧 "사랑하는 것"과 "삼키는 것"을 구분하지 못하는 탐욕이다(264-65).

> 그녀가 누구의 아이었는지 기억하나요? 그녀는 내 것이었어요. 내 것. 무슨 말인지 모르겠어요? 내 것이라고요! 당신들은 도둑이 유혹자들이에요(292).

결국 오루얼의 사랑은 그녀가 자신의 소유일 때만 유효한 사랑, 내 것이 못될 바에야 "차라리 내 눈 앞에서 야수가 그녀를 갈기갈기 찢어놓았다면 더 나았을 것"이라 외치는 그런 "사랑"이다(291).[48]

소설의 제2부에서 오루얼은 꿈 혹은 이상의 형태로 신들과 재판을 벌이며 다양한 상황을 경험한다. 모두 자신의 생각과 행동의 속내를 폭로하는 이상들이다. 고통 받는 사이키의 환상을 보며 그녀가 여우선생에게 말

---

47 이 두 여인은 나름의 방식으로 희생적 사랑을 형상화한다. Cf. *CLIII*, 830. 학자들은 오루얼의 사랑이 루이스가 『네 가지 사랑』(*The Four Loves*)에서 말하는 애정(affection, Need-love)에 해당한다고 자주 지적한다. 가령, Rowe, "Faces," 136.

48 여기서 우리는 『마법사의 조카』에 나오는 마녀 제이디스를 떠올린다. "나는 여왕이었어. 그들은 내 백성이고, 내가 시키는 대로 하는 것 말고 달리 그들이 존재해야 할 이유가 있나?"(61). 실제로 그녀는 왕국을 언니에게 빼앗길 상황이 되자 그 왕국을 파괴해버린다.

하듯, "우리가 그 아이에게 이런 짓을 한 걸까요? … 그러면서도 우리는 그 아이를 사랑한다고 했군요"(304). 이처럼 신들을 향한 항변은 사실상 그녀의 "오랫동안 영혼의 중심에 있는 말"(the speech which has lain at the center of your soul for years)에 도달하는 여정이었다. 그녀의 "불평" 자체가 "해답"이었던 것이다(294). 이제야 그녀는 신들의 침묵을 이해한다.

> 나는 왜 신들이 드러내놓고 우리에게 말을 하지도 않고 대답도 못하게 하는지 알게 되었다. 우리가 그 말을 파내기 전에는, 그들이 우리가 중요하답시고 지껄여대는 이야기를 들을 이유가 어디 있나? **우리가 얼굴을 얻기 전까지는, 어떻게 우리를 대면하여 만날 수 있겠는가**(How can they meet us face to face, till we have faces)?(294)

결국 오루얼은 사이키 앞에 엎드려 자신이 "욕심덩어리"(craver)였다고 고백한다(305). 이때 사이키는 그녀를 일으켜 세우고, 그녀는 신으로부터 "너 또한 사이키니라"라는 음성을 듣는다(308). 이렇게 오루얼이 사이키로 변화되고, "열망의 변증법"은 완성된다.

〈얼굴〉은 신화에 대한 루이스의 독특한 관점을 잘 보여준다. 주인공 오루얼은 자신이 프시케를 질투했다는 신화가 거짓임을 밝히고 자신이 얼마나 그녀를 사랑했는지 증명하고자 이 책을 쓴다. 책을 쓰고, 그것을 신들 앞에서 읽는 과정을 통해 그녀는 자신이 프시케를 사랑한 것이 아니라 "삼키려" 했고, 소유할 수 없는 것을 질투했음을 깨닫는다. 사랑이라고 불렀지만 "그중 구할이 미움"이었던 것이다. 색다른 의미에서이긴 하지만, 결국 사이키의 언니들이 사이키의 행복을 질투했다는 신화는 나름 진실한 것이었다. 하지만 어두운 웅깃의 신전처럼, 신화 자체는 진실의 속내를 선명히 드러내지 않는다. 루이스의 소설은 질투 대신 사랑을 출발점으로 삼고, 그 속에 "봄과 보지 못함"을 오가는 믿음의 문제와 이와 연결된 욕망의 문제를 직조해 넣음으로써, 고대의 신화가 희미하게 드러내는 "진리"를 더욱 선명히 그려낸 셈이다.[49] 또한 오루얼이 책을 쓰고 읽으며 진리에 이르는 힘겨운 과정은 복음의 진리에 이른 과정에서 신화가 수행할 수 있는 나름의 역할에 대한 유비로 보아도 좋을 것이다.

IX. 나가는 말

지금까지 우리는 루이스의 삶과 저술들에 나타난 신화와 복음의 얽힘에 관해 살펴보았다. 기쁨을 향한 열망, 초월적 표지판으로서의 신화, 사실이 된 신화로서의 복음, 복음의 신화적 속성 및 신화를 통한 복음 전달에 대한 그의 입장을 살피면서 종교(기독교)와 문학이 어떻게 얽히는지 확인해 보고자 하였다. 마지막에서 루이스의 작품 두 가지를 간략히 논의했지만, 본 연구의 대부분은 본격적인 작품 분석의 서론 격이라 할 수 있는 루이스의 명시적 관점을 선명히 하는 데 할애되었다. 루이스에 대해 광범위한 연구가 이루어지고 있지만, 복음과 신화의 관계에 관한 세밀한 연구는 아직 불비한 상황에서, 본 연구가 루이스의 작품에 대한 보다 심도 있는 분석을 돕는 하나의 토대 역할을 할 수 있기를 기대해 본다.

---

49 신화와 복음의 관계라는 주제는 〈말과 소년〉에서 칼로르멘 사람 아라비스를 통해 그리고 〈마지막 전투〉에서는 에메스를 통해서도 형상화된다.

3부

미술과 성서

_김학철

성서화가란 누구인가
— 성서화 비평방법론 시론(試論)

Ⅰ. 들어가는 말

기독교 신앙과 이미지의 관계는 오래된 논의 주제이다. 그것의 시초는 이른바 성상 논쟁에까지 거슬러 올라갈 수 있다. 거시 차원, 다시 말해 형이상학적 신학의 영역에서 이미지와 관련된 논의는 실재가 무엇인가라는 질문과 더불어 긴 토의의 역사를 가지고 있다. 그러나 신학은 세부적이고 구체적인 이미지 연구에는 상대적으로 힘을 기울이지 않았다. 이 글이 다루려고 하는 성서화 영역에서도 마찬가지이다. 성서 본문을 그린 그림, 이른바 성서화를 비평하는 구체적인 방법론에 관한 토의는 거의 이루어지지 않았다. 이러한 현상은 미술비평계도 마찬가지로 보인다. 다른 역사화 분석과 달리 특화된 성서화비평에 대한 이론은 아직 충분하지 못하다. 그러나 연구 대상에 대한 적절한 비평방법론이 숙고되지 않은 채 진행되는 성서화 비평은 체계적인 학문적 성과를 생산하기 어렵다. 가령 성서화의 대상 본문에 대한 통념적 성서 이해에서 머무는 성서화 비평가는 자신에게 익숙한 성서해석의 한계 속에서 성서화를 해석한다. 다른 한 편, 성서 본문에 대해 나름의 해석을 가지고 있는 성서화 비평가들은 자신의 이론을 정당화하거나 쉽게 알릴 목적으로 성서화를 도구처럼 사용한다. 두 경우 모두 동어반복에 빠지거나 인상 비평 이상을 넘어서기가 어렵다. 혹은 성서화 탄생 당시의 사회경제적 정황이나 화가의 개인사, 혹은 당시 미술적 기법에 대한 언급으로 성서화 비평을 끝맺는 경우도 있는데, 이러한 '비평'은 성서화 감상을 통해 얻어낼 수 있는 여러 다층적 해석을 제한하게 한다.

이 글은 그간 불규칙적으로 진행된 성서화비평에 일정한 체계를 고안하여 이른바 '성서화 비평방법론'을 제안하려는 시도의 일부이다. 이를 통해 성서화비평이 성서 본문 및 성서화에 대한 보다 새로운 독법과 성서화의 신학적 지평을 드러내도록 도우려 한다. 그러나 성서화 비평방법론은 적지 않은 연구 범위를 요구하기에, 이 글에서는 '성서화가'에 대한 이론적 탐구에 논의를 한정하려 한다. 곧 성서 독자, 시각적 주석가, 예술가로서 성서화가가 갖고 있는 다층적 의의를 살피려 한다. 이를 위해 16세기 네덜란드 바로크 시대의 성서화가인 렘브란트(Rembrandt Harmenszoon van Rijn, 1606~69)에 관한 논의를 병행하여 이론의 실제적 예를 구하려 한다.[1]

II. 성서 독자인 성서화가

성서화를[2] 제작하는 성서화가는 일차적으로 성서의 독자이다. 성서화

---

1 J. Cheryl Exum & Ela Nutu, eds., *Between the Text and the Canvas - The Bible and Art in Dialogue* (Sheffield: Sheffield Phoenix Press, 2009)는 성서화 비평의 실제 사례를 보여준 주목할 만한 연구이다. 나는 '서론'에서 편집자들이 제시한 문제의식이나 성서 본문과 성서화의 관계에 대한 그들의 전체적인 이해에 동의한다. 그러나 그들 역시 성서화 비평방법론에 대한 구체적인 시도나 착상은 하지 않는다.
2 성서화의 범위를 넓히면 작품의 주제, 소재, 제재 등이 성서와 그 속의 내용으로부터 온 시각

비평방법론이 상정하는 성서화가는 성서를 성실히 읽는 성서 독자인데, 이는 성서화가가 성서화를 그리기 위해서는 등장인물의 성격 묘사와 관련된 얼굴 표정과 몸짓, 옷 차림새, 사건이 일어나는 장소와 때의 설정, 그림의 구도나 색, 명암을 통해 강조해야 할 부분과 그렇지 않은 부분의 결정, 그리고 이 모든 것들을 통한 성서 메시지의 미적 형상화 등등을 고려하지 않을 수 없기 때문이다. 이런 사항들을 결정하고 효과적으로 드러내기 위해 성실한 성서화가는 성서를 면밀히 읽을 수밖에 없다. 제한된 의미에서 성서화는 성서 독자인 성서화가의 독서 과정과 그 결과를 그림으로 옮기는 행위이기 때문이다.

독자 그리고 독서의 과정 및 반응에 주목하고, 이를 면밀히 고려했던 비평은 독자반응비평이었다. 독자반응비평이라는 이름은 매우 다양한 이론들을 포괄하는 용어이다.3 이 이론을 소개하는 학자들은 '독자반응비평'이 무엇인지에 관한 명확한 정의 혹은 간명한 동의가 거의 불가능하다고 인정한다. 그러나 그 비평의 윤곽과 핵심어들을 간추릴 수 없을 정도로 경계가 희미한 것은 아니다. 일부 성서비평가들은 독자반응비평의 통찰을 자신의 성서비평을 위해서 사용하였는데,4 성서의 독자인 성서화가를 분

예술 전반을 뜻할 수 있다. 그러나 이 글에서는 성서화를 성서 이야기를 형상화한 그림을 가리키는 것으로 한정한다. '성서화가' 역시 좁은 정의의 '성서화'를 제작하는 화가를 일컫는다.

3 이 글에서 독자반응비평이라고 할 때 나는 일차적으로 그들이 취한 견해가 비록 상이하더라도 대략 노만 홀랜드(Norman Holland), 데이비드 블라이치(David Bleich), 스탠리 피쉬(Stanley Fish), 볼프강 이저(Wolfgang Iser), 웨인 부스(Wayne Booth), 조나단 컬러(Jonathan Culler) 등이 전개한 이론을 가리킨다.

4 독자반응비평으로 성서연구를 한 사례는 대단히 많으나 다음에 인용한 것들은 독자반응비평을 통한 성서 연구의 개괄적 이해를 돕는다. Stanley E. Porter, "Reader-Response Criticism and New Testament Study: A Response to A. C. Thiselton's New Horizons in Hermeneutics," *Literature and Theology* 8 (1994/1), 94-102; Robert M. Fowler, *Let the Reader Understand* (Minneapolis: Augsburg Fortress, 1991); James L. Resseguie, "Reader-response Criticism and the Synoptic Gospels," *Journal of the American Academy of Religion* 52 (1984/2), 307-324. 그러나 성서를 비평하기 위해 적용되는 독자반응비평의 한계와 왜곡에 대한 지적도 적지 않다. Stanley E. Porter, "Why hasn't Redaer-

석하기 위해서도 독자반응비평의 성과를 참조하는 것이 유용하다.

　독자반응비평은 신비평(New Criticism)이 '감정 오류'(Affective Fallacy)로 분류하는 '오류'를 출발점으로 한다. 신비평가들은 감정오류를 경계하면서 시(詩)와 그것의 결과를 혼동하여 비평의 준칙들을 시의 심리학적 결과물로부터 가져오려는 시도를 비판한다. 그들은 그러한 비평 준칙으로부터 나오는 '비평'은 인상주의와 상대주의로 끝맺고 만다고 지적한다.5 그러나 독자반응비평가들은 이에 반대한다. 신비평이 감정 오류로 치부하는 것이 실상 본문의 의미가 발생하는 현장이다. 본문 그 자체가 의미를 만들지 못한다. 독자 혹은 독자의 독서 행위가 본문의 의미를 만든다. 독자와 독서 경험이 의미 생성의 결정적 사항이다.6 '독자', '독서 과정 및 독서 경험', '독자 반응' 등은 이른바 독자반응비평의 이론적 복잡성을 관통하는 핵심 어들이다. 그렇지만 다양한 독자반응비평론들을 감안하면 이러한 핵심어들조차 화용론(話用論)적 분석이 필요할 정도로 복잡하고 정교하게 달리 쓰인다는 사실을 잊어서는 안 된다. 나는 성서독자인 성서화가가 누구인지를 스타이너(George Steiner)의 이론에 기대어 논의하려 한다.7

　스타이너는 독자와 비평가를 대조하는 방식으로 독자반응비평의 '독자'를 밝힌다. 물론 독자와 비평가의 구분과 대조는 가상적이다. 현실에서 독자와 비평가는 서로 겹치기 마련이다. 그러나 스타이너는 자신의 구분이 가상적인 것을 알면서도 '독자'가 비평가와 어떻게 다른지를 구분하려 한다. 그의 구분은 이것이다. "비평가는 텍스트의 재판관이고 주인이다."8

Response Criticism Caught on in New Testament Studie?," *Journal of Literature & Theology* 4 (1990), 278-292.

5 William K. Wimsatt, *The Verbal Icon: Studies in the Meaning of Poetry* (Lexington: University of Kentucky Press, 1954), 21.

6 Steven Mailloux, *Interpretive Conventions: The Reader in the Study of American Fiction* (Ithaca: Cornell University Press, 1982), 20, 66.

7 George Steiner, "'Critic'/'Reader,'" *New Literary History* 10 (1979), 423-452.

8 앞의 논문, 449.

비평가는 본문으로부터 거리를 두고 재판관 같은 자세를 취하면서 본문과 자신의 거리를 객관화한다. 비평가의 비평은 본질적으로 본문과 경쟁하고 때로는 적대적이며 기생한다. 반면 "독자는 텍스트의 종(servant)이다."9 독자는 자신과 본문 사이의 거리를 없애려 노력한다. 본문을 대상으로 객관화하기보다는 본문 안에서 자신의 실제적 현존을 찾으려 하고 나아가 영감이나 계시를 얻으려 한다. 독자의 이러한 태도를 스타이너는 "역동적 수동성"(dynamic passivity)이라고 불렀는데, 역동적 수동성을 취한 독자들은 본문을 읽기보다는 도리어 본문에 의해 읽힌다. 독자는 본문 안으로 들어가고 본문은 독자를 자신 안으로 들여보내며 그 순간 비평가들이 냉철하게 유지하려고 했던 거리는 무너진다.

스타이너가 제시하는 독자와 비평가의 또 다른 차이점은 독서 이후의 행위이다. 비평가는 본문을 판단한 후에 이를 공표한다. 그것이 비평가에게 맡겨진 임무이다. 공표를 통해 비평은 공적인 것이 된다. 그러나 독자는 본문을 읽고 판단할 필요도 없고, 자신의 독서 경험을 공표할 의무를 지지 않는다. 그는 자신의 독서 경험을 분석의 언어로 모두 다 담아낼 수 없다고 느낀다.10

비평가는 특정한 글들을 자신의 이성적 판단에 따라 선택하고, 그렇게 선택된 글들을 적절하게 읽는 길이 무엇인지를 자신의 독자들에게 보여주려고 한다. 비평가에게 선택된 글들은 일종의 '실라버스'가 된다. 독자 역시 글 모음집을 가지고 있지만 그 모음집은 '실라버스'가 아니라 '독자의 정경'이다. '정경'은 독자의 상상력을 사로잡고, 독자 안에서 자신의 자리를 차지한다. "비평가는 실라버스를 작성하지만 독자는 정경에 응답하고 그것을 내면화한다."11

---

9 앞의 논문.

10 물론 성서화가는 성서 독자이지만 자신의 독서 경험을 예술의 형식으로 풀어낼 수 있는 도구와 기회가 있다는 점에서 스타이너의 이론과 어긋난다.

[그림 1] 〈갈릴리 바다 폭풍 가운데 있는 예수와 제자들〉, 1633, 유화,
160x127cm, 도난

독자반응비평의 단호한 주장이 없는 곳에서 '그때 그곳 그 사람'과 관련된 말을 '지금 이곳 자신'과 관련시킨다면 그것은 중요한 오류라고 지적받는다. 그러나 성서 독자들은 그런 '오류'를 두려워하지 않는다. 도리어 성서 '독자'들은 그렇게 읽어야 한다고 주장하기까지 한다.[12] 성서독자로

11 앞의 논문, 445.
12 성서 독자 다석 유영모(1890~1981)를 기억해보자. 그는 요한복음에 있는 예수의 선언, "나는 길이요 진리요 생명이다"라는 선언 속의 '나'를 유영모 자신으로 읽는다. 다석 신학에 관해서는 이정배, 『없이 계신 하느님, 덜 없는 인간 - 多夕 신학의 얼과 틀 그리고 쓰임』

서 성서화가가 성서를 읽을 때도 유사한 일이 일어난다. '독자'로서 성서를 읽을 때 성서화가는 성서의 이야기 속에서 자신을 발견하려 한다. 시공간의 '거리'를 의식적으로 없애며 성서 이야기 속에 참여한다. 렘브란트의 여러 작품들은 성서 독자로서 성서 이야기에 참여한 성서화가 렘브란트를 보여준다. 〈갈릴리 바다 폭풍 가운데 있는 예수와 제자들〉([그림 1])은 이를 잘 보여준다.

[그림 1]은 공관복음에 모두 나오는 기적 이야기(마 8:23-27; 막 4:35-41; 눅 8:22-25)를 본문으로 삼고 그린 성서화다.[13] 이야기의 대략은 이러하다. 하나님 나라에 관해 가르친 후 예수는 제자들과 함께 갈릴리 바다의 건너편으로 간다. 어둠 속 바다를 가로질러 가던 작은 배에서 예수는 잠에 빠진다. 그러나 밤바다에 광풍이 일었고, 배는 파선 지경에 이른다. 어부 출신 제자들마저 급히 당황하였고, 잠들어 있던 예수를 황급히 깨웠다. 예수는 풍랑을 잠잠케 하고는 제자들의 믿음 없음을 꾸짖었다. 렘브란트는 이 장면을 매우 생동감 있게 그렸다.

뱃머리가 흰 파도에 거의 45도에 가깝게 들리는 장면은 보는 이로 하여금 배에 닥친 위기를 단적으로 알게 한다. 렘브란트의 성서화가 다른 이들의 그것과는 다른 점, 그래서 독특한 그의 상상력이 돋보이는 부분은 배속에 있는 이들이 보여주는 다양한 태도이다. 앞의 다섯 명은 풍랑에 맞서 싸운다. 이것은 인생의 위험에 대해 의연히 맞서려는 인간의 투지를 보여준다. 그것은 렘브란트 당시 자연에 맞선 인간의 투쟁이라는 낯설지 않은

(서울: 도서출판 모시는 사람들, 2009). 이런 식의 독서는 이른바 '경건의 시간'(Q. T.)이나 렉치오 디비나(Lectio Divina)를 행하는 성서 독자에게 당연하고 나아가 모범적인 것이다. 렉치오 디비나에 관해서는 Michael Casey, *Sacred Reading: The Ancient Art of Lectio Divina* (Missouri: Liguori Publications, 1996).

13 이 기적 이야기와 렘브란트의 성서화를 신앙인의 삼덕(三德) 가운데 하나인 '믿음'의 관점에서 분석한 글로는 김학철, 『렘브란트, 성서를 그리다』 (서울: 대한기독교서회, 2010), 139-146.

주제의 반복이다. 배의 중간에는 두 명이 있는데, 한 명은 배 안의 작은 공간에 몸을 숨기고 다른 한 명은 그곳을 바라보며 자리를 찾고 있다. 예수를 깨우는 두 명, 더 이상 통제가 불가능한 키를 잡고 있는 한 명, 두려움에 어찌할 바를 모르는 사람 그리고 뱃멀미를 견디지 못하고 배 밖으로 고개를 내미는 사람, 무릎 꿇고 기도하는 사람 그리고 한 손으로는 모자를 잡고 다른 한 손으로는 줄을 잡고 몸의 균형을 유지하려는 사람, 마지막으로 잠에서 막 깨어나는 예수가 있다.

렘브란트는 위기의 순간에 그리스도가 있는 배에서 사람들이 어떻게 반응할까를 상상력 넘치게 그려냈다. 렘브란트 비평가들은 모자가 바람에 날아갈까 봐 왼손으로 모자를 누르고, 파선 직전에 처한 배의 줄을 오른손으로 잡은 채 푸른 빛깔 계통의 옷을 입은 사람의 얼굴이 렘브란트의 것임을 지적한다. 렘브란트는 목숨이 위험한 지경에 기껏 모자가 날아갈까 걱정하고, 사실상 안전을 보장해 줄 수 없는 쓰러져가는 배의 줄에 몸을 지탱하는 우스꽝스럽고 어리석은 모습으로 '그때 그곳'의 극적 이야기에 동참한다. '그때 그곳 그 사람들' 가운데 '지금 이곳 렘브란트'가 있다. 나아가 렘브란트는 자신을 희화화하는데, 이는 자신을 성찰하고 반성하며, 또한 객관화할 줄 안다는 것을 의미한다. 성서 독자 렘브란트는 '거리의 무화'를 통해 자아 성찰 및 반성의 기회를 얻는다.

[그림 1]이 교훈적 자아 성찰이라면 〈탕자로 분한 렘브란트와 사스키아〉([그림 2])에서 렘브란트는 공격받는 자신을 변호하고, 자신을 비난하는 사람을 역으로 조롱하기 위해 누가복음 15장의 비유 이야기 속에 자신을 그려넣는다.14 부유하고 명망 있던 시장 집안의 여인인 사스키아를 아내로 맞아들인 방앗간 집 아들 렘브란트는 사스키아 집안 사람들로부터 호의를 얻지 못하였다. 도리어 사스키아 집안 사람들은 렘브란트가 사스키

---

14 이에 대한 보다 자세한 분석을 위해서는 앞의 책, 62-64을 보라.

아의 재산을 낭비한다고 비난하면서 사스키아에게 마땅히 돌아갈 재산도 주기를 꺼려했다. 결국 렘브란트는 사스키아의 친척들을 법정에 고발했고, 재판을 통해 그들로부터 사스키아의 몫을 받아냈다. 이것이 법적인 보복이었다면 화가였던 렘브란트는 자신의 그림으로도 그들에게 복수하고자 한다.

[그림 2]는 누가복음 15장에 나오는 이른바 탕자의 비유의 한 장면이다. 이곳에서 렘브란트는 자신을 탕자

[그림 2] 〈탕자로 분한 렘브란트와 사스키아〉, 1635, 유화, 161x131cm, 드레스덴 국립미술관

로, 부인인 사스키아를 탕자와 어울리는 창녀로 그린다. 렘브란트의 신분이 비천하다고 깔보았던 사스키아 집안 사람들의 시선을 우선 고스란히 받아들인 것이다. 그림 속 공작은 전통적으로 '사치'와 '허영'을 나타내는바, 렘브란트는 그가 자신의 아내 재산을 낭비하고 있다는 비난도 흔쾌히 수용한다. 그러나 렘브란트는 웃고 있고, 사스키아도 관객들에게 등을 돌린 채 미소를 띠고 있다. 렘브란트 탕자는 술잔을 높이 들고 관객들에게 '한 잔'을 권한다. 이 장면은 자신을 깔보면서도 어쩔 수 없이 재산을 주어야 했던 사스키아의 친척들을 약 올리려는 것이다.

성서 독자로서 성서 본문에 참여하여 그림을 그리는 데에는 위에서 소개한 것 외에도 여러 사유들이 있을 것이다. 노만 홀랜드(Norman Holland)는 '독자'가 본문에 참여하는 '여러 사유'들의 심리학적 배경들을 살피기

위해 자아 심리학(ego psychology)을 원용하였다. 그에 따르면 독서는 결국 문학 작품을 활용하여 자기 자신을 상징화하고 마침내 복제하는 것이다. 독자들은 정체성 주제를 가지고 독서를 하는데, 독서를 통해 독자의 정체성은 방어, 기대, 환상, 변화라는 네 가지 형태를 갖고 변주된다.15 독자는 특정한 정체성 주제를 가지고 기대감을 갖고 본문에 접근한다. 또한 특징적인 자기방어 기제를 가지고 욕망을 채우고, 불안을 피하고자 한다. 환상을 본문에 투사하고 마침내 환상을 변화시켜 의미를 만들어낸다. 결국 독서는 자신을 변주하여 읽는 행위라는 것이다.16 홀랜드의 설명이 가진 제한성에도 불구하고 그의 이론은 성서 독자로서 성서 이야기에 참여하는 성서화가들의 다양한 심리학적 이유를 해명하는 데에 일부분 공헌할 수 있다. 가령 말년의 렘브란트가 제작한 〈사도 바울로 분한 자화상〉(1661, 유화 91x77cm, 암스테르담, 레이크스 미술관)은 홀랜드의 이론을 출발점으로 분석할 만하다. 자화상을 통해 렘브란트는 자신의 객관화, 모방을 통한 자기 찾기, 자신 속에 존재하는 여러 인격체 드러내기 등등의 '자기' 주제를 변주한다.

성서화가는 성서 독자이다. 성서 독자는 '성서'라는 경전을 통해 자기 자신을 읽으면서 '그때 그곳 그 사람들'과 '지금 여기 나'의 거리를 건너뛴다. 무화된 거리를 통해 독자는 성서의 이야기에 참여하며 그곳에서 계시와 영감을 발견하려 애쓴다. 성서는 내면화되고, 그것이 독자의 독서 행위를 의미 있게 만든다. 성서화가는 성서 독자로서 자신을 성서 이야기에 그

---

15 Norman Holland, "Transactive Criticism: Re-Creation through Identity," *Criticism* 18 (1976), 334-352. 특별히 342.

16 홀랜드는 이후 자신의 '독자' 이론에 쏟아진 비판을 수용하여 이론을 수정하였다. 그러나 홀랜드 이론이 가진 통찰의 일부마저 외면할 이유는 없다. Norman Holland, *The Critical I* (New York: Columbia University Press, 1992)에서 홀랜드는 주체성 이론과 한 개인 독자가 아니라 해석 공동체를 고려하고, 독서의 규범 및 독자의 사회 정치 윤리적 특성을 고려하여 자신의 이론을 수정한다.

려 넣어 그 이야기에 참여한다. 성서화가가 성서 이야기 속에 자신을 그려 넣는 방식과 이유는 다양하다. 그것은 기본적으로 성서 독자가 성서 이야기 속에 참여하려는 것과 기본적으로 같은 동기를 갖는다. 그러나 성서화가는 성서 독자가 통상적으로 하지 않거나, 은밀하게 개인의 내면에 간직하는 참여의 감상을 그림으로 표현한다. 그 표현을 통해 성서화 비평가는 성서화가의 내밀한 독서 행위의 경험을 읽을 수 있다. 신앙 실존의 자기성찰과 반성 외에도 자신을 성서 이야기 속에서 객관화하거나 희화화하여 독서 결과를 '사용'하는 경우도 있다. 성서화비평가들은 성서화가의 성서 독자로서의 층위와 성서 독서 결과의 유형을 세분화하고 체계적으로 정리해야 하는 과제를 안는다.

III. 시각적 주석가인 성서화가

성서화가는 주관적이고 내면적인 성서 독자에 머물지 않는다. 성서화가는 자신의 독서를 시각적으로 표현하도록 요구받는다. 혹은 교회의 해석을 표현하도록 요청받았다. 교회는 고대 및 중세 시대 문맹자들을 위하여 성서화를 이용하였다. 이러한 경우 성서화는 "가난한 자의 성서"(biblia pauperum)로서 교육과 계몽을 위해 사용되었다.

성서화를 신앙 교육의 목적으로 활용하려는 시도가 명백하고 확고해진 것은 교황 그레고리우스 1세(Gregorius I, 59~604 재위)부터이다. 교황 그레고리우스 1세는 자신의 허락 없이 교구 내의 성상을 파괴했던 마르세유의 주교 세레누스에게 편지를 보낸다. 이곳에서 그레고리우스 1세는 이미지가 숭배되는 현실을 개탄하여 그것을 파괴함으로써 신앙의 본질을 되살리려는 세레누스를 일단 칭찬하면서도 이와 같이 자신의 견해를 분명히 한다.

그림이 교회에 전시되는 이유는 글씨를 몰라 책을 읽을 수 없는 사람들이 벽을 보고 그것들을 읽도록 하기(legere) 위해서입니다(599년 7월의 첫 번째 편지).[17]

그림을 숭배하는 것과 그림의 이야기를 통해 숭배되어야 할 것을 배우는 일은 서로 다릅니다. 책이 읽을 수 있는 사람에게 주는 것을 그림은 그것을 눈으로 볼 수 있는 문맹자들에게 줍니다. … 이미지와 그림은 무식한 사람들의 교화를 위해 만들어진 것입니다. 이를 통해 문맹자들도 그림을 통해 배울 수 있습니다(600년 10월의 두 번째 편지)."[18]

시각 예술, 조각이나 회화, 벽화 아니 성당 자체가 문맹자들의 교육에 기여할 수 있고, 또 그렇게 해야 한다는 것이 그레고리우스 1세의 견해였고, 이것은 이른바 종교의 예술 이용론의 성립에 기여하였다.[19] 이러한 견해는 예술에 대한 가톨릭의 주요한 견해로 자리 잡았다. 가령 바로크 시대의 루벤스(Peter Paul Rubens, 1577~1640)는 천 년이 지난 후에도 그레고리우스 1세가 그어놓은 윤곽 아래서 활동했다.[20] 루벤스의 그림에는 모호한

---

17 Celia M. Chazelle, "Pictures, books, and the illiterate," *Word & Image* 6 (1990/2), 138-153. 인용은 139.

18 앞의 논문, 139-140.

19 종교와 예술의 관계를 대체론, 이용론, 상응론으로 구분한 연구로는 손호현, 『인문학으로 읽는 기독교 이야기』 (서울: 한들출판사, 2008), 295-332를 보라. 손호현은 김지하와 프로이트를 대체론으로, 그레고리우스 1세를 이용론으로, 도스토예프스키와 유동식을 존재론적 상응론으로 분류한다. 'Biblia Pauperum'은 그레고리우스 1세의 조어(造語)가 아니며, 실상 그 기원과 의미가 명확한 것은 아니다. 이 글에서는 '가난하고 글을 읽을 수 없는 이들의 성서'라는 뜻으로 사용했지만 이는 가난한 설교자를 위한 성서를 지칭할 수도 있다. 그것의 기원은 독일이나 네덜란드로 추정된다. Robert M. Grant & David Tracy, *A Short History of Interpretation of the Bible* (Philadelphia: Fortress, 1984), 60-61.

20 그레고리우스 1세의 서한의 핵심적 내용은 보나벤투라(St. Bonaventrua, 1221~1274)나 토마스 아퀴나스(St. Thomas Auinas, 1225~1274)와 같은 이들에 의해 반복적으로 강화되고 설명되었다. 따라서 반종교개혁이 설정한 성서화 이념 역시 완전히 새로운 것은 아니었다.

암시나 불명확한 인물이 등장하지 않는다. 성서의 '그때 그곳'을 루벤스 당시의 '지금 이곳'에서 느끼게 하려는 목적이 분명한 그의 그림에는 감정적 고양과 신앙적 교훈이 명확하게 제시된다.

한편 그레고리우스 1세는 시각 예술을 이용하는 한계에 관해서도 언급하였다. 시각 예술은 그 자체로 교육의 목적을 달성하지 못한다. 그것은 책 혹은 성직자의 설교나 말을 통한 교육의 보조재이다. 보조재는 '말' 혹은 '글'의 효과를 증진시키는데, 특히 '말' 혹은 '글'의 시각화를 통해 격한 감정을 불러일으키거나 엄숙한 정서를 갖는 데 도움을 준다. 다시 말하면 시각 예술은 글(성서)과 그에 근거를 둔 말(설교)에 비해 부차적이며, 문맹자나 기억력이 둔한 자, 성서를 읽거나 듣는 정도로는 마음의 감흥을 느끼지 못하는 둔감한 자를 위한 것이다.

그러나 '이미지'보다 '말 혹은 글'에 우위를 둔 그레고리우스 1세 식의 견해는 더 이상 유지되기 어렵다. 그와 같은 견해는 이미지 자체가 숭배 대상이 되곤 했던 당시의 정황 속에서 제출된 것이다. 성서 본문을 해명하는 데에 이미지와 말은 목적과 기능 그리고 효과를 부분적으로 같이 하고 부분적으로 달리할 뿐이다. 둘 사이에 위계를 세울 근거나 타당성을 찾기는 어렵다. 이런 맥락에서 성서화가의 활동은 주석가의 그것과 부분적으로 겹친다고 말할 수 있다.

주석(exegesis)은 '인도하다' 혹은 '풀이하다'를 뜻하는 그리스어에서 왔다. 특별히 '성서 주석'이라고 할 때 그것은 어렵고 복잡하며 모호한 본문의 의미를 밝히는 것을 뜻한다. 이를 위해 성서 주석가들은 기본적으로 성서 본문에 쓰인 단어의 문자적 의미를 조사하고, 본문의 전승과 병행 구절들을 찾고, 양식과 기원, 그리고 연대와 목적, 가능하면 본문의 저자와 생성 연대, 본문이 기록될 당시 그 본문이 일차 청중들에게 의미하는 바와 중요성을 설명한다.[21] 주석가는 주석을 통해 특정 시대의 문화와 사회 속에서 특정 언어를 쓰는 이들에게 성서 본문의 의미를 해명하는 사람들이다. 주석가는 '글'이 그들의 작업 도구이다. 반면 성서화가는 성서의 의미를 이미지 제작을 통해 독자들에게 알려주려 한다. 이런 특징을 두고 성서화를 '시각적 주석'으로, 성서화가를 '시각적 주석가'로 부를 수 있다. 베르디니(Paulo Berdini)는 르네상스 시대의 대단히 다양하고 많은 양의 성서화를 그린 자코포 바사노(Jacopo Bassano, 1517 혹은 1518~1592)를 분석하면서 시각적 주석(visual exegesis)이란 용어를 본격적으로 도입하였다.22

베르디니는 성서화가가 성서로부터 얻은 주제 혹은 이야기를 그릴 때 무엇이 일어나는가의 과정과 함의를 해명하고자 하였다. 전통적인 미술사 비평은 주로 자료로서 성서 본문과 그에 상응하는 이미지의 기능을 강조하여 성서화를 이해하고자 하였다. 그러나 그는 '본문의 확장'(textual expansion)이라는 개념을 가져온다. 그에 따르면 성서화가가 시각화하는 것은 본문의 이야기가 아니라 성서화가가 본문을 읽을 때 떠오르는 본문의 확장된 형태이다. 그림은 본문이 아니라 (성서화가의) 독서를 시각화한다. 본문과 그것의 시각화 사이의 관계는 그 본문이 시각화를 낳게 하는 특정한 관심의 대상이 되어 성서화가로 하여금 독서를 하게 하는 정황 아래에서 고려해야 한다. 베르디니는 주석을 '본문의 의미와 독자의 경험 사이의 변증법'23으로 정의하고, 시각적 주석의 목표를 이미지 형성이 가능하도록 한 본문과의 새로움 만남으로 규정한다.

베르디니는 또한 글을 통한 주석과 시각적 주석의 공통점에 주목한다. 그는 특별히 전통적인 기독교의 주석으로 알려진 네 단계, 곧 흔히 이야기(narrative), 알레고리(allegory), 비유(tropology), 신비(anagogy)의 단계에 따라 주석이 진행되는 것을 언급한다.24 위의 네 단계를 밟으면서 글 주석은

21 Peter Murray and Linda Murray, "Exegesis," in *A Dictionary of Christian Art* (Oxford: Oxford University Press, 2004), 185.

22 Paulo Berdini, *The Religious Art of Jacopo Bassano: Paintings as Visual Exegesis* (Cambridge: Cambridge, 1997).

23 앞의 책, 5.

본문의 문자적 의미를 이해하고, 그것을 넘어서 도덕적 차원을 확인하며, 나아가 신적인 영역에 다가서는 영적 삶을 추동하려는 목적을 갖는다. 그에 따르면 시각적 주석도 거의 같은 목적을 갖는다.

성서화가가 성서 본문에 대한 시각적 주석이라는 점과 그것이 글 주석과 유사한 목적과 형식을 갖는다는 베르디니의 견해에 전체적으로 동의할 수 있다. 그러나 그의 이론은 몇 가지 보충과 수정이 필요하다. 첫째, 그가 주석의 네 단계로 설정한 주석 단계가 기독교 내에서 널리 쓰였던 것은 사실이지만 그 시기는 대략 2세기경부터 중세기까지였다.[25] 베르디니의 주석 단계는 중세 이후의 성서화, 특별히 종교개혁 이후의 성서화를 해명하기 위해서는 다소 제한적으로 적용되어야 한다. 그러한 주석 단계가 편의에 따라 사용될 수 있지만 성서화 비평은 기본적으로 '주석'이 갖는 기본적 정의, 곧 보다 광의의 '주석'을 기억할 필요가 있다. 또한 주석의 목적은 보다 간명하게 인식될 필요가 있는데, 주석의 근본적인 목적은 본문의 의미를 해명하는 것이다.

둘째, 성서화가를 시각적 주석가로 부르고, 그를 글로 하는 주석가와 비교할 때 베르디니는 둘 사이의 공통점을 찾는 데 주력하였다. 이는 기본적으로 타당한 접근이다. 시각적 주석가와 글 주석가는 서로 다르다는 인식이 자연스럽기 때문이다. 그러나 공통분모를 찾는 작업 이후에 두 형태의 주석가 사이의 차이 역시 날카롭게, 그리고 보다 새롭게 설명될 필요가 있다. 두 형태의 주석 사이의 가장 결정적인 차이는 성서화가와 글 성서주석가가 다른 해석공동체에 속해서, 다른 형식을 통해 주석 결과를 발표한다는 데에 있다는 것이다.

글 주석가가 '글'로 된 해석공동체에 속해 있다면 시각적 주석가가 속해 있는 해석공동체는 성서화 전통을 잇는 해석공동체에 속한다. 스탠리

---

24 앞의 책, 같은 쪽.
25 Grant & Tracy, *A Short History of Interpretation of the Bible*(1984), 85-86.

피쉬(Stanley Fish)는 독서와 수용을 '개인' 독자의 행위로 보지 않는다. 그에 따르면 독서와 수용은 공동체의 활동이다. 사회적으로 정의된 관습이 독서와 수용을 결정한다.26 글 주석가는 일차적으로 글로 축적된 주석의 규칙에 따른다. 반면 성서화가에게는 가령 도상학과 같은 글 주석가가 관심을 두지 않는 부분이 중요하다. 따라서 성서화가의 시각적 주석을 살필 때에는 성서화가가 성서화 전통의 기본적인 규칙들을 파악하고, 그 규칙을 넘어서고 왜곡하는 특징적인 면을 동시에 감안할 필요가 있다. 물론 성서화가 역시 글 주석이 만든 성서해석의 공동체와 영향을 받는다고, 또 이에 대해 나름대로 반응한다는 점이 외면받을 이유는 없다. 미키 볼(Mieke Bal)은 때로 성서 이야기에 대한 우리의 '지식'이 성서화 해석을 위한 우리의 자유를 방해하는 면이 있고 그래서 어떤 경우에는 성서 이야기를 읽기 전에 성서화를 해석하는 편이 낫다고 말한다.27 그러나 문제가 되는 것은 성서 본문에 대한 지식이 아니라 그 지식이 '옳고 정확하다'며, 자신의 지식에 따라 성서화를 해석해야 한다는 고정관념이다. 성서화가는 성서 주석가로서 본문의 의미를 해명하며, 이를 위해 자신이 속한 해석공동체 곧 이전의 미술전통의 영향을 인식하며, 자신의 주석 결과를 그림이라는 특정한 양식으로 표현한다.

렘브란트 역시 시각적 주석가로서 성서 본문의 의미를 해명하려 한다. 그는 두 해석 전통 속에서 자신이 택한 본문의 의미를 우선적으로 발견한다. 하나는 성서화 전통이고, 다른 하나는 네덜란드 당시 그가 접할 수 있는 신앙 전통이다.28 그는 본문의 뜻을 이해한 후 그것을 그림이라는 시각

---

26 Stanley Fish, *Is There a Text in This Class? The Authority of Interpretive Communities* (Cambridge: harvard University Press, 1980).

27 Mieke Bal, *Reading 'Rembrandt': Beyond the Word-Image Opposition* (Cambridge: Cambridge University Press, 1991).

28 이에 대해서는 Shelley Perlove & Larry A. Silver, *Rembrandt's Faith: Church and Temple in the Dutch Golden Age* (University Park: Penn State University Press, 2009)

예술의 여러 기법 등을 통해
표현하는데, 이를 잘 보여주
는 그림은 그가 1644년에 그
린 〈그리스도 그리고 간음하
다 잡혀 온 여성〉([그림 3])이
다. 이 그림은 성서화가의 시
각적 주석 및 해석의 결과임
을 확연히 보여주는 작품이다.

[그림 3] 렘브란트, 〈그리스도 그리고 간음하다 잡혀 온 여성〉, 1644, 유화, 국립 미술관, 런던, 영국

　　간음하다 현장에서 잡혀
예수 앞에 오게 된 여인의 이
야기는 요한복음서에만 나온
다(7:53-8:11).[29] 잘 알려진 이
야기는 다음과 같은 줄거리
를 갖고 있다. 감람산에 있던
예수가 성전에 들어가고, 많은 예루살렘 사람들이 그에게 모여들었다. 요
한은 예수가 '앉아서' 그들을 가르쳤다고 보도한다. '앉아서' 가르치는 것
은 당시 랍비들이 취한 가르침의 태도였다. 예수가 가르치고 있을 때 예수
의 적대자들, 구체적으로 율법학자들과 바리새인들은 간음하다가 잡힌 여
인을 끌고 와서 '가운데'에 두었다. 그리고 '랍비'처럼 가르치는 예수, 그러

를 보라.

29 이 이야기는 원래 요한복음서의 일부가 아니었다. 이 이야기에 대한 본문비평적 연구로는
J. Rius-Camps, "The Pericope of the Adulteress Reconsidered: The Nomadic
Misfortunes of a Bold Pericope," *New Testament Studies* 53 (2007/3), 379-405를 보
라. 라우스-캠프스는 이 이야기가 마가복음의 스타일과 누가복음의 스타일을 보여준다고
논증하면서, 이 이야기가 처음에는 마가에 의해 작성되었다가(그래서 막 12:12 이후에 배
치되었다)가 이후에 누가에 의해 선택되었고(눅 20:19 이후) 나중에야 요한복음에 들어왔
다고 주장한다. 저자에 따르면 이 이야기가 보여주는 분명한 도덕적 느슨함 때문에 초기에
는 복음서에서 제거되었다가 이후에야 다시 삽입되었다.

나 통상적인 유대인 랍비의 가르침과는 확연히 다른 예수에게 이렇게 물었다. "선생님, 이 여자는 간음하다가 현장에서 붙잡혔습니다. 모세의 율법에서 모세는 우리에게 그런 여자는 돌로 치라고 명령했습니다. 그런데 선생님이라면 무엇이라고 말하겠습니까?"(요 8:5).30

요한은 예수의 적대자들의 질문이 예수를 '시험'하기 위한 것이라고 소개한다. 간음하다 현장에서 붙잡힌 여인을 돌로 치라는 모세의 율법을 따르라고 말하며 그 여인은 석형을 받는다. 로마는 팔레스타인 땅에서 사형 판결권과 집행권을 가지고 있었는데, 예수가 사형을 선고하면 예수는 로마의 통치권에 직접적으로 도전하는 셈이 된다. 반대로 간음한 여인을 돌로 치지 말라고 하면, 예수는 모세의 율법을 정면으로 거부한 거짓 랍비가 된다. 적대자들의 질문에 예수는 말로 대답하기보다는 몸을 굽혀 땅에 손가락으로 무엇인가를 썼다고 요한복음은 기록한다.31 적대자들의 재촉에 예수는 "너희 중에 죄가 없는 사람이 먼저 이 여인에게 돌을 던져라"고 말한 후 다시 땅에 글을 쓰는 행동을 취했고, 고발자들은 모두 사라지고 그 여인과 예수만이 남았다.

이 장면을 그린 화가는 예수, 붙잡힌 여인, 제자들, 고발자 그리고 사건의 배경이 되는 장소를 그리면서 자신의 본문 이해를 드러낸다. 아래의 두 그림과 렘브란트의 [그림 3]을 비교해 보면 뚜렷한 차이를 쉽게 감별할 수 있다.32 로또([그림 4])의 그림에서 예수는 가운데 서서 고발자와 피고발자 사이에서 현명한 결정을 내리려는 재판관과 같이 등장한다. 예수의 왼편에 있는 고발자는 손가락을 사용하여 여인의 죄목과 그와 관련된 율법의 구절을 '손꼽는다.' 옆에서 검은 옷을 입은 관리로 보이는 사람은 율법

---

30 모든 성서 번역은 사역(私譯)임.
31 이에 관한 흥미로운 연구로 G. Aichele, "Reading Jesus Writing," *Biblical Interpretation* 12 (2004/4), 353-368을 보라.
32 이 글은 지면의 제한 때문에 논의와 관련해서만 그림을 설명하려 한다.

[그림 4] 로렌조 로또 (Lorenzo Lotto), 〈그리스도 그리고 간음하다 잡힌 여인〉, 1530, 유화, 124×156cm, 루브르 박물관, 파리, 프랑스

학자의 손가락에 자신의 손가락을 더해 여인의 죄가 중하다는 것을 강조하고자 한다. 그들은 흥분해 있지만 완전히 자제력을 잃은 듯 보이지는 않는다. 도리어 격앙된 감정을 진정하라고 주문하듯 고발자의 오른쪽 뒤편에 있는 사람은 손가락을 입에 가져다 대며 조용할 것을 주문한다. 그림 왼편에는 군인들이 출동해 있다. 군인은 왼손으로는 여인의 머리채를 잡고, 오른손에 쥔 봉을 여인의 옷 속에 넣고 있다. 여인을 제어하려는 것이다. 로또는 한쪽에는 율법주의자들을, 다른 한쪽에는 군사를 배치해 놓아 예수가 닥친 난관을 표현한다. 제자들은 그림에서 중요한 역할을 하지 않는다. 예수는 상황에 휩쓸리거나 위축되지 않는 당당한 자세와 위엄 있는 표정을 잃지 않는다. 그가 입은 붉은 옷과 여인 편에서 올린 오른 손은 여인이 보호받을 것을 암시한다. 여인은 요부라기보다는 다소 동정심을 일으키도록 표현되었다.

반면 막스 베크만의 그림([그림 5])은 로또의 그림과 확연히 차이가 난다. 베크만의 예수는 전적으로 여인을 감싼다. 왼손으로는 돌팔매질하려는 군중들을 저지하고, 오른손으로는 무릎을 꿇은 여인을 보호한다. 율법학자들은 등장하지 않은 듯하고 대신 군중들의 분노가 여인을 고발한다. 예수의 왼편에는 예수의 행동을 비웃는 듯한 사람이 예수에게 손가락질하

[그림 5] 막스 베크만(Max Beckmann, 1884-1950), 〈그리스도 그리고 간음하다 잡힌 여인〉, 1917, 유화, 149.2x126.7cm, 세인트 루이스 미술 박물관, 미국

며 비웃는 표정을 짓는다. 로또의 그림과 베크만의 그림 모두 예수의 바로 뒤에서 손가락을 하늘로 가리키며 하나님의 뜻을 묻는 인물이 나온다. 그러나 베크만이 상상한 현장의 분위기는 로또의 것과는 달리 매우 거칠다. 성난 군중들을 막아선 사람이 힘겨운 듯 보인다. 여인은 무릎을 꿇고 손을 모아 용서를 구한다. 그러나 헐렁한 옷에 드러낸 가슴과 붉은 색깔의 머리는 여인의 행실과 품성을 은연중 드러낸다.

렘브란트의 그림은 위의 두 화가 그리고 대다수의 다른 화가의 작품과는 확연히 구별되는 특징이 있다. 렘브란트는 이 장면을 이층 구도로 만든다. 아래층에는 예수, 여인, 고발자 등이 있고, 위층에는 제사장과 제사를 드리러 나온 사람들이 있다. 여인이 꿇어앉은 계단은 위층의 제단에 해당한다. 이층 구도를 통해 렘브란트가 감상자에게 전하고자 한 메시지는 분명하다. 위와 아래를 서로 대응하며 감상하라는 것이다. 예수는 제사장이다. 여인은 제물 위에 놓인 제물이다. 고발자들은 실상 저 위층의 사람들처럼 제단 앞에 무릎을 꿇어야 하는 사람들이다. 그러나 그들은 고발자처럼 당당하게 행동한다. 물론 그들은 이내 자신들의 죄를 시인하고 그 자리를 피해 도망갈 사람들이다. 여인은 제물로서 그 자리에 있다. 렘브란트가 빛을 효과적으로 사용하여 자신의 의도를 그림에 나타내고자 했다는 것을 기억해보면, 빛 가운데 있는 이 여인은 은총과 용서를 받게 될 것이다. 예수는 그 빛, 다시 말해 재기의 기회를 선언하는 제사장이다. 속죄와 복을 선언하는 제사장처럼 말이다. 이 이야기에서 예수의 제사장 됨을 이와 같이 선명히 드러낸 글 주석도 흔치 않다.

간음하다 잡힌 여인 이야기에 관한 세 작품은 이와 같이 제각각의 '이해'를 미술적으로 형상화하며 주석을 수행한다. 그들은 각기 예수가 누구인지, 곧 기독론과 정죄와 사죄의 문제 등의 신학적 주제를 표현한다. 그 것은 감상자가 신학적 논의를 하도록 이끌며, 성서 본문에 대한 이해를 새롭게 하도록 인도한다.

이처럼 성서화가는 시각적 주석가이자 성서해석자로서 성서 본문과 성서화 사이를 오고 가며 성서에 대한 이해와 성서화의 깊이를 한층 새롭게 더하며 서로를 조명하여 풍성한 상상력에 힘을 더하게 한다. 성서화 비평가들은 성서화가가 제시하는 시각적 주석의 특징을 성서 본문 및 그것의 해석 전통, 성서화 전통과 견주면서 발견하고, 이를 통해 성서 본문과 성서화가 서로를 어떻게 환기하는지를 감별해야 할 책임을 진다.

IV. 예술가로서 성서화가

성서화가는 성서 독자와 시각적 주석가로서 성서 앞에 있다. 동시에 성서화가는 자신이 예술가임을 자각하는 사람이다. 예술가로서 성서화가가 누구인지를 해명하려고 할 때 흔히 이분되는 대립 의견이 제안된다. 성서화가 렘브란트에 대한 이해도 이러한 의견 대립을 매우 잘 보여주는 경우이다. 성서화가를 거룩하고 강렬한 종교적 영감 속에서 파악하고자 하는 견해가 있을 수 있다. 발터 니그(Walter Nigg)는 렘브란트와 그의 작품 세계에 관해 다음과 같이 주장한다.

신앙의 관점에서 해석하는 것이 가장 중요하며, 이것은 그[렘브란트]를 이해할 수 있는 유일한 관점이다. 렘브란트에게 신앙은 처음이자 끝이며 그의 모든 것을 뒤덮고 있다.[33]

니그의 단호한 주장에는 일정한 호소력이 있다. 렘브란트의 성서화는 가끔 출처를 알 수 없는 영감이 그에게 서려 있다는 감상을 관람자에게 갖게 한다. 그의 작품은 거룩함과 속됨 사이를 연결하며 신앙적 상상력을 자극한다. 그러나 렘브란트를 이해하는 데에 신앙적 관점만이 유일하다고 주장할 수는 없다. 그의 작품은 '신앙'이라는 단일한 추동력에서 비롯되지 않았다. 가령 [그림 3]도 그러한 경우이다. 렘브란트가 예수의 본질이 용서를 선언하는 제사장임을 절묘하게 드러내는 그 장면은 일견 '신앙적 관점'이 유일한 그 작품에 대한 전망으로 간주하게 한다. 그러나 그의 개인사적 맥락은 전혀 다른 읽기를 가능하게 한다.

[그림 3]은 렘브란트의 부인 사스키아가 죽고 난 후 2여 년이 지난 1644년에 제작되었다. 렘브란트는 가정부로 일하던 헤르트헤 디르크스와 사실혼 관계에 있었고, 교회는 이것을 문제 삼았다. 이를 배경에 놓고 보면 렘브란트의 그림은 자신과 디르크스에 쏟아지는 비판에 대해 답변이라고도 할 수 있다. 이처럼 렘브란트와 그의 작품을 '신앙'을 강조하는 전망에서 이해하려는 노력의 반대편에는 렘브란트의 개인사나 개인적 욕망을 작품 해석의 중요한 배경으로 설정한다. 가령 진휘연은 렘브란트가 적지 않은 성서화를 남긴 이유를 '신분 상승의 욕구'로 설명하고자 한다.

미술계에서 역사화는 19세기까지 가장 뛰어나고 권위 있고 의미 있는 장르로 이해되었다. 렘브란트가 이런 종교화를 많이 그린 이유는 무엇보다도 신분상

---

33 발터 니그/윤선아 옮김, 『렘브란트 - 영원의 화가』 (경북: 분도출판사, 2008), 13.

승에 대한 개인적 욕망 때문이라고 할 수 있을 것이다.[34]

진휘연에 따르면 렘브란트의 성서화는 "당시 유행을 따른 바로크풍이 대부분이었고, 이로 보아 신분을 좀 더 높여보려는 작가의 매우 인간적인 의도가 더 강했던 같다."[35] 진휘연의 주장에도 일정한 설득력이 없지는 않다. 렘브란트가 살던 17세기 네덜란드는 당시 최고의 자본주의를 구가하고 있었다. 자본을 축적하는 이들은 상승된 신분을 누렸으며, 부상하는 부르주아지 계급은 자신의 시대가 도래했음을 과시하였다. 그 계급을 향한 욕망이 제분업자 가정 출신인 렘브란트에게 없었을 리가 없다. 렘브란트는 시장(市長) 가문에 속한 사스키아와 혼인하고, 또 유명한 초상화가로 이름을 날리면서 신분 상승과 안정된 수입 그리고 예술가로서의 명성을 얻고자 했다. 그즈음 역사화는 화가가 자신의 예술적 성취를 명료히 보여주고자 할 때 택하는 장르였다. 성서화 제작 역시 화가가 자신의 예술적 재능을 보여주기 위한 맥락에서 파악할 수 있다. 그러나 당시 유행이었던 바로크풍을 따랐다는 것이 렘브란트 성서화의 독창성을 희석하는 것은 아니다. 재현 방식 및 기법과 재현에 대한 이해의 새로움이 미술사에서 매우 결정적인 '창조적' 기여인 것은 틀림없다. 그러나 렘브란트가 회화에서 키아로스쿠로 등 당시의 기법을 따랐다 하더라도 그의 성서해석의 독창성은 여전히 감지된다. 또한 1642년 이후부터 계속된 렘브란트의 성서화 제작을 '신분 상승'의 '개인적 욕망'의 틀에서 해석하는 것도 매우 빗나간 것이다. 이러한 해석의 틀은 인생 후반부의 렘브란트가 아무런 주문도 받지 않은 상태에서 성서의 한 장면 예를 들어 이른바 '탕자 이야기'나 '선한 사마리아인의 비유', '아브라함의 이삭 제사' 등을 반복적으로 드로잉하고 유화

---

34 진휘연, "그림으로 읽는 성경 속의 새로운 성서 이야기", 「목회와 신학」 252 (2010), 190-194, 인용은 193.
35 앞의 글, 194.

로 제작한 근본적 동기를 설명하기 어렵다. 경제적으로 어떤 대가를 기대할 수 없는 상황에서, 또 성서의 특정 이야기를 반복적으로 형상화하려는 말년의 고집스런 예술가의 시도에 대해 개인의 신분 상승 욕망에서 비롯되었다는 설명은 높은 타당성을 갖기 어렵다.

렘브란트가 유난히 많은 그리고 풍성한 성서해석의 산물인 성서화를 그린 배후에 그의 별난 종교적 열정이나 개인적인 신분 상승의 욕구를 설정하기보다는 그의 '예술가' 됨을 새삼스레 지적할 필요가 있다. 그는 자신을 자극하는 것들, 그것이 종교적인 것이든 개인적인 것이든 간에 그것에 반응하고 이를 미적으로 형상화하려는 '예술가'였다. 또 그의 신실한 신앙이 그로 하여금 성서화를 제작하게 만들었다기보다는 성서가 그에게 예술적 표현 욕구를 자극했다고 보는 편이 더 적합한 접근이다. 성서화가를 '예술가'라고 할 때 그 의미는 어떤 것이 되는가.

하젤턴(Roger Hazelton)은 "예술가들은 숨겨진 실재가 현시되고 암시되며 환기되도록 함으로써 사람들이 깨닫는 진리로서의 상징적인 해결책을 고안하려고 노력"한다고 해설한다.[36] 이러한 자의식을 갖는 예술가들은 "세상에 보이는 것의 본질을 다른 사람들도 보도록 형태화하려는 인간의 뿌리 깊은 욕망"을 구현하려 한다. 힐러리 브랜드(Hilary Brand)와 아드리엔느 채플린(Adrienne Chaplin)의 말을 빌면 그 욕망은 '정직한 노동'을 통해 얻을 수 있다.[37] '정직한 노동'이란 숙련의 지난한 과정 후에 가능한 것으로 자신이 다루는 재료/자원/매체를 존중하며 그것을 능숙하게 다루고 깊이 이해하며, 노동의 결과를 얻기 위해 '격투'의 시간을 보내야 하는 노동이다. 예술가로서 성서화가는 '욕망'을 구현하고, 이를 위해 '정직한 노동'을 수행해야 하는 자신의 일을 '직업'으로 받아들이는 이들이다. 하젤턴은

---

36 로제 하젤톤/정옥균 옮김, 『신학과 예술』 (서울: 대한기독교서회, 1983), 14-15.
37 힐러리 브랜드·아드리엔느 채플린/김유리·오윤성 옮김, 『예술과 영혼 - 포스트모던 시대 예술의 역할과 예술가의 소명』 (서울: IVP, 2004), 217-226.

[그림 6] 〈작업실의 화가〉,
1629, 목판에 유채,
25x32cm, 보스턴 미술관

예술가가 그 일에 종사하는 것을 두고 '소명'이라고 부르는 것이 다소 단순
해 보인다고 지적한다.[38] 대신 그는 '헌신'이나 '참여'라는 낱말을 함께 고
려하자고 제안한다. 예술가로서 성서화가가 자신의 일에 대해 참여와 헌
신의 마음을 가지고 있는 점을 고려하면 하젤턴의 고심은 일리가 있다. 그
런데 브랜드와 채플린은 소명, 헌신, 참여 등을 거론하기 전에 예술에 종
사하는 이들에게 예술가가 '올바른 직업'임을 강조하고자 한다.[39] '직업'은
이른바 '현실' 속에서 사람들과 함께 살며 생계를 위한 벌이를 하는 것이
다. 예술가들 역시 사회 속에서 자신과 자신의 결과물을 책임지는 존재이
다. 물론 사회가 예술가들에게 기대하고, 또 책무로 부과하는 바는 우리가
'소명'이나 '헌신'으로 부르는 것에도 있다. 사회는 예술가들에게 현실을
반영할 뿐 아니라 새로운 삶의 상상력과 대안을 상징 속에서 구현하여, 그
것이 실제가 되기 전에 사회에 미리 보여주기를 기대한다.

렘브란트는 '예술가'로서의 자의식이 있었던 인물이었다. 젊은 시절부
터 말년에 이르기까지 자신을 그린 자화상, 특별히 화가 자화상은 성서'화

---

38 하젤턴, 『신학과 예술』(1983), 76.
39 브랜드 · 채플린, 『예술과 영혼』(2004), 227-39.

[그림 7] 〈제욱시스로 분한 자화상〉, 1665, 유화,
82.5x65cm, 쾰른, 발라프 리하르츠 미술관

가로서 렘브란트를 이해하게 한
다.[40] 그중 초기의 〈작업실의 화
가〉([그림 6])와 말년의 〈제욱시
스로 분한 자화상〉([그림 7])은 성
서화가 렘브란트가 '예술'이라는
거대한 대상과 씨름하며 살아갔
음을 보여준다.

1629년 작(作) 〈작업실의 화
가〉는[41] 23살의 젊은 직업화가
렘브란트가 자신의 운명을 그린
자화상이라고 보는 것이 적합하
다. 이 작품에서 렘브란트는 예
술가로서 자신의 정체성과 예술,
그리고 관람자의 관계에 관한 자신의 생각을 풀어놓았다. 젊은 화가는 손
에 붓을 비롯한 그림을 그릴 도구를 갖고 있다. 그러나 그보다 크고, 구도
상 정중앙을 차지하여 그림의 대상이 된 것은 캔버스이다. 이 캔버스에 무
엇이 있는지를 감상자는 볼 수 없다. 예술 자체를 상징하는 캔버스는 관람
자에게 숨겨져 있다. 그것은 오직 화가만이 볼 수 있다. 캔버스에 아무것
도 그려진 것이 없다면, 캔버스에 그려질 것은 화가의 머리와 그의 손에
있다. 그렇다고 화가가 캔버스 자체보다 큰 것이 아니다. 감상자는 그림의
중심에 선 캔버스가 주된 그림의 대상임을 부정할 수 없다. 이것은 직업화
가로 출발한 렘브란트가 자신의 삶과 결의를 표현한 것이다. 이러한 화가,

---

40 Albert Rothenberg, "Rembrandt's Creation of the Pictorial Metaphor of Self,"
   Metaphor & Symbol 23 (2008/2), 108-129는 렘브란트 자화상이 창조하는 예술 및 예술
   가의 세계를 논증한다. 이 글은 화가 자화상을 포함하여 총 8편의 자화상을 분석한다.
41 이 그림에 대한 자세한 설명은 김학철, 『렘브란트, 성서를 그리다』 (2010), 238-240을 보라.

다시 말해 예술가로서의 자의식은 〈제욱시스로 분한 자화상〉에서도 드러난다.

제욱시스는 그림을 그리다 죽은, 이른바 '순직'(殉職)한 고대 그리스의 유명한 화가이다. 그러나 그의 죽음에 얽힌 이야기는 비장하지 않다. 그는 자신을 아름답게 그려달라는 기막히게 못생긴 노파를 그리다가 웃음이 터져 나왔고, 그 웃음을 참지 못해 죽었다고 전해진다. 그것은 화가로서 그림을 그리다 죽은 죽음이지만 그 죽음에는 '예술가로서 죽음'이 통상적으로 주는 무거움보다는 인생과 예술 그리고 죽음에 초연한 원숙한 예술가의 관조적 농담이 깔려 있다. 성서화가 렘브란트를 파악할 때 바로 이 예술가로서의 자의식의 중요성을 간과해서는 안 된다.

성서화가는 예술가로서 자신의 개인적 욕망과 신앙적 열정에 복속하기보다는 자신의 삶에 예술로서 형상화하도록 촉구하는 것들을 표현한다. 그것들은 결코 개인의 욕망이나 뜨거운 신앙에 환원될 수 없다. 예술가로서 성서화가는 예술이라는 독립적인 영역, 또 개인을 넘어선 영역에 귀속의식을 지닌 인물이다. 따라서 성서화 비평방법론에서 성서화가를 이해하고자 할 때 성서화가의 예술가적 자의식을 꼼꼼히 살필 필요가 있다.

V. 맺는 말

성서화의 의미와 가치를 평가하는 성서화비평은 일정한 형식과 체계를 요구한다. 그러나 성서화 비평방법론을 학문적으로 정립하려는 시도는 매우 드물었다. 이 글은 성서화 비평방법론을 제안하려는 시도의 일환으로 성서화비평론에서 '성서화가'를 '성서 독자', '시각적 주석가', '예술가'의 범주에서 해명하였다.

성서화가는 성서 독자로서 성서 이야기 속의 '그때 그곳 그 사람들'과

'지금 여기 우리'의 거리를 건너뛴다. 이를 통해 자신뿐 아니라 관객들이 성서의 이야기에 참여하도록 도우며 그곳에서 계시와 영감을 발견하려 한다. 성서화가는 또한 시각적 주석가로서 성서 본문에 대한 전통적 해석을 재현하거나 혹은 본문에 대한 창조적인 해석을 덧붙여서 성서 주석가의 임무를 담당한다. 시각적 주석가로서 성서화가는 성서화가 전통과 성서해석 전통 사이에서 성서화와 성서 본문 모두를 환기하며 서로의 상상력을 계발하도록 자극한다. 마지막으로 성서화가는 예술가로서 자신과 그가 속한 공동체가 발견한 통찰을 형상화할 뿐 아니라, 직업인으로서 세계와 소통하며 대안적 상상력을 사회에 제공한다.

렘브란트는 성서 독자, 시각적 주석가, 예술가로서 성서화가의 모습을 확연히 보여주는 대표적인 인물이다. 성실한 성서 독자로서 렘브란트는 성서의 세계에 참여했고, 독창적인 시각적 주석가로서 기존의 해석 전통을 해체하고 재구성하였으며, 예술가로서 자신과 자신이 속한 공동체가 발견한 근원적 통찰을 형상화하였다. 이 글에서 제한적으로 소개된 작품들 외에도 감상자들은 그의 다른 작품들에서 성서화가로서의 전형을 발견할 수 있을 것이다.

후기 자본주의 속의 종교와 예술
— 앤디 워홀의 경우

우리 시대의 가장 예민한 정신이 만들어낸 우리 세기의 작품들은 우리가 처한 곤경을 반영하는 거울들이다. 우리의 곤경이라는 관점에서 우리는 동시대 예술 작품을 바라보아야 한다. 역(逆)으로 동시대 예술의 관점에서 우리의 곤경을 바라보아야 한다.[1] _ Paul Tillich

I. 들어가는 말

시카고 아트 인스티튜트 스쿨(School of the Art Institute of Chicago)의 교수인 제임스 엘킨스(James Elkins)는 오늘날 미술과 종교의 다소 이상한 관계에 관해 질문한다.[2] 그에 따르면 종교적 주제를 다룬 작품들은 정당한

---

1 Paul Tillich, "Each Period has Its Peculiar Image of Man," in Peter Selz, *New Images of Man* (New York: Museum of Modern Art, 1959), 10.

2 James Elkins, *On the Strange Place of Religion in Contemporary Art* (Kindle Edition

비평과 관심을 받지 못하고 따라서 전시의 기회를 얻지 못하는 반면에, 기성의 제도권 종교에 비판적인 작품들은 국제적인 미술 시장에 초청받는다. 종교적 주제일 경우 그것이 기독교 외에 다른 민속 종교를 다룬 것이라면 그것은 수용된다. 한편 예술계의 제도권 종교, 구체적으로 기독교에 대한 암묵적인 배척에 기독교가 크게 개의치 않는 것은 그들도 나름대로 시각 예술에 대한 경계심을 가지고 있기 때문이다.[3]

오늘날 이와 같은 종교와 예술의 '비호의적인 무관심의 거리'는 일찍이 마크 C. 테일러(Mark C. Taylor) 역시 지적한 바 있다.[4] 그는 현대의 위대한 예술가들이 자신의 작품에서 종교가 갖는 중요성을 계속해서 강조하였지만 현대 예술사가들은 종교의 문제를 피해갔다고 비판한다. 물론 그는 현대 철학자들이나 신학자들이 시각 예술에 온당한 관심을 기울이지 않았다는 비판도 덧붙인다. 그러나 이처럼 서로에게 의식적으로 무관심하거나 대적적인 관계를 형성하려 한 것은 종교와 예술의 전체 역사에서 그리 긴 기간을 차지하지 못한다. 종교와 예술은 근원을 공유했을 뿐 아니라 서로를 도우며 성장해왔다.

이 글은 20세기 후반 이후, 후기 자본주의라는 사회경제적 조건 아래에서 종교, 특별히 기독교와 예술이 서로를 풍요롭게 하는 만남이 가능한 방법을 모색하려는 시도의 일환이다. 이를 위해 후기 자본주의까지 종교와 예술의 관계사를 간략하게 살펴 오늘날 종교와 예술이 처한 상황을 진단한다. 이후 후기자본주의의 문화 논리를 대표하는 예술가로 지목받는

Taylor & Francis, 2007).

3 2007년 11월 30일자 *Chicago Artists' News*에 기고한 칼럼(Bridging the Gap Between Modern Art and Religion)에서 엘킨스는 자신의 개인적인 경험을 예로 들면서 비록 둘 사이의 관계가 호의적이지는 않지만 기독교계가 예술계와의 대화를 시도하는 반면, 그에 비해 예술계는 상대적으로 종교에 다가가려는 노력을 하지 않는다고 밝힌다.

4 Mark C. Taylor, *Disfiguring: Art, Architecture, Religion* (Chicago: University Of Chicago Press, 1994).

앤디 워홀(Andy Warhol)과 그의 작품들을 통해 현재의 사회경제적 환경에서 종교(기독교)와 예술이 만나는 방식 및 그와 그의 작품을 생산적으로 비평하는 방법을 찾아보려 한다.

II. 후기 자본주의 속의 종교와 예술

1. 후기 자본주의에 이르기까지 종교와 예술의 관계사

적지 않은 예술사가들은 예술의 근원과 종교를 밀접하게 관련짓는다. 그 이론에 따르면 문학, 음악, 미술, 극(劇) 등의 예술은 원시 종교와 그 제의 속에 미분화된 채로 종합되어 있었고, 예술가는 사제(司祭)와 구분되지 않았다.5 이후 예술가는 사제와 다른 독자적인 직업으로 인식되었고, 개별적 예술 장르는 종교와 다른 자신의 독자성과 개별성을 획득하고 전개되었다.

비록 예술가와 그들의 활동 공간이 종교로부터 독립하였으나 그 내용은 여전히 종교적 주제를 담고 있었다.6 역사 속에서 종교가 예술을 파괴적으로 배격한 일은 종종 있었으나7 예술이 종교의 후원에서 스스로 멀어지려 한 경우는 드물었다. 도리어 예술은 종교에 봉사함으로써 상상력과 기법을 발전시켰고, 종교적 동기가 예술가들을 고무하기도 하였다. 유럽의

---

5 미르치아 엘리아데/박규태 옮김, 『상징, 신성, 예술』(서울: 서광사, 1991); idem/이재실 옮김, 『이미지와 상징』(서울: 까치, 1998). 엘리아데의 두 책은 고대 세계에서 예술과 종교/주술의 불가분리성을 인류학적, 종교학적으로 설명한다. 우리나라 학자의 간략한 소개를 보기 위해서는 김융희, 『예술, 세계와의 주술적 소통』(서울: 책세상, 2002), 43-51.

6 이후 논의에서 종교와 예술의 관계는 유럽의 기독교와 예술의 관계를 가리킨다.

7 성상파괴주의와 그 이후 유럽에서 예술, 특별히 시각예술과 종교와의 관계에 관해서는 존로덴/임산 옮김, 『초기 그리스도교와 비잔틴 미술』(서울: 한길아트, 2003), 145-306.

경우 기독교가 예술가에게 계속해서 영감의 원천으로 남아 있을 수 있었던 이유는 기독교가 자신의 종교적 전통 내에 고대 바빌론, 페르시아, 이집트 및 팔레스타인, 그리고 그레코-로만 세계의 예술을 담고 있었기 때문이다. 예술가들은 기독교적 전통에서 자신의 예술 세계의 자양분을 얻었고, 기독교는 예술을 통하여 더욱 다채로운 종교적 표현을 할 수 있었다.

예술이 의식적으로 그리고 대규모로 종교로부터 독립을 선언하고, 나아가 대적적 관계를 유지하려 시도한 때는 서양의 계몽주의 이후라고 할 수 있다. 당시 서양의 종교였던 기독교는 계몽주의의 영향 아래 종교로부터 자율을 천명한 정치, 경제, 문화, 사회 각 분야를 강제적으로 통합할 수 없었다.[8] 예술 역시 종교로부터 탈출을 기획했다. 종교로부터 분리를 선언한 예술은 종교적 영감 외에 다른 곳에서 예술 전개의 원동력을 구했고, 자신의 독자성을 선명히 하기 위해 종교적 요소를 예술품에서 의도적으로 지우려 하였다.

한편 종교는 떨어져 나간 예술에 큰 미련을 두지 않았다. 기독교 가운데 특히 프로테스탄트는 발생 초기부터 시각 예술의 후원자를 자처하지 않았다. 기독교는 자신의 영역 내에서 충실하게 복속하는 예술만으로도 자족하였다. 종교 안에 남아 있는 예술은 다분히 종교의 자기 표현을 위한 도구적 기능을 담당하였다. 그 와중에 예술은 인간의 근본적 문제를 다룬 종교적 영감을 잃었고, 종교는 예술이라는 동반자를 놓쳤다. 따라서 둘은 모두 빈곤해져 갔다.[9]

근대에 접어들면서 예술은 호기롭게 종교적 상상력을 거부했으나 그

---

8 계몽주의 이후로 종교로부터 각 분야가 독립한 것과는 별도로 계몽주의의 주요한 요소가 기독교의 내용과 밀접하게 관련이 있다는 흥미로운 논의로는 S. J. Barnett, *The Enlightenment and Religion: The Myths of Modernity* (Manchester: Manchester University Press, 2004)를 보라.

9 이에 관해서는 한스 로크마커/김헌수 옮김, 『예술과 기독교 - 예술과 그리스도인』(서울: IVP, 2002), 11-23.

결과는 그다지 성공적이지 못했다. 예술은 종교적 영향력에서는 벗어났으나 도리어 다른 이데올로기의 도구로 전락하거나, 폐쇄적 예술지상주의 혹은 대중적 소비주의에 일정 부분 함몰되고 말았다.[10] 독자적 영토를 주장하던 예술의 전 영역은 '과학'이나 계산적 학문에 비해 열등한 위치로 간주되었고, 과학 기술과 함께 급속하게 발전한 자본주의의 대량 생산 및 대량 소비의 굴레에 편입되어 예술은 '예술상품'을 생산하는 영역으로 축소되었다.

종교 역시 예술 없이 협소해지기는 마찬가지였다. 예술적 상상력을 잃어버린 종교는 자폐적 근본주의, 자본주의에 물든 확장주의, 폐쇄적 도덕주의, 얄팍한 감상주의 등에 한정되는 경향이 농후하였다. '신비'의 영역으로 간주되던 종교적 차원은 과학적 혹은 실증적 합리성에 의해 재단되었다. 종교는 예술이 종교의 영적 차원을 상상력 있게 구체화하던 것과는 전혀 다른 방식으로 자신의 고유 영역이 훼손되는 경험을 하였다. 종교의 테두리 안에 남아 있던 예술적 자원은 종교의 영적 영역을 도전적으로 탐험하기보다는 교리 안에서 순치된 채 느슨해졌다. 도발적이지 못한 예술적 상상력은 경직된 종교를 더욱 완고히 하는 데에 기여할 뿐이었다. 이러한 양자의 빈곤은 서로가 서로를 근원적으로 필요로 한다는 점을 간과한 데에서 비롯되었다.

1945년 곧 제2차 세계대전 이후 근대성의 핵심인 '낙관주의'와 '인간의 실증적 합리성'에 대한 믿음에 심한 균열이 갔다는 징후가 관찰되었다. 종교가 지배력을 잃자 각 분야가 재편되었듯이, '근대성'이 절대적 지위를 상실하면서 그간 근대성에 의해 구획되었던 질서도 새롭게 형성되고 있다. 예술과 종교 역시 자신의 진로를 타진하면서, 근대 이전과는 다른 방식으

---

10 Richard R. Brettell, *Modern Art 1851-1929: Capitalism and Representation* (Oxford: Oxford University Press, 1999)은 현대 예술의 사조와 그 조건들, 또 그 조건들에 대한 예술가들의 반응을 균형 있게 살피고 있다.

로 서로를 풍요롭게 할 수 있는 가능성 앞에 놓여 있었다.

2. 후기 자본주의의 특징 그리고 종교와 예술

'근대 이후'의 징후가 나타날 무렵, 다시 말해 종교와 예술 모두 새로운 가능성이 주어진 기간 동안 예술은 근대성의 확장과 전복 속에 허무주의와 냉소주의의 터널을 지났다. 근대 이후의 예술은 근대 예술의 상업성을 극대화하는 한편, 다소 역설적으로 미를 넘어서는 이른바 '초월성'에 관심을 가졌다. 물론 미술계는 기성의 제도적 '종교'라기보다는 이른바 '영성'에 보다 많은 관심을 기울였다. 진중권의 표현을 빌면 그러한 현상은 미술 사조 안에서 "숭고와 시뮬라르크의 이중주", 곧 "현대인의 세계 감정이 가진 야누스의 얼굴"[11]로 나타났다.

'숭고'의 경험 혹은 '숭고'와 유사한 종교적 경험을 통해 현상 배후에 좀처럼 표현할 수 없는 영적인 것 혹은 인간 실존의 목소리를 표현하려는 노력은 표현주의와 이후의 추상표현주의 그리고 이러저러한 미술 사조에 속하는 작가들에 의해 시도되었다. 반 고흐(Vincent van Gogh)나 뭉크(Edvard Munch) 등은 여전히 기독교의 맥락 속에 있었으나 칸딘스키(Wassily Kandinsky)나 몬드리안(Piet Mondrian)은 신지학(Theosophy)[12]에, 바네트 뉴먼은 종교 혹은 영성이라는 범주를 벗어나 미학적 순수 곧 '숭고'에 기대어 '공허하지 않음'을 보여주려 하였다. 이와 같은 예술적 고투는

---

11 진중권, 『진중권의 현대미학 강의 - 숭고와 시뮬라르크의 이중주』(파주: 아트북스, 2007).
12 신지학은 헬레나 페트로브나 블레바츠키(Helena Petrovna Blavatsky, 1831~1891)가 주도하여 시작한 종교적 철학의 교의 및 그 운동을 가리킨다. 이것은 인간을 영적으로 보다 완전한 형태로 진화하도록 돕는 것을 목표로 각 종교가 부분적으로 갖고 있는 진리를 나름의 방식으로 통합하는 혼합주의적 사상이다. 이를 개관하기 위해서는 Maria Carlson, *No Religion Higher than Truth: A History of the Theosophical Movement in Russia, 1875~1922* (Princeton: Princeton University Press, 1993)를 보라.

점차 발전해 가는 자본주의와 그것 아래서 예술이 '상품화'되는 것에 대한 저항이다. 그러나 다른 한편 동시대 사람들은 자본주의 아래, 에코의 명명에 따르면, '매스 미디어의 미'라는 완전히 상업화된 예술에 경도되기도 한다. 에코(Umberto Eco)는 이런 상황을 다음과 같이 표현하였다.

> 미래에 우리를 방문하는 사람들은 또 하나의 흥미로운 사실을 발견할 것이다. 아방가르드의 미술 전시회를 관람하고, 〈이해 불가능한〉 조각품을 구입하고, 또는 해프닝에 참가한 사람들이 유행하는 패션이 지시하는 바에 따라 옷을 입고 치장을 한다. 그들은 패션 잡지, 영화, 텔레비전이 제시하는, 다시 말해 매스미디어가 제시하는 미의 모델에 따라 청바지와 유명 메이커의 옷을 입고, 화장하고, 머리 모양을 바꾼다. 그들은 상업적인 소비 세계, 즉 아방가르드가 50년 넘게 싸워 온 바로 그 세계가 제시하는 미의 이상을 따르는 것이다. 이와 같은 모순을 어떻게 해석해야 할까? 설명할 방법을 찾을 수가 없다. 이것은 20세기의 전형적인 모순이다.[13]

이 모순적 상황에서 승리를 거두는 쪽은 자신의 적대자마저 하나의 상품으로 만드는 '매스 미디어의 미'이다. 앤디 워홀에게 보듯 사회주의자 모택동의 초상화는 인기를 끌며 예술 '시장'에서 거래된다. 혁명가 체 게바라도 자신의 초상이 각종 상품의 이미지와 함께 소비되는 것을 생각하지 못했을 것이다.

프레드릭 제임스(Fredric Jameson)는 "후기자본주의의 문화논리"라는 개념으로 이러한 상황을 효과적으로 분석한다.[14] 서구 사회에서 자본주의는 1940년대 말부터 새로운 단계에 들어섰다. 특별히 미국은 후기 산업사

---

13 움베르토 에코/이현경 옮김, 『미의 역사』 (서울: 열린책들, 2005), 418.
14 이에 대해서는 그의 대표적 저작 Fredric Jameson, *Postmodernism: The Cultural Logic of Late Capitalism* (London : Verso, 1991)을 보라.

회, 대중소비사회, 미디어사회, 스펙타클사회, 다국적 자본주의 등으로 불릴 수 있는 사회경제적 변화를 이끌었다. 그것은 새로운 유형의 사회와 경제적 상태를 만들었고, 이는 예술 방면에도 일정한 영향을 끼쳤다. 이른바 고급문화와 대중문화의 구분이 사라지고, 상업성이 문화생산을 결정하는 데까지 나아갔다. 이는 미학적 대중주의, '깊이'의 실종, 풍자적 의식이 실종된 혼성 모방(패스티쉬), 역사성의 빈곤화, 의미의 해체, 탈현실화, 자본주의의 절대화, 비판적 거리 및 사유의 삭제 등을 불러 왔다. 이러한 후기 자본주의의 문화 논리를 제임슨은 '포스트모더니즘'이라고 부른다. 그것은 단지 하나의 예술 양식이 아니라 특정한 현상을 갖는 시대 구분을 뜻하는 개념이다.

위에서 밝힌 '후기 자본주의' 및 그것의 전형적 예술 앞에 신학적 혹은 종교학적 반응은 일차적으로 무엇이 되겠는지는 어렵지 않게 예상할 수 있다. 김산춘은 이마미치 모토노부(今道友信)을 인용하며[15] 현대 세계에 대해 다음과 같이 평가한다.

> 현대 세계에는 이제 신비 부재의 감각만이 남아 있다. 그것은 생명의 감각이 아니라 기계의 센서에 불과하다. 현대인들은 지면(紙面) 저편을 사색하는 대신, 액정 화면을 질주하는 정보의 기호들에 반응하는 로봇이 되어 버렸다. 거기에는 동일성이 자기를 소성(塑性)하리라는 희망도, 차이성이 자기를 전개하리라는 기대도 없다. 일상이 타자를 향하여 성장쇠퇴하면서 동일성과 차이성이 교착하고, 그저 완벽한 동형적 타자의 무한 반복만 요구될 따름이다.[16]

김산춘은 신비 부재의 기계적 센서의 감각만이 남아 있는 세상을 설명하기 위해 앤디 워홀을 거론한다.

---

15 "靈性と藝術", 『總合文化硏究所年報』 7 (東京, 靑山學院女子短期大學, 1999).
16 김산춘, 『발타살의 신학적 미학 – 감각과 초월』 (왜관: 분도출판사, 2003), 57.

앤디 워홀의 동형 반복에서 일상의 장식적 정착이 성공했다는 여기는 사람이나, 왜소한 자기 만족의 기계적 재생이 정확히 투영되는 모습에서 전율을 느끼는 사람이나, 다 같은 예술을 즐기고 있지만 신비에의 향수가 있느냐 없느냐에 따라 판이한 해석을 내릴 뿐이다. … 19세기 말 니체의 예언대로, 기어이 '별을 모르는 시대'가 오고 만 것이다.17

이와 같이 근대 이후 종교와 예술이 새롭게 만날 수 있는 가능성은 후기 자본주의의 위력 앞에 결별 관계를 유지한 채 사장(死藏)되는 것인가? 후기 자본주의의 예술에 대한 착취에 종교는 무엇을 통해 예술에 기여할 수 있고, 반대로 종교가 자신의 전달하려는 메시지 혹은 영적 차원을 후기 자본주의의 예술 가운데서도 발견하고 그것을 적극적으로 해석할 수는 없는 것인가? 서로를 풍요롭게 하는 만남의 방식은 없는 것인가?

III. 종교와 예술, 앤디 워홀을 두고 '카페'에서 만나서 대화하기
— 후기 자본주의 속 종교와 예술의 호혜적 관계 탐색

프레드릭 제임스가 후기 자본주의의 문화 논리의 양상으로 꼽은 미학적 대중주의, '깊이'의 실종, 풍자적 의식이 실종된 혼성 모방(패스티쉬), 역사성의 빈곤화, 의미의 해체, 탈현실화, 자본주의의 절대화, 비판적 거리 및 사유의 삭제 등은 앤디 워홀과 그의 예술을 대한 전형적인 비평이 열거하는 항목들과 거의 같다.18 그만큼 워홀은 후기 자본주의 예술의 상징적 인물이다. 따라서 이 시대의 종교와 예술이 만나는 방식과 그 가능성을 알고자 할 때 앤디 워홀이라는 후기 자본주의 문화 논리를 대표하는 예술가

---

17 앞의 책, 57-58.
18 물론 제임스는 워홀을 연구했고, 자신의 이론을 뒷받침하기 위해 워홀을 다룬다.

와 그의 작품을 연구할 필요가 있다. 물론 그가 후기 자본주의 속 예술의 '아이콘'이라 해도 이 시대 종교와 예술의 관계의 전모를 알려주고, 나아가 그가 종교와 예술의 성공적 관계를 보여줄 것이라는 기대는 지나친 것이다. 그러나 워홀이 아니라면 후기 자본주의 문화 논리 속에서 종교와 예술의 관계에 관한 논의를 누구로부터 시작할 수 있겠는가? 이익을 내는 '예술 상품'을 생산하느라 피폐해진 예술적 상상력이 종교에서 거대한 영감의 보고(寶庫)를 발견하고, 종교 역시 자폐적이고 조잡한 표현에서 벗어날 새로운 기회를 찾기 위해 워홀과 그의 작품을 바라보는 시각을 새롭게 하고, 이에 따라 그에 대한 평(評)을 달리함으로써 종교와 예술이 서로가 공존하고 나아가 서로를 풍요롭게 할 공간을 탐구해보자. 이를 위해 피해야 할 두 가지 접근 방식을 먼저 살펴볼 필요가 있다.

1. 두 가지 오도(誤導)

한 예술가와 그의 작품을 온당하게 평가하려면 예술가의 '말'에 전적으로 의존해서는 안 된다. 가령 다음과 같은 워홀의 말에 의지하여 그의 전모를 파악하려 해서는 빗나갈 경우가 있다.

> 만일 당신이 앤디 워홀에 관한 모든 것을 알고 싶다면 나의 그림과 영화 그리고 나의 표면만을 보십시오. 그곳에 내가 있습니다. 그 뒤에는 아무것도 없습니다.[19]

> 나는 내가 미국 예술가라고 생각해요. 나는 지금 그게 좋아요. 그게 멋지다고 생각해요. 아주 좋아요. … 나는 내 예술에서 미국을 재현한다고 느껴요. 그러

---

19 Frayda Feldman and Jöörg Schellmann, eds., *Andy Warhol Prints* (NY: Abbeville Publishers, 1985), 14에서 인용.

나 나는 사회 비평가가 아니죠. 나는 단지 내 그림에서 그러한 물체들을 그립니다. 왜냐하면 그것들은 내가 가장 잘 알고 있는 것들이거든요. 어떤 방식으로든 미국을 비판하려고 하지 않습니다. 그리고 절대로 어떤 추한 것도 보여주려고 애쓰지 않아요. 나는 그저 순수한 예술가예요. 내 생각에는. 그러나 나는 내가 예술가로 내 자신을 진지하게 받아들인다고 말할 수는 없어요. 거기에 관해서는 진지하게 생각해 본 적이 없어요.[20]

위의 두 언급에 드러난 워홀은 비판적 의식을 거둔 채 미국의 좋은 면만을 재현하면서 그저 '순수한 예술가'로 남고 싶은, 그래서 '표면'만을 다루면서 '깊이'를 의도적으로 거부하거나 그것에 관심이 없는 예술가로 등장한다. 그러나 예술가의 자기 평가는 여러 평가 중 하나이고 비평가들에게 그것은 참조사항이지 결정적 지침이 될 수 없다. 특별히 위악(僞惡)적이었던 앤디 워홀을 연구할 때는 더욱 그러하다. 워홀의 말은 워홀 자신이나 그의 작품들 중 일부만을 설명해줄 뿐이다.

워홀이 대중 앞에 나타날 때 쓰는 페르조나와 그의 '사생활'은 분명 달랐다는 점을 기억하자. 표면만을 보라는 워홀의 충고를 곧이곧대로 받아들이면 그는 작품을 통해 부와 명성을 게걸스럽게 구했고, 그의 작품은 마약이 자연스러운 곳에서 자신의 포르노-누드를 위해 아름다운 청년들을 고용하는 '나쁜 소년'에 의해 제작된 것이다. 또한 그가 추구하던 최고의 예술은 "돈을 버는 것"이었다.[21] 그러나 그러한 말과 행동은 때로 워홀이 팝 아티스트로서 스스로를 나타내는 전략이었다. 그는 자신의 표면적 삶을 하나의 오브젝트화하여 대중 앞에서 자신이 어떻게 행동할 것인가를

---

20 *Los Angeles Free Press*, March 17, 1967.
21 실상 예술을 통해 경제적 이익 그리고 명성을 갈구한 것은 비단 워홀만이 아니었다. 피카소 역시 그러했다. 그 부분에 관하여 피카소와 워홀의 다른 점은 피카소가 은밀한 방식으로 그러했다면 워홀은 자신의 목적을 공공연히 그리고 뻔뻔하게 내놓았을 뿐이다. 정은미, "부자 지갑을 연 피카소와 워홀", 「美術世界」 281 (2008), 106-107.

기획하고 나타난다. 그는 대중 앞에서 일종의 '연기'를 했거나 아니면 퍼포 먼스를 실행한 것이다. 워홀이 대중 앞에서 쓴 가면, 곧 그의 페르조나를 두고 그의 주변 지인들도 진짜 그가 누구인지 헷갈려 했다. 후기 워홀 영화를 공동으로 제작했던 폴 모리세이는 워홀을 '백치 천재'(idiot savant)로 불렀다. 순진하고 소박한 듯하지만 실상은 많은 것을 정확하게 간파하고 있기도 하고, 때로 예술가로서 충분한 지적 능력을 결여한 듯 보이지만 창조적인 발상을 해내는 워홀은 그에게 쉽게 파악될 수 없는 인물이었다. 또 다른 이는 워홀을 '수수께끼가 없는 스핑크스'로 부르기도 하였다.22 이러한 혼돈은 워홀이 만든 것이라고 보는 편이 더 설득력이 있다.

또한 작품의 '표면'에만 주목하라는 워홀의 충고가 있지만 실상 그것은 불가능한 주문이다. 작품은 물질로서 인식되지 않는다. 가령 우리는 유화 작품에 쓰인 물감을 보고, 그 물감의 물질성에 주의를 기울이기도 하지만 이내 그 물감 너머에 있는 것으로 이끌린다. 워홀의 작품 역시 그러하다. 니콜슨(Geoff Nicholson)은 워홀의 수프 통조림 그림의 "그 이미지는 분명히 물질적 존재이지만, 나에게 이전에는 전혀 하지 못했던 방식으로 주제를 인지하도록 허용해" 준다고 말한다. 그에 따르면 그런 의미에서 "워홀의 최고 작품은 단순히 정신적인 것이 아니라 실제로는 초월적인 것"이며, 그의 작품은 "우리에게 모래알갱이 하나에서 영원을 보도록 허락"하고 "깨끗한 눈으로 보는 수프 깡통은 혜성처럼 엄숙한 것이 될 수 있다."23

워홀의 '표면'만으로 그를 평가하려는 오도와 정반대로 워홀의 '비밀' 혹은 '다른 모습'을 그의 진면목으로 간주하려는 시도가 있다. 딜렌버거 (Jane Daggett Dillenberger)는 워홀의 표면이 아니라 이면(裏面)에 주목하라고 주문한다. 파티를 겸한 마약과 동성애에 둘러싸인 그의 '공장'(Factory), 그리고 경제적 이익과 예술가로서의 명성, 마침내 대중스타처럼 구는 워

---

22 제프 니콜슨/권경희 옮김, 『앤디 워홀』 (서울: 랜덤하우스 중앙, 2005), 17.
23 앞의 책, 144.

홀의 이면에는 지극히 종교적이고 경건한 워홀이 있다는 것이다.[24]

> 그의 대중적 페르조나와는 놀라울 정도로 반대인 다른 앤디, 사적인 앤디가 있
> 다. 이 앤디는 수줍어하고, 숨어 있고, 종교적이다. 앤디와 가장 절친한 친구인
> 존 리차드슨(John Richardson)을 제외한 모든 이들에게 숨겨져 있었지만, 리
> 차드슨이 말한 대로, '그의 영적인 면' ⋯ 바로 그 면이 ⋯ 그 예술가의 정신을
> 이해하는 열쇠였다.[25]

딜렌버거에 따르면 워홀은 그것을 '사생활'로 철저히 감추어 두었으나
그의 삶과 작품에 결정적인 영향을 주었다. 여러 증언에 의해 확인되었듯
이 워홀은 비잔틴 가톨릭교회의 세례 받은 신자였다. 그것도 명목상의 신
자가 아니었다. 그는 거의 매일 교회에 가서 기도를 하였다! 정기적으로
미사를 드릴 뿐 아니라 바쁜 가운데서도 홈리스들을 위해 무료급식 자원
봉사를 하였다. 손때 묻은 기도용 묵주를 지녔으며, 자신의 방에 기도용
제단을 마련했고, 침대 밑에는 기도집이 놓여 있다. 사제가 되려는 친척을
재정적으로 후원했으며, 최소한 한 명이 회심하도록 도왔다. 세상을 뜨기
전 마지막 전시회 중 하나가 "마지막 만찬"이었는데, 그 작품 수가 무려
100여 점에 달했다. 그것은 거의 '집착'이라 불릴 만하였다. 물론 예수, 예
수의 어머니 마리아 등과 같은 이른바 '성화'도 여러 편 제작했다.

딜렌버그는 경건과 종교성에 가득한 워홀의 이면으로부터 워홀과 그
의 작품, 특별히 죽음, 십자가, 재난, 마지막 만찬 등을 분석하여 그러한
작품들에 반영된 종교적 주제와 상징들을 발견한다. 그리고 워홀의 작품
들이 어떻게 죽음이나 재난에서 시작하여 "마지막 만찬"에서 구속에 이르

---

24 Jane Daggett Dillenberger, *The Religious Art of Andy Warhol* (New York: Continuum, 1998).
25 앞의 책, 11.

게 되는지를 연결해낸다. 이를 통해 워홀의 종교적 예술 세계를 독자들에게 알리고 싶어 한다. 딜렌버그의 워홀은 마치 선지자와 같이 본질을 관통하는 통찰을 가지고, 인간 실존의 신비를 작품을 통해 드러내는 천재적 예술가이다.

클리프 에드워드(Cliff Edwards)는 딜렌버그의 접근에 가장 철저히 반대하는 학자 중 한 명이다. 그는 딜렌버그가 중요하게 여기는 밀라노의 "마지막 만찬" 그림과 그 전시회에 대하여 출판된 워홀의 일기를 참조해야 한다고 주장한다.

> 생애 마지막 몇 달간 그의워홀는 밀라노에서 열린 그의 마지막 '최후의 만찬' 전시회 개최를 '무섭고 어리석다'(scary and stupid)고 기록했다. 대신 그가 '포르노-누드' 사진전이라고 부른 전시회에 훨씬 더 흥분되어 있었다.[26]

에드워드는 이어지는 일기에서 워홀이 "마지막 만찬"이 아니라 자신의 건강과 돈에 대한 걱정 그리고 지루함을 냉소적으로 기록하고 있다는 사실을 지적한다. 그러나 에드워드식의 비판은 그리 적절하지는 않다. 니체의 표현을 빌면, 자신에 대한 말은 자신을 감추는 다른 수단이다. 아우구스티누스의 『고백록』만큼 그를 알려주는 책도 없지만, 동시에 그에 대한 이해를 흐리게 하는 책 역시 없다. 자신을 미스테리로 남게 하기 위해 같은 질문에 대해 서로 다른 대답을 했던, 그의 출생연도조차 1928, 1930, 1932년으로 각각 기록될 정도로 사람들 앞에서 자신을 숨기면서 동시에 보여주기에 익숙했던 워홀이 출판을 감안했을 일기에서 모든 진실을 털어놓았을 것이라고 믿을 이유는 없다.

딜렌버그의 문제는 그의 전망이 워홀을 '표면'으로만 파악하는 방식과

---

26 Cliff Edwards, "The Religious Art of Andy Warhol (review)," *Christian Century* 116/8 (1999), 289-290.

동일한 난관에 부딪힌다는 데에 있다. 워홀의 전체 예술은 결코 '경건한 신앙인 워홀'이라는 범주 안에서 해석되지 못한다. 워홀 '표면' 뒤에 거의 매일 교회에서 기도하고 기도용 묵주를 지닌 워홀의 이면이 있듯, 워홀의 그 '이면' 밖에는 '그래서 뭐?'(so what?)와 냉정함(coolnes)을 지닌 채 예술 상품을 제작했던 워홀이 있다.

딜렌버그의 시각과 '표면'에만 초점을 맞추는 이들은 모두 후기 자본주의 시대에 종교와 예술 사이를 중재하지 못한다. 워홀의 사적 삶에 '종교적' 면이 없다면 종교는 워홀과 그의 작품을 논외로 두고 자신과 상관없는 것으로 간주해야 하는가? 또 예술가는 비록 숨겨두더라도 특정한 종교에 바탕을 두고 있어야 하고, 종교적 주제를 그려야 하는가? 반면 작품의 물질성과 표면으로만 인간의 삶과 예술이 구성될 수 있는가? 예술 작품 배후에는 종교와는 별도로 존재하는 '미'라는 추상만이 목적의 전부가 되어야 하는가? 이는 보다 근본적인 물음으로 우리를 나아가게 한다. 종교는 예술에게 자신에 대한 고백을 강요하지 않고서도, 예술은 종교를 강박적으로 의식하지 않고서도 서로를 풍요롭게 할 수는 없는 것인가? 종교는 예술에 대한 심판관으로 행세하지 않고, 예술은 종교에 대한 반항자로 자처하지 않고서 둘 사이의 만남과 대화는 이루어질 수 없는가? 예술적 상상력과 그 결과를 '완전히 설명하고 평가해 버리려는' 종교의 오만한 태도도 아니고, 종교에 시큰둥해야 예술다운 예술로 인정받을 수 있다는 편견도 잠시 정지된 그런 만남과 대화의 공간, 이른바 사람들이 모이고 만나 대화를 나누는 그런 '카페'와 같은 비평 공간은 없는가? 그러한 방식으로 워홀과 그의 예술을 해석할 수는 없는 것인가?

2. 워홀과 그의 예술 - 시대의 분열된 거울

나는 예술이 다음과 같은 일을 한다고 생각한다. 예술 작품은 자기 앞에서 사람을 멈추게 하고, 그 작품이 다루고 있는 대상을 다시 보게 하며, 작품 및 작품 대상의 너머를 생각하게 돕고, 이 모든 과정을 통해 작품을 경험하기 전과는 달라진 관람자를 새롭게 자신의 삶과 관련 맺게 한다. 예술을 통해 그러한 일을 하는 예술가는 어떤 사물이나 사상(思想) 앞에 멈췄고, 그것을 이전과는 달리 보았으며, 그 다름이 통상적으로 인지되던 대상의 너머에서 비롯되었음을 감지하였고, 이를 작품으로 제작하면서 이전의 자신과 달라진 자신의 삶과 작품을 관련 맺게 한다. 이것은 예술과 예술가에 대한 '정의'(定義)를 시도한 것이 아니라 예술가와 예술작품이라고 불리는 사람과 사물이 행하는 기능을 묘사하려 한 것이다.

　기독교적[27] 관점에서 한 예술가와 그의 작품을 바라본다는 것은 위와 같은 과정을 거치는 예술가와 그 결과로 나온 예술작품을 '기독교'라는 특정한 세계관에서 바라보고 평가한다는 의미이다. 따라서 기독교적 주제나 소재, 예를 들어 십자가, 마지막 만찬, 예수, 예수의 어머니 마리아 등등이 등장하는 작품이나 작가의 종교성은 기독교적 예술 비평이 다루는 한 부분에 해당한다. 그러나 기독교적 예술 비평은 보다 포괄적이다. 겉으로는 종교적 주제가 드러나지 않고, 예술가 또한 기독교적 배경을 갖고 있지 않더라도 기독교라는 특정한 관점에서 예술가 및 그 작품과 만나고 대화를 시도한다. 그러한 만남과 대화는 각자를 확인해줄 뿐 아니라 상대방에게서 자신의 모습을 발견하게도 한다. 나아가 각자가 얻고자 하는 부분을 상대방에게서 찾도록 돕고, 심지어는 각자를 변경하도록 자극한다. 이러한 과정을 통해 (물론 언제나 그렇지는 않은 것이지만) 종교와 예술은 서로를 풍요롭게 하고, 다채로울 수 있도록 돕는다.

　워홀을 기독교적 관점에서 바라보고 평가한다는 것 역시 예술가 워홀

---

27 '기독교'는 대단히 다양하고 폭넓기 때문에 '기독교적'이라고 할 때에는 어느 기독교인지 혹은 기독교의 권위로 공통적으로 인정받는 성서의 어느 부분에 근거를 두는지를 명확히 하는 일이 필요하다.

과 그의 작품을 '기독교'라는 특정한 세계관에서 바라보고 평가한다는 의미가 된다. 그러나 이미 밝혔듯 비평의 목적은 통상 비도덕적으로 비판되는 워홀 및 그의 작품과 만나서 대화하려는 것이지 그의 삶과 작품을 해석해 '버리고', 비판해 '버리고', 정죄해 '버리는' 데에 있지 않다. 다시 말해 기독교적 예술 비평은 워홀을 카페에서 만나려는 것이지 고해성사실에서 죄를 고백받고, 그 죄를 사하기 위한 지침을 내리기 위함이 아니다. 도리어 한 시대를 반영하는 예술가와 그의 목소리를 귀 기울여 듣고 거기에 대해 무엇인가를 말하려는 태도이다. 이러한 태도는 '열려 있음'을 미덕으로 하며, 정직한 '열려 있음'은 자기 성찰과 자기 수정으로 나아가게 한다.

이제 '카페'에 있던 기독교에게 워홀이 찾아온 이야기, 그가 말 걸어왔던 이야기에 대한 대답을 하려 한다. 면밀히 살펴보면 기독교라는 방대한 상징체계 가운데 워홀 및 그의 작품과 의미 연관을 갖는 부분이 적지 않고, 매우 복잡한 토의가 이루어질 수 있다. 그런 번잡함을 피하기 위해 나는 하나의 은유를 사용하고자 한다. 곧 워홀과 그의 작품을 '시대의 분열된 거울'로 은유하고, 그 은유를 돌며 말의 조리(條理)를 만들어보려 한다.

이미 '거울'이라는 은유로 워홀을 바라보는 해석들이 존재했다.[28] 이는 워홀이 동시대의 다른 이들에게 들었던 평가이며 스스로 수용했던 바이다.[29]

> 나는 거울을 들여다보려고 한다. 거기에서는 아무것도 보이지 않을 것이다. 사람들은 항상 나를 거울이라고 부른다. 거울이 다른 거울을 본다면 볼 수 있는 게 무엇일까?

---

28 예를 들어, 강홍구, 『거울을 가진 마술사의 신화 - 앤디 워홀』 (서울: 도서출판 재원, 1995); 신지영, "앤디 워홀의 자화상에 대한 연구 - 1964년부터 1986년까지 9개 그룹의 자화상을 중심으로", 「현대미술논집」 4 (1994), 21-43.

29 Andy Warhol, *The Philosophy of Andy Warhol* (NY: Harbrace, 1975), 7.

'거울' 은유로 워홀을 해석하려는 이들은 주로 '거울'의 기능 중 '반영'에 집중했다. 거울은 거울 앞에 있는 것을 반영한다. 그렇듯 워홀과 그의 작품 역시 자신 앞에 선 시대를 반영한다는 것이 그 견해의 핵심이다. 워홀의 언급이나 그의 작품을 '거울'의 심상을 통해 다각도로 검토하면 '거울'이 단지 '반영'에만 집중되어 있지 않음을 알게 되지만, 일차적으로 워홀이나 그의 해석자들이 '거울'의 '반영' 이미지를 주로 고려하고 있음은 분명하다.

1) '워홀 거울'의 시대 반영

시대의 거울 곧 시대의 '반영'으로서 워홀과 그의 예술은 동시대인들이 어떤 상황에 놓여 있는지를 적나라하게 보여주었다. 그를 주목받게 한 캠벨 수프 캔을 그린 작품에서 우리는 우리가 살고 있는 삶의 조건을 따져보게 된다. 이는 예술이 갖고 있는 근본적인 기능 중에 하나인데, 예술가는 그 시대를 하나의 작품 안에 압축해 놓고, 그곳으로부터 우리의 일상적 삶의 풍경들을 유추하게 한다. 워홀은 시대를 반영하는 자신의 작품의 특징을 분명히 인식하고 있었는데, 그는 축적된 인문학적 지식으로부터가 아니라 예술적 직관을 통해 이에 이른다. 코카콜라 병을 그리면서 워홀은 이렇게 말한다.

이 나라 미국의 위대성은 가장 부유한 소비자들도 본질적으로는 가장 가난한 소비자들과 똑같은 것을 구입한다는 전통을 세웠다는 점이다. TV 광고에 등장하는 코카콜라는 리즈 테일러도, 미국 대통령도 그것을 마신다는 것을 알 수 있으며, 당신들도 마찬가지로 콜라를 마실 수 있다. 콜라는 그저 콜라일 뿐 아무리 큰 돈을 준다 하더라도 길 모퉁이에서 건달이 빨아대고 있는 콜라보다 더 좋은 콜라를 살 수는 없다. 유통되는 콜라는 모두 똑 같다.[30]

[그림 1] Andy Warhol, *Coca-Cola Bottle*, 145x210cm, 1961

[그림 2] Andy Warhol, *Green Coca-Cola Bottles*, 176.5x132.7cm, 1962

워홀의 코카콜라 병 그림은 대중 생산과 대중 소비 사회의 이콘(icon) 으로, 우리는 그것을 '묵상'함으로써 오늘날 우리의 삶의 조건을 간파할 수 있다. 워홀의 작품이 말해주는 바는 대량 생산과 대량 소비를 통해 신분이 나 경제적 차이 곧 위계가 무너진 사회가 도래했다는 것이다. 값싸게 생산 된 낮지 않은 품질의 '상품'을 '소비'함으로써 누구나 '같아진다.' 워홀은 이 러저러한 방식으로 코카콜라 병이나 캔을 그렸지만(그림 1),31 그중에서 도 당시 대중소비사회의 도래를 가장 잘 표현해 주는 그림은 콜라병을 반 복적으로 보여주는 그림들이다(그림 2).

워홀은 '코카콜라'라는 우리 시대의 아이콘을 '반복'이라는 형식에 담아

---

30 강홍구, 『거울을 가진 미술사의 신화 – 앤디 워홀』, 49에서 재인용.

31 가령 1961년 린넨(linen)에 카세인(casein)과 크레용으로 그린(176.5x132.7cm) 코카콜 라 병은 종종 추상화가였던 프란츠 클라인(Franz Kline, 1910~1962)의 기법과 비교된다.

낸다. 이는 대량 생산, 대량 소비, 기술 복제 시대의 우리 삶의 풍경을 그 내용과 형식에서 정확히 반영한 것이다. 워홀은 '팝아트'로 분류되는 미술 사조에 속하지만, 상상력에 따른 이상화(理想化)를 거부하고 밖으로 드러난 겉모습을 자세히 관찰한다는 의미에서 '리얼리즘' 예술로 파악하는 것도 가능하다. 특별히 재현하는 방식에 대중 생산 및 소비 사회의 특징인 '반복'이라는 형식을 도입한 예술사적 의의는 가볍게 넘어갈 수 없다.

2) '워홀 거울'의 자폐성

워홀의 '반복'은 흔히 발터 벤야민(Walter Benjamin 1892~1940)의 "기술복제시대의 예술작품"에서 지적된 '아우라의 붕괴'라는 개념을 통해서도 해석된다. 원작을 재현하고 그것을 반복하는 것은 원작만이 지닌 아우라, 곧 반복될 수 없는 신령한 기운의 의미와 가치를 약화시킨다. 기술복제시대에는 예술품이 일상품이 되어간다. 워홀은 '반복'을 통해서 예술 작품의 원본성과 고유성을 약화시켰다.

'반복'은 예술 작품의 생산에만 그치는 것이 아니라 일상을 예술에 도입하는 데에도 등장한다. 다시 말하면 예술도 일상을 반복한다. 워홀 작품의 오브젝트는 '일상품'이다. 이미 말한 수프 캔이나 코카 콜라가 예술의 대상이 되었다. 예술은 일상과 범상한 것을 향하고, 그것을 자신 속에서 반복한다. 이때 워홀의 예술에서는 일상의 반복으로부터 오는 '지루함'과 '무의미'가 발생한다. 일상의 밖에는 아무것도 없다. 종종 일어나는 초월이나 탈출에 대한 욕망은 삭제해야 한다.

> 꿈의 환상이야말로 온갖 문제들을 불러일으키는 주범이다. 꿈이 없다면 문제
> 도 없을 것이다. 왜냐하면 있는 그대로 받아들이는 방법밖에는 없기 때문이
> 다.[32]

일상은 그대로 반복될 것이기 때문에 기억도 필요 없고, 기억이 필요 없으면 반성이나 성찰도 자리잡을 곳이 없다.

내겐 기억이란 것이 없다. … 이미 모든 것을 다 잊어버렸으니까.[33]

반복을 통해 아우라를 가진 작품을 사라지게 하고, 일상과 예술이 서로에게 침투하며, 결국 어떤 '특징'이나 '갈망' 없는 현재만을 존재하게 하는 그러한 동시대 예술의 모습을 워홀은 우리에게 보여주었다. 장 보드리야르의 말대로 워홀의 "예술은 모든 것을 평범함에 이르게 하기 위해 환상의 욕망을 없애버렸다."[34] 초월이나 환상, 성찰이나 반성이 사라진 '반복'은 결국 일상의 아무것도 없음, 무의미함, 무목적성을 드러내고, 워홀의 미학도 그것을 지향한다. 그의 길고도 지루한 영화들, 예를 들어 존 지오르노가 잠든 모습을 찍은 5시간짜리 영화 『잠』(Sleep, 1963, [그림 3]), 버섯 먹는 남자의 모습을 30분 동안 보여주는 『먹다』(Eat, 1964), 엠파이어 스테이트 빌딩을 해가 뜰 때부터 질 때까지 찍은 8시간에 이르는 『엠파이어』(Empire, 1964) 등은 극단적으로 긴 롱테이크 기법을 통해 우리가 일상을 보는 모습을 다르게 한다. 우리는 일단 거기

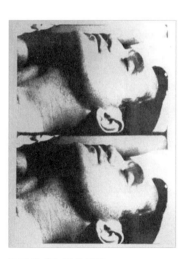

[그림 3] 『잠』의 한 장면

32 Warhol, *The Philosophy of Andy Warhol*, 112. Lars Fr. H. Svendsen/도보선 옮김, 『지루함의 철학』 (서울: 서해문집, 2005), 186에서 재인용.

33 앞의 책, 같은 쪽.

34 배영달 편저, 『예술의 음모: 보드리야르의 현대 예술론』 (서울: 백의, 2000), 8.

서 멈추게 되고, 이를 흥미롭게 바라보다가, 이내 지루함을 느끼게 된다. 이러한 과정들은 우리가 일상을 통해 늘 겪는 우리 삶의 모습과 닮아 있다. 워홀이 이런 영화들을 통해서 보여주고자 의도한 것이 무엇이든 간에[35] 그의 영화들은 삶의 일상과 그것의 피할 수 없는 지루함을 알려준다. 워홀의 지루함은 애당초 '무의미'로부터 비롯된 것이다. 호네프(Klaus Honnef)는 워홀의 "아무것도 없음을 찾는" 예술, 곧 "아름다움? 그게 뭐지? - 아름다움 자체에는 아무런 의미가 없다"는 말을 인용하며 이와 같이 평한다.

> 워홀은 아무 의미 없이 하찮은 것들을 제시하면서, 관객들을 목적과 구속의 실제 세계로부터 밖으로 데리고 갔다. …[36]

초월을 삭제한 예술과 그것의 오브젝트인 일상품, 예술작품으로 '격상'되었지만 여전히 후기 자본주의 사회에서 일상품처럼 '소비'되는 예술품에는 일상 그것의 바깥이 없다. 일상 속에 놓인 세상이나 개인에게 어떤 의미도 목적도 주어져 있지 않다고 워홀의 예술은 주장한다. 워홀을 '거울'로 은유하면서 처음으로 언급한 것이 거울의 '반영'이었다면, 지금 워홀이라는 '거울'은 그저 거울 앞에 선 사람만을 비추는, 자신에게 주어진 것 외에는 아무것도 반영하지 않는 자폐성을 보여준다. 그래서 자폐적 거울, 곧 거울 앞에 선 것 외에는 그 밖이나 안이 없는 '워홀 거울'은 이 무한 반복과 무의미의 세상에서 살아갈 인간에게 '기계'가 될 것을 주문한다. 곧 인간은 그 무의미와 무목적성 그리고 계속되는 반복에 익숙해지기 위해 '기계'가 되어야 한다.

---

35 워홀의 초기 영화에 대한 연구로는 장민용, "앤디 워홀의 초기영화에 대한 연구", 「영화연구」 23 (2004), 331-356를 볼 것.
36 클라우스 호네프/최성욱 옮김, 『앤디 워홀』(서울: 마로니에 북스, 2006), 77.

워홀: 나는 모든 사람이 기계가 되어야 한다고 생각합니다. … 팝아트는 사물을 좋아하는 것입니다.

스위슨: 사물을 좋아하는 것은 기계가 되는 것이라는 뜻인가요?

워홀: 그렇습니다. 사람들은 항상 같은 일을 하기 때문입니다.[37]

3) 시대의 죽음과 재난을 비추는 '워홀 거울'의 취약성

감정을 제거하고 거리를 두면서 '그래서 뭐'(So what?)를 툭 던지는 워홀이지만 그것이 워홀의 전모는 아니다. 재난, 자살, 폭력, 사고, 살인 등과 관련된 워홀의 작품은[38] '죽음'이라고 부를 수 있는 근원적인 두려움과 대면하지 않을 수 없는 워홀 자신과 그의 시대를 반영한다. 이는 '워홀 거울'의 반영의 한 면, 곧 그의 '리얼리즘'의 또 다른 면이다. 할 포스터(Hal Foster)가 '트라우마적 리얼리즘'(traumatic realism)으로[39] 명명한 이 리얼리즘은 미국의 미술가로서 번영의 시대에도 결코 극복되지 않는 재앙과 죽음이라는 모든 것을 무화하는 '실재'를 담아낸다. 이때 '워홀 거울'은 반영이지만, 대중소비사회의 현실을 반영하는 거울이 아니라 모든 인간에게 보편적 문제인 '죽음'과 '고통' 및 그것들을 다루는 그 시대의 방식을 반영하는 거울이다.

당시의 특정 사회와 그 속에도 여전히 존재하던 인간의 보편적 문제, 그리고 그것에 반응하는 방식을 '반영'하는 워홀의 작품들로 우리는 마릴린

---

37 Warhol & Swenson, "What is Pop Art?: Interview with Andy Warhol," *Art News* 62 (1963), 24-27. 인용은 24.

38 이에 관해서는 Thomas Crow, "Saturday Disaster: Trace and Reference in Early Warhol," 49-66, Annette Michelson, ed., *Andy Warhol* (London: The MIT Press, 2001).

39 Hal Foster, "Death in America," 68-88, 특별히 70-75, in Annette Michelson ed., *Andy Warhol* (London: The MIT Press, 2001).

[그림 4] 금발의 마릴린 먼로, 1962

먼로, 엘비스 프레슬리, 재클린 케네디 등의 초상화들을 대표적으로 꼽을 수 있다. 크로우(Crow)는 특별히 마릴린 먼로(Marilyn Monroe, [그림 4])의 초상에 주목한다.[40] 먼로의 초상화 시리즈는 그 유명한 여배우, 곧 '스타'가 자살한 주간에 제작된 것이다. '스타'란 워홀이 판단할 때 그 시대의 이상적 인간형으로 시대의 대중이 되고자 하는 모범적 인간이다. 특별히 먼로는 별 볼 일 없는 처지 혹은 학대받는 상황에서 누구나 선망하는 '스타'가 된 이른바 아메리칸 드림의 구현자다. 그러나 그의 약물 중독이나 자살은 대중의 사랑을 받는 '스타'의 명성과 부 그리고 행복한 얼굴 위에도 종말이 닥친다는 것을 보여준다.

크로우는 워홀의 금빛을 내는 먼로의 초상은 단지 스타의 죽음을 애도하는 초상화가 아니라 이콘화라고 설득력 있게 주장한다. 크로우는 '황금빛'에 주목하는데 그것은 이콘화에서 천국의 광채를 상징하는 색이다. 나는 먼로의 황금빛 머리색 못지않게 강조된 붉은 입술에 주목해야 한다고 생각한다. 이콘화에서 붉은 색은 신적 생명을 상징한다. 이로써 비잔틴 가톨릭 교회의 이콘화에 익숙했을 워홀은 '스타'를 현대의 '성인'(聖人)으로 추대하였다. 중세 시대에 성인이 사람들로부터 존경과 인정을 받는 존재였다면 현대의 성인은 '스타'이다. 중세의 성인은 신앙과 선행을 통해서 하나님으로부터의 인정과 영생을 얻고, 자신에게 기도하는 사람들에게 도움을 준다고 여겨졌다. 워홀의 먼로 이콘화를 통해 우리는 현대의 성인인 스

---

40 Crow, "Saturday Disaster", 51-55.

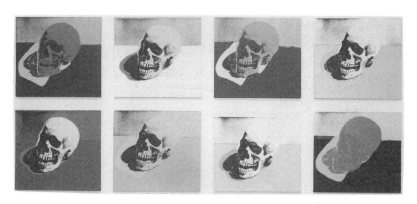
[그림 5] 1976년에 제작된 72 1/8x80 1/2인치의 대형 해골 그림

타 역시 불멸과 광휘를 얻고 있다는 암시를 받는다. 그러나 그것들은 하나님으로부터 온 것이 아니다. 죽은 스타는 자신의 이미지가 소비되는 성인으로, 이미지가 소비되는 한 불멸과 영광을 얻는다. 그렇게 스타가 영원히 사는 곳은 하나님 나라가 아니라 소비시장이다. 내가 판단하기로 먼로 이콘화는 후기 자본주의 시대에 스타의 죽음이 처리되는 방식을 냉정히 드러낸다. 죽음은 탈색된다. 스타는 사람들의 가슴 속에 영원히 산다. 아니, 스타는 사람들의 소비 속에 영원히 산다. 워홀의 먼로 이콘화는 '죽음'의 실재에 대해 후기 자본주의 시대의 문화 논리가 대응하는 하나의 방식을 보여주었다.

죽음과 재난에 관한 시리즈를 제작하면서 그것을 '처리'하는 여러 방식을 모색했지만 워홀에게 죽음은 여전히 풀리지 않는 문제였다. 다음과 같이 더듬거리며 한 워홀의 말의 의미는 다소 불분명하지만 그가 죽음에 대해 두려워하면서 동시에 혼란스러워했다는 점만을 분명히 알려준다.

나는 그것[죽음]을 믿지 않습니다. 왜냐하면 여러분은 그것이 일어났다는 것을 알고 싶어 하지 않을 것이기 때문입니다. 나는 그것에 관해 아무것도 말할 수 없습니다. 왜냐하면 아직 그것을 맞을 준비가 되지 않았기 때문입니다.[41]

[그림 6] 해골과 함께 있는 자화상, 1978

많은 해골을 수집한 후 그린 해골 그림([그림 5])이나 해골과 함께 있는 자화상([그림 6])은 죽음을 반복함으로써 그것에 대비하려는 혹은 무감각해지려는 워홀의 시도이다. 할 포스터가 워홀의 예술을 트라우마적 리얼리즘이라고 부른 것은 최소한 이 부분에서는 적절한 평가이다. 정신분석학에서는 '트라우마'를 입은 사람은 그것의 충격을 '반복'을 통해서 점차로 줄여나간다고 설명한다. 재난 시리즈를 통해 재난이 주는 충격을 완화하고 갑작스러움을 없애려 했던 워홀은 죽음에 대해서도 '반복'이 주는 효과에 기대려 한다. '반복'함으로써 심지어 자신에게 닥친 재난이나 죽음도 마치 텔레비전의 한 장면을 보는 것처럼 그렇게 무덤덤해지기를 워홀은 원했다. 그러나 그런 시도는 역설적으로 '워홀 거울'의 깨지기 쉬운 취약성과 그 깨지기 쉬운 거울에 비친 불가항력적인 죽음에 대한 두려움, 그리고 죽음이 가져올 온갖 화려한 것들의 종말 그리고 종말에 있을 허무함을 동시에 표현한다. 나아가 여러 비평가들이 간과하고 있지만[42] 워홀의 해골 그림이나 해골과 함께 있는 자화상은 17세기 네덜란드 등지에서 제작되었던 '바니타스'의 맥락에서 보다 적실히 파악될 수 있을 것이다.

잘 알려 있다시피 17세기 네덜란드와 플랑드르 화가들은 '바니타스'로

---

41 Andy Warhol, *The Philosophy of Andy Warhol*, 123.

42 아마 휠록(Arthur K. Wheelock, Jr.)만이 유일하게 워홀의 그림과 바니타스의 관련성을 지적한 듯하다. The Staff of the Andy Warhol Museum, *Andy Warhol 365 Takes* (NY: Thames & Hudson, 2004), 312.

명명되는 특정한 형태의 정물화와 인물화를 그렸다. 죽음의 확실성을 상징하는 해골, 부패를 뜻하는 썩은 과일, 삶의 순간성과 죽음의 갑작스러움을 나타내는 거품, 비눗방울, 연기, 모래시계, 악기, 촛불 등등이 그림의 한 곳에 등장한다. 어떤 작품에서는 그림의 주요 대상과 아무런 연관성 없이 바니타스의 품목들이 나타나기도 하고, 아예 위에서 언급한 물체들이 노골적으로 한꺼번에 나오는 작품도 있다. 재미있는 것은 이런 그림들은 당시 최고의 경제적 부흥기를 구가하던 네덜란드에서 나왔다는 점이다. 워홀 역시 20세기 중후반 '뉴욕'이라는 풍요의 도시에서 현대판 '바니타스'를 제작한 것은 우연이라고만은 할 수 없을 것이다. 300년의 차이에도 불구하고 예술적 직관은 풍요와 허무 사이에는 모종의 연관을 찾아낸다.

4) 워홀 거울과 전도서

지금까지 해명한 바와 같이 '워홀 거울'은 '반영'과 '반복', '자폐성'과 '지루함', '죽음'과 '무의미' 등과 밀접히 연결되어 있다. 그러한 주제들은 성서와 기독교에 낯선 것들이 아니다. 특별히 구약성서의 전도서에 매우 익숙한 용어들이다. 현대 기술 문명과 윤리 그리고 법학자이자 신학자였던 프랑스의 자끄 엘룰(Jacques Ellul, 1912~1994)은 근본적이고 매력적인 그의 연구 여정을 전도서에 대한 해설로 갈무리하길 원했다.[43] 성서의 지혜 문학에 침잠한 그는 이렇게 결론 내린다. "모든 지혜는 덧없음을 인식하는 것으로 요약된다."

덧없음은 프랑스어 'vanité'의 번역인데, 이는 전도서 1장 2절에 연거푸 다섯 번 나오는 히브리어 '헤벨'(hebel)을 프랑스어로 옮긴 말이다. '헤벨'은 기본적으로 연무나 아지랑이와 같이 증발하는 기체나 숨 혹은 호흡

---

43 Jacques Ellul, *Reason for Being: A Meditation on Ecclesiastes* (Grand Rapids, Michigan: Eerdmans, 1990).

을 뜻한다. 그건 있다고 해야 하지만, '있다'라고 말하는 순간 '있었다'라고 정정해야 하는 그런 것들이다. 그러니 헤벨은 제행무상(諸行無常) 혹은 제법무아(諸法無我)와 같은 존재의 덧없음을 자연스럽게 의미하게 되었다. 히브리어 성서를 헬라어로 옮긴 칠십인 역은 '헤벨'을 '마타이오테스'(mataiotēs)로 읽는다. 그 단어는 목적 없는 부유(浮游), 의미 없는 소리, 기만적이어서 쓸모없는 생각, 초점 없는 무력함 등을 가리킨다. 바울 역시 여전히 소망이 남아 있다고 선언하면서도 전도서의 저자처럼 피조물이 '마타이오테스'에게 굴복했음을(롬 8:20) 부정하지 않는다. 성서의 라틴어 역본 중 최고의 권위를 갖는 불가타(Vulgata)역은 마타이오테스의 대응어로 '바니타스'(vanitas)를 선택했다. 그래서 전도서 1장 2절의 일부를 이렇게 읽는다. "Vanitas vanitatum omnia vanitas."[44] 17세기 네덜란드의 '바니타스'는 바로 그 전도서의 세계관과 잇닿아 있었다.

전도서는 지혜와 부와 권력과 명예를 동시에 거머쥔 솔로몬 왕의 글이라고 소개된다(1:1). '솔로몬'이 저자라는 것은 이 책이 담고 있는 허무주의의 효과를 높이기 위한 장치이다. 지혜, 부, 명예, 안락, 육체적 쾌락을 맘껏 누린 솔로몬은 사람의 삶이 결국 덧없고, 바람을 좇는 것과 같다(1:14, 17; 2:1, 11, 15, 17, 19, 21, 23, 26)는 진실을 말할 수 있는 화자(話者)의 자격을 갖춘 인물이다.[45]

전도서 저자의 다른 명칭인 코헬렛(Qoheleth) 곧 지혜의 교사는 세상의 부조리와 모순성, 삶의 고통, 항상 주위를 맴도는 죽음의 불가피성과 임의성, 제어 불가능한 재난과 폭력 그리고 그것들의 무한반복 앞에 권태와 무의미, 무력감과 자조를 탄식에 섞어 말한다. 심지어 그는 자신이 쏟아놓은

---

44 김학철, 「렘브란트의 그림에 나타난 바니타스와 죽음(1)」, 「기독교사상」 594 (2008), 246-256. 특히 246-247.
45 그러나 이 책의 기록 연대는 대략 기원전 300-250년경으로 추정된다. 전도서에 관해서는 Elizabeth Huwiler, *New International Biblical Commentary: Proverbs, Song of Songs* (Peabody, MA: Hendrickson, 1999)를 보라.

말과 같은 지혜 및 지식에 대해서 조롱한다. "한 마디만 더 하마. 나의 아이들아, 조심하여라. 책은 아무리 읽어도 끝이 없고, 공부만 하는 것은 몸을 피곤하게 한다"(12:12). 전도서의 저자는 이른바 무신론자나 무신론의 시대에 사는 인물이 아니다. 그 지혜의 교사는 하나님이 그 모든 것의 배후에 있다고 '고발'한다. "하늘 아래에서 생겨나는 온갖 일을 살펴서 알아내려고 지혜를 짜며 심혈을 기울였다. 괴로웠다. 하나님은 왜 사람을 이런 수고로운 일에다 얽어매어 꼼짝도 못하게 하시는 것인가!"(1:13).

후기 자본주의 시대의 뉴욕과 2천 년 전 팔레스타인에서 기록된 전도서 사이에는 엄청난 시공간의 차이가 있다. 그러나 워홀의 예술과 코헬렛의 지혜의 말이 갖는 유사한 에토스(ethos) 그리고 그것을 보는 이들이 갖는 유사한 파토스(pathos)는 둘 사이에 존재하는 시공간의 간격을 뛰어넘는다. 우리는 이를 두고 이른바 '보편적'이라 부른다. 그리고 이것이 삶의 진상(眞想)과 가깝다는 것을 깨닫는다. 기독교는 워홀의 미술을 통해서 전도서를 다시 새롭게 읽으며, 현대인들이 처한 삶의 곤궁에 다시 한 번 주의를 기울이게 된다. 또 워홀의 예술이 반영하는 시대와 인간 삶의 모습 그리고 그것의 자폐성, 무의미, 공허감, 지루함, 덧없음에 관한 것들이 기독교가 역시 전하고자 한 바였음을 다시 한 번 확인하고, 자신의 메시지를 그의 예술에 실어 전할 수 있다. 기독교는 워홀의 예술을 통해 '말'이 아니라 '이미지'를 통해 자신의 메시지를 형상화하는 길을 발견한다. 또한 그의 예술을 통해 자신의 전통에 대한 해석의 다양한 차원을 발견하게 된다. 다른 한 편 워홀 예술은 기독교라는 인류의 종교 자신의 전통을 통해 '말'을 얻는다. 그의 작품은 '해명'되고, 그 해명 과정에서 더욱 풍성한 예술 사건이 일어난다. 나는 이러한 접근 방식과 접근 태도가 현대라는 '카페'에서 기독교와 워홀이 만나는 생산적인 길 중 하나라고 생각한다.

5) 워홀 거울의 삶의 밀착성

워홀과 전도서는 매우 깊은 차원에서 만나고 서로 공명한다. 기독교적 일부 메시지는 워홀의 예술을 통해 자신을 표현할 상징적 자원을 확보했고, 워홀의 예술은 기독교적 해석을 통해 그 의의가 더욱 깊어졌다. 둘은 서로를 통해 더욱 풍성해졌다. 그러나 그 둘이 갈라지는 차이점이 있다. 기독교적 예술 비평은 그 차이를 드러내는 데에 주저할 이유가 없다. 사물의 본질에 놓인 바니타스, 곧 덧없음 앞에 선 워홀의 대응 방식과 전도서 저자의 길은 중요한 부분에서 갈린다. 그것을 나는 삶의 밀착성의 문제라고 파악한다.

전도서는 삶의 무한 반복과 이로 인한 지루함, 온갖 쾌락의 무료함과 덧없음, 부조리와 죽음의 불가피성과 무분별성을 선언한다. 나아가 코헬렛은 하나님이 사람에게 그러한 무거운 짐을 지운 것이 아니냐고 묻기도 한다. 이것은 어찌 보면 실제적인 무신론인지도 모른다. 전도서의 하나님은 질서와 조화의 궁극적 보장으로 자처하지 않는다. 그러나 코헬렛은 삶의 본질에 놓인 바니타스를 알면서도 삶으로 더욱 밀착하려 한다. 삶의 허무함을 알기에 지혜자는 독자들에게 삶에 더욱 밀착하라고 권고한다. 삶으로 밀착하는 것은 삶의 무의미성을 알고, 바람을 좇으려는 헛된 시도를 그만두는 데에서 온다. 그는 힘써 허락된 삶을 누려야 한 것으로 여긴다.

> 지금은 하나님이 네가 하는 일을 좋게 보아 주시니, 너는 가서 즐거이 음식을 먹고, 기쁜 마음으로 포도주를 마셔라. 너는 언제나 옷을 깨끗하게 입고, 머리에는 기름을 발라라. 너의 헛된 모든 날, 하나님이 해 아래에서 너에게 주신 덧없는 모든 날에 너는 너의 사랑하는 아내와 더불어 즐거움을 누려라. 그것은 네가 사는 동안에, 해 아래에서 애쓴 수고로 받는 몫이다. 네가 어떤 일을 하든지, 네 힘을 다해서 하여라(전도서 9:7-10a).

즐거이 음식을 먹고, 기쁜 마음으로 포도주를 마시고, 언제나 깨끗한 옷을 입고, 머리에 기름을 발라 단정히 하고, 사랑하는 아내와 더불어 즐거움을 누리며, 자신에게 허락된 몫에 즐거워하고, 주어진 일을 힘을 다해 하는 것, 전도자는 독자들에게 '너의 헛된 모든 날' '네가 사는 동안에' 그렇게 행하라고 권면한다. 전도서의 바니타스는 삶으로 더욱 밀착하게 하는, 덧없는 삶을 누리는 법에 이르기 위한 덧없음과 바람을 좇는 사람의 허무를 말하는 것이다. 극단적인 금욕주의와 쾌락주의 사이에 소박한 누림을 위해 기꺼이 자신을 개방하는 그러한 향유의 자세를 갖는 것이다. 그것은 매우 일상적인 일에서 발견된다. 자신이 하나님 앞에서 긍정되고 있다는 사실을 확인하는 것으로부터 시작한다. 일상을 넘어서서 굉장한 무엇이 있다고 추측하지 않는다. 해 아래 사는 사람이 '덧없음'을 자각하지만 '사랑하는' 아내와 '더불어' 즐거움을 누릴 수는 있다. 자신이 일한 대가도 기대할 수 있기에, 그는 자신을 실현하는 노동을 있는 힘껏 할 이유도 있다.

그러나 내가 보기에 워홀은 '덧없음'이 떨어뜨려 놓은 '나'와 '삶'의 사이를 좀처럼 좁히지 못하였다. 워홀은 삶의 관찰자 혹은 훔쳐보는 사람 이상이 되지 못하였다.[46] 삶과 밀착되지 못하는 이들, 삶을 관찰하려고만 하는 이들에게 사랑은 불가능하다. 워홀은 에디 세즈윅에[47] 관해 말할 때 '사랑했다'고 하지 못하고 '아마도 사랑에 매우 근접한 감정'이라고 말할 수밖에 없었다. 그의 동성애나 남성 누드에 관한 그의 영화나 작품들은 '사랑'에 대한 대체물로 보인다. 그 자신은 "최고의 사랑은 '사랑에 대해 생각하지 않는' 사랑"이며 독자들에게 "눈을 감고 사랑에 빠져야 한다. 그냥 눈을 감아라. 쳐다보지 마라"고 충고하지만 정작 그 자신은 그 말을 실행에 옮길 수 없었다.

워홀이 꾸준히 교회를 나가고, 무료급식 자원봉사를 하며, 기도 묵주

---

46 이에 대해서는 신지영, "앤디 워홀의 자화상에 대한 연구", 33-37.
47 워홀과 관련된 그의 삶은 〈팩토리 걸〉(Factory Girl)이라는 제목으로 2006년 영화화되었다.

후기 자본주의 속의 종교와 예술 | 253

[그림 7] 마지막 만찬, 1986

를 돌리고, 방에 제단을 차려놓았지만 그는 그것을 전적으로 사생활로, 사적 영역으로 한정했다. 이것은 종교라는 삶의 전반에 관여하는 상징 체계와도 일종의 거리두기라고 할 수 있다. 그는 사적 영역에서 매우 종교적인 사람이었으나 그의 예술은 그 '사적 영역'과 철저히 구분되었다. 워홀은 종교적 주제, 가령 최후의 만찬(그림 7)이나 성(聖) 모자 상(그림 8)⁴⁸을 그렸지만 그것은 캠벨 수프 캔을 그린 것과 다를 바가 없었다. '생활용품'을 화폭에 올려놓듯 사적 영역과 반복된 일상 속에서 아우라를 잃어버린 종교적 주제가 그의 전형적인 예술 기법을 통해 표현된다. '삶'과 거리를 두고, '종교'라는 삶으로 밀착시키는 힘은 사적 영역에 가두면서 그가 공공연히 거리를 좁히려고 했던 것은 고통을 느끼지 않는 '기계'였다.

---

48 Maureen Korp, "The Religious Art of Andy Warhol (review)," *Nova Religio* 6/2 (2003), 396-397를 보라. 코르프는 워홀의 성모자상 그림에 나와 있는 성애 및 동성애 코드를 예리하게 집어낸다.

워홀은 자신을 삶과 밀착시킬 힘을 예술 그 자체에서도, 종교에서도 발견하지 못한 채 그 대리품들을 찾았다. 그는 사람이 직접 참여해야 하는 것은 섹스와 파티라고 하였지만, 사람이 직접 참여해야 하는 것은 삶 그 자체이다. 이것은 워홀에 대한 기독교적 비판이 아니라 그와 그의 예술이 택할 수 있었던 다른 선택, 그의 예술을 보다 다채롭게 할 수 있었던 다른 대안을 말해주려는 것뿐이다.

[그림 8] 라파엘의 마돈나, 1985

그것은 '카페'에서 진심으로 다른 이에게 건넬 수 있는 말이다. 이는 마약 때문에 고통받던 바스키아에게 워홀이 했다는 충고와 비슷하다고도 할 수 있다.

IV. 맺는 말

후기 자본주의 사회와 그것의 문화 논리인 포스트모더니즘은 근대 이후 갈라졌던 종교와 예술이 만날 수 있는 새로운 환경을 조성하였다. 예술은 나름의 영성을 추구하고, 종교 특별히 기독교는 예술이라는 상징 영역의 중요성을 새삼 각성했다. 그러나 새로운 만남의 가능성은 후기 자본주의의 파괴적인 경제적 가치의 전횡, 예술계의 기독교적 주제에 대한 거리두기, 상업화된 예술에 대한 기독교계의 경계로 인해 소진될 위기에 처했다. 그러나 그들은 서로를 필요로 한다. 이때 워홀이라는 후기 자본주의 시대의 대표적 예술가는 종교와 예술이 만나는 방식과 서로를 풍요롭게 하며 서로가 갈라지는 지점을 잘 보여주는 하나의 본보기로 기독교적 예술 비평이 다루어야 할 대상이다.

그간 워홀은 대표적인 상업주의 예술가로 간주되었고, 기독교계가 주목하지 않았던 예술가였다. 다른 한 편 최근 워홀의 신앙적인 면모가 발견되고 종교적 주제를 담은 그의 그림들이 새롭게 주목을 받으면서 그를 심오한 기독교적 화가로 간주하는 경향도 생겼다. 그러나 둘 모두 일정한 한계를 갖는다. 두 경우 모두 워홀의 삶과 그림이 모두 보여주는 상업주의와 종교적인 면을 전체적으로 설명하지 못한다. 이에 이 글은 워홀과 그의 예술을 '시대의 분열된 거울'로 은유하면서, 그 거울의 시대 반영과 자폐성, 또 시대가 죽음과 재난을 다루는 방식을 반영하는 '워홀 거울'과 그것의 취약성을 살펴보았다. 그리고 이를 기독교 성서 중 전도서와 함께 묶어 읽으면서 워홀의 예술과 전도서가 어느 지점에서 서로 공명하고, 또 어디에서 서로 갈라지는지를 평하였다.

기독교적 예술 비평은 워홀 예술을 평하면서 기독교로 하여금 자신에게 있던 전도서를 재발견하게 하였고, 그것의 메시지가 오늘날 예술의 영역에서 어떻게 형상화될 수 있는지를 보다 선명히 알게 하였다. 한 편 워홀의 예술은 기독교의 전통에서 자신이 가진 가치를 설명할 수 있는 '말'을 얻었다. 그의 예술이 지닌 삶의 실상을 알려주는 '계시적' 차원 역시 새롭게 조명받았고, 우리가 속한 시대의 곤경이 무엇인지를 드러내는 예술의 본질적 사명이 어떻게 그의 예술에서 실현되는지도 해명되었다. 워홀의 예술을 평가하고 계승하고자 하는 이들은 이와 같은 기독교적 비평에서 자신들의 평가 및 계승 방식을 점검할 수 있는 하나의 자료를 얻을 수 있을 것이다. 나아가 후기 자본주의라는 사회경제적 맥락 외에 자신의 예술이 놓인 종교적 전통이라는 맥락도 더불어 획득할 수 있을 것이다. 물론 둘 사이의 차이점 역시 지적되었다. 워홀의 예술이나 전도서 모두 사물과 인생의 본질인 덧없음을 공통으로 인식하지만, 전도서가 덧없음의 인식을 통하여 삶의 일상에 더욱 사람을 밀착시키는 반면 워홀의 예술은 덧없음의 통찰이 도리어 삶의 관찰자적 태도를 유지 혹은 강화시킨다는 것이 드러났다. 그러나 워홀의 예술과 기독교가 만나면서 둘 모두가 풍성해진 것만은 틀림없다. 비록 간략하지만 이를 두고 후기 자본주의 시대의 한 '카페'에서 종교와 예술이 호혜적으로 만나고 대화한 사례라고 주장한다 해도 무리가 아닐 것이다.

4부

음악과 성서

_양재훈

드뷔시의 "*L'Enfant prodigue*"의 눈으로 본 탕자의 비유

어머니 내어머니 아을스록 큰어머니

다수한 품에들어 더욱늣길 깁흔사랑

써돌아 몸얼린일이 새로뉘쳐집내다

_ 최남선, 〈천왕봉에서(지리산)〉[1]

I. 들어가는 말

성서학을 한다는 것이 무엇을 의미하는가라는 질문에 대해 일반적으로 성서학계에서는 성서 본문 텍스트, 보다 구체적으로 말하자면 종이 위에 문자로 기록되어 성경책이라는 한 권의 문서에 포함되어 있는 성경말씀 본문을 대상으로 연구하는 것을 가리키는 것으로 이해한다. 그러나 성

---

1 최남선, 〈천왕봉에서(지리산)〉,『백팔번뇌』(경성: 동광사, 1926), 61.

서학이라는 연구를 수행함에 있어서 그 범주를 문자화된 텍스트로 국한하기에는 그 운신의 둘레가 줄어듦을 부인하지 않을 수 없다. 신약성서를 예로 들자면, 예수가 말씀을 선포하고 놀라운 일들을 일으키며 사역을 했을 때 그것은 문자 텍스트가 아닌 구두 텍스트와 행위(performance)로 이루어진 것이었다. 이에 대한 이야기가 전해 내려오던 초기 단계 역시 구두-청각적(oral-aural) 수단에 주로 의존한 것이었다.[2] 문자를 기록할 능력과 그것을 해독할 능력이 저조했던 고대와 중세 이전의 문화적 상황,[3] 혹은 문자를 널리 보급할 수 있는 경제적 능력이나 인쇄술과 같은 기계 문명의 한계로 인한 불가피한 여건, 혹은 세속 권력이나 종교 권력의 하층민들을 통제하기 위한 정치적 속셈에서 기인한 것일 수도 있지만, 중세에 이르기까지 성서를 접근하는 주된 방식은 문자 텍스트보다는 스테인드글라스,[4] 성상이나 이콘들,[5] 예배당 안에 그려진 성화들,[6] 그레고리안 찬트를 비롯

---

2 복음서들이 문자 텍스트 이전에 구두 텍스트의 단계였음을 인지하면서 최초 복음서 청자들의 입장에서 복음서를 접근하려는 시도들은 많이 이루어져 왔다. 이러한 시도의 대표적 인물로서 로즈(D. Rhoads)와 부머샤인(T.E. Boomershine)을 들 수 있다. 특히 부머샤인의 *Story Journey: An Invitation to the Gospel as Storytelling* (Nashville: Abingdon Press, 1988)은 복음서의 몇몇 이야기 단락들을 구두 전승의 입장에서 재구성한 시도를 보여준다. 이에 대한 더 자세한 정보를 찾아보려면 http://tomboomershine.org를 보라. 청각·시각적 차원에서 복음서를 접근한 최근의 예를 보려면 Jean-Claude Loba-Mkole, "Exegesis and Translation of Mark for an Audio-Visual Culture," 「성서원문연구」 241 (2009), 76-115; Jayhoon Yang and Sung Baek, "Orality and Textuality in the Biblical Narrative and its Application to Bible Teaching," *Journal of Christian Education and Information Technology* 7 (2005), 259-290을 보라.

3 해리스(W.V. Harris)에 따르면 산업혁명 이전에 인류 역사에 있어서 가장 문맹률이 낮았던 시기는 기원전 5세기의 아테네였고, 당시 문자 터득율은 인구의 10%였다(*Ancient Literacy* [Cambridge: Harvard University Press, 1989]). Cf. H. Y. Gamble, *Books and Readers in the Early Church: A History of Early Christian Texts* (New Heaven: Yale University Press, 1995), 1-41.

4 고딕건축과 맞물려 발전한 스테인드글라스가 기독교의 교리 전승에 어떤 기능을 하는지 연구한 예로는 William Johnstone, "Moses in the Typology of European Art in the Middle Age," *Canon & Culture* 3/1 (2009), 153-180를 보라.

5 이콘의 신학과 고대로부터 현대적 개념에 이르는 그 시대적 발달에 대한 연구에 대해서는

한 교회음악,7 심지어는 교회 건축8 그 자체를 통해 이루어져 왔다. 이상훈이 잘 지적하고 있듯이, 예수께서는 자신의 메시지를 군중들에게 전달할 때에 비유라고 하는, 한국적 색채로 표현하자면 "옛날 옛적에"로 이어지는 이야기하기(storytelling)의 수단을 사용하였으며, 이것은 성서 텍스트가 단순히 문자적 텍스트로 고착화되기 이전부터 이미 문자 이외의 문화적 수단을 통해 그 메시지가 전달되고 있었음을 시사한다.9

물론 우리가 가지고 있는 성서는 문자로 기록되었기 때문에 문자로 기록된 성서를 연구의 대상으로 하는 것은 마땅한 것이고, 다른 방식으로 성서를 연구하는 작업 역시 성서 문자 텍스트를 떠나서는 이루어질 수 없는 것은 사실이다. 그러나 성서를 연구함에 있어서 단순히 문자로 고착된 텍

이덕형,『이콘과 아방가르드』(서울: 생각의 나무, 2008)을 보라. 특히 러시아 정교의 음악과 건축과 이콘에 대해서는 석영중,『러시아 정교: 역사, 신학, 예술』(서울: 고려대학교 출판부, 2007)을 보라.

6 채플 안의 성화들이 신학적으로 어떻게 기능하고 있는지 심판이라는 주제에 초점을 맞추어 연구한 사례는 박성은,『최후의 심판 도상 연구』(서울: 다빈치, 2010)을 보라. 기독교 미술을 고대에서 중세에 이르기까지 그 시대적 흐름에 따라 도상학적으로 설명한 것은 앙드레 그라바/박성은 역,『기독교 도상학의 이해』(서울: 이화여자대학교 출판부, 2007)을 보라.

7 고대와 중세 교회 음악에 대한 소개는 찾아보기 어렵지 않으나 교회 음악의 신학적, 이데올로기적 입장에서 비판적으로 접근한 연구는 흔하지 않다. 돈 셀리어(Don E. Saliers/노주하 역,『신학으로서의 음악, 음악으로서의 신학』[서울: 대장간, 2010])나 가톨릭의 다니엘 솔니에(Daniel Saulnier/박원주·최효영 역,『전례와 그레고리오 성가』[서울: 가톨릭대학교출판부, 2007])와 같이 많은 경우에 있어서 교회 음악에 대한 연구는 교회 음악 그 자체에 대한 단순한 소개에 그치고 있다. 한국 교회 음악에 있어서도 깊이 있는 신학적 연구를 찾아보기란 쉽지 않다. 문옥배(『한국 근대 교회음악 사료 연구』[서울: 예솔, 2005])의 경우에도 사료 정리의 수준에 머물고 있을 뿐 깊이 있는 신학적, 성서 비평적 연구를 찾아보기 힘들다. 이 점에 있어서 성서학자들의 연구 관심사 확대가 필요하다. 한편, 고전적 교회 음악보다는 크리스마스 캐럴이라는 것을 신학적, 이데올로기적 관점에서 비평한 훌륭한 연구가 여러 학자들에 의해 이루어진 바는 있으며, 그 대표적인 예로 Sheila Whiteley, ed., *Christmas, Ideology and Popular Culture* (Edinburgh: Edinburgh University Press, 2008)을 보라.

8 교회 미술, 특히 중세 교회 건축을 중심으로 신학적 흐름을 다룬 연구물로는 박성은,『기독교 미술사』(서울: 기독교서회, 2008)을 보라. 이러한 측면에서 현대 한국 교회 건축을 다룬 것으로는 이정구,『한국 교회 건축과 기독교 미술 탐사』(서울: 동연, 2009)를 들 수 있다.

9 이상훈,『신학적 문화비평, 어떻게 할 것인가?』(서울: 예영 커뮤니케이션, 2005), 37.

스트로만 획일적, 배타적으로 성서학의 연구 범위를 한정짓는 것은, 마치 솔로몬이 예루살렘에 성전을 건축하여 장막을 따라 자유롭게 이스라엘 백성들의 삶 속으로 찾아가셨던 하나님을 그 성전 안에 감금함으로써 결국 백성들이 갇혀계신 하나님을 찾아 면회 오도록 만든 것처럼, 말씀이 가지고 있는 그 자유롭고 풍요로운 해석과 그 능력을 흰 종이와 검은 글자 속에 감금하는 우를 범할 수도 있다. 다행히 최근 들어 성서 번역학자들, 일부 선교신학자들과 문화신학자, 성서신학자들 가운데서 문화와 성서 텍스트의 만남의 물꼬를 트려는 시도들이 일어나고 있다.[10] 외국에서는 셰필드대학 (the University of Sheffield)을 중심으로 이러한 연구들이 이루어져왔으며, 한국에서도 대한성서공회와 문화신학회 그리고 몇몇 성서신학자들의 이러한 시도들이 문학,[11] 미술,[12] 영화[13] 등의 영역에서 나타나고 있다.

---

10 성서 번역에 있어서 문화적 차원을 고민하지 않을 수 없으며, 이러한 고민들은 나이다(E. Nida)의 역동적 동등성 번역 이론(dynamic equivalence translation theory)을 중심으로 불이 붙었다. 대한성서공회에서 지난 몇 년간 이루어진 성서번역자 양성 세미나는 문화적 틀과 성서가 만나는 접점들을 모색하는 것에 중점을 두었으며 다양한 연구들이 이루어졌다. 이러한 성서해석과 번역에 대한 방법론적인 연구로 양재훈, "기호간 번역과 성서 번역 - 문화적 산물을 통한 성서 번역의 다양한 방법론 모색", 「성서원문연구」 24 (2009), 180-200; Bill Mitchell, "the New Media: Culture, the Christian Faith, the Church ... and Translation," 「성서원문연구」 20 (2007), 155-177을 보라.

11 한국 문학과 성서 신학적 만남의 연구 사례로 차정식, "한국 현대소설과 성서신학의 '교통공간' - 이청준, 이문열, 이승우의 몇몇 작품을 중심으로," 「한국기독교신학논총」 73(2011), 221-258; 같은 저자, 『한국 현대시와 신학의 풍경』(서울: 이레서원, 2008)이 있으며, 한국 문학과 종교학회에서도 최근 한국 문학과 종교, 특히 기독교와의 접촉점을 모색한 연구물을 만들어냈다(한국 문학과 종교학회 편, 『문학과 종교』[서울: 동인, 2008]). 통념적 개념의 문학과 미술의 중간적 위치에 놓여 있는 만화 문학을 가지고 성서와의 접촉점을 연구한 사례를 보려면 양재훈, "예술 매체를 통한 성서 메시지 전달과 성서 번역의 과제 - Siku의 The Manga Bible, NT-Raw를 중심으로," 「성서원문연구」 23(2008), 146-171를 보라. 이외에도 만화와 기독교 신학의 만남을 시도한 책으로는 Jamey Hett, *The Springfield Reformation: The Simpsons*[TM], *Christianity, and American Culture* (NY: Continuum, 2008); Mark I. Pinsky, *The Gospel According to The Simpsons*[TM] (Louisville: W/JKP, 2001); Robert Short/배웅준 역, 『피너츠 복음』(서울: 규장, 2003) 등이 있다. 비학문적이긴 하지만 만화 영화를 통해 신학적 성찰을 한 책으로는 P.L. Anderson/권희정 역, 『디즈니 속의 복음』(서울:북프렌즈, 2006)이 있다.

문자로 된 성서 텍스트가 다양한 문화적 산물들과 조우할 때에 보다 풍성한 해석이 가능하게 된다. 예를 들어, 본 소고에서 다루고자 하는 성서 텍스트인 소위 "돌아온 탕자"의 비유에 대한 해석에 있어서 김학철은 렘브란트가 이 비유를 소재로 그린 여러 점의 작품들을 분석함으로써 성서 본문에서 아버지의 슬픔에 대한 주제를 부각시켰으며, 이를 통해서 본 비유에 대한 새로운 방향에서의 시각을 열어주었다.14 본 소고는 "돌아온 탕자" 비유(눅 15:11-32)를 인상주의의 대표적 작곡가인 드뷔시의 작품, *L'Enfant prodigue*와 만나도록 함으로써 문자 텍스트로서만 이 비유를 읽는 데서 놓치기 쉬운, 이 성서 비유가 가지고 있는 새로운 색깔과 맛을 느

---

12 예를 들면, 김학철, "성서화비평과 성서화가 - 성서화가 렘브란트와 그의 성서화를 중심으로", 「한국기독교신학논총」 73 (2011), 259-286; 같은 저자, 『렘브란트, 성서를 그리다』 (서울: 대한기독교서회, 2010) 등이 있다.

13 기독교와 영화에 대한 활발한 연구는 영국과 캐나다를 중심으로 한 북미에서 잘 이루어지고 있다. 이러한 연구들이 이루어지는 온라인 학술지는 *Journal of Religion and Popular Culture*와 *The Journal of Religion and Film*이 있다. 특히 영화와 신학에 대해서는 2004년 멜 깁슨이 감독한 영화, *Passion of the Christ*가 흥행을 한 이후로 불거졌다. 물론 이전에도 영화와 성서의 만남은 있었고, 그 대표적 사례가 W. Barnes Tatum, *Jesus at the Movies* (CA: Polebridge, 1997)이다. 이후로도 특히 예수에 대한 연구라는 차원에서 이러한 접근들이 많이 이루어져왔다. 예를 들면, Jeffrey L. Stanley and Richard Walsh, *Jesus the Gospels, and Cinematic Imagination* (Louisville: W/JKP, 2007); Jeremy Cohen, *Christ Killers: the Jews and the Passion from the Bible to the Big Screen* (Oxford: Oxford University Press, 2007); J.S. Lang, *The Bible on the Big Screen* (Grand Rapids: Baker Books, 2007); J. Cheryl Exum, ed., *The Bible in Film - The Bible and Film* (Leiden: E.J. Brill, 2006); C. Marsh and G.W. Ortiz, eds./김도훈 역, 『영화관에서 만나는 기독교 영성』 (서울: 살림, 2007)이 있다. 예수가 아닌 바울 신학적 차원에서 영화와의 만남을 시도한 예로서는 Larry J. Kreitzer, *Pauline Images in Fiction and Film* (Sheffield: Sheffield Academic Press, 1999)가 있다.

14 김학철, 『렘브란드, 성서를 그리다』(2010), 178-198. 양재훈 또한 누가복음의 이 비유를 영화(Jayhoon Yang, "Oh, Father! What a 'Fool for Love' Thou Art! - Reading Luke 15.11-32 through the Secret Sunshine," J.C. Exum, ed., *The Cultural Companion to the Bible* [Sheffield: Sheffield Phoenix Press, forthcoming])와 발레 안무(Jayhoon Yang, "A Dancing Prodigal: A Reading of G. Balanchine's Ballet, *Prodigal Son* [1929] from a Biblical Perspective"[한국문화신학회 논문 발표, 2010년 11월 5일, 연세대학교])를 통해 접근함으로써 이 비유에 대한 다른 시각들을 제시한 바 있다.

껴보도록 함에 목적이 있다. 본 소고는 독자의 이해를 돕기 위해 드뷔시의 삶, 특히 이 작품 형성에 영향을 주고받았을 것으로 판단되는 시기의 삶을 고찰하는 것으로 시작할 것이다. 그리고 이 작품에 대한 소개와 더불어, 이 작품을 성서 텍스트와 견주어 분석함으로써 이 본문이 어떻게 새로운 맛을 낼 수 있는지 등을 살펴볼 것이다. 그리고 마지막으로 성서문예학으로서의 성서 연구, 차정식의 표현을 빌리자면 "인문신학"으로서의 작업들이[15] 성서학에 어떤 기여를 할 수 있는지, 어떤 방식으로 확대될 수 있는지 등을 이러한 시도들에 대한 염려 어린 시각들과 더불어 기술함으로써 마무리할 것이다.

II. 드뷔시(1862~1918)와 *L'Enfant prodigue*(1884)의 탄생

드뷔시는 1862년 프랑스의 생 제흐망 앙 레이에(Saint-Germain-en-Laye)에서 도자기 판매업을 하는 부모 마뉴엘(Manuel)과 빅토린느(Victorine) 사이에서 태어났다. 1864년에 그의 부모는 사업에 실패한 뒤, 1864년에 파리로 이주했으나 안정된 삶을 살 수 없었다. 그의 부모는 계속해서 여러 차례 이리 저리 이사를 다녔으며, 그의 아버지의 직업도 일정하지 않았다. 1868년에서 1869년 사이에 그의 아버지가 일하던 인쇄소 근처로 더 이사한 이후, 드뷔시에게 중요한 인생의 전환점이 생긴다. 당시 드뷔시의 동생들이 칸느에 있는 이모인 클레멘틴느(Clémentine)의 집에 맡겨졌었는데,[16] 그는 1870년에(1871년이라는 주장도 있다) 그곳에서 오랫동안 머물게 된 적이 있었다.[17] 바로 이 기간에 드뷔시는 처음으로 음악 세계에 입문하게 된

---

15 차정식, "한국 현대소설과 성서신학의 '교통공간'"(2011), 222-224.
16 Ongaku No Tomo Sha Corp 편/음악세계 편집부 역, 『드뷔시』 (서울: 음악세계, 1999), 10.
17 David J. Code, *Claude Debussy* (London: Leaktion Books, 2010), 16.

다. 그는 이 기간에 이모에 의해 체루티(Cerutti)라고 하는 이탈리아인 교수에게 피아노를 배우기 시작한다.

이 시점 즈음하여 드뷔시를 본격적인 음악 세계로 더 깊숙이 밀어 넣은 또 다른 계기가 생겼는데, 아이러니컬하게도 그것은 바로 그의 아버지 마뉴엘이 코뮌 전투에 참전했던 것이었다. 일정한 안정된 직업이 없이 이리저리 떠돌던 마뉴엘은 1871년에 반정부 혁명에 가담했다가 체포되어 투옥되었는데, "자식에게 도움이 안 되던 아버지"가 감옥에서 샤를르 드 시브리(Charles de Sivry)라고 하는 동지를 만난 것이었다. 시브리는 오페레타 작곡가이자 대중 음악가였는데, 그가 마뉴엘로부터 드뷔시의 음악적 재능을 듣고 자신의 어머니인 모테(Antoinette Mauté) 부인을 소개시켜 준 것이다. 자칭 쇼팽의 제자였다고 주장하는 모테 부인은 드뷔시에게 본격적으로 피아노를 가르쳤고, 그녀의 도움으로 결국 드뷔시는 10세가 되던 1872년에 파리 국립음악원(Paris Conservatoire)에 입학하게 된다.[18]

드뷔시가 10세가 되기까지의 이 기간은 이후의 그의 삶을 비추어보았을 때 눈여겨볼 만하다. 드뷔시는 자신의 유년기에 대해 거의 언급을 하지 않았고 주변인들의 기억도 정확하지 않다.[19] 그러나 이 시기의 삶을 미루어볼 때 그의 유년기가 그다지 안정되거나 행복했던 것으로 생각되지 않는다. 그의 아버지는 사업에서 실패했고, 안정된 직업이 없었으며, 이리저리 이사를 자주 다녀야 하는 처지에 있었다. 더구나 그의 아버지가 혁명에 가담하여 투옥되었던 것을 볼 때, 드뷔시는 안정된 가정적인 삶을 누릴 기회를 그다지 받지 못했던 것으로 보인다. 게다가 그의 동생들이 이모의 집에 보내졌던 것을 볼 때 경제적으로도 그다지 여유롭지는 못했던 것 같다.

---

18 고작 1~2년에 불과한 짧은 교습 시간에도 불구하고 프랑스 최고의 음악 교육 기관인 파리 컨서버토리에 입학한 것을 볼 때, 마테 부인의 실력과 드뷔시의 음악적 재능이 얼마나 뛰어났었는지 짐작할 수 있다.

19 Ongaku No Tomo Sha Corp, 『드뷔시』(1999), 10.

특히 눈여겨 볼 것은, 드뷔시가 10세가 되도록 정규 학교 교육을 받아보지 못했다는 것이다.[20] 그가 학교라는 곳에서 교육을 받은 것은 파리국립음악원에 합격한 이후였으며, 그 이전에 그의 부모는 자녀의 교육에 관하여는 그다지 신경을 써주지 못했던 것으로 보인다. 드뷔시는 아버지 쪽보다는 어머니와 어머니 쪽 사람들로부터 더욱 도움을 받을 수 있었던 것으로 판단되며, 이것이 부모에 대한 그의 이미지를 추정할 수 있는 도움을 준다.

드뷔시는 1872년부터 1884년까지 12년 동안 파리 국립음악원에서 교육을 받았다. 이 기간에 드뷔시는 유별난 학생으로서 각인되었다. 그는 괴상한 인물, 상습적 지각생이었고, 그의 연주 스타일도 기괴하여서 사람들로부터 편안하게 받아들여지지 않았다. 그는 피아노 부분에서 우수한 성적으로 두각을 나타내지 못하자 피아노에서 작곡으로 전공을 바꾸었다. 그러나 여전히 그는 보편적이지 않은 음악 스타일로 인해 선생이나 주변 사람들로부터 환영을 받지는 못했다. 그러나 무척 흥미롭게도 그의 음악은 사교계의 마담들에게는 통했다. 그는 1879년 여름에 재력가 윌슨 부인(Pelouze Wilson)의 눈에 들어 그녀의 트리오 악단에서 피아노를 연주할 수 있었다. 이 시기에 눈여겨볼 것은, 윌슨 부인이 바그너에게 완전히 심취해 있었는데 드뷔시가 이 영향을 받았다는 점이다.[21] 그뿐만 아니라 1880~1882년에는 유명한 차이코프스키의 후원자이기도 한 메크 부인(Nadezhda Filarotevna von Meck)의 눈에 들어 그녀의 후원을 받았다는 점도 눈여겨볼 만하다. 드뷔시는 그녀를 따라 함께 유럽의 여러 나라들을 여행하기도 했으며, 여기에서 드뷔시는 이국적 음악을 접할 기회를 얻었다.[22] 그녀는 차이코프스키에게 드뷔시를 칭찬하며 그의 작품을 보내주기도 했다. 물론

---

20 프랑스의 아동에 대한 초등 의무교육은 1881~82년 사이에 이루어졌고, 따라서 드뷔시의 어린 시절에는 의무 교육 대상에 해당되지 않았다.

21 François Lesure, *Claude Debussy: Biographie Critique* (Paris:: Klincksieck, 1994), 39.

22 Ongaku No Tomo Sha Corp., 『드뷔시』 (1999), 11.

차이코프스키는 그의 음악을 혹독하게 비판했다.[23]

이 시기에 본 소고에서 주장하려고 하는 *L'Enfant prodigue*와도 관련이 있는 사건이 벌어진다. 메크 부인의 사랑을 받던 드뷔시는 경제적 여유를 더 갖기 위해 모로 상띠(Victorine Moreau-Santi) 부인을 위해 피아노 연주 일을 했는데, 이때 자신의 친구인 앙리 바니에(Henri Vasnier)의 아내인 마리 바니에(Marie Vasnier) 부인을 만나 정분을 쌓게 된다. 그녀와의 사랑에 빠진 드뷔시는 음악적 성공까지 거머쥐기 위해 당시 음악가들의 출세의 관문인 로마 대상(Prix de Rome)에 도전하기로 하고, 바니에의 여름 별장 빌 다브레(Ville d'Avray)를 떠나 그녀와 잠시 헤어져 있게 된다. 그의 노력에도 불구하고 그의 지도교수인 기로(Guiraud)는 그의 특이한 작곡법에 딴죽을 걸었고, 결국 드뷔시는 성공을 위해 작곡 기법에서 조금 물러서는 타협을 하게 된다. 그 결과 그는 1883년에 검투사(*Le gladiateur*)로 로마 대상 차석을 하고, 이듬해 1884년에는 25일 동안 작곡대회 장소인 꽁삐엔느 성(Château de Compiègne)에 갇혀 지내면서 '돌아온 탕자'에 대한 텍스트로 칸타타 작품을 만들어 마침내 로마 대상을 거머쥔다.

그러나 *L'Enfant prodigue*에 대한 수상은 그에게 있어서 그다지 행복한 것은 아니었다. 그가 심사위원들의 결과를 통보받았을 때 그의 첫 감정은 "이제 더 이상 자유롭지 않다"는 것이었다.[24] 이것은 코드(Code)가 잘 지적하고 있듯이 파리와 바니에 부인을 이제 떠나야 한다는 드뷔시의 착잡한 심경 때문이었을 것이다.[25] 로마 대상은 드뷔시에게 있어서 큰 성공의 기회이기도 하지만, 그 기쁨을 얻기 위해 그는 자신의 표현대로 작곡대회 기간에 "동물처럼 철창에 갇혀"[26] 있어야 했으며, 최소한 2년 동안 로마

23 E. Lockspeiser, "Debussy, Tchaikovsky and Madame von Meck," *The Musical Quarterly* 22 (1936), 38-44 [39].

24 Lesure, *Claud Debussy* (1994), 69.

25 Code, *Claud Debussy* (2010), 32.

26 Roger Nichols, *The Life of Debussy* (Cambridge: Cambridge University Press, 1998),

에 있는 빌라 메디치(Villa Médicis)에서 의무적으로 거주하면서 4편의 작품을 "생산"해내야만 했다.[27] 자유로운 사랑과 음악 스타일을 가지고 재갈을 물리지 않은 야생마와 같은 삶을 살던 드뷔시에게 그러한 규격에 맞추어 사는 것은, 더군다나 그가 고향 파리와 사랑하는 바니에 부인과 헤어져서 사는 것은 너무나 힘든 것이었다. 드뷔시는 로마 대상에 도전할 때부터 그 삶의 종국이 어떠하리라는 것을 이미 알고 있었으며, 그의 작품 *L'Enfant prodigue*에는 그러한 생각이 이미 흔적을 드러내고 있고, 실제로 로마 대상 수상 이후 그의 삶이 그렇게 현실로 드러났다.

로마 대상을 수상한 드뷔시는 빌라 메디치에 의무적으로 거주해야 했다. 그가 대상을 수상한 것이 1884년 6월이었고, 빌라 메디치로 입주 최종 시한은 1885년 1월 31일이었는데, 그는 어찌해서든 그곳으로 들어가기 싫어서 입주 시한을 최대한 늦추어서 마감 사흘을 남겨둔 1월 28일에 들어갔다. 드뷔시는 로마 대상이라는 화려한 성공에 대한 꿈을 품고 있었지만, 그의 마음 다른 한쪽에는 고향인 파리와 사랑하는 여인인 바니에 부인이 있어서 늘 이들을 그리워하고 있었다. 그렇게 보면, 드뷔시는 탕자였고, 로마에 있는 빌라 메디치는 화려한 성공을 기대하도록 해주는 먼 지방(눅 15:13)이었으며, 바니에 부인은 자기가 돌아가 안길 따스한 어머니(누가복음 비유에서의 아버지)의 품이었고, 고향 파리는 "떠돌아 얼린 몸을 녹여줄 따스한 품을 가진" 그 어머니가 기다리고 계신 고향집이었던 것이다. 결국 드뷔시는 의무기간 2년을 겨우 채우고 곧바로 고향 파리로 떠났으며, 로마 거주 기간에 만든 작품은 4편 가운데 2편, 그것도 두 번째 작품은 초고만 완성한 것이었다.

19-21.

27 로마 대상에 대하여는 Dorothy C. Underwood, "Some Aspects of the French Cantata, 1703-1968," 「이화음악논집」 6 (2002), 173-261[197-209]를 보라.

III. *L'Enfant prodigue*(1884)와 '돌아온 탕자의 비유'(눅 15:11-32)

드뷔시의 *L'enfant prodigue*는 총 9장으로 이루어진 칸타타이다.[28] 이 작품은 1884년 로마 대상을 목표로 작곡된 콩쿠르 곡이며, 1884년 6월 27일 콩쿠르 심사장에서 초연되었다. 편성으로는 성악 부분에서는 소프라노가 어머니 리아의 역을, 테너가 탕자인 아자엘의 배역을 그리고 바리톤이 아버지인 시므온 역을 담당하는 것으로 구성되어 있고, 마지막 9장은 이 세 명의 트리오로 연주되거나 혹은 합창으로 연주되기도 한다.[29] 이 칸타타의 줄거리는 누가복음 15장에 나오는 탕자의 비유와 다소 차이를 보인다. 그 내용은 이러하다. 집을 나간 탕자를 그리워하는 어머니 리아는 오늘도 슬픔에 젖어, 아들인 아자엘이 집을 떠나기 이전에 행복했던 시간들을 회상하며 아들의 이름을 애타게 부르고 있다. 이때 아버지인 시므온이 등장하여 꽃과 과일 바구니들을 들고 즐겁게 지나가는 젊은 남녀 무리들을 보며 리아에게 더 이상 슬퍼하지 말고 다 잊고 즐겁게 지내라고 말한다. 한편 패가망신한 탕자 아자엘이 고향으로 돌아오면서 한때 어머니와 함께 행복하게 지냈던 시절을 회상하며 한탄한다. 리아가 다시 등장하고, 그녀는 우연히 거지꼴을 하고 쓰러져 죽어가는 나그네를 발견한다. 그 거지를 도우러 다가간 리아는 그가 자신의 아들임을 알아보고 아자엘을 깨운다. 용서를 비는 아들을 따스하게 맞아주며 이 두 사람이 행복한 재회의 이중창을 부르고 있을 때 아버지 시므온이 다가온다. 아버지가 오시는 소

---

28 1884년에 만들어진 드뷔시의 자필 악보 사본은 파리 국립도서관(Ms. 968, Ms. 1013, Ms. 1021)에 소장되어 있으며, 본 소고에서 사용된 악보는 뒤랑 에 피스 출판사에서 제작한 2판본, A.C. Debussy, *L'enfant prodigue* (Paris: Durand & Fils, 1908)이다.

29 이 곡의 분석에 참조한 음반은 *L'Enfant prodigue, scene lyrique for voices & orchestra, L. 57*, Conducted by Andre Cluytnes; performed by Orchestra Sinfonica della Torino della RAI Radiotelevisione Italiana (Italia: ARTS, 2005)이며, 여기에서는 이 트리오 부분이 합창으로 연주된다.

리를 듣고 아자엘을 두려움에 떨며 엎드린다. 리아는 시므온에게 아들을 용서하라고 중재하고, 주저하던 시므온은 결국 아들을 맞아들이고 동네 사람들에게 풍성한 추수를 허락하신 하나님을 찬양하라고 하면서 함께 추수 감사 찬양을 하는 것으로 마무리된다.

이 곡의 배경은 축제 분위기에 들떠 있는 동양에 있는 어느 시골 마을의 아침이다.[30] 서곡은 이 작품의 배경과 분위기를 설정해준다. 드뷔시는 3대의 플루트, 2대의 오보, 잉글리시 혼, 두 대의 클라리넷 등으로 보강된 관악기 구성을 했고, 심벌즈와 탬버린을 포함시킴으로써 동양적인 색채가 드러나도록, 그리고 서곡 주제부 가운데 하나로서 4대의 호른을 구성함으로써 목가적인 색채가 부각되도록 하였다. 또한 드뷔시는 아라비아 풍의 멜로디를 첫 주제부에 제시함으로써 이 극의 배경이 동양임을 암시하고 있다.[31] 서곡은 전통적 화성에서 금기시하는 8도 병행화음을 현악기에서 (D#-D#8va) 사용하였고, 플루트(D#-A#)와 A조 클라리넷(F#-C#)으로[32] 공허 5도 화음을 만들어 시작함으로써 무엇인가 허전한 느낌을 주고[33] 바이올린의 높은음으로 이 5도 화음을 만들어서 불안정한 느낌을 전하고 있다. 더구나 이어서 나오는 호른의 자연스럽고 부드러운 음의 전개는 평온한

---

30 드뷔시는 이 이야기가 근동 아시아 지역을 배경으로 하고 있다는 것을 서곡을 통해 암시함으로써 역사적 차원을 인식하고 있다. Cf. 문화적 산물을 비평하는 방법론적 도구 가운데 역사적 차원의 접근에 대하여는 양재훈, "예술 매체를 통한 성서 메시지 전달과 성서 번역의 과제"(2008), 148-154를 참고하라.

31 드뷔시가 동양적 선율에 크게 영향을 받은 계기로는 일반적으로 1879년에 열렸던 파리 만국 박람회에서의 동양음악 경험을 지적한다(Ongaku No Tomo Sha Corp, 『드뷔시』 [1999], 12). 그러나 김선아는 드뷔시가 국립음악원 학생 시절에 라비냑(Lavignac) 교수로부터 동양적 선율의 영향을 받았을 것이라고 주장한다("드뷔시의 잊혀진 영상[1894]: 드뷔시의 과도기적 피아노 작곡 기법의 발전에 관한 연구", 「예술논집」 9 [2009], 63-99 [69-70]).

32 A조 클라리넷은 기준음이 A이므로 F#과 C#은 C조 악기의 D#과 A#음에 해당한다.

33 김미자, "Study on C. Debussy Music - focused on the Cantata 『L'Enfant Prodigue』," 「예술 체육문화연구」 10 (2004), 45-54[50-51].

목가적 풍경을 그려냄으로써, 특히 아래 [악보 1]과 같이 아라베스크 이후 둘째 주제부에서는 안정된 주제부 선율과[34] 불안한 몽환적 5도와 맑은 음색이 나는 4도 음의 교차적 반복을 동시에 배치하여 평온과 불안함, 풍성함과 더불어서 한쪽 구석에는 무엇인가의 부재로 인한 허전함과 서글픔을 동시에 전하고 있다. 이것은 아자엘의 부재와 이에 대한 어머니 리아의 심경을 암시하는 것으로, 특히 모두가 풍요와 평안과 기쁨을 누리는 추수 때의 마을 분위기와 대조되는 리아의 심경을 암시하는 것으로 볼 수 있다.

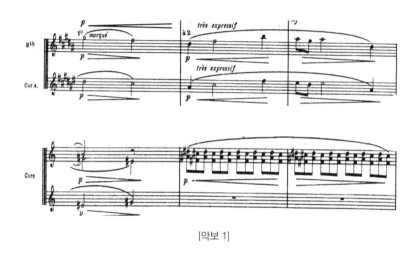

[악보 1]

이 작품의 구성은 탕자 아자엘과 어머니 리아에게 맞춰져 있다. 아버지 시므온의 역할은 겨우 50초의 연주시간에 불과한 제3장과 아들을 만나서 용서하는 8장, 하나님을 찬양하는 9장이다. 8장과 9장에서 그는 다른 인물들과 함께 등장하며, 9장은 특히 찬양을 주선하는 역할을 할 뿐이다. 한편 아자엘은 5장에서 독창, 7장에서 리아와의 듀엣, 9장 트리오/합창에서의 배역으로 등장한다. 반면에 어머니 리아의 역할은 두드러진다. 그녀는

---

34 이 부분에서 드뷔시는 F#major로 조바꿈을 하여 안정된 분위기로 전환한다.

서곡 이후 첫 배역의 역할을 한다. 2장과 6장에서 각각 독창 아리아를, 7장에서는 아자엘과의 듀엣을, 8장에서는 시므온과의 듀엣을 하고 9장에서는 트리오/합창에 합류한다. 결국 총 9개의 장 가운데서 1장 서곡과 4장 인터메조를 제외한 7장 가운데서 그녀는 5장에 걸쳐 등장하는 주된 역할을 한다. 따라서 배역의 배분에 있어서도 이 작품의 주인공은 아버지 시므온이나 탕자 아자엘이 아닌 어머니 리아이다.

이 작품 전체 곡조의 흐름도 탕자 아자엘보다는 어머니 리아의 심경에 따른 변화에 초점이 맞추어져 있다. 전술하였듯이, 서곡 1장은 아들의 부재 그리고 풍성한 추수의 목가적 풍경의 대비, 그로 인해 더욱 부각되는 상실감의 극대화를 나타내고 있으며, 이것은 바로 어머니 리아의 심경을 보여준다. 제4장 인터메조 역시 그녀의 슬픔을 두드러지게 만들어준다. 4장 인터메조는 동네 처녀 총각들이 꽃과 과일 바구니를 들고 즐겁게 행렬하는 것으로 시작한다. 이 곡에서 현악은 주로 피치카토를 사용하여 곡 분위기를 가볍게 만들어주고, 탬버린과 심벌즈가 추가되어 축제 분위기를 더해준다. 두 번째 주제부에서 플루트는 춤곡의 가벼운 리듬의 멜로디를 만들고, 탬버린과 심벌즈를 배경으로 관악기들이 번갈아가면서 빠르게 만들어가는 아라베스크적 64분음표의 연속은 동양적 축제의 분위기를 살려줌으로써 이와 대조적으로 자식을 잃은 어머니의 슬픔을 더욱 부각시킨다.

이 작품의 첫 아리아는 리아의 것이다. 암울한 B단조로 시작되는 이 아리아에서 리아는 "세월은 다시 돌아오지만 자식은 돌아오지 않고" 도리어 자신의 슬픔만 더 커짐을 한탄한다. 그녀의 슬픔과 격정은 포르테로 급격히 올라가는 고음(A)과 무려 12음 차이로 하강하여(D) 디크레센도로 차분히 잦아들어서 다시 단조로 전환되는 음조 구성([악보 2])을 통해서, 또한 11음 차이 하강을 이루며 잦아드는 음의 하강배열([악보 3][악보 4])을 통해 강조된다.

"자식을 잃어서 매일 눈물로 지내는" 리아는 마치 자식을 잃은 라헬(마 2:18; 렘 31:15)과 같다([악보 2]). "나를 버리고 어디로 갔느냐고" 아자엘을 목 놓아 부르는 그 격정(Azael!)과35 슬픔(첫 번째 pourquoi m'as-tu quittée?)은 한 옥타브 가량 내려와서 서글픔(두 번째 pourquoi m'as-tu quittée?)으로36 변하며([악보 4]), 그 마음은 길 잃은 양을 찾아 헤매며 부르는 목자(눅 15:4)와 같다.

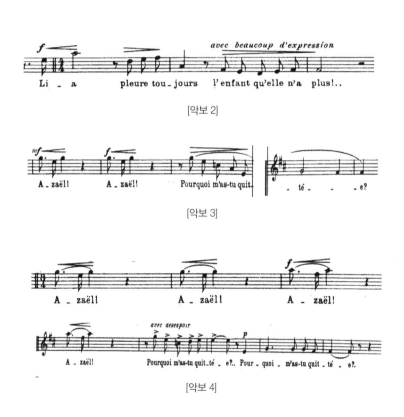

[악보 2]

[악보 3]

[악보 4]

---

35 세 번째와 네 번째 "아자엘"은 앞의 두 "아자엘"보다 장 2도 평행 상승하여 더욱 격한 감정을 부각시킨다.
36 두 번째에는 첫 번째에서 각 음마다 부여했던 아첸토를 제거함으로써 격정적인 슬픔보다는 여성적인 서글픔을 더 드러냈다.

1. 찾음

드뷔시의 작품 안에서 탕자의 어머니 리아는 찾음, 슬픔과 기쁨, 용서와 중재자의 이미지와 연결된다. 먼저 찾음이라는 이미지를 바탕으로 드뷔시의 칸타타와 누가복음 비유를 비교해 보면, 누가복음 본문에서 아버지는 수동적이고 적극적인 이미지를 모두 가지고 있는 데 비해 리아에게 있어서는 수동성보다는 적극적 이미지가 주로 나타나며, 그 방식도 비유와 다소 다르다. 비유 속의 이 아버지는 아버지가 죽기도 전에 유산을 요구한(15:12)[37] 무례한 자식을 야단치지 않으며, 그것을 불법적으로 처분한 (5:13)[38] 것에 대하여 무기력한 모습을 보임으로써 수동적 이미지를 보이고 있다.[39] 도리어 이런 자식에게 보이는 아버지의 태도는 아버지의 자질을 의심하게 할 정도이다(잠 13:24).

한편, 떠나간 자식을 붙들지 못하는 수동적 아버지는 찾음에 있어서는 적극적이다. 흥미롭게도 누가는 비유의 첫 번째 부분(15:11-24)에서 둘째 아들이 집을 떠날 때에 아버지의 모습에 대해서는 상세하게 묘사하지 않는다. 도리어 아들의 모습이 부각될 뿐, 아버지는 마치 죽은 자와 같이 힘이 없다. 그런데 아들이 돌아오는 장면에서 아버지의 행동은 상세하게 묘사되어 있다(15:20-24). 아버지는 아들을 먼저 발견하고, 불쌍히 여기고, 달

---

37 *B. Baba Metzia* 19a로 미루어 보건대, 아버지는 자신이 살아 있는 동안에 자식에게 유산을 나눠줄 수 있었다. 이러한 예는 Tob. 8:21에서도 찾아볼 수 있다. 한편, Sir. 33:19-23에서는 살아 있는 동안에 자식에게 재산을 물려주는 것은 어리석은 행동이라고 지적하고 있다. 어찌 되었건, Kenneth E. Bailey가 잘 지적하고 있듯이 아버지의 자발적 행위가 아닌, 아들이 먼저 살아계신 아버지에게 유산을 요구하는 것은 아버지가 죽기를 바라는 무례한 행위로 볼 수 있다(*Poet and Peasant* [Grand Rapids: Eerdmans, 1976], 163-164).

38 아버지가 살아 있을 때 자식이 유산을 물려받았을 경우, 아버지와 아들 모두 그 재산에 대한 권리가 있기 때문에 자식은 그것을 처분할 수 없었다(*B. Baba Bathra*, 8:7).

39 김학철(『렘브란트, 성서를 그리다』[2010], 185-86)은 렘브란트의 드로잉 〈자신의 유산을 받아내는 작은아들〉 (연대미상) 그림 분석을 통하여 재산 양도와 처분에 무기력한 아버지의 모습을 지적한다.

려가고, 목을 껴안고, 입을 맞춘다(20b). 무기력했던 아버지는 갑자기 주
도권을 쥔다. 아버지가 먼저 아들을 발견한 것으로 미루어 볼 때 아버지는
집 밖으로 나와 그를 기다리고 있었다. 그는 아들에게 계속해서[40] 입을 맞
추어 화해의 모습을 취한다(Cf. 창 33:4; 삼하 14:33).

비유 속의 아버지는 첫째 아들에 대해서도 수동성과 적극성이라는 상
반된 양면성을 모두 가지고 있다. 탈버트(Talbert)가 잘 지적했듯이, 이 비
유에서 탕자는 둘째 아들 혼자가 아닌 첫째 아들을 포함한 두 아들 모두이
다.[41] 첫째 아들은 아버지의 초대를 거절하고 집에 들어가기를 거부하는
무례한 모습을 보인다. 잔치 초대를 거절하는 행동은 설령 이유가 있는 것
이라 할지라도 초청한 사람의 분노를 살만큼 상당히 무례하고도 도전적인
것이며(Cf. 눅 14:21), 더구나 아버지의 초청을 거부하는 행위는 아버지의
명예를 훼손하는, 그래서 심지어 죽음의 형벌을 받아야 하는 매우 무례한
행위이다(Cf. 신 21:18-21; 27:16; 겔 22:7). 첫째 아들은 아버지에게 답변할 때
에 ἰδού(idou, 보라)라고 말함으로써(29절) 무례한 언행을 하며, 자기의 아
우를 일컬을 때에도 ὁ υἱός σου οὗτος(ho huios sou houtos, 당신의 이 아들)라
고 말함으로써 아버지에 대한 적절하지 못한 태도를 보인다. 탈버트의 지
적대로 그는 아버지를 편애하는 아버지로 매도하며, 자신이 맘대로 재산
을 처분하지 못하는 것을 불평함으로써 둘째 아들처럼 아버지가 빨리 죽
기를 바라는 심경을 은연중에 드러내고 있다.[42]

그러나 이 첫째 아들의 태도에 대해서도 아버지는 나약한 모습을 취한
다. 즉, 그 무례한 아들을 호되게 야단치거나 징벌하지 않으며 도리어 그
를 달랜다. 아버지는 이 아들을 τέκνον(teknon, 얘야)이라고 부름으로써(31

---

40 Bailey, *Poet and Peasant* (1976), 181-182. 베일리는 'καταφιλέω'가 다정하게 입을 맞추
   는 것과 거듭해서 입을 맞추는 모습 등 두 가지 이미지를 지닌다고 말한다.
41 Charles H. Talbert, *Reading Luke: A Literary and Theological Commentary on the Third
   Gospel* (NY: Crossroad, 1982), 151.
42 앞의 책, 150.

절) 그 아들에 대한 다정한 사랑을 표시하고 있다. 이러한 아버지의 모습은 둘째 아들이 집을 나갈 때에 아무런 힘도 없이 그냥 지켜만 보는 무기력하고 연약한 모습이다. 그러나 이와 동시에 이 아버지는 그럼에도 불구하고 첫째 아들을 포기하지 않고 적극적으로 잔치 자리로 초대하는 모습 또한 보인다. 이렇게 볼 때 누가복음 비유 가운데 나타나는 아버지는 강함과 부드러움, 소극성과 적극성을 동시에 가진 아버지이다.[43]

그러나 드뷔시의 작품에 나타난 어머니 리아는 비유 속의 아버지보다는 약간 다른 방식으로 적극성을 보인다. 그녀는 자식을 찾아서 길거리로 나선다. 그녀의 아리아에서 볼 수 있듯이 그녀는 아들의 이름을 계속 부르며 아들을 찾는다(예를 들면, [악보 3], [악보 4]). 비유 속의 아버지처럼 리아 역시 먼저 아들을 발견한다. 비유에서는 두 아들들의 무례하고 악한 모습이 아버지의 유약한 모습과 적극적인 모습을 돋보이게 만드는 역할을 한다. 그러나 드뷔시의 작품에서는 첫째 아들이 등장하지 않으며, 둘째 아들이 집을 나가는 장면과 먼 도시에서 방탕한 삶을 사는 모습이 없다. 따라서 이를 통한 리아의 유약함과 적극성은 잘 부각되지 않는다. 드뷔시는 그녀의 적극성을 드러내기 위해 아들을 찾아 헤매는 모습을 그리는 방식에 주로 의지한다. 또한 그녀의 적극성은 아래에서 다루게 될 용서와 중재자의 이미지를 통해서도 부각된다.

2. 슬픔과 기쁨

드뷔시의 작품에서는 리아의 슬픔에 많은 관심을 보이고 있다. 리아의 슬픔은 2번 아리아의 구성과, 4번 인터메조를 통해 부각된다. 2번 아리아

---

43 이 비유의 두 파트에서 모두 등장하는 것은 아버지이며, 따라서 이 비유는 탕자보다는 자비로운 아버지에 대한 비유이다(R. Stein, *An Introduction of the Parables of Jesus*[Philadelphia: Westminster Press, 1981], 115-124).

는 현재의 고통 – 과거의 행복한 추억 – 현재의 고통으로 그 내용이 이루
어져 있다. 한때 행복했던 회상을 다루는 아리아의 둘째 주제부(악보의 9번
섹션)에서 현악은 피치카토를 쓰며, 소프라노는 8분음표와 16분 음표, 16
분 쉼표, 그리고 당김음 구성으로(예: [악보 5]) 가벼운 리듬 구성을 이룬
다. 이러한 리듬 구성은 앞뒤에 배치된 느리고 무거운 현재의 한탄을 그린
부분 사이에 들어감으로써 리아의 침울한 상실감의 슬픔을 더해준다.

[악보 5]

리아의 슬픔은 4번 인터메조 구성으로 더욱 부각된다. 4번 인터메조는
동네 젊은 처녀 총각들이 추수의 기쁨에 젖어서 꽃과 과일 바구니를 들고
돌아다니며 축제를 벌이는 모습으로 되어 있다. 드뷔시는 자신을 떠난 아
들을 찾아다니며 한탄하는 리아의 아리아를 이 인터메조 앞과 뒤에 각각
배치함으로써 모든 마을 사람들의 기쁨과 리아 혼자만의 쓸쓸한 슬픔, 추
수의 풍성함과 아들을 잃은 상실감을 각각 대조시키고 있다.
　아들에 대한 상실감과 이로 인한 격정적 슬픔은 7곡 아자엘과 리아의 듀
엣 가운데서도 찾아볼 수 있다. 그녀가 아자엘을 발견했을 때 죽은 줄로 알고
격정을 토로하는 모습을 통해 드뷔시는 상실의 슬픔을 드러낸다. 아자엘의
죽음을 부인하는 모습에서 드뷔시는 모든 관악기를 제거하고 날카로운 현악
의 8분 음표와 8분 쉼표로 리아와 번갈아 소리를 내도록 하고, 하나님께 부
르짖는 부분은 포르티시모로써 높은 A음으로 올리며, 기껏 찾은 아들을
다시 데려가려 하느냐는 한탄에서는(ton bras terrible~encore) 무반주로
구성하여 그녀의 격정과 슬픔을 극적으로 강조하고 있다([악보 6]).
　한편, 누가복음 비유에서 아버지의 슬픔은 드러나 있지 않다. 전술하

[악보 6]

였듯이, 비유 전반부에서 아버지는 매우 수동적인 역할, 차라리 그 존재감
조차 느껴지지 않을 정도로 침묵하고 있다. 아버지는 자식의 요구에 따라
그냥 나누어줄 뿐, 도리어 요구하지 않은 첫째 아들에게까지 유산을 나누
어 줄 정도로(12b절) 떠나는 자식을 만류하거나 잃어버림을 슬퍼하는 감정
을 드러내지 않는다. 아버지의 감정은 둘째 아들이 돌아오는 장면에 이르
러서야 비로소 드러나기 시작한다(20b절). 아버지의 감정은 거지꼴을 한
자식에 대한 연민에서 시작하여(20b절), 기쁨으로 마무리된다(32절). 따라
서 이 비유 텍스트는 상실의 슬픔보다는 불쌍히 여김을 바탕으로 한 찾음
의 기쁨에 더 초점을 맞추고 있다. 그러나 드뷔시는 찾음의 기쁨보다는 상
실의 슬픔과 화해로 드러나는 어머니의 사랑을 중심으로 이 비유를 바라
보고 있다.

드뷔시는 되찾음의 기쁨을 위해서 마지막 9장을 할애하고 있다. 그러
나 이 기쁨은 어딘가 어색한 기쁨이다. 9장에서 시므온은 하나님을 대신
하여 아들에게 용서를 선포하고 잔치를 베풀며 마을 사람들에게 찬양할
것을 제안한다. 하지만 그 내용은 사실 아자엘의 귀환에 대한 기쁨과는 거
리가 멀다. 이들이 찬양하는 것은 풍성한 수확을 허락하신 하나님께 감사
와 찬양을 돌리는 것이며, 아름다운 천지 만물도 함께 하나님의 영광을 드
러낸다는 내용으로 구성되어 있다. 특히 이 합창 부분은 매우 바그너적인
요소를 지니고 있다. 예를 들면, "자연은 그 빛을 드러내고 하나님께 영광
을 돌린다"(9장 49번 섹션)는 부분은 탄호이저 제2막 4장에 나오는 합창과

매우 유사하다. 드뷔시가 바그너로부터 완전히 돌아섰다고 볼 수 있는 것은 1888~89년에 바이로이트(Bayreuth)를 방문한 이후였고, 도리어 그의 학생 시절에는 라비냑 교수와 함께 밤새도록 바그너에 심취하여 공부하느라 여념이 없을 정도로 그의 영향 아래 있었으며,[44] 이 작품이 만들어지던 시기만 하더라도 드뷔시는 바그너의 영향 아래 있었다.[45]

바그너 음악이 보통 그러하듯이, 너무 웅변적이며 무엇인가를 강하게 밀어붙이는, 그리하여 청중으로 하여금 얼떨결에 동의하면서 떠밀려가도록 하는 특징이 있는데,[46] 이 9장 합창 부분에서도 역시 그런 모습이 드러난다. 따라서 시므온과 리아가 아자엘을 다시 찾은 것에 대한 기쁨은 청중으로 하여금 억지로 동의하도록 등을 떠미는 느낌을 준다. 그리고 그 기쁨은 "죽었던 아들, 잃어버렸던 아들"(눅 15:32)을 되찾은 것에 대한 기쁨이 아니라 "풍성한 추수에 대한 기쁨"이다. 그러므로 드뷔시의 이 작품에서는 누가복음 비유가 매우 강조하고 있는 잃어버린 아들을 되찾은 기쁨은 엄밀히 말하자면 없다. 드뷔시는 아자엘을 찾은 기쁨보다는 잃어버린 자식에 대한 어머니의 슬픔과 따스한 맞아들임에 더 관심을 두고 있기 때문이다.

3. 용서와 중재

*L'Enfant prodigue*에서 가장 길게 연주되는 장 가운데 하나이며 가장 부드럽고 아름다운 선율을 가진 것이 7장, 아자엘과 리아의 이중창이다. 이 장은 아자엘을 알아본 리아가 쓰러진 아들을 껴안고 눈을 뜨라고 아들

---

44 Robin Hollaway, *Debussy and Wagner*(Norfolk: Caligraving, 1979), 18.

45 홀러웨이가 지적했듯이(*Debussy and Wagner* 22-42), *L'Enfant prodigue*이후 파리에 돌아와서 작곡한 로마 대상 제출 의무 작품 가운데 하나인 *La Damoiselle éllu*(1887~88)에서도 바그너적인 요소가 발견된다.

46 Ongaku No Tomo Sha Corp, 『드뷔시』(1999), 12. 이 격한 웅변적 요소는 마지막으로 리아가 "하나님께 영광"을 부를 때 한 옥타브를 도약하여 이 작품에서 가장 높은 음까지 올라가서 한 마디 전체를 끌 때(B-B 8va) 극치를 이룬다.

을 부르는 장면으로 시작한다. "눈을 뜨거라. 오, 내 사랑하는 아들아"라고 말하는 장면에서 부드러운 마음을 표현하기 위해 더블베이스와 첼로는 저음으로 온음계 상승과 셋잇단음표 하강을 한다([악보 7]). 또한 리아가 아자엘의 이름을 부를 때에는 Emaj로 조바꿈을 한 상태에서 매우 고음(A)임에도 불구하고 가장 여린 음으로 중간 G#음을 만들어 안착시킨 상태에서 디크레셴도로 잦아들게 함으로써 매우 안정되고 부드럽고 다정한 느낌을 표현한다([악보 8]).

[악보 7]   [악보 8]

특히 어머니 리아가 아들의 지난 잘못에 대한 용서를 선언하는 부분에서 드뷔시는 맑은 병행 4도를 연속적으로 사용하여 이 장면을 이 작품에서 가장 맑고 깔끔한 부분으로 만들어 놓았다([악보 9]).47 또한 현악은 4마디에 이르는 병행 8도로 동일음을 연주하고 오직 호른만이 이 병행 4도 연속을 연주하도록 함으로써 용서의 부드럽고 평온한 느낌, 그리고 용서받을

[악보 9]

---

47 최정호, 『C. A. Debussy의 Cantata L'enfant Prodigue 분석연구』 (경산: 영남대학교, 1992), 49.

때의 맑은 마음의 느낌을 강조하였다.

리아가 아자엘을 용서하고 맞아들인 이후 이 둘은 사랑의 이중창을 부른다. 이 둘의 이중창은 3/4박자로 구성하여 안정된 느낌과 더불어 행복의 상태를 표현하고 있다. 특히 "아픈 과거는 지나가고 서로의 사랑을 통해 행복으로 가득 찬 이 순간의 기쁨"을 노래할 때는 아자엘과 리아가 유니슨(unison)으로 연주함으로써 이 행복과 기쁨이 어느 한 편만의 것이 아닌 두 사람 모두 같이 누리는 것임을 드뷔시는 말하고 있다.

누가복음 비유에서 용서는 드뷔시의 작품과는 달리 그 감정의 표현보다는 아들의 권위와 자격을 다시 회복시키는 측면으로 초점을 맞추고 있다. 누가의 탕자는 "제 정신이 들었을 때"(17절) 아버지와 하늘 앞에 지은 죄를 인정한다(18절). 이 아들은 자신의 잘못을 인정한 이후(18절) 집으로 돌아갔을 때 아버지의 아들이 아닌 품꾼으로 삼아줄 것을 부탁할 계획을 한다(19절). 또한 이 아들이 집으로 돌아가서 자신의 죄를 고백한 이후(21a절), 실제로 자신의 지위 문제를 거론하고 있다(21b절). 이 둘째 아들의 죄의 고백에 대하여 아버지 또한 비슷한 방식으로 반응을 보이고 있다. 아들이 죄를 고백하면서 용서를 빌었을 때 아버지는 그에게 "στολὴν τὴν πρώτην"(stolēn tēn prōtēn)을 꺼내 입힌다(22b절). 이 표현은 "가장 좋은 옷", 혹은 "이전에 입던 옷"으로 각각 번역할 수 있는데,[48] 후자의 경우로 이해할 경우 아버지는 거지 신세가 된, 혹은 품꾼의 자격을 요청하는 탕자에게 자식의 자격을 회복시켜주는 것으로 볼 수 있다. 아버지는 그의 발에 신을 신기고 손에 반지를 끼워줌으로써 이 탕자를 다시금 아들로서 복권시켜주고 있다.[49] 그러므로 우리는 이 비유가 용서의 문제를 자격 문제로(아들-품꾼)

---

48 Bailey, *Poet and Peasant*(1976), 185; J. Nolland/김경진 역, 『누가복음 9:21-18:34』(서울: 솔로몬, 2004), 617-618.

49 아들이 발에 입을 맞춤으로써 스스로 아들로서의 자격을 버리지 않도록 하기 위해 아버지는 먼저 아들에게 입을 맞춘다. E. Linnemann, *Parables of Jesus: Introduction and Exposition* (London: SPCK, 1975), 77을 보라.

연결시키고 있다는 것을 알 수 있다.

누가의 비유에서 용서라는 주제는 아버지가 아들을 맞이하는 행동과 잔치를 베풀어줌으로써 마을 공동체에게 아들의 자격을 공포하는 방식으로 표현되고 있다. 물론 비유의 아버지는 아들이 돌아오는 길에 마을 공동체 구성원으로부터 공격을 당하지 않도록 어른의 체면을 내동댕이친 채 아들에게 달려간다.[50] 그러나 이 아버지는 이에 그치지 않고 아들의 자격을 잔치를 통해 공표함으로써 용서를 자격의 문제로 귀결시키고 있다. 그렇기 때문에 누가의 비유에서는 용서의 기쁨과 행복, 평화와 안정 등 감정적인 부분보다는 용서의 행동적인 측면에 더욱 관심을 두고 있으며, 용서의 기쁨보다는 잃은 자식을 다시 찾음에서 오는 기쁨을 강조하고 있다. 따라서 드뷔시의 작품에서는 아자엘과 리아 두 사람 모두의 화해와 용서, 기쁨 등이 강조되지만 비유에서는 탕자의 감정은 전혀 부각되지 않고 도리어 아버지의 기쁨만이 강조되고 있다.

드뷔시의 작품에서 리아는 중재자의 역할을 한다. 시므온은 가부장적인 위엄과 권위를 표방하는 인물로 그려짐에 반해 리아는 적극적으로 아자엘과 시므온을 화해시키는 중재자의 역할을 하는 인물이다. 리아가 하는 중재는 아자엘과 동네 사람들, 혹은 아자엘과 하나님 사이의 화해가 아닌 아자엘과 시므온 사이의 화해와 용납을 위한 중재이다. 따라서 리아의 이미지는 마치 바울이 이해하는 성령의 이미지(롬 8:26), 혹은 디모데 서신의 저자가 이해하는 예수의 이미지(딤전 2:5)와 유사하다. 누가의 비유에서 아버지 역시 중재자의 역할을 한다. 특히 탕자의 비유가 누가복음 안에 놓인 위치와 문맥을 고려했을 때,[51] 중재자로서의 아버지의 이미지는 더욱

---

50 Sir. 19:30.
51 눅 15:1-2는 이 세 개의 비유 시리즈의 도입 부분이며, 특히 이 탕자의 비유가 마지막에 열려진 끝을 통해서 독자를(혹은 15:1-2의 청중들) 초대하는 역할을 한다고 봤을 때 아버지의 중재자로서의 역할은 두드러진다.

강하게 드러난다. 그러나 앞서 서술했듯이 아들의 자격을 회복시키기 위해 (비록 암시된 것이지만) 마을 사람들과 탕자를 중재하는 역할을 하며, 더 나아가서는 첫째 아들과 탕자를 중재하는 역할(25-32절)을 하는 존재이며, 따라서 리아의 중재자 이미지와는 다소 차이를 보인다.

IV. 나가는 말

지금까지 본 소고에서 우리는 드뷔시의 칸타타 *L'Enfant prodigue*를 누가복음의 탕자의 비유를 견주어 보면서 어떻게 이 탕자의 비유가 다른 색깔로 채색될 수 있는지 살펴보았다. 드뷔시의 이 작품은 누가의 비유와 달리 어머니로서의 하나님의 이미지를 부각시키고 있다. 렘브란트의 유명한 그림, 〈탕자의 귀환〉(1662~1669, 상트 페테르스부르크, 에르미타슈 미술관)에서 아버지의 두 손을 각각 거친 아버지의 손과 부드럽게 감싸는 어머니의 손으로 보는 흔한 해석과 같이, 누가복음 비유에서 아버지는 일반적인 가부장적 아버지의 이미지와는 거리가 먼 모습을 지닌, 남성성과 여성성이 그 안에 공존하는 아버지이다. 그런데 드뷔시는 이 비유에서 아버지보다는 따스하고 부드러운 어머니를 발견했다. 렘브란트의 그림으로 치자면 두 손을 모두 부드러운 어머니의 손으로 그린 셈이다.

왜 그가 비유에서 아버지보다는 어머니의 모습을 보았을까? 혹은 어머니의 모습을 보고 싶어 했을까? 혹시 본 소고 앞머리에서 다루었던 그의 어린 시절이나 그의 젊은 시절에 가졌던 뭇 여성들에 대한 이미지 때문은 아니었을까? 어린 시절 드뷔시에게 아버지는 그다지 도움이 되지 못하는 무능력한 아버지였다. 자식을 돌보고 책임지기보다는 혁명에 뛰어들어 자식을 남의 집에 맡긴, 10세가 되도록 학교도 안 보낸 아버지였다. 그러나 그의 인생길에 늘 도움을 주었던 존재는 대부분 여성들이었다. 그의 음악적 재능을 격려해주고 칭찬한 것도, 경제적으로 도움을 준 것도, 빌라 메디치의 거주 시절에 그의 마음에 위안이 된 것도 그의 사랑하는 여인 바니에 부인이었다. 음악가로서 성공을 꿈꾸며 로마 대상에 도전하고 '먼 도시'(눅 15:13)로 떠났던 그가 늘 그리워하던 따스한 고향집은 파리였고, 거기에는 "큰 냄비에 닭 한 마리"52 내어줄 넉넉한 품을 지닌 여인이 있었다.

드뷔시가 그린 탕자의 어머니는 찾아 헤매는 어머니이다. 비유 속의 아버지는 집을 나가는 자식에 대하여 그저 무기력하기만 하다. 적극적으로 만류하지도 않으며, 도리어 유산을 요구하지도 않은 첫째에게까지 내어주는 아버지이다. 그러나 탕자가 돌아올 때, 그리고 돌아온 탕자를 첫째와 화해시킬 때 그 아버지는 돌연 적극적으로 변한다. 그 아버지는 집을 나가는 아들을 적극적으로 만류하지도, 나가버린 아들을 적극적으로 찾아나서는 아버지도 아니다. 그러나 그 아들이 돌아왔을 때 그를 적극적으로 맞이하는 아버지이다. 잃어버렸던 집 안의 탕자인 첫째 아들을 적극적으로 맞이하려고 설득하는 아버지이다. 한편 드뷔시의 어머니는 누가의 아버지와는 달리 적극적으로 찾아 헤매는 어머니이다.

누가 비유의 아버지가 찾음에 대한 기쁨의 아버지라면, 리아는 슬픔의 어머니이다. 비유 속의 아버지는 그 어디에서도 슬픔을 표현하지 않는다. 이 비유는 아버지의 다시 찾은 기쁨에만 초점을 맞추고 있다. 그러나 어머니 리아는 누가의 아버지와는 달리 슬픔에 늘 젖어 아들을 찾아 헤매는 어머니이다. 드뷔시의 작품에서는 찾음에 대한 기쁨은 축소되거나 도리어 풍성한 추수를 거두게 하신 하나님께 감사와 영광을 돌린다는 전혀 엉뚱한 방향으로 틀어진다. 따라서 누가의 비유가 찾음에 대한 기쁨에 초점을 맞춘 이야기라면, 드뷔시의 작품은 잃어버린 어미의 슬픔과 아들을 찾음에 대한 안도감에 초점을 맞춘다. 따라서 드뷔시의 작품에서는 탕자와 어

---

52 오장환/최두석 편, 『오장환 전집 1』(서울: 창작과 비평사, 1989), "다시 미당리"(1946).

머니의 행복한 감정이 모두 중요하게 다루어지지만, 누가의 비유에서는 탕자의 기쁨과 같은 감정은 전혀 관심을 받지 못한다. 도리어 누가 비유에서는 아버지의 감정에만 초점을 맞추고 있다.

드뷔시의 작품과 누가의 비유 모두 용서와 중재자 역할을 하는 아버지와 어머니를 각각 그리고 있다. 그러나 누가의 아버지와 탕자에게 용서는 자격의 회복이라는 문제로 연결됨에 비해, 드뷔시의 작품에 있어서 용서의 문제는 품꾼이 아닌 아들로서의 자격 회복이라는 것보다는 재회에서 오는 행복과 안도감의 문제로 귀결된다. 누가의 비유는 중재자로서의 아버지의 이미지를 떠올릴 때 그 비유가 나오게 된 배경(15:1-2)과 첫째 아들에게 질문으로 마무리하는 열려진 끝(15:32)의 방식을 통해 오늘날 독자나 그 당시 청중들과의 중재로 이어지게 만든다. 그러나 중재자로서의 드뷔시의 리아는 동네 사람들(청중)이나 관객(독자)이 아닌 시므온과의 화해를 위한 중재자의 역할을 함으로써 다소 다른 방향에서 중재 행위를 바라보게 한다.

지금까지 우리는 칸타타라고 하는 음악적 렌즈를 통해 이 비유를 새로운 시각으로 다시 바라보는 시도를 했다. 이러한 문화적 틀을 통해 성서를 바라볼 때 자칫 자의적인 해석에 빠질 오류가 있다는 점은 부인할 수 없다. 또한 필립 스미스가 인식하고 있듯이, 특정 문화 매체의 권력화로 인한 문제가 발생할 수 있고,[53] 여기에서 부작용으로 파생되는 특정 해석이나 시각의 배타적 권력화의 위험도 인식하고 있어야 한다. 따라서 문화적 틀을 통한 해석학적 접근에 있어서 해석자는 열린 태도와 상호 수용적 자세,[54] 특정 해석의 독점적 권력화를 거부해야 한다. 그러나 우리가 배타적 자세

---

53 Philip Smith/한국문화사회학회 역,『문화이론』(서울: 이학사, 2009), 282-293.

54 렘브란트의 〈탕자의 귀향〉에 대한 헨리 나우웬의 해석에 대한 신규인의 비판은 자신만의 교조적 이데올로기에 편향된 태도가 얼마나 비합리적인 편향된 논쟁을 만들 수 있는지 엿보게 해준다("미술의 세계와 하나님의 나라: 헨리 나우웬의 〈탕자의 귀향〉에 나타난 오류에 대하여",「통합연구」19 [2006], 69-106).

를 거부하고 열린 가능성을 늘 인정하면서 다양한 문화적 틀을 통해 다양한 해석에 대한 가능성들을 발견하고자 노력할 때, 성서 텍스트는 감추어 두었던 많은 의미들을 우리들에게 조금씩 내어줄 것이다.

문화적 틀은 성서 텍스트에 대한 풍요로운 해석의 가능성이라는 측면에서 볼 때 참으로 유용한 도구이다. 널리 알려진 것처럼 니버(H.R. Niebuhr)의 분류를 출발점으로 하여 이미 선교학자나 조직신학자, 혹은 일부 성서학자들을 통해 기독교와 문화의 관계 설정에 대한 고민들은 많이 이루어져 왔다.[55] 문화적 도구를 통해서 성서 텍스트를 바라보고자 하는 시도 역시 이러한 고민과 시도 가운데 하나일 것이다. 물론 이러한 시도가 성서본문과 관련된 이차적 산물을 다룸으로써 성서를 바라보는 것이기 때문에 이러한 작업 자체가 성서해석이나 주석 그 자체가 될 수는 없다. 그러나 이러한 틀을 통해 성서 본문을 해석할 때에 보다 넓은 시각을 가질 수 있고, 그러한 점에서 성서문예학으로서의 성서 연구는 성서학에 작은 기여를 할 수 있을 것이다.

---

55 예를 들면, 윤영훈, "복음주의 운동의 대중적 문화 미디어 필그림", 「한국기독교신학논총」 68 (2010), 81-105; 차명호, "상업적 영성: 현대 기독교 문화화의 오류", 「한국기독교신학논총」 58 (2008), 279-303; 김도훈, "문화 안의 그리스도 - 포스트모던 문화와 이머징 교회", 「한국기독교신학논총」 61 (2009), 219-241. 최근에는 D.A. Carson(*Christ and Culture, Revisited* [Grand Rapids: Eerdmans, 2008])이 리처드 니버의 "그리스도와 문화"에 대하여 새로운 고민을 한 결과를 내놓았다.

성서학적 관점으로 본
G. Balanchine의 *Prodigal Son*(1929)

I. 들어가는 말

신약성서 안에서 가장 극적인 이야기 가운데 하나는 복음 중의 복음 (*Evangelium in Evangelio*)[1] 이라고 칭송을 받는 소위 돌아온 탕자의 비유 (눅 15:11-32)이다. 이 이야기를 읽은 많은 재능꾼들은 이 이야기를 그림이나[2] 음악,[3] 영화나[4] 행위예술[5] 등과 같은 다양한 예술적 방식을 통하여 새

---

1 William F. Arndt, *The Gospel According to St. Luke* (Saint Louis: Concordia Publishing House, 1956), 350.

2 E.g., Albrecht Hans Sebald Beham (*The Prodigal Son Wasting His Patrimony*, 1540, National Gallery of Arts, Washington); Jan Sanders van Hemessen (*The Prodigal Son*, 1536, Muses Royaux des Beaux-Arts, Brussels); Gerrit van Honthorst (*The Prodigal Son*, 1622, Alte Pinakothek, Munich); Drer (*The Prodigal Son among the Swine*, 1497-98, British Museum); Pieter P. Rubens (*Return of the Prodigal Son*, ca. 1618, Koninklijk Museum voor Schone Kunsten); Rembrandt (*The Return of the Prodigal Son*, 1669, The Hermitage, St. Petersburg); Bartolome Esteban Murillo (*Return of the Prodigal Son*, 1667-70, National Gallery of Arts, Washington).

롭게 재창조함으로써 그 풍미를 더하게 하였다. 이러한 예술 작품들은 성서 텍스트와 예술가 사이의 상호 관계적인 의사소통의 산물이며, 이것은 예술가의 창의성이 어떻게 성서 텍스트의 해석학적인 경계선을 확장시켜 줄 수 있는지 보여준다. 그러나 성서학의 역사 속에서 많은 성서학자들과 주석가들은 성서 이야기를 단순히 종이 위에 문자로 기록된 텍스트로서만 접근하여 해석했으며, 이로 인해 성서 내러티브의 해석학적 가능성은 종이 위의 텍스트 문서로서만 국한되었다.

성서 텍스트를 전통적인 성서학적인 관점에서만 바라보던 것을 넘어서서 예술적인 관점에서 접근하려는 움직임이 최근에 몇몇 성서학자들 사이에서 일어났으며,6 이러한 움직임은 한국의 성서학계에서도 발견되었다. 그러나 이러한 학계의 분위기가 보편화된 것은 아직 아니며, 이러한 관점으로 성서를 읽는 학자들은 한국의 성서학계에 이러한 간학문적 (interdisciplinary) 접근 방식을 소개하기 위해 힘겹게 애를 쓰고 있는 것이 현실이다. 따라서 이 소고의 목적은 성서학을 위한 이러한 접근 방식의 예

---

3 E.g. Achille-Claude Debussy, *L'Enfant Prodigue* (1884). 이 작품으로 드비시는 로마 대상(*Prix de Rome*)의 영예를 안았다. 이 비유를 바탕으로 한 복음성가를 찾는 것은 그리 어려운 일이 아니다. 또한 몇몇 현대 대중 음악에서도 이 비유의 모티브를 수용하거나 평행을 이루는 작품을 찾아볼 수 있다. 물론 작곡가가 그것을 염두에 두고 있었는지는 모르지만 이러한 예 가운데 하나는 그룹 이글스(Eagles)가 만들고 주디 콜린스(Judy Collins)가 후에 불러 유명하게 된 *Desperado*(1973)가 있다.

4 단순히 작은 극적 재구성만을 한 채 누가복음 비유를 거의 그대로 재연한 *The Prodigal* (1955, dir. Richard Thorpe)과 같은 몇 개의 영화 작품들을 제외하면, 이 비유의 대부분의 영화 작품들은 다른 종류의 예술 작품들과는 달리 이 비유의 주제와 모티브들을 알레고리적으로 차용하여 제작되었다. 예를 들면, *A Father and Two Sons* (1992, American Bible Society and Research Center for Scripture and Media), *The Return of the Prodigal Son* (2008, dir. Narine Mkrtchyan and Arsen Azatyan), 다큐멘터리 영화인 *Prodigal Son* (1986, dir. Kimberly Reed)이 있다. 특히 이 다큐멘터리 작품은 형제간의 경쟁과 인간 상호관계의 변화와 화해 등과 같은 이슈를 강조하고 있다.

5 E.g. Benjamin Britten's opera *The Prodigal Son* (Op. 81, 1968). 이 작품은 그가 작곡한 세 개의 교회 악극(church performance) 시리즈 가운데 하나이다.

6 SBL에서 성서와 예술 세션을 만들어 운영한 것이 채 10년이 되지 않는다.

를 한국 성서학계에 소개하는 것이며, 또한 이러한 방법을 통해 접근하는 것이 성서 내러티브를 읽고 해석하는 데 얼마나 풍부한 해석학적 가능성을 제공할 수 있는지 보여주는 것이다. 본 소고에서는 조지 발란신(G. Balanchine, 1904~1983)의 발레 작품인 〈탕자〉(Prodigal Son, 1929)를 다룬다. 이것을 통해서 독자들은 누가복음에 나오는 탕자에 대한 비유가 어떻게 다른 시각으로 해석될 수 있는지 느끼게 될 것이다. 또한 독자들은 누가의 텍스트와 발란신의 시청각적(audio-visual) 텍스트가 서로 만나는 그 지점에서 이 비유가 가지고 있는 새로운 맛을 발견하게 될 것이다. 이 소고에서는 우선 역사적인 발레 안무가인 발란신과 그의 발레 작품 〈탕자〉에 대한 소개로 첫 문을 열 것이다. 그 후에 이 소고에서 나는 이 발레 작품을 보다 자세하게 논하면서 위에서 말한 것들에 대한 답을 모색해 볼 것이다.

II. 발란신(Balanchine)

조지 발란신은 1904년 러시아의 상트 페테르스부르크(St. Petersburg)에서 작곡가의 아들로 태어났다. 그가 9세가 되던 해에 발레리나가 되기 위해 시험을 치르러 갔던 누이를 우연히 따라 나섰다가 도리어 자신이 발탁되어 왕립 극장 학교(Imperial Theatre School)에 입학하게 되었고, 이때부터 그는 무용수의 길을 걷게 되었다. 그러나 그는 그다지 활발한 성격의 인물은 아니었다. 알렉산드라 다닐로바(Alexandra Danilova)가 회고하듯이 그는 혼자 있기를 좋아하던 수줍은 소년이었고,7 마린스키 극장(Maryinsky Theatre)에서 〈잠자는 숲속의 미녀, The Sleeping Beauty〉에서 큐피드 역할을 하기 전까지는 발레에 별다른 흥미를 갖지 못했다.8 음악적 환경이 풍

---

7 Bernard Taper, *Balanchine* (NY: Harper & Low, 1960), 43.
8 George Balanchine Foundation, "Biography," http://balanchine.org/balanchine/01/bio.html

부한 집안에서 자랐기 때문에 그는 발레보다는 도리어 음악적 기질을 풍부히 갖추었었고, 발레보다는 음악을 더 좋아해서 발레 학교를 다니면서도 음악 컨서버토리(conservatory)에 등록할 정도였다. 그의 동급생이었던 베라 코스트로비츠카야(Vera Kostrovitskaya)는 그가 비범한 음악적 이해력을 갖고 있던 학생이었다고 그 당시를 회고한다.9

발란신이 갖고 있던 음악적 배경은 그의 발레 작품 창작에도 영향을 미쳤으며, 따라서 초창기부터 그의 발레 안무 스타일은 당시의 고전적 스타일의 발레 작품들과는 전혀 다른 모습을 보였다.10 그가 학교를 졸업한 후에 "젊은 발레의 밤"(Evenings of the Young Ballet)을 개최했었는데, 이 프로그램의 부제는 "발레의 진화: 쁘띠빠에서 포킨을 거쳐 발란시바데츠까지"(The Evolution of Ballet: From Petipa through Fokine to Balanchivadze)였다. 이 실험적 스타일의 작품들이 발표되었을 때 비록 기존의 발레 세계에서는 이것을 인정해주지 않았지만, 이 프로그램은 발란신이 발레라는 것을 어떻게 생각하고 있는지 분명하게 보여주는 것이었다. 프랑스 출신의 안무가인 마리우스 쁘띠빠(Marius Petipa)는 그의 2인무(*pas de deux*) 작품들에서 쉽게 찾아볼 수 있듯이 전통적인 발레 스타일을 추구한 사람이었다.11 반면 쁘띠빠와는 달리 미하일 포킨(Mikhail Fokine)은 발레가 전통적인 스타일을 반드시 고집해야 할 필요는 없다고 보았다.12 이러한 개념은 미국 출신의 무용수 이사도라 덩컨(Isadora Duncan)이 1904년에 러시아 투어 공연을 했을 때 아마도 그녀에게서 영향을 받은 것이었을 것이다. 이것은 포킨이 그 이듬해에 발표했던 〈아시스와 갈라태아〉(*Acis and Galatea*)

(accessed Dec. 21, 2010).

9 Taper, *Balanchine* (1960), 49-50.

10 Hee-ja, Jung, "A Study on Choreographic Style of George Balanchine," *Journal of Korean Dance Society* 14 (1992), 225-236.

11 Susan Au, *Ballet and Modern Dance*, Tr. by C.H. Kim (Seoul: Sigong Art, 2008), 77.

12 앞의 책, 90-93.

에서 그 급진적 성향의 스타일이 나타나는 것을 보면 알 수 있다. 이러한 발레의 흐름에서 발란신이 자신의 프로그램 팜플렛에서 포킨 뒤에 자신의 이름을 넣은 것을 볼 때, 우리는 발란신이 자신의 안무 스타일이 무엇을 지향하고 있는지 청중들에게 보여주고자 했음을 알 수 있다.

발란신이 추구했던 유별난 안무 스타일과 예술 철학은 그가 파리에 있는 동안 만났던 세르게이 디아길레프(Sergei Diaghilev)가 운영하던 발레 뤼스(Ballets Russes, 1909~1929)에서 활동하던 때보다 구체적으로 형성되기 시작하였다. 디아길레프는 뛰어난 예술 사업가였으며, 이러한 천재가 발란신의 예술적 잠재 능력을 놓칠 리가 없었다. 디아길레프는 다양한 형태의 예술에 뛰어난 재능을 가진 사람이었다. 그는 미술, 음악, 오페라 그리고 연극에 재능이 있었을 뿐만 아니라, 사업 수완에서도 뛰어난 사람이었다. 그는 위대한 음악가인 림스키코르사코프(Rimsky-Korsakov)의 학생이었으며, 발레를 일종의 종합예술(Gesamtkunstwerk)로 생각하여 발레에 사용되는 음악을 단순히 보조적인 것으로 보지 않고 발레 작품을 구성하는 중요한 요소로 보았던 사람이었다.13 그는 스트라빈스키(Stravinsky), 프로코피에프(Prokofiev), 드뷔시(Debussy) 그리고 라벨(Ravel) 등과 같은 유명한 음악가들과 함께 일했으며, 피카소(Picasso), 모네(Monet), 조르주 루오(Georges H. Rouault) 그리고 마티즈(Matisse) 등과 같은 내로라하는 미술가들 그리고 코코 샤넬(Coco Chanel)과 같은 디자이너와 함께 작업했다. 따라서 음악적 배경을 가진 안무가 발란신은 디아길레프가 생각하는 발레 뤼스를 이루어줄 수 있는 적합한 사람이었고, 이에 발란신은 불과 21세의 나이에 발레 뤼스의 마지막 발레 마스터(ballet master)로 고용되었다. 이고르 스트라빈스키가 언급했던 것처럼 발란신은 안무가이기 이전에 음악가였으며,14 따라서 발란신의 발레 작품을 이해하기 위해서는 음악적 요소

---

13 Youn-Sook Son, "A Study on Serge Diaghilev," *Journal of Korean Dance Society* 8 (1986), 123.

들을 살펴보는 것이 매우 중요하다. 그의 작품 〈탕자〉를 이해하는 데 있어서도 이것은 예외가 아니다.

III. 〈탕자〉(*Prodigal Son*, 1929)

발란신은 디아길레프의 발레 뤼스에서 발레 마스터로 일하던 1925년에서 1929년의 기간에 열 개의 발레 작품들을 안무하였다. 그는 여기에서 일하는 동안 스트라빈스키의 곡인 〈나이팅게일의 노래〉(*Le Chant du Rossignol*, 1925)에서 시작하여 그의 기념비적 작품인 〈아폴론 뮈사줴뜨〉(*Apollon Musagte*, 1928)[15]를 거쳐 〈탕자〉(*Prodigal Son*, 1929)에 이르는 작품들을 안무하면서 20년에 걸친 발레 뤼스의 영광에 마지막 정점을 찍었다. 발란신을 1933년에 미국으로 데려왔던 링컨 커스타인(Lincoln Kirstein, 1907~1996)과 함께 했던 뉴욕시티 발레단(New York City Ballet)에서의 시간과 더불어, 디아길레프와 함께 했던 발레 뤼스에서의 5년이라는 시간은 안무가로서 그의 인생에 있어서 매우 중요한 시기였다. 이 5년의 기간에 그는 자신의 발레 역사에 길이 남을 두 개의 발레 작품들인 〈아폴로〉와 〈탕자〉를 안무하였다. 이 두 작품이 발란신의 발레 인생에 있어서 중요한 위치를 차지하는 이유는, 전자의 경우 발란신 자신도 그렇게 생각하고 있듯이 자신의 인생에서 전환점이 되어준 작품이었으며 발란신의 존재를 세계에 알려준 작품이었기 때문이다.[16] 후자의 경우 그가 발레 뤼스에서 만들었던 마지막 작품이기 때문이다. 또한 이 두 개의 작품 모두 발란신의 대표적인 네오 클래식[17] 작품들이기 때문이다.

---

14 Taper, *Balanchine* (1960), 258.
15 이 작품은 흔히 아폴로(*Apollo*)라고 불린다.
16 Taper, *Balanchine*(1960), 98.

발란신의 〈탕자〉는 누가복음에 나오는 탕자에 대한 비유에 바탕을 둔
작품이다. 보리스 코크노(Boris Kochno)가 이 작품의 대본을 만들었고, 세르
게이 프로코피에프(Sergei Prokofiev)가 작곡하였다(Op. 46, 1928-29). 무대 미
술과 분장은 조르주 루오(Georges Rouault)가 만들었는데, 그의 작품들 가운
데 상당수가 기독교적 주제를 다루는 것을 생각해볼 때 그가 이 작품의 미
술 담당했다는 것은 그리 놀랄 만한 일은 아니다. 이 작품의 초연은 1929년
5월 21일, 파리에 있는 사라-번하르뜨 극장(Théâtre Sarah-Bernhardt)에서
이루어졌으며, 뉴욕 시티 발레단이 1950년에 다시 무대에 올리기까지 (이
작품에서 발란신은 직접 극중에서 아버지로 분장하여 출연했었다) 공연되지 않았
다.18

IV. 〈탕자, 1929〉와 탕자의 비유

1. 구조

누가복음에 나오는 탕자에 대한 비유는 탕자가 아버지에게 훗날에 받
게 될 유산을 미리 요구하는 장면으로 시작하여, 그가 유산을 챙겨서 먼

---

17 신고전주의(Neo-Classicism)는 추상성, 춤을 통한 음악의 시각화, 배경이나 무대 의상의
단순화, 고전 발레 스타일과 현대 무용 사이의 중간 지점을 추구하는 것, 무용수의 동작을
중요시하는 것 등이 그 특징이다. 이에 대한 보다 구체적인 설명은 Keum-Yun Bae, "A
Study on the Technical Specificity of George Balanchine's Neo-classic Ballet,"
Journal of Korean Dance Society 34 (2002), 5-22; Cha-Young Suh, "Neo-Classicism
in George Balanchine's Apollo," *Journal of Korean Dance Society* 17 (1995), 25-47;
Susan Au, *Ballet* (2008), 178-182; Hee-ja Jung, "Choreographic Style of George
Balanchine" (1992), 230-232를 보라.
18 1929년부터 2008년까지 〈탕자〉를 공연했던 발레단의 명단과 공연 연도에 대한 정보는
George Balanchine Foundation, "94. *Le Fils Prodigue*," in "Balanchine Catalogue," menu
at http://www.balanchine.org(accessed Dec. 21, 2010)를 보라.

타국의 도시로 나가서 방탕하게 살다가 빈털터리가 되어 다시 집으로 돌아오는 장면 그리고 그를 반기며 잔치를 베푸는 아버지와의 이야기를 거쳐, 아버지와 첫째 아들 사이에 벌어지는 이야기로 끝을 맺는다. 그러나 발란신의 〈탕자〉[19]는 그 구조에 있어서 누가복음의 내러티브와 차이를 보인다. 발란신의 작품은 크게 세 장면으로 구성되며, 이 이야기는 탕자의 떠남으로 시작하여 그의 귀환으로 끝을 맺는다. 여기에는 아버지가 탕자를 환영하며 잔치를 베푸는 장면이라든지 아버지가 첫째 아들을 설득해서 잔치자리로 끌어오려고 하는 부분이 없다. 이렇게 구조에 있어서 차이가 나도록 만듦으로써 발란신과 코크노는 아버지가 탕자를 환영하는 행동에서 빚어진 아버지와 첫째 아들 사이의 갈등을 없앤다.

이에 반해 누가복음의 내러티브는 두 개의 부분으로 구성된다. 첫째 부분은 탕자에 대한 이야기이고 둘째 부분은 첫째 아들에 대한 이야기이다. 그러나 이 두 개의 이야기는 궁극적으로는 모두 사랑이 많은 아버지에 대한 이야기이다. 별 생각 없이 누가복음의 탕자 내러티브를 보면 그 이야기가 두 아들들에 대한 이야기처럼 보인다. 누가는 이 두 형제를 아버지의 사랑을 받아들이기를 거부하는 고집스러운 인물들로 그린다. 탕자는 아버지의 마음을 산산이 부수면서 상당히 무례한 방식으로 아버지의 곁을 떠난다.[20] 반면에 첫째 아들은 기쁨에 겨운 아버지의 초대를 무례하게 거절함으로써 아버지의 마음에 상처와 모욕을 준다.[21]

---

19 이 소고에서 내가 살펴보는 〈탕자〉는 Nonesuch, *The Balanchine Library: Choreography by Balanchine*[1978], 1995로 만들어진 영상물을 바탕으로 한 것이다. 이 작품은 뉴욕 시티 발레단(NYCB) 무용수들이 연기하였고 무대 배경과 의상은 조르주 루오의 디자인을 따라서 에스테반 프란시즈(Esteban Francees)가 제작한 것이다.

20 누가는 아버지의 마음이 처참히 무너졌다고는 명확하게 말하지 않는다. 그러나 작은 아들이 돌아왔을 때 보였던 그의 반응으로 미루어보건대 이와 같이 추측할 수 있다.

21 찰스 탈버트(Charles H. Talbert)는 첫째 아들을 가리켜서 숨겨진 죄인(covert sinner)이라고 부르고 둘째 아들을 가리켜서는 드러난 죄인(overt sinner)이라고 부르는데 그의 지적은 적절한 것이다. 이 두 아들 모두 아버지의 사랑을 똑같이 필요로 하는 사람들이다

그러나 누가의 내러티브는 이 두 아들들이 얼마나 악한 자들인지 독자들에게 보여주기보다는 이들을 다시금 자신의 품으로 돌이키도록 하기 위해 그 어떤 것도 감수하는 아버지의 한없는 사랑을 강조하는 데 더욱 관심을 보이고 있다. 누가복음의 아버지는 이야기의 첫 부분에서 철없는 둘째 아들의 행동을 제지하기 위해 어떤 것도 하지 않고, 도리어 그 아들이 요구하는 대로 다 내어주며, 그가 떠나갈 때도 그냥 무기력하게 보내준다. 따라서 이 아버지는 아무런 힘이 없는 인물로 묘사된다. 첫째 아들이 아버지의 체면을 깎아내림으로써 아버지의 권위에 함부로 도전하는 이 내러티브의 두 번째 부분에서도 이러한 모습으로 아버지는 그려지고 있다. 그러나 누가복음의 아버지가 자식들을 향해 보이는 사랑은 매우 강하고 힘이 있어서 그 어떠한 것도 그들을 향해 쏟아붓는 그 사랑을 가로막을 수 없다.

　　발란신의 〈탕자〉는 성서 내러티브를 재구성한 것이다. 이 작품에서 초점은 아버지의 사랑에서 탕자에게로 이동한다. 이 작품은 첫째 아들이 등장인물로서 역할을 하는 장면들을 삭제하였다. 첫째 아들은 작품이 시작하는 부분에서도 나타나지 않으며, 아버지가 잔치 자리로 초대할 때에 그가 그것을 거절하는 장면을 다룬 누가복음의 둘째 부분과 같은 장면도 발란신의 작품에서는 없다. 누가복음 탕자 내러티브에서 첫째 아들의 이야기는 아버지의 사랑을 부각시키는 역할을 한다는 점을 생각해 볼 때, 〈탕자〉는 무대에서 누가복음의 큰 아들을 제거함으로써 아버지에게서 탕자에게로 스포트라이트를 옮겨놓았다. 다시 말하자면, 〈탕자〉는 누가복음 내러티브와는 달리 아버지가 아닌 둘째 아들에 대한 이야기이다.

　　발란신과 코크노는 탕자가 고향을 떠나 낯선 이방의 도시에서 겪었던 경험에 대한 부분을 확대시켜 놓았다. 이것을 통해서 이들은 탕자의 방탕한 삶의 굴곡을 작품에서 강조하였다. 이 발레 작품은 세 개의 장(scenes)

(*Reading Luke: A Literary and Theological Commentary on the Third Gospel* [NY: Crossroad, 1982], 151).

과 열 개의 섹션으로 구성되어 있다. 열 개의 섹션들 가운데 여덟 개 섹션이 탕자가 살던 방탕한 삶을 묘사하는 데 할애되었다. 사이렌(Siren)이 시작 부분에서 등장하여 탕자와 둘이서 매우 에로틱한 2인무(*pas de deux*)를 추면서 성공적으로 그를 유혹한다. 그런데 이 장면이 전체 35분가량의 공연 가운데 무려 10분 정도를 차지한다. 발란신과 코크노는 탕자가 외국에서 방탕한 삶을 사는 부분을 위해서 무려 여덟 개의 섹션을 할애함으로써, 특히 싸이렌이 탕자를 유혹하는 장면을 위해 이 작품 공연 시간 가운데 거의 3분의 1에 해당하는 긴 시간을 배당함으로써 탕자가 집을 떠나서 겪었던 우여곡절의 경험들을 부각시키려 했다. 그들은 또한 이를 통해서 그 유혹이 얼마나 달콤했는지, 그리고 그것이 얼마나 쓰디쓴 것으로 돌변했는지, 사이렌의 유혹이 얼마나 강한 것인지, 그 유혹으로부터 벗어나는 것이 얼마나 힘든 것이었는지 그리고 그 방탕한 삶을 선택한 결과가 무엇이었는지를 보여주려 하였다.

2. 인물설정과 배경(Characterization and Setting)

〈탕자〉에서 등장인물 설정은 누가복음 내러티브에서의 등장인물 설정과 다소 다르다. 〈탕자〉에 등장하는 인물들로는 아버지, 탕자, 두 명의 누이들, 두 명의 친구들, 사이렌 그리고 아홉 명의 친구들이다.[22] 발란신과 코크노는 첫째 아들을 두 명의 누이들로 바꾸어놓았다. 누가복음 내러티브에서 첫째 아들은 이 비유의 주제인 아버지의 사랑을 부각시켜 주는 매우 중요한 역할을 하는 인물이다. 아버지는 첫째 아들을 다시금 찾아오

---

22 1950년대 공연에서는 작품에 대한 수정이 조금 이루어졌다. 예를 들면, 초연에서 등장했던 두 명의 하인들은 두 명의 누이들로 바뀌었고, 친구들과 함께 술을 마시는 장면은 12번에서 9번 장면으로 바뀌었다. 그러나 발란신은 안무에 있어서는 본질적으로 동일하다고 말했다 ("*94. Le Fils Prodigue*").

기 위해서 아버지에게 무례하게 대하는 아들의 모욕을 감내하는 인물이다. 그러나 〈탕자〉에서 이 첫째 아들은 불필요한 존재이다. 왜냐하면 이 작품은 아버지의 사랑이 아니라 탕자가 겪었던 경험들에 초점을 맞추고 있기 때문이다. 따라서 첫째 아들을 대체하는 두 명의 누이들은 누가복음에 나오는 첫째 아들과는 완전히 다른 방식으로 설정된다.

두 명의 누이들은 누가복음 내러티브에서 첫째 아들이 등장하는 것처럼 공연의 시작 부분과 마지막 부분에 각각 등장한다. 누가복음 내러티브에서 첫째 아들은 아버지의 초청을 거절하는 부정적인 인물로 그려진다. 또한 그는 아버지의 긍정적인 모습을 드러내기 위해 사용되는 보조적인 인물이다. 그러나 〈탕자〉에서 두 명의 누이들은 정반대의 모습을 보이는 인물들이다. 둘째 아들이 아버지에게 철없고 못된 요구를 할 때 첫째 아들은 곁에서 가만히 침묵하고 있다. 이렇게 함으로써 악역은 둘째 아들이 하지만 그 악행으로 첫째 아들은 자신도 덩달아 유산을 챙기는 이익을 얻는다.[23] 그러나 이와는 달리 두 명의 누이들은 누가복음의 아버지에 해당하는 역할을 하는 인물들이다. 이 누이들은 동생이 집을 떠나려고 할 때 그의 소매를 붙들면서 말리는데, 이것은 누가복음 내러티브에서의 아버지의 마음―비록 누가의 내러티브에서 이것이 명시되고 있지는 않지만―을 반영하고 있다. 또한 〈탕자〉 작품에서 탕자가 집으로 돌아왔을 때 아버지는 그를 반기지 않는다. 도리어 두 명의 누이들이 거지꼴이 되어 돌아온 동생을 사랑스럽게 맞아들인다.

도리어 〈탕자〉에 나오는 아버지는 탕자에 대해 매우 차갑고 엄격한 아버지이다. 발란신과 조르주 루오는 아버지를 덥수룩한 수염을 가진 전통적인 가부장적 아버지처럼 보이도록 그렸는데, 이러한 아버지의 모습은 시스

---

23 비록 유산을 요구한 것은 둘째 아들이었지만 아버지는 첫째 아들에게도 유산을 나누어준다
(15:12). Cf. Kenneth E. Bailey, *Poet and Peasant* (Grand Rapids: Eerdmans, 1976),
168.

틴 채플(Sistine Chapel) 천장에 프레스코로 그려진 미켈란젤로의 작품 가운데 〈아담의 창조〉(1511) 부분에서 찾아볼 수 있는 하나님의 모습, 혹은 알브레흐트 뒤러가 그린 〈삼위일체를 경배함〉(1511)에 나타나는 하나님의 모습을 연상하게 한다. 〈탕자〉 작품에서는 탕자가 떠나려고 할 때 아버지는 마치 명령하듯이 엄숙하게 손가락을 뻗어내서 아들을 가로막는다. 그러한 아버지의 위엄으로 인해 아들은 억지로 잠시 멈추어 선다. 아버지는 무표정한 얼굴을 하고 있으며, 마지못해 매우 천천히 움직이는 인물이다. 이러한 아버지의 인물 설정으로 인해 탕자는 아버지를 두려워한다.

이에 반해 누가복음의 아버지는 매우 적극적으로 아들을 받아들인다. 아들이 아버지를 알아보기 전에 이미 그 아버지는 아들을 알아보고 주도적으로 그를 맞아들인다. 아버지는 자신의 아들을 보호하기 위하여[24] 체면에도 불구하고 마을을 가로질러 달려간다.[25] 이러한 모습은 매우 느리게 움직이는 발란신의 〈탕자〉에 나오는 아버지의 모습과는 완전히 상반된 모습이다. 이 아버지는 아들에게 입을 맞추고 그에게 가장 좋은 옷을[26] 입혀주며 인장을 끼워준다.[27] 아버지는 아들에게 신을 신겨주며 그를 위해 환영 잔치를 준비한다. 이러한 모습은 돌아온 그 아들이 다시금 아들의

---

24 고대 근동 사회에서 이방인에게 재산을 잃는다는 것은 이 아들의 개인적인 문제가 아니라 그의 지역 공동체의 문제였다. 따라서 만일 아들이 마을을 가로질러 혼자 걸어온다면 그는 집에 가서 아버지를 만나기도 전에 동네 사람들에게 돌을 맞아 죽임을 당하게 되었을 것이다. Bailey, *Poet and Peasant* (1976), 181-182를 보라.

25 Sirach 19:30: "남자의 옷차림과 과도한 웃음 그리고 그의 걸음걸이는 그가 어떤 부류의 사람인지 보여준다." 베일리가 정확히 지적하듯이, 동양 사회에서 성인 남자가 뛰어다닌다는 것은 점잖치 못한 행동이었다(*Poet and Peasant* [1976], 181).

26 헬라어 "protos"는 "가장 좋은"이라는 것과 "처음에" 즉, "애초에"라는 의미로 각각 해석될 수 있다. 만일 이 구절을 "애초에"라는 것으로 해석한다면 아버지가 그에게 "이전에" 입었던 즉, 아들이 아버지를 떠나기 전 아들로 있었을 때 입었던 옷을 입히는 행동을 뜻한다. 이것은 그 아들이 다시금 아들의 자격을 회복하는 것을 의미한다. Cf. Joseph A. Fitzmyer, *The Gospel According to Luke X-XXIV* (NY: Double Day, 1985), 1090.

27 Cf. 1 Maccabees 6:15.

자격을 회복했다는 것을 아버지가 뭇 사람들 앞에 분명히 해둔다는 것을 의미한다.

이와는 대조적으로 발란신의 탕자는 빈손으로 집에 돌아왔을 때 환영 받지 못한다. 탕자는 마치 아버지가 자신을 용서하고 받아들여주기를 기대하는 제스처를 취하면서 아버지에게로 다가간다. 그러나 아버지는 공연 첫 부분에서 보여주었던 냉정한 표정을 지금까지도 그대로 짓고 있으며, 이러한 표정을 본 아들은 마치 자신이 기대했던 것이 거절당하여 좌절했다는 듯이 뒤돌아서 땅바닥에 쓰러지고 만다. 아들은 아버지에게서 뿜어 나오는 그 냉정함과 공포를 견디지 못한 것이다. 발란신의 아버지는 땅바닥에 엎드려서 자신을 향해서 기어오는 그 아들을 마치 동상처럼 아무런 움직임도 없이 물끄러미 바라보기만 할 뿐 어떠한 반응도 보이지 않는다. 따라서 그 아들은 더욱 비참해진다. 〈탕자〉에 나오는 이 아버지는 사랑 많은 아버지가 아니라 두려운 아버지이다.[28]

아들을 중심으로 살펴보건대, 누가복음의 내러티브는 탕자의 삶이 좋았던 시절과 비참하게 된 시절을 대조시키는 데 ―이것은 결국 아버지의 사랑을 부각시키는 기능을 한다― 관심을 보이고 있다. 즉, 그가 집을 떠났을 때 얼마나 비참한 꼴을 당하게 되는지, 그가 다시 집으로 돌아왔을 때 그의 처지가 얼마나 놀랍게 변하게 되는지를 대조시킨다. 누가복음의 내레이터는 그 아들이 살았던 방탕한 삶이 구체적으로 어떤 모습이었는지에 관심을 보이지 않는다. 심지어 독자들은 첫째 아들이 말하지 않았더라면

---

28 발란신은 아버지를 인물 설정하는 데 있어서 프로코피에프와 갈등이 있었던 것으로 보인다. 발란신과는 달리 프로코피에프는 아들이 돌아오는 장면을 엄숙하고 자연스러운 환영으로 그리고 싶어 했다(David Nice, *Prokofiev: From Russia to the West 1891~1935* [New Haven and London: Yale University Press, 2003], 260). 프로코피에프는 이 장면 곡조에 매우 만족했지만(Taper, *Balanchine* [1960], 112), 그 장면에 대한 발란신의 해석과 안무에 매우 불쾌해 했다(Stephen D. Press, *Prokofiev's Ballets for Diaghilev* [Surrey: Ashgate Publishing Ltd., 2006], 245).

둘째가 집을 나가서 그 돈을 도대체 어디에 썼는지조차 알지 못했을 것이다. 게다가 둘째 아들이 길거리의 여인들과 재미를 보느라 그 돈을 썼다고 주장하는(15:30) 첫째 아들의 말이 과연 확실한 것인지 우리는 알지 못한다.[29] 어쩌면 이러한 비난은 증거를 바탕으로 한 사실에 근거한 것이라기보다는 단순히 첫째 아들의 상상력의 결과물일 수도 있다.[30] 이방인 주인은 돼지치기라는 유대인으로서[31] 해서는 안 되는 직업을 둘째 아들에게 제안함으로써 그의 자존심을 크게 건드렸다.[32] 이방인 주인이 그에게 돼지치기의 일을 제안한 것은 사실 완곡한 어법으로 일자리를 부탁하는 탕자의 요구를 거절하는 방식인데, 이것은 탕자가 심지어는 이방인에게서조차도 거절당하는 끔찍한 처지에 빠졌으며, 그럼에도 불구하고 그것이라도 붙들어야만 했던 탕자의 절박하고 비참한 상황을 보여준다.

누가복음의 탕자가 처한 비참한 상황은 아버지가 그를 받아들이는 순간 모두 변한다. 그가 집으로 돌아왔을 때 아버지는 대대적으로 그를 환영한다. 누가복음의 내레이터는 첫 부분(15:11-19)과 두 번째 부분(15:20-32)을 대조시킨다. 첫째 부분에서 아버지는 무기력하고 수동적인 인물처럼 보인다. 그러나 두 번째 부분에 들어서면 아버지는 갑자기 매우 적극적이고 활발하며, 힘과 권위를 소유한 인물로 변모한다. 한편, 탕자의 상황은 아버지의 태도 변화만큼이나 변한다. 이 아들은 거지나 별반 없는 인물이었으나, 아버지가 그를 맞아들이자 그는 모든 것을 회복한다. 아들이 아버

---

29 우리는 그가 어떻게 돈을 낭비했는지 정보를 제공받지 못한다. 또한 내레이터도 30절에서 첫째 아들이 둘째 아들이 돈을 사용했던 것에 대한 불평이 무엇을 근거로 한 것인지 독자들에게 말해주지 않는다. 버나드 스캇(Bernard B. Scott)은 헬라어 "asotos"가 성적인 방탕을 의미한다고 주장한다(Re-Imagine the World: An Introduction to the Parables of Jesus, Tr. by J.W. Kim [Seoul: KICS, 2001], 124).

30 Arland J. Hultgren, The Parable of Jesus: A Commentary (Grand Rapids: Eerdmans, 2000), 81.

31 Bailey, Poet and Peasant (1976), 170.

32 레 11:7; 신 14:8; 1 마카비 1:47; b. Baba Kamma 82b를 보라.

지를 떠났을 때 그는 모든 것을 잃었다. 그러나 집으로 돌아와 아버지와 함께 있을 때에 그는 아들로서 모든 것을 얻는다(cf. 15:31). 잃어버린 자가 되었을 때 그는 인생의 밑바닥에서 큰 슬픔과 괴로움을 경험한다. 그러나 그가 되찾은 자가 되었을 때 그는 아버지가 자신을 위해 차려준 잔칫상에서 큰 기쁨을 누릴 수 있게 되었다.

발란신의 발레 작품에 나오는 탕자에 대한 인물 설정도 누가복음 내러티브에서 그리는 탕자와 비슷하다. 그러나 초점이 약간 다르다. 발란신의 발레는 그 쾌락이 얼마나 달콤한지, 그 쾌락이 인간을 얼마나 비인간적으로 파괴하는지, 그 유혹의 끈을 끊어버리는 것이 얼마나 어려운지 그리고 그것을 끊지 못했을 때 그 결과가 얼마나 비참해지는지에 초점을 맞추고 있다. 발란신의 탕자는 세상의 쾌락을 무척 사랑하고 그것에 많은 호기심을 가지고 있으며, 모험심도 강한 인물로 그려지는데, 이러한 모습은 누가복음 내러티브 안에서는 언급되거나 특별히 강조되고 있지도 않은 것들이다.

발란신의 탕자는 공연 시작 부분에서는 매우 활동적인 인물로 그려지지만 마지막 부분에 이르러서는 이와는 정반대의 인물로 나타난다. 그는 집을 떠나기 위해 두 명의 친구들과 함께 매우 신나서 짐을 꾸린다. 그는 마치 이제는 더 이상 시골의 지루한 삶을 견딜 수 없다고 말하는 것처럼 매우 빠르고 격렬하게 그의 팔을 흔드는 동작을 한다. 그는 그의 팔을 쭉 뻗치면서 매우 높고 역동적인 소드샤(saut de chat)를 연기하고, 다운 스테이지(downstage) 오른쪽과 왼쪽을 활발하게 누빈다. 이러한 모습은 그가 시골의 지루한 삶을 탈피하여 도회지의 쾌락을 찾고자 하는 모습을 보여준다. 이 부분의 음악도 그의 심리 상태를 잘 반영한다. 이 부분에서는 현악기가 매우 높은 음으로 날카롭고 빠른 불협화음의 멜로디를 연주하는데, 이로 인해서 청중들은 탕자의 마음처럼 안정되지 못한 느낌을 받게 된다.

눈여겨볼 것은 아홉 명의 친구들과 사이렌에 대한 인물설정이다. 탕자가 무대에서 퇴장하자 아홉 명의 기괴한 모습을 지닌 생물들이 빠르고 이상한 음악을 배경으로 등장한다. 이들은 모두 머리카락이 하나도 없으며, 드미 쁠리에(*demi plie*) 포지션으로 일렬로 줄지어 움직인다. 이러한 모습은 그들이 마치 지네처럼 보이도록 만들어준다. 이들은 마치 덫에 걸리는 것은 무엇이든지 다 삼키려는 듯이 자신들의 팔을 반복적으로 접었다 폈다하는 동작을 취한다. 이것은 이들이 무자비한 비인격적인 존재들임을 뜻하며, 탕자가 이들과 어울림으로써 비참한 운명을 맞게 될 것임을 암시한다. 이들은 쾌락과 탐욕을 상징한다. 그들은 자신들을 위해 식탁을 차리고 미친 듯이 함께 춤을 춘다. 그들은 자신들의 몸으로 회전목마를 만들어서 그것을 가지고 논다.

탕자가 자신의 두 친구들과 등장하자 이 아홉 명의 생물들은 미친 듯이 춤을 추고 놀던 동작을 한순간에 멈춘다. 그리고 그들은 마치 선반 위에 놓인 물건이나 보석 상자처럼 보이도록 세 명씩 세 열로 줄을 만들어 질서 정연하게 선다. 그들은 몰래 탕자를 엿보다가 탕자가 그들의 존재를 눈치 채고 다가오자 마치 탕자를 감질나게 자신들의 손을 탕자에게 내밀고, 탕자가 그 손을 잡으려고 하면 약 올리듯이 얼른 감추는 행동을 반복적으로 한다. 아홉 명의 생명체들과 탕자의 일행은 서로 어울리지 않아 보이지만 결국 이들은 모두 하나로 융합된다. 탕자와 두 친구들은 이 아홉 명의 생명체들과 악수를 하고, 세 명씩 짝을 지어 넷으로 구성된 그룹을 만든다. 이것은 탕자와 그의 두 친구들이 이제는 이 기괴하고 비인격적인 부류들과 한패가 되었음을 보여주는 것이다.

탕자의 타락은 사이렌의 등장으로 인해 더욱 확실하게 이루어진다. 미묘한 멜로디를 배경으로 사이렌이 무대로 등장한다. 그 음악은 매우 느리며 매우 깔끔하고 청명한 음조로 오보에가 연주를 하는데, 점점 더 다른 목관악기들이 오보에 멜로디에 합류한다. 아홉 명의 기괴한 친구들이 등장할 때는 기괴한 느낌의 푸른 조명이 비췄지만, 사이렌이 등장하자 그 조명은 붉은색으로 변한다. 이로써 무대는 사이렌이 가지고 있는 매우 에로

틱한 분위기로 전환된다. 그녀는 긴 자주색 망토를 걸치고 있는데, 그 망
토는 땅바닥에 질질 끌리며, 그녀가 안에 입은 옷도 자주색이다. 그녀는
또한 크고 흰색으로 만들어진 교황의 관(zucchetto)과 같은 모자를 썼으며,
마치 유유히 헤엄치는 백조처럼 뽐내듯이 우아하게 걷는다. 그녀는 마치
옷을 입었다 벗었다 반복하듯이, 걸치고 있는 자주색 망토를 접었다 폈다
하는 행동을 반복한다. 그리고 그녀가 그런 행동을 하고 있을 때 탕자는
넋을 잃고 그녀를 바라본다. 사이렌은 탕자를 유혹하여 함께 춤을 추자고
하고, 결국 그들은 점점 더 서로에게 가까이 다가간다.

사이렌과 탕자가 함께 추는 2인무(pas de deux)는 이 두 사람이 서로
완전히 하나가 되었다는 것을 보여준다. 그들은 마치 거울을 보고 움직이
듯이 서로 마주보고 똑같이 움직인다. 이것은 그들이 더 이상 둘이 아니라
온전히 하나가 되었다는 것을 의미한다. 그들은 마치 두 마리 뱀이 서로
엉키듯이 자신의 몸을 가지고 상대방의 몸을 감싸며, 그들이 이러한 행동
을 하는 동안에 매우 달콤한 음악이 흘러서 관능적인 분위기를 더욱 고조
시킨다. 그들의 2인무는 거의 10분가량 지속되는데, 이것은 이 공연에 소
요되는 총 시간 가운데 거의 3분의 1에 해당하는 매우 긴 시간이다. 더구
나 이 2인무를 포함한 15분가량의 시간 즉, 전체 공연의 반절을 차지하는
시간은 탕자가 아홉 명의 친구들과 사이렌과 더불어 함께 춤을 추고 먹고
마시며 쾌락을 즐기는 부분으로 할애되었다. 이 모든 것은 청중들에게 그
유혹이 너무나 강해서 한번 빠지면 거의 헤어나올 수 없다는 것을 말해준
다. 그녀는 그리스 신화에 나오는 사이렌처럼[33] 일단 자신이 잡은 먹잇감
을 놓아주지 않는다.[34]

---

[33] 발레 뤼스의 프로그램에서는 그녀를 "유혹녀"(la Séductrice)라고 표시했다(Press,
  Prokofiev's Ballets [2006], 245).
[34] 테이퍼(Taper)는 프로코피에프의 전기 작가인 네스티에프(Nestyev)를 인용하면서 작곡
  가가 "비잔틴 스타일의 매춘부"보다는 "다소 슬프고 우아한 덕을 지닌 연약한 젊은 소녀"를
  염두에 두고 있었다고 말한다(Taper, *Balanchine* [1960], 111).

탕자와 함께 즐거운 시간을 다 보낸 후에 아홉 명의 친구들과 사이렌은 술에 취한 탕자에게서 모든 것을 다 빼앗아간다. 이 약탈의 장면은 5분간 지속된다. 탕자의 친구들은 강제로 그에게 술을 먹여서 그가 자제력을 잃도록 만들고, 그가 정신을 못 차릴 즈음에 무자비하게 그를 때린다. 그는 그들에게서 도망치려고 발버둥치지만 그들은 탕자가 한때 온갖 쾌락을 누렸던 그 식탁을 세워서 그가 못 도망가도록 길을 막아버린다. 그들은 탕자가 가졌던 모든 것들을 빼앗은 후에 그 약탈품을 더 많이 차지하려고 서로 아귀다툼한다. 이러한 모습은 처음에 그들이 지네와 같은 모습으로 무대에 등장할 때에 이미 암시된 바 있다. 이 친구들은 서로 등을 맞대고 둘씩 짝을 지어 돌아다니는데, 이러한 모습은 그들이 마치 거미처럼 보이도록 해주며, 탕자는 그 거미줄에 걸려 죽을 날을 기다리는 파리처럼 보이도록 해준다. 사이렌은 그 친구들의 어깨 위에 무동을 탄 채로 등장하면서 높은 곳에서 저 아래에 있는 탕자를 내려다보는데, 이것은 탕자는 패자이고 그녀는 승자인 것처럼 보이도록 해준다. 사이렌은 그 친구들에게 무엇을 빼앗아 갈 것인지 지시하면서 약탈을 지휘한다. 그리고 그녀 또한 탕자가 가지고 있던 제일 마지막 물건을 빼앗아간다. 그들은 약탈한 물건을 챙겨서 멀리 떠나가는데, 이때 그녀는 노략한 물건을 하나씩 점검하는 해적선의 선장과 같이 묘사되기도 하고, 그 친구들이 신나게 노를 저어 달아날 때에 배 앞머리에 달린 선수상(figurehead)처럼 보이기도 한다. 이러한 것들은 쾌락을 추구하는 행동이 얼마나 비참한 결과를 맞이하게 되는지 잘 보여주며, 또한 거미줄처럼 먹잇감을 잡은 그 고통의 덫으로부터 벗어나는 것이 얼마나 어려운 것인지 보여준다.

발란신의 작품에서 탕자가 집으로 돌아오는 장면은 눈여겨볼 만하다. 탕자가 집으로 돌아오는 장면은 약 6분간 지속되는데, 이 시간 동안 탕자는 단 한 번도 일어서서 움직이지 않고 이 작품이 다 끝날 때까지 계속 무릎으로 걷든지 기어다닌다. 모든 것을 다 빼앗기고 홀로 남겨진 탕자는 비로소 정신을 차리고 집을 향해 돌아선다. 그는 하늘을 향해 팔을 뻗었다가 자신의 얼굴을 숨기면서 땅에 엎드린다. 이것은 그가 하늘에 대해 죄를 지었음을 인정한다는 것을 뜻한다. 샘물에서 물을 마신 탕자는 집을 향해 떠날 용기를 얻는데, 이 장면은 구약성서의 하갈(창 21:14-25)이나 로뎀나무 아래에 주저앉은 엘리야(왕상 19:4-8)를 떠올리게 한다. 구약성서에 나오는 이 두 개의 에피소드들을 발란신의 발레 안무와 의미 있게 연결한다면 하나님의 은혜가 중요하다는 것을 말한다고 할 수 있을 것이다. 반면에 탕자가 계속 무릎으로 걸어다니는 것을 참회라는 개념에 의미 있게 연결한다면 발란신의 메시지는 이와는 정반대의 것을 의미할 수 있을 것이다. 은혜로 말미암는 칭의인가, 아니면 행위로 말미암는 구원인가? 발란신의 작품에서 아버지가 기어오는 아들을 향해 수동적인 태도를 취한다는 것을 생각한다면 즉, 아버지가 아들을 반갑게 맞이하지 않는다는 것을 생각한다면, 발란신은 마틴 루터와 같이 행위로 말미암는 구원이나 용납에 대해 반대의 의견을 갖고 있는 것인가?

이 작품에서 공간의 변화, 음악에서의 템포, 조명의 활용 등 또한 매우 흥미롭다. 공간의 변화를 보건대, 이 작품에서 공간 활용은 높은 곳에서 낮은 곳으로 이동한다. 작품 시작 부분에서 탕자는 매우 활발하게 춤을 추면서 높은 소드샤(saut de chat)를 한다. 그러나 작품 마지막 부분에서 그가 집으로 돌아올 때는 무릎으로 걸어오며, 맨 마지막 몇 분 동안에는 아버지의 발아래 완전히 몸을 뻗어서 땅바닥에 엎드리며 기어온다. 음악에 있어서 템포의 변화도 눈여겨볼 만하다. 작품 시작 부분에서 음악은 매우 활발하고, 경쾌하며, 빠르고 날카롭다. 또한 음조도 매우 높은 것으로 연주된다. 그러나 작품이 끝으로 갈수록 음은 느려지고, 무거워지며, 축축 처지고 음조 또한 낮게 변화한다.[35] 작품의 시작 부분에서 조명은 매우 밝다.

---

35 프로코피에프는 자신의 음악에 대한 발란신의 해석을 싫어했다("letter from Prokofiev to Meyerhold, 25 May 1928"). 왜냐하면 그는 공연 방식에 있어서 역사성의 문제와 관련

그러나 이 조명은 푸른색에서 붉은색으로 변화하며, 작품이 끝나는 마지막 부분에서는 어둡게 변한다. 따라서 이 작품의 전체적 분위기도 밝고, 가볍고, 높고, 빠른 것에서 어둡고 무거우며, 낮고 느린 것으로 점점 변화한다.

배경에 대한 이러한 변화는 발란신이 이 작품에서 말하려고 한 것을 뒷받침해준다. 젊은 아들이 추구했던 쾌락을 쫓는 꿈은 대도시에서의 화려하고 열정적인 삶을 기대한다. 그러나 다른 한편으로, 낯선 세상에 대한 두려움과 아버지로부터 떨어지는 청소년기의 고통은 그의 무의식 속에 여전히 남아 있다. 시작 부분에 나오는 빠른 음악의 템포와 불협화음은 아버지의 영향력과 보호 아래서 계속 남아 있을 것인지, 아니면 아버지의 집을 멀리 떠나서 자유롭게 살 것인지에 대한 내면의 갈등을 보여준다. 마지막 부분에서의 느리고 안정된 분위기는 청중들을 자기 성찰적인 분위기에 들어가도록 이끌어주는데, 이것은 그 아들의 생각이 잘못된 것이었음을 말하려는 듯하다. 밝은 조명에서 어두운 조명으로의 변화도 이와 마찬가지이다. 어둠 속에서 옷이 벗겨진 채 홀로 남겨진 아들처럼, 청중들도 아들이 어떠한 대가를 치러야 하는지를 바라보면서 한걸음 뒤로 물러서서 가만히 혼자 성찰해보도록 초대를 받는다.

V. 나가는 말

지금까지 나는 발란신의 〈탕자〉를 그 구조와 인물 설정, 공간적 배경과 음악, 조명 그리고 무용수의 동작을 누가복음의 탕자 내러티브와 비교하면서 살펴보았다. 나는 발란신의 〈탕자〉가 아버지를 떠나서 살아갈 때

하여 발란신과 의견을 달리했기 때문이다(Nice, *Prokofie* [2003], 263).

겪었던 그의 경험을 부각시킴으로써 탕자의 인생에 남겨진 화려했던 시간과 처참했던 시간에 관심을 보이고 있음을 지적하였다. 이 작품은 그 유혹이 얼마나 달콤한 것인지 초점을 맞추고 있다. 또한 이 작품은 그 달콤한 유혹을 떨쳐버리는 것이 얼마나 어려운 것인지, 그 쾌락의 끝이 얼마나 비참한 것인지, 그리고 그가 아버지의 품에 안기기 위해서 어떤 대가를 치러야 했는지에 초점을 맞춘다.

누가복음의 내러티브는 아버지의 사랑이 얼마나 위대한 것인지, 그 사랑이 얼마나 달콤하며 얼마나 인내하는 사랑인지 말해주는 데 더 많은 관심을 보이고 있다. 그러나 발란신의 주제는 아버지의 사랑에 대한 것이 아니라 쾌락을 추구하는 행동에 대한 것이다. 이로써 이 작품은 일종의 도덕적인 교훈의 성격을 가지거나, 쾌락을 추구하는 사람에게 그러한 인생의 선택이 얼마나 비참한 결과를 가져오는지 말해주는 일종의 경고장의 성격을 가지고 있다.[36] 따라서 아버지의 사랑을 강조하기 위해 필요한 첫째 아들의 이야기는 누가복음의 내러티브에서는 나오지만 이 작품에서는 제거된다. 누가복음의 아버지가 가진 이미지는 발란신의 아버지가 보이는 이미지와는 전혀 다르다. 〈탕자〉 공연을 위한 시간의 배분을 통해서도 발란신이 말하려고 하는 주제가 부각된다. 구조와 플롯, 등장인물과 배경 설정 가운데 나타나는 누가복음 내러티브와 발란신의 작품 사이의 차이는 원문 텍스트의 독자이자 이차적 산물의 창조자인 예술가가 창조적 자유를 가지고 얼마나 풍성한 해석을 창출해낼 수 있는지 잘 보여주는 좋은 사례가 된다.

성서 내러티브를 읽을 때 우리는 종종 전통적인 신학의 틀에 갇힌다. 이러한 현상은 우리가 성서를 접근하는 방법에 있어서 그 성서를 단순히

---

36 로버트 고틸레프(Robert Gottlieb)는 디아길레프를 배신했던 니진스키(Nijinsky)와 마신느(Massine)의 발자취를 따르지 말라고 자기 자신에게 경고한 것이었을 것이라고 주장한다(*George Balanchine: the Ballet Maker* [NY: HarperCollins, 2004], 51).

교회의 도그마를 섬기는 역할을 하는 문서 텍스트로서만 한정하여 접근할 때에 종종 발생한다. 그러나 만일 우리가 성서 내러티브를 다양한 문화적 산물들을 통해 읽으려 한다면 우리는 성서가 간직하고 있는 더 많은 풍성한 의미들을 발견하게 될 것이다. 성서는 독자들이 그 풍성한 의미를 발견해주기를 기다리고 있다. 성서 내러티브를 읽는다는 것은 "정답"을 찾는 문제에 대한 것이 아니라 우리의 매일 삶 속에서 경험되는 것들의 의미를 발견하는 것에 대한 문제이다. 그리고 성서로 하여금 예술적 산물과 조우하도록 하는 이러한 간학문적인 접근 방식은 이러한 목적을 이루는 데 매우 유용한 도구이다.

5부

대중문화와 영성

_이택광

실패의 부정성과 삶의 폐허성
— 발터 벤야민의 경우

I. 폐허, 또는 실패의 필연성

　누구도 실패하기를 원하지 않는다. 그러나 실패는 필연적이다. 어떻게 생각하면 모든 삶은 실패일 수밖에 없다. 죽음은 그 실패를 증언하는 자연의 법칙이기 때문이다. 발터 벤야민(Walter Benjamin)은 「중세에 대하여」(Uber das Mittelalter)라는 짧은 메모에서 '신성성'(divinity)을 한 축으로 하고, 인간과 자연을 다른 축으로 하는 심연(abyss)의 구조가 어떻게 불경한 자연(profane nature)과 잠재적으로 끝없이 앞으로 나아가는 숭고의 재현을 만들어내는지를 고찰하고 있다.[1] 벤야민은 중세건축에 나타나는 동양적 장식이 그 내면적인 측면에서 "절대적 힘의 현전"을 표현한다고 보았다. 이 "절대적 힘"이야말로 신성성인 것이다. 형식의 언어에서 절대성의 내용을 이끌어내는 동양적 건축양식은 "무한한 완성과 충족의 과정을 약속"한다.

---

1 Walter Benjamin, *Gesammelte Schriften* (Frankfurt: Suhrkamp, 1991), 132-133.

이 논의에서 흥미로운 점은 벤야민이 신성성을 인간과 자연 모두로부터 분리해내고 있다는 사실이다. 신성성은 인간에 속하지도 않고, 자연의 일부도 아니다. 신성성은 절대범주로서 존재하는 것이다. 이런 조건이라면, 결코 완성된 삶의 순간은 존재하지 않는다. 신성성이 인간이나 자연바깥에 놓여 있다면, 결코 도달할 목적 같은 것은 삶에 존재하지 않게 된다. 말하자면, 절대성이 자기 자신을 세계 내에 부여하는 것을 통해 역사가 종언에 도달한다는 생각과 벤야민의 주장은 전혀 다른 것이다. 그렇다면 벤야민은 무엇을 주장하려는 것일까? 벤야민이 주장하는 것은 핵심적으로 '삶의 폐허성'에 대한 고찰에 기반을 두고 있다. 닿을 수 없는 절대성에 도달하기 위해 끊임없이 삶을 불모로 만들고 세계를 도탄에 빠뜨려야하는 것이다. 이것이 바로 비극(tragedy)이라는 장르의 원리라고 벤야민은 말한다. 비극의 주인공은 누구도 충만한 시간을 살 수 없다는 이유 때문에 죽는다. 주인공은 불멸성으로 인해 죽음을 맞이하는 것이다. 죽음은 이런 의미에서 아이러니한 불멸성이고, 비극적 아이러니의 기원이다.

벤야민의 신성성 개념은 자신의 논의에서 규정하는 독특한 비극의 정의와 관련을 맺는다. 그 정의는 신성성을 죽음과 나란히 놓는 것이기도 하다. 신성성은 죽음 자체이고 이 죽음은 아이러니의 기원이다. 아이러니는 숙명(fate)의 문제이고, 자유의지에 대한 부정이다. 자유의지를 거스르는 아이러니의 상황을 만들어내는 것은 죽음이다. 죽음의 아이러니를 드러낸다는 의미에서 비극은 신성성을 재현하는 방법이다. 절대적인 것으로서 신성성은 비극의 원리를 구성한다. 당연한 것이지만, 신성성을 재현하려는 비극의 시도는 신성성과 인간성 사이에 놓여 있는 심연으로 인해 충만하게 이루어지지 않는다. 인간이 신성성을 재현하는 방식은 자신의 삶을 불모로 몰아넣고 세계를 폐허로 만드는 것을 통해 가능하다. 인간의 세계가 미약하기 그지없고, 죽음이라는 불멸성 앞에 선 존재가 바로 인간이라는 사실을 인정하는 것이 곧 신성성을 재현하는 방법인 것이다.

인간 세계의 폐허성에 신성성이 깃드는 것이라고 할 수 있는 셈인데, 이런 맥락에서 비극적 죽음과 숙명의 실현은 평행선을 이루는 것이라고 할 수 있다. 신성성의 개념에 비추어서 비극이라는 장르는 궁극적으로 비극적 주인공의 운명이 완성되는 것을 보여준다. 따라서 비극은 영웅의 죽음을 애도하는 것이라기보다, 그의 삶을 찬양하는 것이라고 할 수 있다. 비극적 영웅의 죽음은 인간과 자연세계에 개입해 있는 신의 존재를 보여주는 증거이다. 숙명의 완성은 곧 신성성의 출현을 의미한다.

물론 이런 생각은 고대 비극에 해당하는 것이다. 벤야민은 고대 비극과 근대적인 비극을 구분해서 후자를 애도극(mourning play)이라고 명명한다. 문제는 이 애도극에서 등장하는 신성성의 범주이다. 이 애도극에서 신의 출현(deux ex machina)은 없다. 최후의 심판은 끊임없이 지연된다. 따라서 애도극은 이런 지연으로 인해 빚어지는 반복의 재현이다. 애도극에서 신은 부재하기 때문에 신성하다. 신의 부재는 삶의 성공을 판단할 의미의 기준이 없다는 것이다. 어떤 의미도 최종적인 심판을 받을 수 없다는 것이야말로 애도극을 구성하는 기본 원리이다. 이런 원리에서 텍스트는 부재함으로써 신성해지는 신을 드러내는 반복의 증거이다. 따라서 텍스트는 언제나 실패의 흔적이다. 완성될 수 없는 폐허의 건축이라고 하겠다. 모든 예술은 근본적으로 이 폐허성 위에 존재한다. 왜냐하면 예술은 종교와 다르기 때문이다. 예술은 종교의 실패에서 자라나온 새로운 형식이다.

신의 부재라는 실패의 상황에서 예술은 자신의 존재감을 만들어낸다. 실패가 부여하는 부정성이야말로 현실에 대한 반성을 만들어낼 수 있는 근거이다. 그러므로 실패라는 것은 결코 실패로서 의미를 갖지 않는다. 실패는 모든 존재를 가능하게 만드는 필연성이다. 영웅의 죽음을 보여주는 것이 고대의 비극이었다면, 애도극은 인간의 실패를 보여준다. 이 실패는 신의 구원조차 허락하지 않는 조건 자체에서 발생한다. 우리가 살고 있는 시대에서 실패는 삶의 의미이자 동시에 그것을 이끄는 힘이기도 하다. 이런 까닭에 실패는 단순한 실패로 불릴 수 없는 것이다.

II. 부정성이라는 반성의 계기

신성성과 관련해서 중요하다고 볼 수 있는 개념이 바로 '장막'(veil)이다. 장막은 신성성을 직접적으로 표현할 수 없는 한계이자 동시에 접점이다. 자연과 인간은 장막을 통해 신성성과 분리되어 있다는 생각과 이 개념은 일정하게 관련을 갖는 것처럼 보인다. 신성성은 여기에서 절대적 부정성을 의미한다.

벤야민은 낭만주의 비평을 도그마적 이성주의를 넘어가려는 시도로 간주하는데, 장막이라는 개념은 낭만주의 비평의 한계를 지적하기 위해 도입된다. 칸트의 힘을 빌려서 낭만주의자들이 이성주의에 대항하기 위해 내세운 두 가지 범주가 바로 절대 미와 예술작품이다. 그러나 낭만주의자들이 칸트 철학의 룰을 순순히 따랐다고 보기는 어렵다. 칸트의 후학들은 형식을 예술미에 대한 판단 기준으로 보았기 때문이다. 낭만주의자들은 이들과 달리 형식의 본질을 구성하는 '반성의 표현'(the expression of reflection)으로 보았다. 이런 맥락에서 낭만주의자들에게 예술작품은 자기 구성적인 것으로, 객관적 법칙으로 환원될 수가 없는 그 무엇이었다.

형식은 예술작품의 중심으로 존재기반이기도 하다. 이런 맥락에서 낭만주의자들은 칸트의 비판을 예술작품의 형식적 가능성을 드러내는 것으로 간주했다. 당연히 자기 구성적인 예술작품에서 이런 비판은 예술작품 내에 내재하고 있는 것으로 여겨졌고, 이런 맥락에서 낭만주의자들은 비평(Kritik)이야말로 이 예술작품의 자기 구성을 추동하는 동력이라고 보았다. 따라서 낭만주의적 관점에서 비판은 예술작품의 비밀을 발견하고, 그것의 숨은 의도를 재구성하는 것에 지나지 않았다.

그러나 이런 낭만주의자들의 비판은 그냥 방법에 불과할 뿐이었다. 낭만주의자들의 방법은 신비를 담보로 이념을 얻는 것이었다. 결국 낭만주의자들의 비판은 예술작품의 존립 근거 자체를 무너뜨리는 모순을 범하는 것이다. 말하자면, 낭만주의자들에게 중요한 것은 이데아일 뿐, 예술작품은 이 이데아를 발견하거나 구성해내기 위해 해체해야 할 대상이었다. 벤야민은 이런 낭만주의적 예술철학의 문제점을 지적하기 위해 괴테를 인용한다. 괴테는 예술작품을 역사에서 소멸하는 것이라고 말한다. 비평의 대상으로 파괴될 수 있는 것이 아니라는 것이다. 이런 관점에 서면, 낭만주의 철학이 말하는 예술작품의 존재가능성인 형식은 그들의 주장과 달리, 그냥 역사적 상황이 빚어낸 우연성에 지나지 않게 된다. 이 우연성이야말로 실패를 내장하고 있는 필연성의 다른 이름이다.

괴테의 관점에서 보면, 예술작품은 폐허이고 토로소(torso)이다. 완벽하지 않은 토로소야말로 예술작품의 의미를 정확하게 보여주는 이미지이다. 예술작품이 폐허라는 말은 언제나 역사의 개입으로 낭만주의자들이 말하는 완전한 형식이란 불가능하다는 뜻이다. 예술의 형식은 실패이고, 그래서 존재 의미를 갖는다는 것이다. 흥미롭게도 벤야민은 진리 내용(Wahrheitsgehalt)과 물질 내용(Sachgehalt)이라는 내용의 이중적 측면을 제시한다.

> 우리가 구성 중에 있는 예술작품을 타오르는 장례식의 장작더미에 비길 수 있다면, 주석가는 화학자처럼 그 불꽃을 감상할 것이고, 비평가는 연금술사처럼 그것을 바라보고 있을 것이다. 전자가 분석의 결과로 타버린 목재와 재만 남기는 꼴이라면, 후자는 불꽃 자체를 신비스러운 것으로 보존하는 꼴이다. 바로 그것만이 살아 생동하는 무엇이라고 주장을 한다는 뜻이다.[2]

---

2 Walter Benjamin, "Goethe's Elective Affinities," *Selected Writings Volume 1: 1913~1926*, Tr. by Edmund Jephcott, et. al. (Cambridge MA: Harvard UP, 1996), 98.

여기에서 벤야민이 문제를 제기하고 있는 대상은 칸트적 비판의 개념에서 예술철학을 정초한 낭만주의자들이다. 벤야민은 당시에 신성한 절대적 방법으로 간주되었던 낭만주의적 비평을 문제로 삼고 있는 것이다. 비평이 필요로 하는 구도는 세속과 불멸의 이분법이고, 이런 구도를 획득하기 위해 낭만주의자들이 시도한 것은 절대적 형식미의 범주를 이데아로 설정하는 것이었다. 벤야민은 낭만주의의 전제이기도 한 이런 절대적 형식미를 허상으로 본다.

이런 측면에서 실패의 문제는 처음부터 '저기'(there)보다 '여기'(here)에 대한 강조이다. 실패는 지금 현재 살아가고 있는 현실에서 작용한다. 우리는 언제나 실패하지만 그렇기에 살아 있다. 비슷한 취지에서 벤야민은 "진리 내용은 물질 내용에서 출현한다"고 하면서, "최소한 오용되는 것을 방지하는 한, 진리 내용과 물질 내용 사이를 구분하는 것은 그렇게 문제가되지 않는다"고 말한다. 진리 내용과 물질 내용은 무엇을 의미하는 것일까?

인용문에서 알 수 있듯이, 전자는 비판가들이 생동하는 것으로 보는 "불꽃"이고, 후자는 주석가들이 분석의 결과물로 내놓는 "재"이다. 구체적 작품으로 예를 들자면, 사건의 내러티브나 줄거리, 또는 표면적으로 드러나는 의미들이 물질 내용이라면, 진리 내용은 이런 표면적 상황들이 숨기고 있는 "심미적 진실"을 의미한다. 삶을 실패로 파악하는 관점은 단순한 이분법을 넘어가고자 하는 시도이기도 하다. 벤야민은 경험을 선행하는 물질성에 대한 분석이 반드시 필요하지만, 이것은 어디까지나 진리 내용을 찾아내고자 하는 지향의 단계에 불과하다는 입장을 취한다. 말하자면, 벤야민에게 물질 내용은 진리 내용의 조건에 다름 아니다.

벤야민은 이런 관점에서 '아름다움'이란 것은 진리 내용이나 물질 내용 중 어느 한쪽에 존재하는 것이 아니라, 진리 내용과 물질 내용 그 사이에 조성되는 긴장 자체라는 결론에 도달한다. 따라서 벤야민에게 비평은 주석이나 비판이라기보다, 이 긴장 자체를 가감 없이 그대로 '그려내는 것'이다. 벤야민의 입장은 이렇다. 아름다움이라는 것은 이데아가 없이 존재할 수 없지만, 그 이데아를 발굴해내기 위해 형식을 해체해버리는 순간 아름다움은 흔적도 없이 사라지게 된다. 이것은 어떤 의미에서 본다면 근대 예술의 딜레마이지만, 동시에 근대 예술미의 조건이기도 하다. 이런 의미에서 벤야민은 예술작품의 진리는 비밀의 베일에 싸여 있음으로써 '신비성'을 간직한다고 본다. 이 비밀을 걷어내는 순간, 말하자면, 분석이나 주석만을 가하는 순간, 예술작품의 아름다움은 사라지고, 우리는 기억 속에서나 아련한 불꽃에 낭만주의자들처럼 애절해 하거나, 아니면 합리주의자들처럼 눈앞에 풀풀 날리는 재만을 놓고 예술작품에 대한 처방전만 남발하게 된다는 것이다.

벤야민의 문제의식을 파악하기 위해 필요한 것은 그의 이론을 구성하는 배경이다. 사물을 파악하고 지식을 생산하는 방법을 둘러싸고 벌어진 중요한 논의가 이 배경에 숨어 있다. 방법은 추상적 세계관을 구체화시키는 체계이다. 방법은 재현의 문제와 마찬가지로 철저하게 근대의 산물이다. 근대를 지배하는 방법은 '과학적 방법'일 것이고, 이의 창시자로 갈릴레오를 비롯한 초기 과학자들이 거론된다. 버트란트 러셀(Bertrand Russell)이 『서양철학사』에서 묘파했듯이, 과학적 방법은 철학의 형제일지도 모를 일이지만, 근대를 규정하는 것이 과학적 방법인 것은 확실하다.[3]

근대의 생활을 획기적으로 재편한 과학적 방법의 폐해에 대해 지적하고 비판하는 입장이 등장하는 것은 자연스러운 일이다. 이런 근대적인 과학에 의문을 제기하면서 등장한 관점이 바로 낭만주의이다. 벤야민이 낭만주의에 주목한 까닭은 근대에 전일화한 과학적 방법을 반성할 수 있는 대안적 방법을 구성하기 위한 것이었다. 「역사의 개념에 대하여」(Über den

---

3 B. Russel, *A History of Western Philosophy* (Chicago: Touchstone Books, 1972), xiii.

Begriff der Geschichte)에서 주장했던 진보사관에 대한 회의는 낭만주의에 대한 그의 관심에서 촉발되었다고 할 수 있다.

낭만주의자들의 방법론은 과학적 방법론에 내재한 경험주의적 오류를 비판하는 것이었다. 현실에 대한 비판을 하기 위해 필수적인 것은 하나의 소실점을 설정하는 것이다. 이 낭만주의자가 설정한 소실점은 가시성 너머에 존재하는 절대성이다. 이를 통해서 낭만주의자들의 비판은 언제나 유토피아적인 차원을 내재할 수밖에 없었다. 현실을 비판하기 위해 경험할 수 없는 다른 차원을 만들어내야 할 필요성이 있었기 때문이다.

낭만주의자들의 비판은 심미성이라는 절대적 영역을 설정함으로써 현실에 대한 거리를 확보할 수가 있었다. 루카치가 『영혼과 형식』(Die Seele und die Formen)에서 진술하고 있듯이, 낭만주의는 정치적인 진로가 폐색되어버린 상황에서 독일 지식인들이 선택할 수 있었던 유일한 출구였다. 루카치는 다음과 같이 말한다.

> 슐레겔이 프랑스 혁명을 그토록 높게 평가한 것은 놀라운 일인데, 왜냐하면 정신적인 독일에 있어서는 피히테와 괴테가 진정한 삶이 나아갈 수 있는 현실적이고도 위대한 경향들이었던 반면, 혁명은 구체적인 것이라고는 거의 아무것도 의미할 수가 없었기 때문이었다. 외적인 진보란 도저히 생각할 수 없는 상황이었기 때문에, 모든 에너지는 내면으로 향했으며, '시인과 사상가의 나라'는 내면성의 깊이나 섬세함, 무게 등에 있어서 곧 다른 나라들을 능가하게 되었다. 그러나 이로 인해 정상과 밑바닥을 갈라놓았던 균열은 점점 더 커져만 갔다. 정상에 도달한 사람들은 골짜기의 심연 앞에서 현기증을 느꼈고 또한 알프스의 희박한 공기층에서 더 이상 숨을 쉴 수가 없게 되어 이미 하산하는 것이 불가능해져버린 마당에서 낭만주의가 이룩한 이러한 업적은 헛수고에 그칠 수밖에 없었다. 그렇다고 해서 이들이 이곳 정상에서 폭넓고 확고한 지반을 확보하기 위해 저 아래에서 살고 있는 사람들을 전부 다 이 위로 데리고 올라온다는 것

또한 불가능한 일이었는데, 그도 그럴 것이 그들은 이미 지난 수백 년간의 오랜 세월을 그 낮은 곳에서 살아왔기 때문이었다. 이제 남은 길이라곤 계속해서 저 높은 곳으로, 즉 죽음과 같은 고독을 향해 나아가는 길밖에 다른 길은 없었다.[4]

루카치가 평가한 낭만주의에서 벤야민은 무엇을 발견했던 것일까? 독일 낭만주의의 비평 개념에 관한 박사학위 논문을 제출했다는 사실에서 알 수 있듯이, 그의 학문 경력은 낭만주의 연구가로 출발했던 것이다. 이 논문에서 벤야민은 낭만주의 반성(reflection) 개념을 다루었는데, 이 문제의식은 이후에 전개된 그의 연구에서 지속되었다고 볼 수 있다. 낭만주의자들은 비평을 반성의 결과로 본다는 것이 벤야민의 주장이었다. 벤야민에게 낭만주의의 반성 이론은 다른 모든 개념을 구성하는 중심이었다. 이런 맥락에서 벤야민은 "반성의 이론을 통해서, 낭만주의에서 가장 중요한 예술이론의 개념이 나타난다"고 말하면서, 그 개념에 의거해서 아이러니와 작품 그리고 비평에 대한 개념들이 발생한다고 언급하고 있기 때문이다.[5] 벤야민에게 낭만주의의 반성 개념은 직접성, 영원성 그리고 매개성을 지니고 있다. 벤야민은 이렇게 말한다.

모든 심리적 의사소통의 직접성이기도 한 매개는 언어이론에서 근본적인 문제이고, 그래서 이런 직접성을 마법이라고 부르기로 결정한다면, 그 우선적인 언어의 문제야말로 언어 자체의 마법이다. 동시에, 언어의 마법이라는 용어는 다른 무엇, 언어의 영원성을 가리킨다. 이것은 언어의 직접성에 따라 좌우된다.[6]

---

4 Georg Lucács, *Die Seele und die Formen*, 77.

5 Walter Benjamin, *Gesammelte Schriften*, 707.

6 Walter Benjamin, "The Concept of Criticism in German Romanticism," *Selected Writings Volume 1: 1913-1926*, 64.

여기에서 벤야민이 강조하고 있는 것은 반성의 속성이라고 할 마법적인 것이다. 반성의 개념과 관계를 맺고 있는 것이 마법이라는 개념이다. 낭만주의자들에게 '총체화'(totalization)와 '효능화'(potentiating) 그리고 '낭만화'(romanticizing)의 형식을 구성한다는 점에서 반성과 마법은 동일한 것이었다. 위의 인용에서 벤야민은 이미 마법에 대해 언급하면서 언어의 문제에 대해 천착하는 모습을 보인다. 말하자면, 낭만주의에 대한 벤야민의 접근은 언어에 대한 그의 이론에서 이미 맹아로 숨어 있었던 것이다. 언어의 문제는 매개를 통해 매개할 수 없는 것을 보여줘야 한다는 딜레마에 있다. 따라서 언어의 마법이라는 것은 언어의 무한성이기도 하다. 언어의 무한성은 무엇인가? 경계 없음이다. 언어의 경계 없음을 가능하게 하는 것이 무한한 반성인 셈이다.

벤야민이 영원성과 관계되어 있는 반성을 주장하는 것은 '나'의 행위 양식보다도 반성에 우선성을 부여하기 위한 목적이다. 벤야민은 반성의 경계를 훨씬 더 밀고 나아간다. 무한한 반성은 철학 자체이기도 하다. 철학의 영역에서 그는 낭만주의자들이 '나'의 행위에 대한 무력화를 발견했다. 이것이 바로 지성적인 직관의 철회로 이어진다. "피히테에 대한 슐레겔의 반대 입장은 … 빈번하게 피히테가 제시하는 지성적인 직관 개념에 대한 설득력 있는 반론으로 나아간다"고 벤야민은 지적한다.7

이런 논쟁이 지향하는 것은 무엇보다도 언어의 한계에 대한 발견이었다. 벤야민이 낭만주의에 관심을 기울인 까닭도 여기에 있었다. 피히테에 대한 슐레겔의 반론을 검토하면서 벤야민이 수립하고자 했던 테제는 근대성에 대응하는 방식이었다. 벤야민의 전작을 관통하는 문제의식은 '나의 행위'보다도 타자의 우위에 대한 문제의식이다. 이 타자의 자리를 점하는 것이 바로 언어이다. 언어의 불완전성은 사유와 행위를 제한하는 한계이

---

7 앞의 글, 130.

지만, 동시에 그 한계를 통해 비로소 사물이 드러나게 된다.

이런 벤야민의 견해는 조르조 아감벤(Giorgio Agamben)의 '말할 수 있는 것'(sayability)에 대한 정의를 통해 재조명해볼 수가 있다. 아감벤은 '말할 수 있는 것'을 일컬어 사물 자체(the thing itself)라고 했다. 아감벤은 다음과 같이 말한다.

사물 그 자체는 하나의 사물이 아니다. 그것은 바로 말할 수 있는 것이고, 언어에서 문제가 되는 것을 향해 열려 있는 것이고, 언어에서 우리가 지속적으로 전제하거나 잊고 있는 것이다. 아마도 그 이유는 사물 그 자체라는 것이 친밀성 내에서 일어나는 잊어버림(forgetfulness)과 자기 버림(self-abandonment)에 지나지 않기 때문이다.[8]

아감벤의 진술에서 주목을 끄는 것은 "말할 수 있는 것"과 "열려 있는 것" 그리고 "잊어버림"과 "자기 버림"이 동격이라는 것이다. 사물은 처음에 언어의 대상이지만, 말하는 순간 언어로부터 배제되어버린다. 언어는 미리 전제된 전통일 뿐이다. 이 언어의 체계, 또는 담론은 사물과 아무런 관련이 없다. 이런 까닭에 사물 그 자체는 잊히고 버림받는다. 말하기는 이렇게 배제된 사물 그 자체의 존재를 환기시킨다.

말할 수 있는 것은 그러므로 존재의 최소단위이다. 말할 수 있다면 보이지 않더라도 사물의 존재는 '증언'될 수 있기 때문이다. 아감벤의 주장은 언어에 대한 벤야민의 인식을 이해할 수 있는 근거를 제공한다. 벤야민은 사물의 언어를 인간의 언어로 번역한다는 것은 소리 없는 것에 소리를 부여하는 것이 아니라, 이름 없는 것을 이름으로 번역하는 것이라고 말한다.[9] 이름 없는 것을 이름으로 번역하는 것은 '말할 수 있는 것'이라는 사물

---

8 Giorgio Agamben, "The Thing Itself," *Substance* 53 (1987), 25.
9 Walter Benjamin, *Reflections*, Tr. by Peter Demetz (New York: Schocken, 1986),

그 자체를 드러내는 행위이다.

벤야민이 말하는 번역은 아감벤의 지적처럼, 인간의 언어가 배제한 사물들을 다시 언어로 복귀시키는 것이다. 이런 맥락에서 벤야민은 예술작품을 폐허로 규정한다. 벤야민에게 텍스트는 사라져서 보이지 않지만 분명 존재했던 원-텍스트(Ur-text)를 '증언'하는 폐허 같은 것이다. 이런 까닭에 폐허의 텍스트는 곧 '증언'이라고 할 수 있다. 사물 그 자체에 대해 말할 수 있는 것은 언어를 떠나서 어떤 것도 소통할 수 없기 때문이다. 불통을 이야기하더라도 그 방식은 결국 언어 내에서 가능하다. 이로 인해서 사물 그 자체에 대한 오해가 발생한다. 말할 수 없는 것을 언어로 표현해야 하기 때문에 발생하는 필연적인 오해가 있다. 그렇게 말해진 것에 말해지지 않은 것이 포함되어 있는 셈이다.

언어의 불완정성, 또는 실패에 대한 강조는 필연적으로 과학적 진보주의에 대한 회의로 나아간다. 「역사의 개념에 대하여」에서 벤야민은 이런 문제의식을 역사해석과 관련해서 정치적인 의미로 확대시킨다. 벤야민에게 역사란 것은 '과거의 기록'이고, 여기에 숨어 있는 것은 '구원의 관념'이다.

> 과거는 그것을 구원으로 지시하는 어떤 은밀한 지침을 지니고 있다. 우리 스스로에게 예전 사람들을 맴돌던 바람 한 줄기가 스치고 있지 않은가? 우리가 귀를 기울여 듣는 목소리들 속에는 이제는 침묵해버린 목소리들의 메아리가 울리고 있지 않은가? 우리가 구애하는 여인들에게는 그들이 더는 알지 못했던 자매들이 있지 않을까? 만약 그렇다면 과거 세대의 사람들과 우리 사이에는 은밀한 약속이 있는 셈이다. 그렇다면 우리는 이 지상에서 기다려졌던 사람들이다. 그렇다면 우리에게는 우리 이전에 존재했던 모든 세대와 희미한 메시아적 힘이 함께 주어져 있는 것이고, 과거는 이 힘을 요구하고 있는 것이다.[10]

325,
10 발터 베냐민/최성만 역, 『역사의 개념에 대하여/폭력비판을 위하여/초현실주의 외: 발터

이 진술에서도 벤야민은 과거에 감춰져 있는 구원의 흔적을 읽어낼 수 있는 존재로 '역사적 유물론자'를 언급하고 있다. 이 유물론자가 해야 할 일은 "침묵해버린 목소리들"을 다시 듣고, "알지 못했던 자매들"에게 구애하는 것이다. 이 "은밀한 약속"을 다시 찾아내는 것이야말로 "메시아적 힘"을 현실로 불러들이는 일이다. 벤야민에게 "과거를 역사적으로 표현한다는 것은 그것이 '원래 어떠했는가'를 인식하는 일을 뜻하는 것이 아니다."[11] 위험의 순간에서 스쳐 지났던 어떤 기억을 붙잡는 것을 의미한다. "위험의 순간에 역사적 주체가 예기치 않게 나타나는 과거의 이미지를 붙드는 일"을 벤야민은 역사적 유물론의 과제라고 지칭한다.

역사적 유물론자는 '감정이입'의 방식으로 이미 알고 있는 역사적 진행을 추인하는 것과 관계없다. 결국 인정받은 역사적 진행을 추인한다는 것은 "승리자에게 감정이입"을 한다는 의미이다.[12] 역사적 유물론자의 과업은 "결을 거슬러 역사를 솔질하는 것"이다. 이미 드러난 역사가 아닌 과거에 숨어 있지만 드러나지 않는 역사적 주체의 "이미지"를 붙드는 것이 역사적 유물론자의 임무이다. 이 과정은 잊힌 과거의 사물에 이름을 부여하는 것과 무관하지 않다. 이렇게 이름을 부여하는 행위는 억압받는 자의 입장에서 상례적이었던 '예외상태'를 도래시키는 것이다.

벤야민이 제기하는 '예외상태'는 '비상사태'(Ausnahmezustand)이기도 하다. 희미한 메시아적 힘은 이 비상사태에서 미래의 구원을 찾아내게 만든다. 이런 논리를 뒷받침하는 것이 바로 신성성의 범주이다. 인간과 자연의 범주와 다른 차원에 놓여 있는 신성성의 범주는 승리자의 역사로 점철되어 있는 현재의 삶을 불모로 만들고 세계를 도탄에 빠트리는 '예외상태'의 근거이다. 이 도식은 최후의 심판자를 설정하는 진보주의와 다른 것이

베냐민 선집 5』(서울: 길, 2008), 331-332.

11 앞의 책, 334.

12 앞의 책, 336.

다. 최후의 심판자는 없다. 오히려 노동계급을 최후의 심판자로 설정함으로써, "증오와 희생정신을 망각"하게 만든 것이 실패한 사회민주주의이다.[13] 이런 진술에서 알 수 있듯이, 신성성의 범주는 벤야민의 정치신학을 구성하는 중요한 요소라는 것을 부정하기 어렵다. 지금까지 논의한 것처럼, 벤야민의 논의에서 신성성의 범주는 타협주의를 비판하기 위한 중요한 테제로 설정되어 있다는 사실을 확인할 수 있다.

III. 실패의 균열을 따라 강림하는 희미한 메시아

자연과 인간의 범주와 다른 신성성의 범주는 독특한 벤야민의 변증법을 구성한다. 그는 헤겔주의를 수용하지 않은 다른 변증법을 주장한 것으로 유명하다. 프레드 러쉬가 주장하듯이, "벤야민은 헤겔의 영향을 받지 않은 모든 것"이다.[14] 헤겔이 주장한 '정신의 실현'으로 역사를 파악하는 태도야말로 벤야민이 극도로 경계했던 개념이었다. 벤야민에게 변증법은 '예외상태'를 만들어내는 충격을 의미했다. 이 충격을 통해 역사적 상황은 순간적으로 동결된다. 동결의 변증법! 이처럼 벤야민에게 변증법은 매개를 전제하지 않는 일종의 계시(illumination)와 같은 것이다.

넓게 보아 변증법을 변화라는 현실법칙을 의미하는 것이라고 보았을 때, 이런 주장을 통해 벤야민이 말하고자 하는 바는 명확한 것처럼 보인다. 벤야민에게 중요한 것은 '합리적인 의지'라기보다, 그것과 무관하게 틈입해오는 객관의 물질성이었다. 벤야민의 변증법 개념에 내재한 문제점을 끊

---

13 앞의 책, 344.

14 Fred Rush, "Jena Romanticism and Benjamin's Critical Epistemology," Beatrice Hanssen and Andrew Benjamin eds., *Walter Benjamin and Romanticism* (London: continuum, 2002), 124.

임없이 지적한 인물은 아도르노였는데, 주로 테오도르 아도르노(Theodor W. Adorno)는 매개(mediation)의 개념을 누락시킴으로써, 자칫 허무주의적 정태성에 철학을 가두어 버릴 가능성이 높다는 취지로 벤야민에 대한 비판을 제기했다.15

실제로 후기 벤야민의 작업에 이런 아도르노의 영향은 강력한 것이었다. 그러나 여전히 벤야민은 해방의 가능성을 계시성에서 찾는 것을 포기하지 않았고, 절대적 유토피아 범주를 고수했다. 벤야민은 무엇 때문에 이 매개의 범주를 수용하지 않았던 것일까? 매개를 인정하지 않았다는 점에서 벤야민의 의도는 명확해진다. 벤야민이 실천의지 자체를 불신했던 것이 아니라면, 취할 수 있는 태도는 몇 가지를 넘지 못한다.

벤야민의 언어 개념이 이데올로기의 물질성에 대한 논의로 확장될 수 있는 지점이 여기에 있다. 앞서 논의했듯이, 벤야민이 낭만주의에서 차용한 것은 언어이론이었다. 「역사의 개념에 대하여」에 등장하는 터키 옷을 입은 체스 두는 기계 이야기에서 이런 암시를 읽어낼 수가 있다. 짧게 언급하는 이 체스 기계는 단순한 은유라기보다, 일종의 상징적 의미를 가지고 있다. 이 체스 기계는 1770년 헝가리인 발명가 바론 볼프강 폰 켐펠렌(Baron Wolfgang von Kempelen)이라는 사람이 처음으로 만들었는데, 이후 19세기 초반까지 유럽과 미국을 돌면서 각종 유명인들과 체스를 둬서 연전연승을 거둔 것으로 기록되어 있다.16 그러나 중요한 것은 이런 역사적 기록이 아닐 것이다. 벤야민이 군이 특이한 체스 기계에 대한 역사적 기록을 자신의 테제 서두에 올려놓은 것은 의미심장하다고 하겠다.

처음에 사람들은 이 기계가 완전한 자동장치인 줄 알았지만, 나중에

---

15 Theodor Adorno, W. and Walter Benjamin, *The Complete Correspondence, 1928-1940*, ed. by Henri Lonitz, Tr. by Nicolas Walker (Cambridge MA: Harvard UP, 2001), 284.

16 Simon Schaffer, "Enlightened Automata," William Clark, et al eds., *The Sciences in Enlightened Europe* (Chicago: The Univ. of Chicago Press, 1999), 127.

밝혀진 바로는 실제로 체스 기계는 거짓이고, 난쟁이가 기계 상자 안에 숨어 있었던 것으로 판명이 난다. 완전한 기계가 인간을 이긴다는 전제가 잘못되었다는 사실이 드러난 것이다. 문제는 이런 폭로를 통해 간단하게 해결되지 않았다. 오히려 이때부터 이 체스 기계는 더욱 세인의 관심을 끌게 되었기 때문이다. '자동인형'이 아니라는 거짓이라는 사실이 드러났지만, 당시에 이 체스 기계야말로 기계공학과 인간을 적절하게 결합한 모범적 사례로 평가받았던 것이다. 벤야민이 이 체스 기계를 자신의 테제 첫 머리에 올려놓고, 역사발전의 원동력으로서 사적 유물론과 신학을 동시에 언급하고 있는 까닭이 여기에 있다.

벤야민이 말하고자 하는 것은 역사적 유물론과 신학의 관계이다. 이 둘은 보통 대립적인 것으로 받아들여졌다. 역사적 유물론은 신학을 부정하고, 신학은 역사적 유물론을 거부한다는 것은 말하자면, 일종의 상식이다. 그런데 벤야민은 이 둘을 하나에 놓으면서 논의를 전개한다. 「역사의 개념에 대하여」에서 아홉 번째로 등장하는 클레의 그림은 이를 설명하기 위해 '인용'한 것이다. 흥미롭게도 이 그림에 대한 벤야민의 진술은 처음에 등장하는 '체스 두는 자동기계'에 대한 논의와 밀접하게 연결되어 있다.

연결지점들을 정리해보면 이렇다. 터키 복장을 하고 있는 이 인형은 체스를 둘 때 "어떤 수를 두든 반대 수로 응수하여 언제나 그 판을 이기게 끔 고안"되었다. 구경꾼들은 경탄했지만, 사실은 거울장치 뒤에 숨어 있는 곱사등이 난쟁이가 끈을 움직여서 인형을 조종한 것이다. 당연히 난쟁이는 장기의 명수였고, 유명 인사를 연달아 패배하게 만들어서 체스 두는 자동기계의 명성을 유럽 전역에 알렸다. 벤야민은 이렇게 항상 이기게 만들어진 기계장치를 철학에서 찾는다면 역사적 유물론이라고 말한다. 언제나 게임을 이기도록 고안되어 있다는 점에서 그렇게 볼 수 있다는 것이다.

그런데 이 기계장치를 움직이는 것은 사실 곱사등이 난쟁이다. 이 난쟁이를 벤야민은 신학이라고 부른다. 곱사등이 난쟁이라는 비유를 통해 오늘날 신학이 "왜소하고 흉측"해진 모습을 하고 있다는 사실을 강조하려는 것이다. 벤야민은 왜 이런 표현을 쓴 것일까? 「역사의 개념에 대하여」가 벤야민의 수용소 시절에 작성된 메모라는 사실을 환기할 필요가 있다. 스탈린주의와 파시즘이 발흥하던 역사적 반동의 시기에 노동계급의 승리를 약속하는 역사적 유물론은 초라하고 궁색한 논리에 빠질 수밖에 없다. 벤야민이 역사적 유물론이라는 기계장치를 움직이는 숨은 조종자로 곱사등이 난쟁이를 거론하는 것은 이 때문이다.

현실적으로 역사적 유물론은 더 이상 쓸모없는 것처럼 보일 수밖에 없는 처지로 전락했다. 그러나 "어차피 모습을 드러내어서는 안 되는 신학"이라는 난쟁이를 고용한다면 누구와 겨루어도 이길 수 있을 것이다. 이것이 벤야민의 논리였다. 이런 생각을 감안하면서, 클레의 그림에 대한 벤야민의 진술로 검토해보자. 이 테제 역시 첫 번째 테제와 유사한 구조를 갖고 있다. 처음에 대상에 대한 묘사가 등장한다. 그리고 이 대상에 대응하는 비유를 역사에서 찾는다. 클레의 그림 〈새로운 천사〉에 대한 설명은 직접적으로 "역사의 천사"라는 비유로 연결된다. "자기가 응시하고 있는 어떤 것"으로부터 멀어진 이 천사는 자신이 떠나온 곳을 놀란 표정으로 쳐다보고 있는 것인데, 이를 두고 벤야민은 역사라는 천사도 이와 유사할 것이라고 말한다.

역사의 천사라는 것은 역사의 상황을 뜻한다. 일련의 사건들이 벌어지고 있는 역사적 현실 말이다. "잔해 위에 또 잔해를 쉼 없이 쌓이게 하고 또 이 잔해를 우리들 발 앞에 내팽개치는 단 하나의 파국"만을 보여주는 것이 이런 역사이다. 역사야말로 허무주의 자체인 것이다. 덧없이 펼쳐지는

파울 클레, 〈새로운 천사〉, 이스라엘 박물관, 예루살렘

허무주의의 풍경에서 새로운 천사는 멈추고자 하고 죽은 자들을 기억하고 또 산산이 부서진 것들을 다시 결합하고자 한다. 아이러니하게도 새로운 천사는 결코 새로운 것으로 눈을 돌리지 않는다.

새로운 천사는 자유롭지 않다. "천국에서 불어오는 폭풍"이라는 필연성에 꼼짝없이 사로잡힌 채 자신의 의지와 상관없이 미래로 뒷걸음칠 수밖에 없는 것이다. 이 폭풍을 일컬어 벤야민은 '진보'라고 한다. 진보의 필연성, 이것은 바로 언제나 체스에서 이기는 기계장치이기도 하다. 첫 번째 테제에서 벤야민은 이 기계장치를 위해 필수적으로 필요한 것이 신학이라는 곱사등이 난쟁이라고 지적했다. 클레의 그림에 대한 벤야민의 진술을 통해 유추한다면, 이 신학은 단순하게 진보에 대한 '믿음' 따위가 아니라는 사실을 알 수가 있다. 진보는 믿고 말고 할 것이 없다. 이것은 그냥 미래로 나아가는 것이다. 이런 의미에서 새로운 천사는 역사 자체이다.

그렇다면 클레의 그림을 통해 벤야민이 말하고자 하는 것은 반동의 잔해더미가 쌓여가더라도 역사는 미래로 나아갈 수밖에 없다는 이야기일까? 그러나 이 과정을 구태의연하게 '진보'라고 규정하는 태도를 벤야민은 거부한다. 그렇게 단순하게 설명할 수 없는 역사의 법칙이 여기에 감추어져 있다. 여기에서 '곱사등이 난쟁이'에 해당하는 것은 천국에서 불어오는 폭풍이다. 이 폭풍은 역사라는 새로운 천사, 탈무드가 언급하는, 언제나 새로운 순간만을 사는 시간성이라는 의미에서 멈출 수도, 되돌아갈 수도 없는 새로운 천사를 미래로 밀고 가는 힘이다.

벤야민이 이렇게 역사에 대한 테제를 쓴 까닭은 파시즘과 허무주의에 대항하기 위함이었다. 어떻게 역사의 반동에서 새로운 전망을 추출할 수 있을지, 그는 수용소에 있으면서 절박한 심정으로 이 테제의 메모들을 작성했을 것이다. 클레의 그림이 등장하는 부분 바로 다음에 이어지는 열 번째 테제에서 벤야민은 파시즘의 원천인 허무주의를 극복할 수 있는 '사유'를 제시하고자 한다. "수도원이 수사들에게 명상을 위해 지시하는 대상들

은 세상과 세상사들로부터 그들을 떨어지게 하는 데 목적이 있다"는 진술
은 역사의 진보라는 현상에 집착하는 습관적인 인식에 대한 비판을 내재
하고 있다.17 세상과 세상사들로부터 분리된 사유, 이것은 무엇을 의미하
는 것일까?

벤야민은 역사 발전에 대한 정치가들의 믿음 그리고 그들을 떠받치고
있는 포퓰리즘, 더불어 통제 불가능한 기구에 종속되어 있는 노예의 모습
을 만들어내는 동일한 양상을 면밀하게 주시함으로써 "정치적 관심을 가
진 평범한 사람들"을 습관적 인식의 그물망에서 풀려나게 만들어야 함을
역설한다. 그렇다면 세 양상을 만들어내는 동일한 사안은 무엇을 지칭하
는 것일까? 역시 다음에 이어지는 테제에서 벤야민은 그 사안을 "타협주
의"라고 지적하고 있다. 이 타협주의를 만들어내는 원인이 바로 '진보적인'
노동 개념이다. 사회민주주의를 타락시킨 것은 정치적 전술뿐만 아니라,
"경제적 관념들"에 들어 있던 타협주의였다. 벤야민에게 노동은 "새 시대
의 구세주"가 아니었다. 노동에 대한 이런 견해를 양산하는 태도를 그는
속류 마르크스주의라고 비판한다. "노동자들이 노동의 산물을 이용할 수
없는 한" 그 산물이 그들 스스로에게 어떤 효과가 있을지 물어야 한다는
것이 벤야민의 생각이었다.

이런 노동의 개념은 "자연 지배의 진보만을 보고 사회의 퇴보는 보려
고 하지 않는" 것이다. 벤야민은 진보적 노동관이야말로 파시즘의 기술주
의에서 발견할 수 있는 동일한 특징이라고 본다. 실패를 모르는 진보주의
는 파시즘이라는 괴물을 낳는다. 노동을 이런 식으로 이해하는 한 진보는
곧 자연의 착취에 불과하다. 진보의 결과에 철없이 만족하면서 사람들은
프롤레타리아 계급의 착취에 그 자연의 착취를 대비시켰다. 말하자면, 계
급 착취와 자연 착취를 서로 무관한 것으로 파악함으로써 실증주의가 만

---

17 발터 베냐민/최성만 역, 『역사의 개념에 대하여/폭력비판을 위하여/초현실주의 외: 발터
    베냐민 선집 5』, 339.

들어놓은 타협주의의 덫에 걸려들고 말았다는 것이다. 타락한 노동 개념
은 자연을 "공짜"로 받아들이게 만드는데, 결국 이런 관점이 파시즘과 허
무주의를 초래했다고 보는 것이다.

　이를 통해서 억압되는 것은 "억압받는 계급"이라는 의식이다. 그런데
이렇게 피억압자로서 자신을 자각해야 할 노동자들을 "미래 세대들의 구
원자 역할"에 묶어놓음으로써, 사회민주주의는 노동계급의 힘줄을 잘라
버리고 있다는 것이다. 벤야민에 따르면, 그 힘줄은 바로 증오와 희생정신
이다. 노동계급의 투쟁을 약화시키고 "최후의 억압 받고 복수하는 계급"으
로 자신의 지위를 상실하게 만드는 것이 사회민주주의의 타협주의이다.
이 타협주의로 인해서 노동계급은 "해방된 자손의 이상"보다도 "억압받는
선조의 이미지에서" 자양분을 취하게 되어버렸다. 이 노동계급이야말로
'새로운 천사'인 셈이지만, 지금은 진보라는 타락한 노동 개념에 사로잡혀
서 파시즘의 도래를 묵과하거나 지지하고 있는 것이다. 역사의 진보에 대
한 습관적 믿음을 비판하는 벤야민의 입장은 「역사의 개념에 대하여」 곳
곳에서 발견할 수가 있다.

　벤야민이 염두에 두는 발본적인 비판의 대상은 역사를 균질하고 공허
한 시간을 관통해서 나아가는 '진행의 과정'으로 보는 진보적 사관의 시간
개념 자체라는 사실을 위의 인용에서 알 수가 있다. 클레의 그림에서 벤야
민이 발견한 것은 바로 이런 시간관을 뒤집을 수 있는 근거였다. 벤야민이
말하는 희미한(또는 약한) 메시아주의라는 것, 또는 "메시아 없는 메시아적
인 것"이라는 개념이야말로 '사건을 향해 열려 있는 존재의 조건'이라는 중
요한 문제의식들을 보여준다. 무한을 향해 있는 것이 바로 예술의 진리이
다. 무한은 한계에 견주어 생각하면 끊임없는 실패에 지나지 않겠지만, 벤
야민이 염두에 두었던 희미한 메시아는 언제나 이 실패의 균열을 따라 강
림하는 사건의 개입인 것이다. 실패는 바로 사건을 만들어내는 새로움의
처소인 셈이다.

얼굴, 코스튬, 슈퍼히어로
─ 영화와 영성

I. 서론

슈퍼히어로(superhero)는 독특한 미국 대중문화의 현상을 만들어내고 있는 요소들 중 하나이다. 한국의 경우 '만화'로 통칭하고 있지만, 실제로 미국 대중문화에서 슈퍼히어로 장르는 코믹스(comics)와 그래픽 노블(graphic novels)로 분류할 수 있다. 코믹스가 주간지에 연재되는 형식이라면, 그래픽노블은 단행본 분량으로 이야기를 구성하는 형식이다. '슈퍼히어로 코믹스'라고 별도로 지칭할 수 있는 이야기들은 일반적인 코믹스 중에서도 독특한 성격을 가진다. 벤 사운더스(Ben Saunders)가 지적하듯이, '슈퍼히어로 코믹스'는 다른 장르와 달리 "20세기 대중문화의 소용돌이에서 인지 가능하고 지속적으로 출현하고 있는 판타지의 형상"이라는 점이 중요하다.[1] 여기에서 주목해야 할 것은 슈퍼히어로를 둘러싼 대중문화 현

---

1 Ben Saunders, *Do The Gods Wear Capes?* (London: Continuum, 2011), 149.

상의 의미이다.

미학적인 관점에서 슈퍼히어로 자체를 두고 무의미한 대중문화의 생산물에 지나지 않는다고 비판할 수 있지만, 이 현상은 분명히 어떤 메시지를 내포하고 있는 것이라고 할 수 있다. 대중문화의 현상이 당대의 욕망을 드러내는 의미심장한 지표라고 한다면, 슈퍼히어로에 대한 진지한 접근은 단순한 호사취미로 치부하기 어렵다. 마르크 디파올로(Marc DiPaolo)는 슈퍼히어로에서 "미국 대중의 의견과 미국 정부의 정책에 대한 논평"을 발견할 수 있다고 주장한다.[2] 대중문화의 현상이 정치사회적인 쟁점을 참조한다는 것은 이미 많은 연구에서 증명된 사실이다. 따라서 이 문제를 새삼스럽게 여기에서 다시 논의할 필요는 없을 것이다. 다만 디파올로도 인정하고 있는 것처럼, 슈퍼히어로는 '사회적 반영물'로 현시한다기보다, "신성한 것이나 신화적인 것에서 기원을 가지는 놀라운 인물"로 그려진다는 점에서 다른 관점의 접근이 필요하다는 것을 확인할 수 있다.[3] 이런 초자연적이고 초현실적인 인물은 익숙하지만 낯선 초능력을 가진 천하무적의 존재이다. 이 지점에서 슈퍼히어로와 종교성을 연결해서 사유해야 할 요구가 제기되는 것이다. 이 글은 이런 요구에 근거해서 슈퍼히어로에 구현되어 있는 종교성의 문제를 코스튬의 요소에 대한 철학적 분석을 통해 탐구하고자 한다.

디파올로가 언급한 것과 같이, 슈퍼히어로는 문화적인 기원으로 따지자면 고대적인 신성과 신화에서 유래했다. 슈퍼맨(Superman)처럼 미지의 별에서 온 '우주인'이라고 할지라도 그의 능력은 무소불위의 신에 가깝다. 게다가 슈퍼맨에서 발견할 수 있는 주제의식은 '인간으로 육화한 신'이라는 기독교적인 교리를 암시한다. 슈퍼맨이 악당을 퇴치하는 방식은 보통

---

2 Marc DiPaolo, *War, Politics and Superheroes: Ethics and Propaganda in Comics and Film* (Jefferson: McFarland, 2011), 1.

3 앞의 책, 2.

의 인간을 능가하는 초능력이라기보다 우월한 도덕성이다. 토르(Thor)의 경우는 노골적으로 북유럽 신화에 등장하는 인물을 그대로 차용했다. 토르는 인간적인 기지와 재치로 위기를 극복하는 슈퍼히어로이다. 원작 신화에서도 인간적인 특성으로 인해 그는 종종 곤경에 빠진다. 슈퍼히어로 토르의 능력이나 성격도 대체로 북유럽 신화에서 그대로 옮겨놓았다. 물론 자타나 자타라(Zatanna Zatara)나 닥터 스트레인지(Doctor Strange)처럼 초능력보다 마법을 사용하는 경우도 있다. 이들이 사용하는 마법은 테크놀로지에 가깝다. 현재의 테크놀로지가 구현할 수 없는 작동을 마법을 통해 가능하게 만드는 것이 이들의 능력이다. 마법을 이용하는 슈퍼히어로의 설정에서 파생된 것이 배트맨과 아이언맨이라고 볼 수 있다. 이들이 타고난 것은 초능력이라기보다 초인적인 정신력과 막대한 유산이다. 이런 사실에서 알 수 있듯이, 미지의 우주에서 도래했거나 아니면 고대의 신화에서 등장한 것이 아니라고 하더라도, 배트맨(Batman)이나 아이언맨(Ironman)처럼 테크놀로지의 능력을 이용해서 슈퍼히어로가 될 수도 있는 것이다. 스파이더맨(Spider-man)이나 아쿠아맨(Aquaman)처럼 동물적인 능력을 모방해서 슈퍼히어로가 되는 경우도 있다. 특이한 경우는 헐크(Hulk)이다. 폭력에 대한 환기라고 볼 수 있는 이 '괴물'은 〈프랑켄슈타인〉(Frankenstein)이나 〈지킬박사와 하이드씨〉(Dr. Jekyll and Mr. Hyde)의 주제의식을 반복하는 것처럼 보이기도 한다. 원자력 과학자가 불의의 사고로 내면의 분노가 분출해서 괴물로 변신한다는 설정은 무의식에 지배당하는 의식이라는 정신분석학의 전제를 모티프로 삼고 있다.

헐크나 배트맨이 반영웅의 모습을 묘사하고 있는 것과 반대로, 슈퍼히어로의 원조격인 캡틴 아메리카(Captian America)와 슈퍼맨은 '착한 편' 영웅의 모습을 가감 없이 드러낸다. 2차 세계대전을 배경으로 나치나 일본에 대항해서 싸우는 이런 영웅의 활약은 자유민주주의라는 미국의 가치를 체현하는 것이라고 할 수 있다. 때문에 브라질 출신 예술가인 칼로스라투프(Carlos Latuff)처럼 미국의 침략주의를 조롱하기 위해 슈퍼히어로를 패러디하는 경우도 없지 않다.4 라투프는 캡틴 아메리카를 조롱하는 '캡틴 이라크'라는 풍자물을 만들었다. 라투프 같은 비판이 가능한 이유가 바로 슈퍼히어로 현상에 내재해 있는 정치적 편향성일 것이다. 당대의 정치와 슈퍼히어로라는 문화현상이 무관하다고 볼 수 없기에 이와 같은 비판을 기각할 수는 없다. 그러나 슈퍼히어로는 정태적인 고정물이라기보다 시대의 변화에 따라 수시로 정체성을 변화시켜온 역동적인 문화기호에 가깝다.

최근 빈번하게 영화로 리바이벌되고 있는 마블코믹스(Marvel Comics)의 슈퍼히어로는 과거에 체현하고 있던 이데올로기를 탈색한 모습이다. 특히 〈어벤저스〉(*The Avengers*)는 각각의 시리즈에 등장하는 슈퍼히어로를 탈맥락화해서 새로운 내러티브에 맞춰 재코드화해 놓은 대표적인 영화이다. 물론 여전히 외계인이라는 타자를 적으로 설정해서 격퇴한다는 선악의 이분법을 고집하고 있지만, 이것은 기본적으로 로망스라는 내러티브의 성격에서 기인하는 것이라고 볼 수도 있을 것이다. 슈퍼히어로는 본질적으로 모험서사적이고 로망스적인 판타지의 형상이다. 말하자면, 언제나 '우리 편'으로 감정이입되어야 하는 대상이 슈퍼히어로이다. 이 지점에 슈퍼히어로를 다른 관점으로 고찰해보아야 하는 근거가 놓여 있다. '정치적 올바름'을 위해 슈퍼히어로에 체현되어 있는 미국적 가치를 비판하는 입장이 놓치고 있는 것은 무엇일까. 바로 슈퍼히어로야말로 종교 없이 신적인 것을 사유하는 대중적인 매개라는 사실이다. 슈퍼히어로는 이런 의미에서 세속적 종교성을 드러내는 욕망의 증상(symptom)이라고 부를 수 있다. 이런 맥락에서 슈퍼히어로에 대한 학술적 접근은 대중의 욕망을 이해하게 만든다는 점에서 유용하다. 세속적 종교성이라는 것은 '세속화'

---

4 앞의 책, 36.

(secularization) 이후, 또는 근대 이후 교회의 권위가 상실되고 종교적 상징들이 대중문화의 코드로 인입된 상황을 말해준다. 슈퍼히어로도 이에 대한 하나의 사례일 수 있다는 것이 가설이다.

그러나 대중문화 현상으로서 슈퍼히어로는 발터 벤야민(Walter Benjamin)이 말하는 "불경한 계시"(profane illumination)와 다른 방식으로 세속적 종교성을 드러낸다. 벤야민이 주조한 이 개념은 파리의 초현실주의 운동을 염두에 둔 것이었다. 그는 종교적 계시를 대체할 개념으로서 "유물론적이고 인류학적인 영감"인 '불경한 계시'를 제시한다.[5] 벤야민이 전제한 초현실주의와 달리 슈퍼히어로는 대중문화의 산물이다. 더 정확하게 말하면, 코믹스 산업이 시작했지만, 대중이 증폭시킨 문화현상이다. 오히려 슈퍼히어로의 상황은 존 카푸토(John Caputo)가 말하는 해체신학의 개념에 더 가까운 것 같다. 해체신학이 강조하는 것은 '세속화 이후'의 상황에서 종교적인 것을 믿는 종교가 필요 없다는 것이다.[6] 결론적으로 카푸토가 말하고자 하는 것은 "종교 없는 종교성"(religion without religion)이다. 슬라보예 지젝(Slavoj Zizek)은 이런 카푸토의 해체신학에 대한 논의를 펼치면서, "익히 알려진 탈근대적 메타진리를 추구하는 것"과 동일시한다(*Monstrocity*, 259). 이런 관점에서 본다면, 신은 '열려 있는 가능성'으로서 변화를 추동하는 빈 공간으로 현실에 기입되어 있는 것이다. 슈퍼히어로는 과연 이런 '가능성'을 내포하고 있는가. 앞으로 전개할 논의는 이 '가능성'을 증명하기 위해 슈퍼히어로를 영웅으로 만드는 장치에 대한 분석에 초점을 맞출 것이다.

---

5 Walter Benjamin, *Reflections*, ed. by Peter Demetz& Tr. by Edmund Jephcott(New York: Brace Jovanonvich, 1987), 179.

6 John Caputo, *On Religion*(London: Routledge, 2001), 59-60.

II. 얼굴성 -기계, 또는 슈퍼히어로

무엇이 슈퍼히어로를 영웅으로 만들어주는가. 무엇보다도 중요한 것은 슈퍼히어로가 평범과 비범의 분열을 표현하고 있다는 점이다. 슈퍼히어로 자체가 바로 이런 분열의 구현물이다. 평범과 비범을 가르는 경계에 있는 것이 바로 코스튬이다. 코스튬을 입는 순간 평범한 개인은 비범한 영웅으로 거듭난다. 이 '부활' 또는 '거듭남'이라는 종교적 의미를 만들어내는 것은 다른 무엇도 아닌 코스튬이다. 이 코스튬은 무엇일까. 이 질문에 대한 대답을 예수라는 종교적 형상을 "온 몸의 얼굴화"라고 정의한 질 들뢰즈(Gilles Deleuze)와 펠릭스 가타리(Felix Guattari)의 논의에서 찾을 수 있을 것 같다. 지금부터 들뢰즈와 가타리의 이론을 검토하고, 슈퍼히어로의 종교성과 코스튬의 관계를 '얼굴성'(faciality)이라는 관점에서 살펴보도록 하자.

들뢰즈와 가타리는 『천 개의 고원』(A Thousan Plateaus)과 『시네마1』(Cinema 1) 그리고 『프랜시스 베이컨: 감각의 논리』(Francis Bacon: The Logic of Sensation)에서 중요한 비중으로 '얼굴성'에 대해 다룬다. 물론 이외에도 얼굴에 대한 들뢰즈의 논의는 그의 저서 전반에 흩어져 있는데, 이 개념에 대한 집중적인 이론화는 『천 개의 고원』 중 7장 "0년"에서 이루어진다. 이들의 개념에서 얼굴은 주체화(subjectivation)와 의미화(signifiance)의 교차지점에서 위치한다. 주체화는 정신발생학(psychogenesis)에서, 의미화는 기호학(semiotics)에서 각각 다루는 주제이다. 정신발생학의 언어관에서 주체화는 "어떻게 살아 있는 존재가 성장해서 주위 환경에 잘 적응하는가"에 관련된 것이라면, 기호학에서 의미화는 "의식과 무의식에 등록된 것들에서 무한한 의미를 산포하는 기호들"을 나타내는 것이다.[7]

---

7 Gilles Deleuze and Guattari Felix, *A Thousand Plateaus: Capitalism and Schizophrenia II*, Tr. by Brian Massumi (Minneapolis: Univ. of Minnesota Press, 1987), 170.

주체화와 의미화는 상호 관련을 맺고 있다. 하얀 벽과 검은 구멍의 체계(systéme mur blanc-trou noir)야말로 주체화이다. 여기에서 하얀 벽은 "기호가 투사되어서 되튀어 나오거나 반사되는 표면"이고, 검은 구멍은 "주체가 정동(affect)의 에너지를 투여하는 알려지지 않은 얼굴의 영역"이다. 이런 방식으로 얼굴성(안면성)은 표면과 구멍의 체계를 통해 구성된다.8 얼굴은 '표면, 속성, 선, 주름'이다. 길거나 네모지거나 세모난 얼굴은 "지도"이다.

그래서 머리는 몸에 포함되어 있지만 얼굴은 그렇지 않다. 머리가 몸에 속하기를 멈출 때에야 얼굴이 생산된다 —얼굴은 몸에 속하지 않는다! 얼굴은 몸에서 탈구한 머리라는 점에서 물리적이라기보다 추상적인 것이다. 켜(layers)나 층(strata)의 계열로서 얼굴은 탈영토화(deterritorization)한 공간 또는 지형도로서 받아들여질 때, 말하자면 세계로부터 추상화할 때, 풍경이 된다. 이 과정은 얼굴을 인식하는 이가 자신이 식별한 환경과 얼굴을 통해 만들어낸 것을 '전치'(displácement)하는 것이다.

들뢰즈는 여기에 그치지 않고 더 나아가서 얼굴성에 대한 개념을 영화에 적용한다. 얼굴과 클로즈업(close-up)에 대한 분석을 통해 얼굴성의 개념을 재차 이론화하는 것이다. 들뢰즈는 "정동–이미지(affection-image)는 클로즈업이다. 그래서 클로즈업은 얼굴"이라는 아이젠슈타인(Eisenstein)의 말을 인용하면서 클로즈업에 대한 고찰은 "영화 전체에 대한 정동적 읽기를 제공한다"고 말한다.9 영화 장면에서 클로즈업되는 얼굴은 흡사 풍경처럼 보인다. 이런 클로즈업 기법은 관객의 응시(gaze)에 의문을 제기한다. 말하자면, 관객은 지금 보고 있는 것에 대해 질문하는 것이다. 클로즈업의 효과는 응시를 교란시킨다. 영화의 클로즈업 기법은 보고 있는 것을

---

8 앞의 책, 170.

9 Gilles Deleuze, *Cinema 1: The Movement-Image*, Tr. by Hugh Tomlinson and Barbara Habberjam (Minneapolis: Univertsity of Minnesota Press, 1986), 87.

흐려놓을 뿐만 아니라, 아예 얼굴을 물리적으로 지워버리기도 한다.

클로즈업의 대상이 된다고 해서 모든 것이 얼굴인 것은 아니다. 들뢰즈는 시계의 예를 들면서 클로즈업을 하더라도 얼굴이 되지 않는 경우를 제시한다. 어떤 이에게 시계를 클로즈업하면 얼굴처럼 보이기도 할 것이다. 이런 시계의 '이미지'는 두 개의 축으로 구성되어 있다. "미시적 운동"과 "움직이지 않는 표면"이 그것이다.[10] 여기에서 "미시적 운동"이라는 것은 "잠재성"을 의미하지 않는다. 시침과 분침이 "강밀한 계열"(intenstive series)을 만들어내고 얼핏 보기에 시계의 표면도 '얼굴'처럼 보이지만, 실제로 두 축이 구성하는 것은 '얼굴성'이라고 말할 수 없다. 그 이유에 대해 들뢰즈는 "클로즈업은 얼굴을 다루지(deals with) 않는다"고 말한다.[11] 말하자면, 클로즈업은 "얼굴에 대한"(of a face) 기술적 조치일 수 없다. 오히려 "얼굴 자체야말로 클로즈업"이다. "클로즈업은 얼굴 자체이면서 정동이자 정동-이미지이다."[12] 얼굴은 최소치의 움직임에서 최대치의 통합성을 드러낸다. 작은 떨림 하나로도 모든 것을 말해주는 것이다. 키스는 이런 얼굴의 클로즈업을 보여주는 대표적인 사례이다. 최소치의 움직임으로 최대치의 통합성을 보여준다. 이런 의미에서 얼굴은 남의 마음을 움직이고 추동하는 욕망과 분리할 수 없다. 얼굴은 정동을 담아내는 표면이다. 들뢰즈는 다음과 같이 말한다.

> 정동은 비인격적이어서 사물의 개별적 상태와 구분되는 것이다. 그럼에도 그것은 특이한 것(singular)이라서 다른 정동과 함께 특이한 조합 또는 결합을 구성할 수 있다. 정동은 나눌 수 없고 부분을 갖지 않는다; 그러나 다른 정동과 함께 특이한 조합을 만들어낸 뒤에 그것이 질적으로 변화했을 때만 분리할 수 있

---

10 앞의 책, 같은 쪽.
11 앞의 책, 88.
12 앞의 책, 같은 쪽.

는('the dividual') 나눌 수 없는 질을 형성한다. 정동은 모든 결정적인 공간-시간으로부터 독립적이다; 그러나 그럼에도 불구하고 그것을 표현되는 것과 공간 또는 시간, 시기(epoch) 또는 사회적 환경(milieu)의 표현으로 생산해내는 역사 속에서 창조된다. 한 마디로 정동, 질-힘(quality-power)은 두 가지 방식으로 이해할 수 있다. 사물의 상태에서 실제화(actualized)하거나 얼굴을 통해 표현되는 것, 얼굴-등가성 또는 명제(proposition)를 통해서 가능한 것이다. 이것이 바로 피어스(Peirce)가 말한 이차적인 것(secondness)과 일차적인 것(firstness)이다. 모든 이미지는 일차적인 것을 통해 만들어지고, 이차적인 것과 다른 많은 것들은 그 다음에 출현한다. 그러나 정동-이미지는 엄밀히 말해서 일차적인 것을 의미한다.[13]

관객이 얼굴에서 어둠에 가려졌거나 보이지 않는 영역에서 의미를 탐색하는 그 순간, 얼굴은 표면으로부터 기호를 분출한다. 만일 얼굴이 '하얀 벽'으로 존재한다면, 그 경우는 일반적으로 이해되는 것이나 기호현상 일반에 저항하는 것을 함의한다. 『천 개의 고원』에서 얼굴성은 정치적 논쟁을 종식시킨다. 아우라나 매력을 이상화하지 않는 얼굴에 대한 식별은 얼굴의 이미지에서 작동하는 권력을 의문에 빠트린다. 심리학적인 탐구 또는 인간의 본질이나 '선함'을 재확인시키는 장소인 얼굴을 들뢰즈는 종결시킨다.

들뢰즈의 목표는 영화나 광고, 또는 텔레비전에 등장하는 아우라를 풍기고 유혹적인 역능이 수여된 얼굴을 무화시키는 것이다. 어떻게 그것이 가능한가. 얼굴을 추상(abstraction)으로 만드는 것을 통해 가능하다. 정동이 작동하는 다수적 가능성의 장소가 바로 추상이다. 이 추상이야말로 특이성이 분출하는 강밀성(intensity)의 지대이다. 들뢰즈는 프랜시스 베이컨

(Francis Bacon)의 자화상에서 이런 얼굴의 추상성을 읽어낸다. 추상기계의 출현은 얼굴의 탈영화토화가 선행해야 가능하다. 이 탈영토화야말로 클로 즈업이다. 이 과정에서 얼굴은 인간 일반도 아니고 짐승도 아닌 것으로 변한다. 비록 얼굴이 처음에 인간성의 이미지로 생산된다고 해도, 얼굴은 필연적으로 풍경으로 전화될 수밖에 없다. 그 이유는 언제나 얼굴은 '하얀 벽과 구멍의 체계'라는 주체화와 의미화의 교차로에 놓여 있기 때문이다.

베이컨의 자화상에 대해 들뢰즈는 '정신의 결여'로 머리를 규정하지 않고, 오히려 '육체라는 형식'으로 전화한 정신의 원리, 그리고 얼굴을 무화시키는 종국에 몸과 생명이 도달한다고 말한다.[14]. 이런 관점에서 들뢰즈는 예수의 얼굴을 "온 몸의 얼굴화"라고 언급하는 것이다. 예수의 얼굴은 결코 보편적인 것(유일무이하다는 것)이 아니라, '모든 것의 얼굴'(facies totius universi)이다. 이런 측면에서 예수의 얼굴은 가능성의 조건이라고 할 수 있다.

> 얼굴의 이항성과 일대일 대응성은 언어, 말하자면, 언어의 요소와 주체의 이항성이나 일대일 대응성과 같지 않다. 둘은 완전히 다르다. 그러나 전자는 후자의 경계를 이룬다. 얼굴성 기계가 표현에 대응하는 단일한 실체로 무엇이든지 형성된 내용을 구겨 넣을 때, 그것은 이미 의미를 만들어내고 주체를 구성하는 배타적인 형식으로 그 내용을 종속시켜 버리는 것이다. … 얼굴성 기계는 기표와 주체에 병합되어 있는 것이 아니라 오히려 그 내용의 아래에 깔려 있는 토대이고, 가능성의 조건인 것이다.[15]

예수의 얼굴은 모든 '주체화'와 '의미화'의 토대이다. 정확히 말하자면

---

14 Gilles Dleuze, *Francis Bacon: The Logic of Sensation*, Tr. by Daniel W. Smith (London: Continuum, 2003) 20.
15 Gilles Deleuze and Guattari Felix, *A Thousand Plateaus*, 179-180.

예수의 얼굴을 벗어난 '주체화'와 '의미화'는 불가능하다. 내재화되어 있는 예수의 얼굴, 다시 말하자면, 이 얼굴은 '백인의 얼굴'이다. 이렇게 토대로서 존재하기에 예수의 얼굴은 '모든 것'인 셈이다. '백인의 얼굴'이 전제된 뒤에야 비로소 다른 얼굴들이 정렬한다. 이들이 말하는 것처럼, 육체라는 형식으로 전화한 정신이 곧 예수의 얼굴로 나타난다는 것은 무슨 뜻일까. 이 육화의 과정에서 정신은 소멸하지 않고 형식화한다. 얼굴의 표현은 언어와 다르다. 그러나 "얼굴성 기계"는 표현에 대응하는 내용을 만들어낸다. 이 내용은 결코 '모든 것'을 나타내지 않는다. 배타적인 형식에 구겨 넣어지는 순간, 배제되는 것들이 필연적으로 발생한다. 이런 까닭에 "얼굴성 기계"는 표현보다 크다. 표현에서 "얼굴성 기계"를 찾아내려면, 그 표현되지 않은 것을 발굴해야 한다.

당연히 슈퍼히어로가 표현하고 있는 것은 '모든 것'일 수 없다. 종교성은 있되, 그것은 형식으로 존재할 뿐이다. 슈퍼히어로에서 배제된 것은 역설적으로 종교의 핵심을 이루고 있는 신적인 것이다. 이것을 영성(spirituality)이라고 부를 수 있을 것 같다. 과연 슈퍼히어로는 영성의 육화인가. 그렇지 않다고 말하는 것이 더 정확할 것이다. 슈퍼히어로 자체가 영성을 보여주는 구현물이 아니다. 오히려 슈퍼히어로는 영성과 그것의 현현이라는 문제의식 자체를 드러내는 증상에 가깝다. 신학적인 언어가 아닌 방식으로 영성을 사유하게 만드는 것이 슈퍼히어로이다. 슈퍼히어로 자체가 영성을 내포한 것이라기보다 슈퍼히어로를 중심으로 형성된 현상이 영성의 문제를 드러낸다는 의미이다.

영성의 문제는 들뢰즈의 얼굴성과 무관하지 않다. 영성은 '모든 것'과 관련 있다. 영성이야말로 "예수의 얼굴"이기 때문이다. 영성은 "주체화"와 "의미화"의 토대일 수 있는가. 그렇다면, 슈퍼히어로는 이 문제와 어떻게 연결되어 있는가. 영성의 문제를 드러내는 슈퍼히어로의 요소는 바로 코스튬이다. 코스튬은 슈퍼히어로에서 "주체화"이자 "의미화"이다. 코스튬은 '슈퍼히어로-되기'에서 핵심적인 부분을 차지한다. 코스튬이 없다면 슈퍼히어로는 없다. 거기에 평범한 '고깃덩어리'(flesh)가 있을 뿐이다. 정신의 육화라는 신학적인 명제는 코스튬을 중심으로 회전한다. 코스튬이야말로 종교적 십자가에 대한 알레고리인 것이다.

III. 코스튬, 비종교적인 종교성

슈퍼히어로는 기본적으로 비종교적인 것처럼 보인다. 슈퍼맨이든 배트맨이든, 누구도 교회에 가는 경우를 본 적이 없기 때문이다. 물론 마블 코믹스에서 출간한 〈데어데빌〉(Daredevil)의 주인공 매트 머독(Matt Murdock)처럼 신과 믿음의 문제에 대한 직접적인 암시를 내비치는 경우도 있지만 드문 사례이다. 앞서 논의했듯이, 〈데어데빌〉에서도 종교적인 문제는 코스튬이라는 매개를 통해 드러난다. 매트는 방사능 사고로 인해서 눈이 멀지만, 그 충격으로 초능력을 가져서 눈을 능가하는 감각기능을 획득하게 된다. 시력을 잃었기에 사물의 본질을 더 꿰뚫어볼 수 있다는 진술은 셰익스피어의 〈리어왕〉(King Lear)에서도 확인할 수 있는 고전적인 논리이다.

〈데어데빌〉은 이런 고전적인 서사를 새롭게 구성한 신고전주의적 분위기를 풍긴다. 죽은 아버지의 복수를 위해 범죄자와 싸우는 슈퍼히어로로 거듭 태어나는 장면은 〈배트맨〉에서도 동일하게 되풀이된다. 그러나 배트맨이 구원이나 영성 같은 종교적 문제의식에 무감하고 오히려 심리학적인 문제의식에 경도되어 있는 것과 달리, 매트는 신과 악마, 또는 선과 악 같은 중요한 관념들에 대해 질문을 던지는 슈퍼히어로이다. 〈데어데빌〉은 비록 대중문화에 뿌리를 두고 있지만, 매트라는 주인공을 통해 직접적으로 신의 문제를 제기하는 작품이다. 종교와 신에 대해 의심하고, 창조주의 은혜를 신뢰하지 않는 슈퍼히어로. 그러나 매트의 회의는 궁극적으로 '종교적 믿음'을 전제하는 것이기도 하다. 말하자면, 믿는 자만이 그 믿음에 대해 회의할 수 있다. 슈퍼맨이나 토르처럼 자기 자신이 신에 가까운 존재일 경우나, 배트맨이나 아이언맨처럼 무신론적 부르주아의 주체성을 대변하는 슈퍼히어로일 경우는 종교에 대한 아무런 관념을 내포하지 않기 때문이다. 이런 까닭에 매트의 회의는 곧 종교적 토양 위에서 이루어지는 것이라고 할 수 있다. 이 문제에 대한 다음과 같은 지젝의 진술은 흥미롭다.

> "나는 믿는다"는 긍정을 살펴보자. 그것의 부정은 "나는 진정으로 믿지 않는다. 나는 그저 믿는 것을 가장할 뿐이다"라는 진술이다. 그러나 그것에 대한 헤겔적인 부정의 부정은 직접적인 믿음으로 돌아가지 않고, 오히려 자기-관계적인 "나는 믿는 것을 가장하는 척한다"는 것인데, 이 의미는 "나는 그것에 대해 알지 못한 채 진정으로 믿는다"는 것이다.[16]

지젝은 이런 믿음의 문제를 이데올로기의 일반원리라고 주장한다. 이데올로기를 작동하게 만드는 부정의 부정은 '믿지 않는 것'을 부정함으로써 '믿음'을 긍정하는 것이 아니라, 그 '믿음' 자체가 믿는 척하는 것에 지나지 않는다는 진실을 드러내는 것이다. 그래서 나는 무엇을 믿는지 알지 못하지만, 진정으로 믿는다는 것이 존재할 수 있다는 사실을 인정하게 된다. 왜냐하면 최소한 나는 무엇인가 믿는 척하고 있다는 사실을 알고 있기 때문이다. 결론적으로 나는 믿는다는 것이 무엇인지 안다는 말이 된다. 다만 지금 그것을 믿는 척할 수밖에 없을 뿐이다. 이런 의미에서 이데올로기의 믿음은 증상으로 작용한다. 우리가 원하는 것은 이데올로기를 제거하는 것이 아니라 어떻게든 그것을 지속시키는 것이다. 슈퍼히어로에서 작동하

---

16 Slavoj Zizek, *The Parallax View* (Cambridge MA: MIT Press, 2006), 354.

는 종교성의 문제도 바로 이런 이데올로기의 본질과 무관하지 않다.

매트는 명백하게 가톨릭교도인 것처럼 보인다. 데어데빌이 되기 위해 코스튬을 걸치는 과정이 이것을 증명한다. 코스튬은 제례(ritual)이다. 믿음에 대해 회의하지만 코스튬을 입는 순간 매트는 정의를 집행하는 슈퍼히어로로 변신한다. 믿음의 문제가 여기에서 제례의 실행으로 전환된다. 믿음이 있든 없든, 중요한 것은 제례이다. 매트의 회의는 슈퍼히어로라는 "주체화"와 "의미화"로 구겨 넣어진다. 의미화에 저항하는 그의 양가성은 슈퍼히어로라는 하나의 구성물로 전화한다. 코스튬을 입기 전에 매트라는 개인은 종교적 믿음(religious faith)을 어떻게 볼 것인지에 대한 신학적 물음을 던진다. 종교적 믿음은 슈퍼히어로를 강하게 만드는가, 약하게 만드는가. 코스튬을 걸치지 않더라도 매트는 초능력을 가지고 있다. 이런 의미에서 코스튬은 매트의 능력을 바깥으로 밀어낸 표현이라고 볼 수 있다. 앞서 언급했듯이, 매트를 데어데빌로 변화시키는 그 힘은 코스튬에 직접 내재해 있는 것은 아니다. 눈이 멀어버린 매트는 역설적으로 맹목성을 벗어난 존재를 상징한다. 그는 종교적인 관점에서 회의하는 존재이다. 지젝이 말한 '믿지 않음'으로서 '믿음'의 실체를 드러내는 부정의 부정이 매트라는 인물의 성격이다. 이런 측면에서 매트는 데어데빌이라는 얼굴을 무너뜨리는 추상성이다. 그는 볼 수 없다. 말하자면, 풍경은 볼 수 없다. 오직 보일 뿐이다. 매트는 모든 사물을 감지할 수 있지만, 자기 자신을 볼 수가 없다! 다른 슈퍼히어로 중에서도 특별하게 데어데빌이 종교적인 문제의식을 드러내는 까닭이 여기에 있다.

종교적 믿음에 대해 회의하는 매트는 데어데빌이라는 코스튬을 벗은 상태, 다시 말해서 탈영토화한 존재이다. 그리고 이 탈영토화한 매트는 믿음을 회의하지만 동시에 그 믿음을 지탱하는 영성을 함의한다. 이 영성은 얼굴화하지 않는다. 다만 그 얼굴을 구성하는 '구멍'으로 남아 있을 뿐이다. 종교적이지 않은 매트야말로, 종교적인 데어데빌을 슈퍼히어로로 만들어주는 조건이다. 이 상황이 종교 없는 종교성의 역설이다. 종교적인 것은 코스튬이라는 형식을 통해 드러날 뿐이다. 슈퍼히어로를 구성하는 핵심적인 요소가 코스튬이라고 했을 때, 슈퍼히어로야말로 세속적인 방식으로 신을 사유하는 대중문화의 형식인 것이다. 슈퍼히어로에서 신은 존재하지 않음으로써 증명된다. 데어데빌뿐만 아니라, 헬보이(Hell Boy)처럼 명백하게 성서적 주제에서 차용한 경우도 신은 부재하다. 악마를 불러낸 과학자가 그 자리를 대신한다. 그러나 이런 비종교성을 구성하는 그 지점에 슈퍼히어로의 종교성, 다시 말해서 종교 없는 종교성이 드리워져 있다는 사실이 중요하다.

앞서 논의한 들뢰즈의 얼굴성 개념이 해명하고 있는 것은 이 문제이다. 어떻게 비종교성을 통해 종교적인 것이 드러날 수 있는가. "주체화"와 "의미화"의 교차지점에서 나타나는 얼굴처럼, 슈퍼히어로는 코스튬을 걸치고 있다. 이 의상은 그냥 단순한 옷이라고 보기 어렵다. 옷은 코스튬을 감춘다. 아니 역설적으로 코스튬은 슈퍼히어로의 본성을 의미한다. 이런 의미에서 코스튬은 슈퍼히어로의 얼굴이다. 코스튬을 걸치는 순간, 평범한 개인은 슈퍼히어로로 변신한다. 코스튬은 이렇게 분열된 존재의 틈이다. 마치 '차이'(difference)처럼 코스튬은 평범한 개인과 슈퍼히어로 사이에 '있다'. 코스튬은 평범한 개인과 슈퍼히어로 어디에도 속하지 않는다. 코스튬이 곧 슈퍼히어로의 능력은 아니다. 슈퍼히어로의 능력이 먼저 있은 뒤에 코스튬이 있다. 그러나 코스튬이 없다면 슈퍼히어로는 의미를 갖지 못한다. 슈퍼맨과 스파이더맨의 능력을 구별해주는 것은 그 무엇도 아닌 코스튬이다.

슈퍼히어로의 기원 중 하나라고 평가할 수 있는 슈퍼맨을 통해 이 문제를 더 논의해보도록 하자. 슈퍼맨은 데어데빌과 정반대에 놓여 있는 슈퍼히어로이다. 데어데빌의 매트가 눈을 잃어버리면서 초능력을 가지게 되는 것과 달리, 슈퍼맨의 클락은 코스튬을 걸치지 않았을 때도 유수의 신문사에서 일하는 저널리스트이다. 변신하는 과정에서 얼굴을 가려서 변장하는 대부분의 슈퍼히어로와 달리, 슈퍼맨은 반대로 평범한 일상으로 돌아올 때 안경을 착용해서 정체를 숨긴다. 슈퍼맨은 문자 그대로 신적인 존재를 연상시키는 슈퍼히어로이다. 다른 행성에서 온 존재로 그려진다는 점도 그렇고, 행성 폭발과 함께 육신은 소멸했지만 아버지의 영혼은 영생하면 서 수시로 메시지를 전한다. 그는 예수나 모세를 닮아 있기도 하고, 때로 그리스 신화에 등장하는 반신반인 헤라클레스를 연상시키기도 한다.[17] 그만큼 슈퍼맨이라는 인물 성격은 보편적이면서 일반적인 신화의 전형을 따르고 있다는 것을 인정할 수 있다. 이런 슈퍼맨이 구현하고 있는 것은 완벽한 윤리적 가치성이다. 신적인 측면과 동시에 인간적인 측면을 가지고 있다는 점에서 그렇다. 슈퍼맨이 절대적인 신성을 구현한 존재라면 아무런 서사를 만들어내지 못할 것이다. 슈퍼맨의 서사가 가능하려면 그에게 어떤 결점이 있어야 한다. 그러나 신적인 존재에게 인간적인 결점이라는 것은 윤리적인 것을 의미한다. 사운더스는 슈퍼맨의 윤리에 대해 다음과 같이 말하고 있다.

> 우리의 윤리적 개념들은 아마도 편파적이고, 우발적이고 제한적일 것이다. 그 래서 우리는 상황에 따라 이런 한계들이 사각지대에 노출되거나 예측불가능하다고 예상할 수 있다; 그러나 그럼에도 불구하고, 심지어 이런 친숙한 도덕적인 아포리아에 직면해서 슈퍼맨이 그의 창조자—또한 그의 관객들—를 향해 설정한 아름다운 도전은, 그렇게 가능할 수 있다면, 미덕에 대한 절대적인 의무가 무엇인지 상상하는 것으로 이루어진 도전이다. 그러므로 형식과 등록이 명백하게 다르긴 하지만 그의 창조자와 독자들에 대한 슈퍼맨의 아름다운 도전은 궁극적으로 아리스토텔레스 이래로 전개되어온 모든 진지한 윤리적 철학자들

---

17 Ben Saunders, *Do the Gods Wear Capes?* (London: Continuum, 2011), 16.

이 직면했던 것과 동일한 도전이다.[18]

슈퍼맨의 도전이 아름다울 수 있는 것은 무엇 때문인가. 바로 "슈퍼맨이 무엇인가 잘못하더라도, 그것은 옳은 이유에서 그런 것처럼 보일 수 있기 때문"이다.[19] 옳다고 생각하는 것과 그것을 실천하는 것 사이에 발생하는 일상의 괴리를 슈퍼맨이 드러낸다는 것이다. 슈퍼맨은 "초인"이지만, 보통의 인간이 저지르는 오류를 동일하게 저지를 수 있다는 사실에서 그의 평범성이 드러난다. 이런 의미에서 그는 인간화한 신적인 것이다. 그에게 오류가 있다면 그것은 우리 모두의 잘못이기도 하다. 슈퍼맨마저 실패한다면, 우리가 실패하는 것도 용서받을 수 있다. 예수의 대속은 바로 이런 상징성을 띠는 것이라고 할 수 있다.

이런 슈퍼맨의 특성은 18세기 도덕주의적인 명제를 상기하게 만든다. 영국 도덕주의자들을 통해 제기되었던 이 명제는 인간의 본성을 '선'(good)에서 찾는다. 도덕주의적 질문은 대체로 죄에 대한 것이다. 인간은 왜 나쁜 짓을 저지르면 죄책감을 느끼는 것일까. 그 이유는 불편하기 때문이다. 그러나 D. H. 먼로(D.H. Monro)가 지적하듯이, 이 질문은 동어반복에 불과하다. 이 대답은 "우리는 불편한 것을 피하려고 한다: 불편한 것은 우리 자신이 피하려고 노력한다는 것을 아는 그 상태에 대한 이름"이라는 의미이다.[20] 따라서 동어반복을 피하기 위한 방책이 필요한데, 그 결과는 "우리 자신의 만족을 추구하기에" 불편한 것을 피하려고 한다는 대답이다.[21] 만족(satisfying)이라는 문제가 제기되면 도덕의 원리는 욕망이라는 범주로 환원할 수 있게 된다. 이런 논리를 통해 만족을 추구하는 욕망이야말로 인

---

18 앞의 책, 30.
19 앞의 책, 29.
20 D. H. Monro ed., *A Guide to the British Moralists*(Cambridge: Fontana, 1972), 12.
21 앞의 책, 같은 쪽.

간의 본성, 또는 자연법(natural law)이라고 말할 수 있다. 도덕주의 중에서도 이런 생각은 토머스 홉스(Thomas Hobbes)를 위시로 자기이해(self-interest)에 근거해 '공통선'(common good)의 문제를 해결하려는 입장을 낳았다.

슈퍼맨은 바로 이런 도덕주의의 구현물인 것처럼 보인다. 슈퍼맨이 '선'을 실행하는 까닭은 그렇게 하지 않을 수 없기 때문이다. 그는 '악'의 소리를 듣고 불편하게 여긴다. 그의 귀를 때리는 수많은 부도덕한 일들은 그에게 죄책감을 느끼게 만든다. 그 '악'을 해결하고 '선'을 실현하는 것이 이를테면 슈퍼맨의 본성이다. 이런 의미에서 슈퍼맨이 암시하는 것은 자연법 자체이다. 슈퍼맨의 코스튬은 이런 자연법의 출현을 의미한다. 도덕주의적인 명제에서도 확인할 수 있듯이, 자연법은 선험적으로 주어진 것이다. 만족을 추구하는 것이 인간의 본성이고 그것이 자연법이다. 이 자체를 부정하는 순간 도덕주의적 명제는 성립 불가능하다. 초능력은 코스튬 없이 획득되는 것이지만, 그것이 없다면 발휘할 수 없다. 초능력이 '선'을 지칭한다면, 코스튬이야말로 이 '선'의 실현을 정당화할 수 있는 자연법이다. 자연법이 없다면 도덕주의적인 명제도 불가능하다. 들뢰즈가 말한 것처럼, 코스튬이야말로 슈퍼히어로에 속하지 않지만, 그렇기 때문에 슈퍼히어로를 "주체화"하고 "의미화"하는 것이다.

IV. 실패하는 영웅과 영성

흥미롭게도 슈퍼히어로는 "주체화"와 "의미화"는 되는 까닭에 결코 슈퍼히어로일 수 없다. 이 아이러니가 슈퍼히어로의 존재를 규정한다. 앞서 논의했듯이, 슈퍼히어로는 능력이라는 측면에서 '초인'인 것이지, 세속을 '초월'해 있기 때문에 슈퍼히어로인 것이 아니다. 평소에 그는 평범한 개인으로 '위장'하고 있어야 한다. 이 문제에 대해 신선한 관점을 선보인 것이

픽사 애니메이션에서 만든 〈인크레더블〉(*The Incredibles*)일 것이다. 이 작품은 평범과 비범이 공존하는 슈퍼히어로의 존재론적 분열에 대한 해석을 평범한 일상을 강요받는 비범한 개인의 문제로 변주해서 보여주었다. 그러나 이런 니체적인 응용도 종교 없는 종교성이라는 카푸토의 명제를 되풀이해서 증명하는 것이기도 하지만, 무엇보다도 슈퍼히어로가 인간의 모습을 가지고 있기 때문에 영웅적일 수 있다는 것을 부정할 수 없다. 이 점에서 슈퍼히어로는 신학적인 영감을 내재하고 있다. 슈퍼히어로는 종교의 언어를 사용하지 않고 신학적인 문제의식을 표현하는 방식을 보여주는 사례인 것은 분명한 것이다.

스파이더맨은 비신학적인 언어로 영성을 이야기하는 훌륭한 본보기에 해당한다. 스파이더맨은 다른 슈퍼히어로와 다르게 십대 영웅이다. 그렇기에 그에게서 인간적인 문제는 십대의 영역에 머물러 있다. 성장을 이야기하지만 그 종착역은 존재하지 않는다. "영원한 어른 되기, 또는 지연된 성숙"이 스파이더맨을 통해 표현되고 있다.[22] 스파이더맨은 성인 슈퍼히어로라고 보기 어렵다. 스파이더맨과 유사한 슈퍼히어로를 예로 들자면, 배트맨과 함께 등장하는 로빈(Robin)일 것이다. 로빈은 배트맨이라는 성인의 보조소년(sidekick)에 불과하다. 로빈은 심지어 '~맨'(man)으로도 불리지 못한다. 어른 취급을 받지 못하는 보조소년이 주인공으로 등장한 경우가 바로 스파이더맨이다. 스파이더맨은 '배트걸'처럼 '걸'(girl)이나 '보이'(boy)로 불리지 않고 당당하게 맨으로 불린다.

1960년대 베이비부머의 대중문화와 함께 시작된 현대에, 보조소년에 대한 관심은 크게 줄어들었다. 로빈, 벅키(Bucky), 스피디(Speedy) 그리고 그 이외의 보조소년들이 어른으로 성장했다. 대중문화의 프랜차이즈— 그것은 독자적

---

22 Danny Fingeroth, *Superman on the Couch: What Superheroes Really Tell Us about Ourselves and Our Society* (London: Continuum, 2004), 35.

인 애니메이션 시리즈로 등장할 것인데―는 바로 〈틴 타이탄〉(*The Teen Titans*)이고 지금도 그렇다. X-맨과 마찬가지로 타이탄은 남녀 십대로 구성되어 있었다. 성장에 대한 궁극적인 표현은 스파이더맨이었다. 십대를 시리즈의 주인공으로 삼은 것은 혁명적인 것이다 ―그럼에도 불구하고 십대는 여전히 그의 어린 티를 얼굴을 전부 덮는 가면으로 완벽하게 가장해야했고 "맨"이라는 접미어를 그가 선택한 퍼소나에 붙여야 하긴 했지만 말이다―그의 출현은 기존 질서를 온전히 뒤흔드는 사건이었다.[23]

비록 십대영웅이긴 하지만, 스파이더맨의 의미는 아이도 어른도 아닌 그 양가성에 있다고 할 수 있다. 어른이면서 스파이더맨은 아이 같은 속성을 유지하고 있다. 그는 세상에 대해 무책임하고, 명성을 좇는 평범한 십대일 뿐이다. 그의 초능력은 슈퍼맨처럼 완전한 도덕성을 자동으로 부여하지 않는다. 처음 자신의 초능력을 확인했을 때, 스파이더맨의 인간적인 퍼소나인 피터 파커(Peter Parker)는 그것을 이용해서 남들이 찍을 수 없는 자기 자신, 곧 스파이더맨의 활약상을 찍어서 돈을 벌고자 한다. 말하자면, 초기에 보여주는 스파이더맨의 모습은 슈퍼히어로라기보다 악당에 더 가깝다. 이런 피터를 대오각성하게 만들어서 슈퍼히어로의 길로 이끄는 계기는 그를 양육하던 숙부의 죽음이다. 그가 상관없다고 외면했던 강도 때문에 그의 삼촌은 운명을 달리한다. 이 사건이 세속적인 욕망에 충실했던 피터를 슈퍼히어로로 만들어주는 원인으로 작용한다.

스파이더맨의 경우에서 확인할 수 있듯이, 슈퍼히어로는 초능력을 가졌기에 영웅인 것이 아니라, 윤리에 대한 인식을 가져야 비로소 존재한다. 스파이더맨이 보여주는 것은 이 사실이다. 동물의 욕구 상태에 머무는 것이 아니라, 영성에 대한 자각으로 나아오는 과정이 필요하다. 슈퍼맨처럼

---

23 앞의 책, 140.

손쉽게 도덕주의로 흐르는 대신 스파이더맨은 세속화와 영성의 문제에 대한 흥미로운 고찰들을 제시한다. 영성은 초능력처럼 주어지는 것이 아니라 '사건'을 통해 출현한다. 이 '사건'을 통해 슈퍼히어로는 평범함에서 비범함으로 넘어올 수 있다. 들뢰즈가 말한 "주체화"이다. 십대 피터가 슈퍼히어로로 변신하기 위해 필수적인 것은 가면이다. 이 가면은 십대의 정체성을 가리는 '성숙'의 과정이다. 이 성숙은 선형적인 의미에서 진화를 의미하지 않는다. 슈퍼히어로는 진화주의를 거부한다. 오히려 슈퍼히어로라는 속성은 진화에서 이탈한 '사건'의 결과물이다. 평범함에서 탈선한 비범함이 바로 슈퍼히어로의 존재론이다. 스파이더맨은 이 문제를 정면에서 다룬다는 점에서 앞서 논의한 들뢰즈적인 문제의식과 접속할 수 있는 가능성을 내포하고 있다.

슈퍼맨이나 배트맨과 달리 피터는 자신의 얼굴을 완전히 가린다. 이 얼굴은 피터라는 정체성을 지워버린 다른 무엇이다. 스파이더맨의 얼굴은 사실상 인식되지 않는다. 피터의 얼굴을 탈영토화한 상태가 바로 스파이더맨이다. 스파이더맨의 활약은 일상의 피터를 방해한다. 슈퍼히어로의 역할을 수행하기 위해 그는 직장이나 학교에 충실할 수 없다. 피터에게 평범한 십대의 삶을 살아가기 힘들게 만드는 것이 스파이더맨이라는 슈퍼히어로의 윤리이다. 슈퍼히어로의 윤리가 공리(axiom)와 대립한다는 점을 여기에서 주목할 필요가 있다. 슈퍼맨의 경우는 이 윤리를 통제해서 공리에 맞추는 것에 대해 너무도 잘 알고 있다. 그는 아버지의 말씀으로 살아가는 존재이기 때문이다. 그러나 스파이더맨에게 아버지는 없다. 슈퍼맨이나 배트맨 역시 고아이지만, 이들에게 부모의 영향은 지속적인 반면, 스파이더맨에게 비슷한 부모의 비중을 찾아보긴 어렵다. 대신 그 자리에 숙부와 숙모라는 대리물이 들어서 있는데, 주목해야 할 점은 피터에게 이들은 돌봐야 하는 대상이지 순종해야 하는 권위가 아니다. 스파이더맨으로 변신하기 전에 일상을 살아가는 피터는 "매일 매일 같은 일을 되풀이해야 하

는 시지프스와 같은 평범한 개인"이다.[24]

스파이더맨에게 확정적인 것은 없다. 고등학생이나 대학초년생이라면 스파이더맨으로 살아가야 하는 피터의 삶에 어렵지 않게 공감할 것이다. 이런 의미에서 X-맨과 마찬가지로 스파이더맨은 "됨의 과정"(the process of becoming)을 보여주는 슈퍼히어로라고 할 수 있다.[25] 이런 까닭에 스파이더맨은 자신의 행동에 대한 확신을 갖지 않는다. 스파이더맨은 실패를 통해 배운다는 점에서 성장하는 존재이다. 이런 설정은 완성된 성인으로서 설정되어 있는 슈퍼히어로의 의미를 혼란에 빠지게 한다. 데어데빌의 매트와 마찬가지로 스파이더맨의 피터도 끊임없이 자신의 존재가치에 대해 질문을 던진다. 매트나 피터에게 중요한 것은 자신의 행동을 정당화해주는 윤리 규범이다. 마치 나무인형 피노키오가 윤리를 체득했을 때 비로소 인간 소년이 되는 것처럼 슈퍼히어로 역시 윤리적인 고민을 통해 자기 정체성을 확립하는 것이다. 이 규범을 본인들 스스로 정하는 것이 아니라고 생각한다는 점에서 슈퍼히어로는 분명 종교적인 주제의식을 내포하고 있다.

V. 결론

지금까지 살펴본 것처럼, 슈퍼히어로는 종교적인 것을 종교 없이 사유하고자 하는 대중문화의 형식이다. 이런 욕망은 궁극적으로 일상의 체험과 교직되어 있는 영성에 대한 세속적인 대응이기도 하다. 신학적인 주제를 다루는 방식이 반드시 종교일 필요가 없다는 사실을 슈퍼히어로에서 확인할 수 있다. 들뢰즈와 가타리가 논의하고 있는 얼굴성의 개념에서 살

---

24 앞의 책, 149.
25 앞의 책, 154.

펴본다면, 슈퍼히어로를 가능하게 만드는 것은 코스튬이다. 코스튬은 슈퍼히어로를 규정하는 결정적인 요소이지만, 슈퍼히어로의 초능력에 속하는 것은 아니다. 이런 의미에서 코스튬은 영성의 체험 같은 것이라고 볼 수 있다. 영성은 평범함이 순식간에 비범함으로 드러날 때 표현되는 것이다. 영성은 들뢰즈의 개념화에서 확인할 수 있는 "모든 것의 얼굴"이다. 슈퍼히어로를 둘러싼 대중문화 현상은 영성에 대한 지향이 모든 문화의 토대를 구성한다는 사실을 증명한다. 이런 관점에서 슈퍼히어로는 신의 세속화라기보다 세속성의 신격화라고 말할 수 있다. 막스 베버(Max Weber)가 개념화한 것처럼, 세속화는 과학지식에 기반한 세계를 만들어냈다. "우리 시대의 숙명은 합리화와 지식화 그리고 무엇보다도 '세계의 탈신비화'(disenchantment)로 특징화할 수 있다"는 것이 베버의 핵심 주장이다.26 탈신비화된 세계는 가장 숭고한 가치가 공적인 삶에서 퇴거해서 선험적인 영역으로 숨어버린 상태이다. 결과적으로 남는 것은 직접적이고 사적인 인간 관계일 뿐이다. 이런 상황을 벗어나기 위한 세속적인 해결책이 바로 슈퍼히어로인 것이다. 따라서 슈퍼히어로는 탈신비화된 세계를 재신비화(re-enchantment)하려는 대중적 전략이라고 볼 수 있다.

---

26 Max Weber, *Max Weber: Readings and Commentary on Modernity*, ed. by Stephen Karberg (Oxford: Blackwell, 2005), 374.

참고문헌

1부 | 한국문학과 성서 _ 차정식

한국 현대소설과 성서신학의 '교통 공간'

기진오.『한국 기독교 문학사론』. 서울: 성서신학서원, 1995.

김우규. "한국 작가의 기독교 의식." 김우규 편저,『기독교와 문학』. 서울: 종로서적, 1992, 408-421.

김병익. "기독교의 수용과 그 변모." 김우규 편저,『기독교와 문학』. 서울: 종로서적, 1992, 188-216.

_____."이청준 다시 만나기 - 해한의 글쓰기, 화해로 가는 삶."「문학과 사회」84 (2008 여름), 304-321.

김윤식.《당신들의 천국》,「나의 천국」-이청준 론."『金允植평론문학選』. 서울: 문학사상사, 1991, 66-76.

_____. "제주도로 간『당신들의 천국』-『신화를 삼킨 섬』론."「문학과 사회」84 (2008 여름), 322-340.

김천혜. "치자와 피치자의 윤리." 김병익·김현 엮음,『이청준』, 245-254. 서울: 은애, 1979.

김현. "이청준에 대한 세 편의 글: 1. 자유와 사랑의 실천적 화해:『당신들의 천국』."『문학과 유토피아: 공감의 비평을 위하여』, 김현문학전집 4, 224-237. 서울: 문학과지성사, 1992.

김희보. "기독교 문학 서설." 김우규 편저,『기독교와 문학』, 5-23. 서울: 종로서적, 1992.

가라타니 고진/이경훈 옮김. "교통 공간에 대한 노트"『유머로서의 유물론』. 서울: 문화과학사, 2002, 29-43.

가라타니 코오진/권기돈 옮김. "교통 공간."『탐구』 2. 서울: 새물결, 1998, 249-256.

소재영. "기독교의 전래와 한국문학." 소재영 외 공저,『기독교와 한국문학』, 11-56. 서울: 대한기독교 서회, 1990.

손규태.『마르틴 루터의 신학사상과 윤리』. 서울: 대한기독교서회, 2004.

신익호.『기독교와 현대소설』. 대전: 한남대학교출판부, 1994.

아우구스티누스/김종흡·조호연 옮김.『하나님의 도성』. 서울: 크리스챤다이제스트, 2000.

우찬제. "힘의 정치학과 타자의 윤리학-이청준의《당신들의 천국》다시 읽기", 450-476. 이청준.『당 신들의 천국』, 이청준 문학전집 장편소설 4. 서울: 열림원, 2000(해설).

유성호. "현대문학과 종교적 상상력."「통합연구」39 (15/2), 125-141.

이남호. "神의 은총과 인간의 정의." 이태호 편,『이문열』, 130-149. 서울: 서강대학교출판부, 2000.

이동하. "최병헌의『성산명경』에 대한 고찰."『신의 침묵에 대한 질문』. 서울: 세계사, 1992, 83-96.

_____.『한국 소설과 기독교』. 서울: 국학자료원, 2002.

이문열.『사람의 아들』4판 (개정판) 9쇄. 서울: 민음사, 2010.

이보영.『한국소설의 가능성』. 서울: 청예원, 1998.

이승준. "『당신들의 천국』의 상징성 연구."『이청준 소설 연구-정신분석학적 관점에서』. 파주: 한국학 술정보, 2005, 230-258.

이청준·우찬제 대담. "우리들의 천국을 향한 당신들의 천국의 대화." 「문학과 사회」 61 (2003 봄), 260-285.

정과리. "모범적 통치에서 상호 인정으로, 상호 인정에서 하나됨으로." 이청준, 『당신들의 천국』, 458-459. 서울: 문학과지성사, 1996(신판 해설).

정명환. "소설의 세 가지 차원." 김병익·김현 엮음, 『이청준』, 241-242. 서울: 은애, 1979.

조규익. "기독교와 전통시가." 소재영 외 공저, 『기독교와 한국문학』, 59-104. 서울: 대한기독교서회, 1990.

진형준. "열린 다원적 인식." 이승우. 『에리직톤의 초상』, 270-283. 서울: 도서출판 살림, 1990(해설).

차정식. "'하나님 나라'와 예수 신학의 유토피아적 지평-마태복음 18:23-35와 20:1-16을 중심으로", 113-142. 『신약성서의 사회경제사상』. 서울: 한들출판사, 2000.

_____. "마태복음의 '하늘나라'와 신학적 상상력", 257-289. 『예수의 신학과 그 파문』. 서울: 대한기독교서회, 2007.

_____. "'흔들림'과 '흔들리지 않음'의 언저리(고정희, 임동확)", 300-319. 『한국 현대시와 신학의 풍경』. 서울: 이레서원, 2008.

_____. "예수의 여행과 '교통 공간'." 「한국기독교신학논총」 70 (2010), 31-56.

프로이트/이윤기 옮김. 『종교의 기원』. 서울: 열린책들, 2004.

한승옥. "기독교와 소설문학." 소재영 외 공저, 『기독교와 한국문학』, 107-131. 서울: 대한기독교서회.

Blank, S. H. "Men Against God: The Promethean Elements in Biblical Prayer." *JBL* 72 (1953), 1-13.

Borsch, F. H. *The Son of Man in Myth and History.* Philadelphia: The Westminster Press, 1967.

Collins, Adela Yarbro. *Mark: A Commentary.* Minneapolis: Fortress Press, 2007.

Donahue, J. R. "Recent Studies on the Origins of "Son of Man" in the Gospels." *CBQ* 48 (1986), 584-607.

Duling, Dennis C. "Kingdom of God, Kingdom of Heavens." *ABD* vol. 4, 49-69.

Nickelsburg, George W. "Son of Man." *ABD* vol. 6, 137-150.

Pagels, Elaine. *Adam, Eve, and the Serpent.* New York: Random House, 1988.

Vermes, Geza. *Jesus the Jew: A Historian's Reading of the Gospels.* Philadelphia; Fortress Press, 1973, 160-191.

Walker, W. O. Jr. "The Son of Man: Some Recent Development." *CBQ* 45 (1983), 584-607.

한국 현대시에 투영된 예수의 초상

권영진. "시와 종교적 상상력(1) -김현승 시에 나타난 사물[자연]의 심상 구조와 '까마귀'의 상징성을 중심으로." 김인섭 엮음, 『김현승 시 논평집』, 202-241. 서울: 숭실대학교 출판부, 2007.

권오만. 『윤동주 시 깊이 읽기』. 서울: 소명출판, 2009.

권오안. "김현승과 聖·俗의 갈등." 이승하 편저, 『김현승』, 11-29. 서울: 새미, 2006.

김우규 엮음. 『기독교와 문학』. 서울: 종로서적, 1992.

김응교. "박두진이 만난 예수." 강창민 외, 『혜산 박두진 시 읽기』, 125-133. 서울: 박이정, 2008.

_____. 『박두진의 상상력 연구』. 서울: 박이정, 2004.

김인섭. "김현승의 시적 체질과 초월적 상상력." 『김현승 시전집』, 613-635. 서울: 민음사, 200.

김인섭 엮음·해설.『김현승 시전집』. 서울: 민음사, 2005.

김정환.『기차에 대하여』. 서울: 창작과비평사, 1990.

_____.『황색예수전』. 서울: 실천문학사, 1983.

_____.『지울 수 없는 노래』. 서울: 창작과비평사, 1982.

김주연. "역동성과 달관-황동규의 최근 시." 황동규,『몰운대行』, 127-144. 서울: 문학과지성사, 1991.

김지하.『시 삼백 2』. 서울 자음과모음, 2010.

_____.『중심의 괴로움』. 서울: 솔출판사, 1994.

_____.『민중의 노래, 민족의 노래』. 서울: 동광출판사, 1984.

김현. "고아 의식의 시적 변용 - 장영수·김명인·정호승의 시에 대하여."『문학과 유토피아 -공감의 비평: 김현문학전집 4』. 서울: 문학과지성사, 1992, 97-107.

마광수.『윤동주 연구 - 그의 시에 나타난 상징적 표현을 중심으로』. 서울: 철학과현실사, 2005.

박두진.『使徒行傳』. 서울: 일지사, 1979.

_____.『水石列傳』. 서울: 민중서관, 1978.

_____.『高山植物』. 서울: 일지사, 1973.

박목월 · 조지훈·박두진 공저.『청록집』. 서울: 삼중당, 1979.

안수환. "신의 부재와 초월성 -다형 시를 중심으로", 338-350. 김인섭 엮음.『김현승 시 논평집』. 서울: 숭실대학교 출판부, 2007.

오규원. "비극적 종교의식과 고독-김현승의 시세계." 김인섭 엮음,『김현승 시 논평집』, 329-337. 서울: 숭실대학교 출판부, 2007.

오생근. "사랑과 반역을 꿈꾸는 시와 시간." 황동규,『우연에 기댈 때도 있었다』, 103-120. 서울: 문학과지성사, 2003.

유종호. "낭만적 우울의 변모와 성숙." 황동규,『악어를 조심하라고?』, 99-114. 서울: 문학과지성사, 1986.

윤동주.『윤동주 시집』. 서울: 범우사, 1984.

이상섭.『윤동주 자세히 읽기』. 서울: 한국문화사, 2007.

이성복.『그 여름의 끝』. 서울: 문학과지성사, 1990.

_____.『남해금산』. 서울: 문학과지성사, 1986.

_____.『뒹구는 돌은 언제 잠 깨는가』. 서울: 문학과지성사, 1980.

임헌영 외.『김지하-그의 문학과 사상』. 서울: 세계, 1985.

장도준. "민족과 종교의 융화." 강창민 외,『혜산 박두진 시 읽기』, 74-76. 서울: 박이정, 2008.

정경은.『박두진 박목월 김현승의 기독교 시 연구』. 파주: 한국학술정보, 2008.

정다비. "민중적 감성의 부드러운 일깨움." 정호승,『서울의 예수』, 90-130. 서울: 민음사, 1982.

정한모 · 김용직.『한국현대시요람』. 서울: 박영사, 1982.

정호승.『서울의 예수』. 서울: 민음사, 1982.

_____.『외로우니까 사람이다』. 서울: 열림원, 1998.

차정식. "'미지'와 '흔적'으로서의 하나님."『한국 현대시와 신학의 풍경』. 서울: 이레서원, 2008, , 231-250.

_____. "시인 예수의 초상-정호승의『서울의 예수』읽기."『한국 현대시와 신학의 풍경』. 서울: 이레서원, 2008, 320-344.

_____. "예수와 불/칼 상상력,"『예수와 신학적 상상력』. 파주: 한국학술정보, 2008, 178-204

_____. "'중심'의 괴로움과 '틈'의 구원."「한국기독교신학논총」 59 (2008), 223-249.

최승호.『진흙소를 타고』. 서울: 민음사, 1987, 개정판 2007.

_____.『고비』. 서울: 현대문학, 2007.

_____.『아무것도 아니면서 모든 것인 나』. 서울: 열림원, 2003.

_____.『세속도시의 즐거움』. 서울: 세계사, 1990.

_____.『고슴도치의 마을』. 서울: 문학과지성사, 1985.

_____.『대설주의보』. 서울: 민음사, 1983.

한승옥.『한국 기독교문학 연구총서』. 서울: 박문사, 2010.

황동규.『우연에 기댈 때도 있었다』. 서울: 문학과지성사, 2003.

2부 | 영문학과 성서 _ 권연경

성서와 판타지 — <호빗>에 나타난 요행과 은총

▪ Tolkien의 작품

Tolkien, J. R. R. *The Hobbit*. New York: Ballantine Books, 1989.

_____. *The Lord of the Rings*, I, II, III. New York: Ballantine Books, 1991.

_____. "On Fairy-Stories." *Tree and Leaf* (London: George Allen & Unwin Ltd, 1964), 11-70.

_____. *The Monsters and the Critics and Other Essays*. Ed. by Christopher Tolkien. London: Unwin, 1983.

_____/김보원 역.『실마릴리온』, I, II. 서울: 씨앗을뿌리는사람들, 2010.

_____. *The Letters of J. R. R. Tolkien*. Ed. by Humphrey Carpenter. Houghton Mifflin, 2000[1981].

▪ 국문 및 번역서

권연경.『행위 없는 구원? - 새롭게 읽는 바울의 복음』. 서울: SFC, 2006.

김석산 역.『베오울프 외』. 서울: 탐구당, 1984.

송태현.『판타지 - 톨킨, 루이스, 롤링의 환상 세계와 기독교』. 서울: 살림, 2003.

Day, David/김보원·이시영 역,『톨킨 백과사전』. 서울: 해나무, 2002.

Duriez, Colin/홍종락 역.『루이스와 톨킨』. 서울: 홍성사, 2005.

Hibbs, Thomas. "신의 섭리와 반지의 제왕의 극적 결합." Gregory Bassham 편/최연순 역,『철학으로 반지의 제왕 읽기』, 289-308. 서울: 이룸, 2003.

Sayers, Dorothy/강주헌 역.『창조자의 정신』. 서울: IVP, 2007/1968.

White, Michael/김승욱 역.『톨킨 - 판타지의 제왕』. 서울: 작가정신, 2003.

■ 영문연구

Burdge, Jessica and Anthony. "The Maker's Will ... Fulfilled?" T. Honegger & F. Weinreich, eds. *Tolkien and Modernity*, vol. 1, 111-134. Zollikofen: Walking Tree Publishers, 2006.

Carpenter, Humphrey. J. *R. R. Tolkien: A Biography.* London: George Allen & Unwin, 1977.

_____. *The Inklings: C. S. Lewis, J. R. R. Tolkien and their Friends.* London: Allen & Unwin, 1978.

Chesterton, G. K. *Orthodoxy.* Wheaton, IL: Harold Shaw Publishers, 1994/1908.

Chance, Jane. *Tolkien's Art: A Mythology for England.* Lexington: The University Press of Kentucky, 2001.

Curry, Patrick. *Defending Middle-Earth - Tolkien: Myth and Modernity.* Boston: Houghton Mifflin, 2004[1977].

_____. "Modernity in Middle-Earth." Joseph Pearce, ed. *Tolkien: A Celebration.* San Francisco: Ignatius Press, 1999, 34-39.

Fornet-Ponse, Thomas. "Freedom and Providence as Anti-Modern Elements," *Tolkine and Modernity*, vol 1. Zollikofen: Walking Tree Publishers, 2006, 177-206.

Frei, Hans. *The Eclipse of Biblical Narrative.* New Haven: Yale University Press, 1974.

Fuller, Edmund. "The Lord of the Hobbits: J. R. R. Tolkien." *Tolkien and the Critics.* Notre Dame: University of Notre Dame Press, 1968, 17-39.

Gilley, Sheridan. "Christianity & Fantasy in J. R. R. Tolkien's *The Lord of the Ring.*" *Modern Churchman* NS 25/1 (1982), 44-52.

Gunton, Colin. "A Far-Off Gleam of the Gospel: Salvation in Tolkien's *The Lord of the Rings.*" Joseph Pearce, ed. *Tolkien: A Celebration*, 124-140. San Francisco: Ignatius Press, 1999.

Hays, Richard. *The Faith of Jesus Christ.* Atlanta: Scholars Press, 1986.

Isaacs, N. D. and Zimbardo, R. A. eds. *Tolkien and the Critics.* Notre Dame: University of Notre Dame Press, 1968.

Kreeft, Peter J. *The Philosophy of Tolkien.* San Francisco: Ignatius, 2005.

Lewis, C. S. *C. S. Lewis: Essay Collection and Other Short Pieces,* ed. Wamsley, Lesley. London: HprperCollins, 2000.

_____ & Walter Hooper. eds. *The Letters of C.S. Lewis to Arthur Greeves (1914-1963).* New York: McMillan Publishing Company, 1979.

Saylor, Frederica. "Tolkien's Writing Has Religious Ring." *Science & Theology News* (2005, 1월).

Shippey, Tom. *J. R. R. Tolkien: Author of the Century.* London: HarperCollins, 2000.

_____. *The Road to Middle-Earth.* Boton: Houghton Mifflin, 2003.

Slack, Anna. "Slow-Kindled Courage: A Study of Heroes in the Works of J. R. R. Tolkien." *Tolkien and Modernity,* vol. 2. Zollikofen: Walking Tree Publishers, 2006, 115-142.

Spacks, Patricia M. "Power and Meaning in The Lord of the Rings." *Tolkien and the Critics.* Notre Dame: University of Notre Dame Press, 1968, 81-99.

Vaninskaya, Anna. "Tolkien: A Man of His Time?" T. Honegger & F. Weinreich eds. *Tolkien and*

Modernity, vol. 1. Zollikofen: Walking Tree Publishers, 2006, 1-30.

Wright, N. T. *Paul: Fresh Perspectives.* London: SPCK, 2004.

사실이 된 신화와 신화적 알레고리 — C. S. Lewis의 경우

■ 루이스의 글들 (마지막 괄호 안은 본문과 각주에 사용된 제목의 약호)

Lewis, C. S. *Surprised by Joy: The Shape of My Early Life.* New York: Harcourt Brace, 1965/1984. [*Joy*]

_____. *The Pilgrim's Regress.* London: Fount, 1993. [*Regress*]

_____. *Miracles.* New York: McMillan, 1978.

_____. *Reflections on the Psalms.* New York: Harcourt Brace, 1958/86. [*Reflections*]

_____. *The Collected Letters of C. S. Lewis. 3 Vols* (1950-1963). New York: Harper SanFrancisco, 2007. [*CLI, CLII, CLIII*]

_____. *Magician's Nephew.* New York: Macmillan Publishing Company, 1970. [『마법사』]

_____. *Till We Have Faces: A Myth Retold.* New York: Harcourt Brace, 1957/1985. [『얼굴』]

_____/장경철·이종태 역.『순전한 기독교』. 서울: 홍성사, 2001[1942].

_____. "Modern Theology and Biblical Criticism." in *Christian Reflections,* 152-166.

_____. "Miracles." *God in the Dock.* Grand Rapids: Eerdmans, 1970, 25-37.

_____. "Myth Became Fact." *God in the Dock,* 63-67. ["Fact"]

_____. "The Grand Miracle." *God in the Dock,* 80-89. ["Grand"]

_____. "Man or Rabbit?." *God in the Dock,* 108-114.

_____. "Religion without Dogma?" *God in the Dock,* 129-146. ["Dogma"]

_____. "Weight of Glory." *The Weight of Glory and Other Essays.* New York: HarperCollins, 2004, 25-46. ["Glory"]

_____. "Is Theology Poetry?" in *Weight of Glory,* 116-140. ["Poetry"]

_____. "Sometimes Fairy Stories May Say Best What's to Be Said." in *On Stories and Other Essays on Literature.* New Yokr: Harcourt, 1982, 45-48. ["Sometimes"]

_____. "Tolkien's *The Lord of the Rings.*" in *On Stories,* 83-90. ["Rings"]

■ 루이스에 관한 연구들

Buechner, Frederick. *Telling the Truth: The Gospel as Tragedy, Comedy & Fairy Tale.* New York: HarperCollins, 1977.

Downing, David/강주헌 역.『반항적인 회심자 C. S. 루이스』. 서울: IVP, 2003.

Edwards, Bruce. *Further Up, Further In: Understanding C. S. Lewis's The Lion, the Witch, and the Wardrobe.* Broadman and Holman, 2005.

_____. "'Patches of Godlight': C. S. Lewis as Imaginative Writer." Bruce Edwards. ed. *C. S. Lewis: Life, Works, and Legacy, vol 2: Fantasist, Mythmaker, & Poet.* London: Praeger, 2007, 1-12.

Eliade, Mircea/이재실 역.『이미지와 상징: 주술적·종교적 상징체계에 관한 시론』. 서울: 까치,

1998[1952].

Fiddes, Paul S. "C. S. Lewis the Myth-Maker." A. Walker & J. Patrick, eds. *A Christian for All Christians*. London: Hodder Stoughton, 1990, 134-135.

Glicksberg, Charles I./최종수 역.『문학과 종교』. 서울: 성광문화사, 1981.

Iser, Wolfgang/이유선 역.『독서행위』. 서울: 신원문화사, 1993.

Jacobs, Alan. "The Chronicles of Narnia." R. MacSwain & M. Ward, eds. *The Cambridge Companion to C. S. Lewis*. Cambridge: Cambridge University Press, 2010, 265-280.

Jasper, David. "The Pilgrim's Regress and Surprised by Joy." R. MacSwain & M. Ward, eds. *The Cambridge Companion to C. S. Lewis*. Cambridge: CUP, 2010, 223-236.

Kilby, Clyde S./양혜원 역.『C. S. 루이스의 기독교 세계』. 서울: 예영커뮤니케이션, 1988.

Lindskoog, Cathryn/김의경 옮김.『나니아 연대기의 모든 것』. 서울: 크림슨, 1998.

Logan, Stephen, "Literary Theorist." in *Cambridge Companion*, 29-42.

Rowe, Karen. "*Till We Have Faces*: A Study of the Soul and the Self." in *Legacy*, 135-156.

Sarna, Nahum. *Understanding Genesis*. New York: Jewish Theological Seminary, 1966.

Shakel, Peter, *Reason and Imagination in C. S. Lewis*. Grand Rapids: Eerdmans, 1984.

_____. "Till We Have Faces." in *Cambridge Companion*, 288-290.

J. R. R. Tolkien. "On Fairy-Stories." in *Tree and Leaf*. London: George Allen & Unwin Ltd, 1964, 11-70.

_____/김보원 역.『실마릴리온 I』. 서울: 씨앗을 뿌리는 사람들, 2007, 19-33.

Uszynski, Edward. "C. S. Lewis as Scholar of Metaphor, Narrative, and Myth." in *Legacy*, 229-256.

Vanhoozer, Keven. "On Scripture." in *Cambridge Companion*, 75-88.

3부 | 미술과 성서 _ 김학철

성서화가란 누구인가 — 성서화 비평방법론 시론(試論)

김학철.『렘브란트, 성서를 그리다』. 서울: 대한기독교서회, 2010.

니그, 발터/윤선아 옮김.『렘브란트 - 영원의 화가』. 경북: 분도출판사, 2008.

브랜드, 힐러리·채플린, 아드리엔느/김유리·오윤성 옮김.『예술과 영혼 - 포스트모던 시대 예술의 역할과 예술가의 소명』. 서울: IVP, 2004.

손호현.『인문학으로 읽는 기독교 이야기』. 서울: 한들출판사, 2008.

이정배.『없이 계신 하느님, 덜 없는 인간 - 多夕 신학의 얼과 틀 그리고 쓰임』. 서울: 도서출판 모시는 사람들, 2009.

장민용. "앤디 워홀의 초기영화에 대한 연구."「영화연구」23 (2004), 331-356.

진휘연. "그림으로 읽는 성경 속의 새로운 성서 이야기."「목회와 신학」252(2010), 190-194.

하젤톤, 로제/정옥균 옮김.『신학과 예술』. 서울: 대한기독교서회, 1983.

Aichele, G. "Reading Jesus Writing." *Biblical Interpretation* 12/4(2004), 353-368.

Bal, Mieke. *Reading 'Rembrandt': Beyond the Word-Image Opposition*. Cambridge: Cambridge University Press, 1991.

Berdini, Paulo. *The Religious Art of Jacopo Bassano: Paintings as Visual Exegesis*. Cambridge: Cambridge University Press, 1997.

Casey, Michael. *Sacred Reading: The Ancient Art of Lectio Divina*. Missouri: Liguori Publications, 1996.

Chazelle, Celia M. "Pictures, books, and the illiterate." *Word & Image* 6/2 (1990), 138-153.

Exum, J. Cheryl · Nutu, Ela. ed. *Between the Text and the Canvas - The Bible and Art in Dialogue*. Sheffield: Sheffield Phoenix Press, 2009.

Fish, Stanley. *Is There a Text in This Class? The Authority of Interpretive Communities*. Cambridge: harvard University Press, 1980.

Fowler, Robert M. *Let the Reader Understand*. Minneapolis: Augsburg Fortress, 1991.

Grant, Robert M. · Tracy, David. *A Short History of Interpretation the Bible*. Philadelphia: Fortress, 1984.

Holland, Norman. *The Critical I*. New York: Columbia University Press, 1992.

_____. "Transactive Criticism: Re-Creation through Identity." *Criticism* 18 (1976), 334-352.

Lowden, John/임산 옮김. 『초기 그리스도교와 비잔틴 미술』. 서울: 한길아트, 2003.

Mailloux, Steven. *Interpretive Conventions: The Reader in the Study of American Fiction*. Ithaca: Cornell University Press, 1982.

Murray, Peter & Murray. Linda. "Exegesis." in *A Dictionary of Christian Art*. Oxford: Oxford University Press, 2004.

Perlove, Shelley. · Silver, Larry A. *Rembrandt's Faith: Church and Temple in the Dutch Golden Age*. University Park: Penn State University Press, 2009.

Porter, Stanley E. "Reader-Response Criticism and New Testament Study : A Response to A. C. Thiselton's New Horizons in Hermeneutics." *Literature and Theology* 8/1 (1994), 94-102.

_____. "Why hasn't Redaer-Response Criticism Caught on in New Testament Studie?" *Journal of Literature & Theology* 4 (1990), 278-292.

Resseguie, James L. "Reader-response Criticism and the Synoptic Gospels." *Journal of the American Academy of Religion* 52/2 (1984), 307-324.

Rius-Camps, J. "The Pericope of the Adulteress Reconsidered : The Nomadic Misfortunes of a Bold Pericope." *New Testament Studies* 53/3 (2007), 379-405.

Rothenberg, Albert. "Rembrandt's Creation of the Pictorial Metaphor of Self." *Metaphor & Symbol* 23/2 (2008), 108-129.

Steiner, George. "'Critic'/'Reader.'" *New Literary History* 10 (1979), 423-452.

Wimsatt, William K. *The Verbal Icon: Studies in the Meaning of Poetry*. Lexington: University of Kentucky Press, 1954.

후기 자본주의 속의 종교와 예술 ─ 앤디 워홀의 경우

강홍구.『거울을 가진 마술사의 신화 - 앤디 워홀』. 서울: 도서출판 재원, 1995.

김산춘.『발타살의 신학적 미학 - 감각과 초월』. 왜관: 분도출판사, 2003.

김융희.『예술, 세계와의 주술적 소통』. 서울: 책세상, 2002.

김학철. "렘브란트의 그림에 나타난 바니타스와 죽음(1)."「기독교사상」594(2008), 246-256

배영달 편저.『예술의 음모: 보드리야르의 현대 예술론』. 서울: 백의, 2000.

신지영. "앤디 워홀의 자화상에 대한 연구 - 1964년부터 1986년까지 9개 그룹의 자화상을 중심으로."『현대미술논집』4(1994), 21-43.

정은미. "부자 지갑을 연 피카소와 워홀."『美術世界』281(2008), 106-107.

진중권.『진중권의 현대미학 강의-숭고와 시뮬라르크의 이중주』. 파주: 아트북스, 2007.

Barnett, S. J. *The Enlightenment and Religion: The Myths of Modernity*. Manchester: Manchester University Press, 2004.

Brettell, Richard R. *Modern Art 1851-1929: Capitalism and Representation*. Oxford: Oxford University Press, 1999.

Carlson, Maria. *No Religion Higher than Truth: A History of the Theosophical Movement in Russia, 1875-1922*. Princeton: Princeton University Press, 1993.

Crow, Thomas. "Saturday Disaster: Trace and Reference in Early Warhol." in Michelson, Annette. ed. *Andy Warhol*. London: The MIT Press, 2001, 49-66

Dillenberger, Jane Daggett. *The Religious Art of Andy Warhol*. New York: Continuum, 1998.

Eco, Umberto/이현경 옮김.『미의 역사』. 서울: 열린책들, 2005.

Edwards, Cliff. "The Religious Art of Andy Warhol (review)." *Christian Century* 116/8 (1999), 289-290.

Eliade, Mircea/박규태 옮김.『상징, 신성, 예술』. 서울: 서광사, 1991.

_____/이재실 옮김.『이미지와 상징』. 서울: 까치, 1998.

Elkins, James. *On the Strange Place of Religion in Contemporary Art*. Kindle Edition Taylor & Francis, 2007.

Ellul, Jacques. *Reason for Being: A Meditation on Ecclesiastes*. Grand Rapids, Michigan: Eerdmans, 1990.

Feldman, Frayda and Schellmann, Jöorg. eds. *Andy Warhol Prints*. NY: Abbeville Publishers, 1985.

Foster, Hal. "Death in America." in Michelson, Annette. ed. *Andy Warhol*, London: The MIT Press, 2001, 68-88.

Honnef, Klaus./최성욱 옮김.『앤디 워홀』. 서울: 마로니에 북스, 2006.

Huwiler, Elizabeth. *New International Biblical Commentary: Proverbs, Song of Songs*. Peabody, MA: Hendrickson, 1999.

Jameson, Fredric. *Postmodernism: The Cultural Logic of Late Capitalism*. London : Verso, 1991.

Korp, Maureen. "The Religious Art of Andy Warhol(review)." *Nova Religio* 6/2 (2003), 396-397.

Motonobu, Imamich.「靈性と藝術」『總合文化硏究所年報』. 東京, 靑山學院女子短期大學,

1999.

Nicholson, Geoff/권경희 옮김.『앤디 워홀』. 서울: 랜덤하우스 중앙, 2005.

Rookmaaker, H. R./김헌수 옮김.『예술과 기독교-예술과 그리스도인』. 서울: IVP, 2002.

Svendsen, Lars Fr. H./도보선 옮김.『지루함의 철학』. 서울: 서해문집, 2005.

Taylor, Mark C. *Disfiguring: Art, Architecture, Religion.* Chicago: University Of Chicago Press, 1994.

The Staff of the Andy Warhol Museum. *Andy Warhol 365 Takes.* NY: Thames & Hudson, 2004.

Tillich, Paul. "Each Period has Its Peculiar Image of Man." in Peter Selz, ed. *New Images of Man.* New York: Museum of Modern Art, 1959.

Warhol, Andy. *The Philosophy of Andy Warhol.* NY: Harbrace, 1975.

Warhol-Swenson. "What is Pop Art? : Interview with Andy Warhol." *Art News* 62(1963), 24-27.

4부 ㅣ 음악과 성서 _ 양재훈

드뷔시의 "*L'Enfant prodigue*"의 눈으로 본 탕자의 비유

김도훈. "문화 안의 그리스도 - 포스트모던 문화와 이머징 교회."「한국기독교신학논총」 61(2009), 219-241.

김미자. "Study on C. Debussy Music - focused on the Cantata 『L'Enfant Prodigue』."「예술 체육문화 연구」 10 (2004), 45-54.

김선아. "드뷔시의 잊혀진 영상[1894]: 드뷔시의 과도기적 피아노 작곡 기법의 발전에 관한 연구." 「예술논집」 9 (2009), 63-99.

김학철. "성서화비평과 성서화가 - 성서화가 렘브란트와 그의 성서화를 중심으로."「한국기독교 신학논총」 73 (2011), 259-286.

_____.『렘브란트, 성서를 그리다』. 서울: 대한기독교서회, 2010.

문옥배.『한국 근대 교회음악 사료 연구』. 서울: 예솔, 2005.

박성은.『기독교 미술사』. 서울: 기독교서회, 2008.

_____.『최후의 심판 도상 연구』. 서울: 다빈치, 2010.

석영중.『러시아 정교: 역사, 신학, 예술』. 서울: 고려대학교 출판부, 2007.

신규인. "미술의 세계와 하나님의 나라: 헨리 나우웬의 <탕자의 귀향>에 나타난 오류에 대하여." 「통합연구」 19 (2006), 69-106.

앙드레 그라바/박성은 역.『기독교 도상학의 이해』. 서울: 이화여자대학교 출판부, 2007.

양재훈. "기호간 번역과 성서 번역 - 문화적 산물을 통한 성서 번역의 다양한 방법론 모색."「성서 원문연구」 24 (2009), 180-200.

_____. "예술 매체를 통한 성서 메시지 전달과 성서 번역의 과제 - Siku의 *The Manga Bible, NT-Raw*를 중심으로."「성서원문연구」 23 (2008), 146-171.

오장환/최두석 편.『오장환 전집 1』. 서울: 창작과 비평사, 1989.

윤영훈. "복음주의 운동의 대중적 문화 미디어 필그림." 「한국기독교신학논총」 68 (2010), 81-105.

이덕형. 『이콘과 아방가르드』. 서울: 생각의 나무, 2008.

이상훈. 『신학적 문화비평, 어떻게 할 것인가?』. 서울: 예영 커뮤니케이션, 2005.

이정구. 『한국 교회 건축과 기독교 미술 탐사』. 서울: 동연, 2009.

차명호. "상업적 영성: 현대 기독교 문화화의 오류." 「한국기독교신학논총」 58 (2008), 279-303.

차정식. "한국 현대소설과 성서신학의 '교통공간' - 이청준, 이문열, 이승우의 몇몇 작품을 중심으로." 「한국기독교신학논총」 73 (2011), 221-258

_____. 『한국 현대시와 신학의 풍경』. 서울: 이레서원, 2008.

최남선. 『백팔번뇌』. 경성: 동광사, 1926.

최정호. 『C.A. Debussy의 Cantata L'enfant Prodigue 분석연구』. 경산: 영남대학교, 1992.

한국 문학과 종교학회 편. 『문학과 종교』. 서울: 동인, 2008.

Anderson, P.L./권희정 역. 『디즈니 속의 복음』. 서울:북프렌즈, 2006.

Boomershine, T.E. Story Journey: An Invitation to the Gospel as Storytelling. Nashville: Abingdon Press, 1988.

Carson, D.A. Christ and Culture, Revisited. Grand Rapids: Eerdmans, 2008.

Code, David J. Claude Debussy. London: Leaktion Books, 2010.

Cohen, Jeremy. Christ Killers: the Jews and the Passion from the Bible to the Big Screen. Oxford: Oxford University Press, 2007.

Debussy, A.C. L'Enfant prodigue. Paris: Durand & Fils, 1908.

_____. L'Enfant prodigue, scene lyrique for voices & orchestra, L. 57, Conducted by Andre Cluytnes; performed by Orchestra Sinfonica della Torino della RAI Radiotelevisione Italiana. Italia: ARTS, 2005.

Exum, J. Cheryl ed. The Bible in Film-The Bible and Film. Leiden: E.J. Brill, 2006.

Gamble, H. Y. Books and Readers in the Early Church: A History of Early Christian Texts. New Heaven: Yale University Press, 1995.

Harris, W. V. Ancient Literacy. Cambridge: Harvard University Press, 1989.

Hett, Jamey. The Springfield Reformation: The Simpsons^{TM}, Christianity, and American Culture. NY: Continuum, 2008.

Hollaway, Robin. Debussy and Wagner. Norfolk: Caligraving, 1979.

Johnstone, William. "Moses in the Typology of European Art in the Middle Age." Canon & Culture 3/1(2009), 153-180.

Kreitzer, Larry J. Pauline Images in Fiction and Film. Sheffield: Sheffield Academic Press, 1999.

Lang, J. S. The Bible on the Big Screen. Grand Rapids: Baker Books, 2007.

Lesure, François. Claude Debussy: Biographie Critique. Paris: Klincksieck, 1994.

Linnemann, E. Parables of Jesus:: Introduction and Exposition. London: SPCK, 1975.

Loba-Mkole, Jean-Claude. "Exegesis and Translation of Mark for an Audio-Visual Culture." 「성서원 문연구」 241(2009), 76-115.

Lockspeiser, E. "Debussy, Tchaikovsky and Madame von Meck." The Musical Quarterly, 22(1936),

38-44.

Marsh, C. and G.W. Ortiz eds./김도훈 역. 『영화관에서 만나는 기독교 영성』. 서울: 살림, 2007.

Mitchell, Bill. "The New Media: Culture, the Christian Faith, the Church ... and Translation." 「성서원 문연구」 20(2007), 155-177.

Nichols, Roger. *The Life of Debussy*. Cambridge: Cambridge University Press, 1998.

Nolland, J./김경진 역. 『누가복음 9:21-18:34』. 서울: 솔로몬, 2004.

Ongaku No Tomo Sha Corp. 편/음악세계 편집부 역. 『드뷔시』. 서울: 음악세계, 1999.

Pinsky, Mark I. *The Gospel According to The Simpsons^{TM}*. Louisville: W/JKP, 2001.

Saliers, Don E./노주하 역. 『신학으로서의 음악, 음악으로서의 신학』. 서울: 대장간, 2010.

Saulnier, Daniel/박원주, 최호영 역. 『전례와 그레고리오 성가』. 서울: 가톨릭대학교출판부, 2007.

Short, Robert/배웅준 역. 『피너츠 복음』. 서울: 규장, 2003.

Smith, Philip/한국문화사회학회 역. 『문화이론』. 서울: 이학사, 2009.

Stanley, Jeffrey L. and Richard Walsh. *Jesus the Gospels, and Cinematic Imagination*. Louisville: W/JKP, 2007.

Stein, R. *An Introduction of the Parables of Jesus*. Philadelphia: Westminster Press, 1981.

Tatum, W. Barnes. *Jesus at the Movies*. CA: Polebridge, 1997.

The George Balanchine Trust. "Apollo," http://www.balanchine.com/content/site/ballets/4.

Underwood, Dorothy C. "Some Aspects of the French Cantata, 1703-1968." 「이화음악논집」 6(2002), 173-261.

Whiteley, Sheila ed. *Christmas, Ideology and Popular Culture*. Edinburgh: Edinburgh University Press, 2008.

Yang, Jayhoon and Sung Baek. "Orality and Textuality in the Biblical Narrative and its Application to Bible Teaching." *Journal of Christian Education and Information Technology* 7(2005), 259-290.

성서학적 관점으로 본 G. Balanchine의 *Prodigal Son* (1929)

Arndt, William F. *The Gospel According to St. Luke*. Saint Louis: Concordia Publishing House, 1956.

Au, Susan. *Ballet and Modern Dance*. Tr. by C. H. Kim. Seoul: Sigong Art, 2008.

Bae, Keum-Yun. "A Study on the Technical Specificity of George Balanchine's Neo-classic Ballet," *Journal of Korean Dance Society* 34 (2002), 5-22.

Bailey, Kenneth E. *Poet and Peasant*. Grand Rapids: Eerdmans, 1976.

Fitzmyer, Joseph A. *The Gospel According to Luke X-XXIV*. NY: Double Day, 1985.

George Balanchine Foundation. "Biography." http://balanchine.org/balanchine/01/bio.html.

_____. "94. Le Fils Prodigue," in "Balanchine Catalogue" http://www.balanchine.org.

Gottlieb, Robert. *George Balanchine: the Ballet Maker*. NY: HarperCollins, 2004.

Hultgren, Arland J. *The Parable of Jesus: A Commentary*. Grand Rapids: Eerdmans, 2000.

Jung, Hee-ja. "A Study on Choreographic Style of George Balanchine." *Journal of Korean Dance Society* 14 (1992), 225-236.

Nice, David. *Prokofiev: From Russia to the West 1891-1935.* New Haven and London: Yale University Press, 2003.

Nonesuch. *The Balanchine Library: Choreography by Balanchine[1978].* Nashvill: WMGCorp, 1995.

Press, Stephen D. *Prokofiev's Ballets for Diaghilev.* Surrey: Ashgate Publishing Ltd., 2006.

Scott, Bernard B. *Re-Imagine the World: An Introduction to the Parables of Jesus.* Tr. by J. W. Kim. Seoul: KICS, 2001.

Son, Youn-Sook. "A Study on Serge Diaghilev." *Journal of Korean Dance Society* 8 (1986), 121-131.

Suh, Cha-Young. "Neo-Classicism in George Balanchine's Apollo." *Journal of Korean Dance Society* 17 (1995), 25-47.

Talbert, Charles H. *Reading Luke: A Literary and Theological Commentary on the Third Gospel.* NY: Crossroad, 1982.

Taper, Bernard. *Balanchine.* NY: Harper & Low, 1960.

5부 ㅣ 대중문화와 영성 _ 이택광

실패의 부정성과 삶의 폐허성 — 발터 벤야민의 경우

Adorno, W. Theodor and Walter Benjamin. *The Complete Correspondence, 1928~1940.* Ed. by Henri Lonitz& Tr. by Nicolas Walker. Cambridge MA: Harvard UP, 2001.

Agamben, Giorgio. "The Thing Itself." *Substance* 16/2 (1987), 18-28.

Barthes, Roland. *The Language of Fashion.* Tr. by Andy Stafford. Oxford: Berg, 2006.

Baudelaire, Charles. *The Painter of Modern Life and Other Essays.* Tr. by Jonathan Mayne. London: Phaidon, 1995.

Benjamin, Walter. *The Arcades Project.* Tr. by Howard Eiland and Kevin McLaughlin. London: Belknap, 1999.

_____. "The Concept of Criticism in German Romanticism." *Selected Writings Volume 1: 1913-1926.* Tr. by Edmund Jephcott, et. al. Cambridge MA: Harvard UP, 1996.

_____. *Gesammelte Schriften.* Frankfurt: Suhrkamp, 1991.

_____. "Goethe's Elective Affinities." *Selected Writings Volume 1: 1913-1926.* Tr. by Edmund Jephcott, et. al. Cambridge MA: Harvard UP, 1996.

_____. "One-Way Street." *Selected Writings Volume 1: 1913-1926.* Tr. by Edmund Jephcott, et. al. Cambridge MA: Harvard UP, 1996.

_____. *Reflections.* Tr. by Peter Demetz. New York: Schocken, 1986.

_____. "The Storyteller." *Selected Writings Volume 3: 1935-1938.* Tr. by Edmund Jephcott,

Howard Eiland, et. al. Cambridge MA: Harvard UP, 2002.

_____. *Ursprung des deutschen Trauerspiels*. Frankfurt: Suhrkamp, 1978.

Buck-Moss, Susan. "The Flâneur, the Sandwichiman and the Whore." *Walter Benjamin and The Arcades Project*. London: Routledge, 2006.

Caygill, Howard. "Non-Messianic Political Theology in 'On the Concept of History.'" Andrew Benjamin ed. *Walter Benjamin and History*. London: Continuum, 2005.

Jennings, Michael W. *Dialectical Images: Walter Benjamin's Theory of Literary Criticism*. Ithaca: Cornell UP, 1987.

Lehnert, Gertrud. *Schnellkurs Mode*. Köln: DuMont, 1998.

Rush, Fred. "Jena Romanticism and Benjamin's Critical Epistemology." Beatrice Hanssen and Andrew Benjamin eds. *Walter Benjamin and Romanticism*. London: continuum, 2002.

Schaffer, Simon. "Enlightened Automata." *The Sciences in Enlightened Europe*. Ed. William Clark, et al. Chicago: The Univ. of Chicago Press, 1999.

얼굴, 코스튬, 슈퍼히어로 — 영화와 영성

Benjamin, Walter. *Reflections*. Ed. by Peter Demetz & Tr. by Edmund Jephcott. New York: Brace Jovanovich, 1978.

Caputo, John. *On Religion*. London: Routledge, 2001.

Deleuze, Gilles. *Cinema 1: The Movement-Image*. Tr. by Hugh Tomlinson and Barbara Habberjam, Minneapolis: University of Minnesota Press, 1986.

_____. *Francis Bacon: The Logic of Sensation*. Tr. by Daniel W. Smith. London: Continuum, 2003.

Deleuze, Gilles and Felix Guattari. *A Thousand Plateaus: Capitalism and Schizophrenia II*. Tr. by Brian Massumi. Minneapolis: U of Minnesota Press, 1987.

DiPaolo, Marc. *War, Politics and Superheroes: Ethics and Propaganda in Comics and Film*. Jefferson: McFarland, 2011.

Fingeroth, Danny. *Superman on the Couch: What Superheroes Really Tell Us about Ourselves and Our Society*. London: Continuum, 2004.

Monro, D.H. ed. *A Guide to the British Moralists*. Fontana, 1972.

Saunders, Ben. *Do The Gods Wear Capes?* London: Continuum, 2011.

Weber, Max. *Max Weber: Readings and Commentary on Modernity*. Ed. by Stephen Karberg. Oxford: Blackwell, 2005.

Zizek, Slavoj. *The Monstrosity of Christ*. Cambridge MA: MIT Press, 2009.

_____. *The Parallax View*. Cambridge, MA: MIT Press, 2006.

성서문예학 연구

2020년 6월 3일 초판 1쇄 인쇄
2020년 6월 9일 초판 1쇄 발행

지은이 | 차정식, 권연경, 김학철, 양재훈, 이택광
펴낸이 | 김영호
펴낸곳 | 도서출판 동연
등 록 | 제1-1383(1992. 6. 12)
주 소 | 서울시 마포구 월드컵로 163-3
전 화 | (02) 335-2630
팩 스 | (02) 335-2640
이메일 | yh4321@gmail.com
블로그 | https://blog.naver.com/dong-yeon-press

ISBN 978-89-6447-587-4 93200

이 도서는 한국출판문화산업진흥원의 '2020년 우수출판콘텐츠 제작 지원' 사업 선정작입니다.